개혁주의
기독교교육의
새로운 지평

고신총회 60주년 기념 교육논문집
개혁주의 기독교교육의 새로운 지평

초판인쇄 | 2012. 9. 14
초판발행 | 2012. 9. 17
편저 | 고신총회 60주년 기념 교육논문집 편찬위원회
발행인 | 나삼진
펴낸곳 | 대한예수교장로회 총회교육원,
　　　　도서출판 생명의 양식
등록 | 1998년 11월 3일 제22-1443호
주소 | 137-803 서울특별시 서초구 반포동 58-10
전화 | (02)533-2182
팩스 | (02)533-2185
북디자인 | 김세용
표지디자인 | 이성희

ISBN 978-89-88618-61-5-03230
값 15,000원

이 책은 저작권법에 의해 보호를 받는 출판물입니다.
저자의 허락이 없이는 무단 전재와 복제를 금합니다.

*고신총회 설립 60주년 기념 논문집

New Horizon of The Reformed Christian Education

개혁주의 기독교교육의 새로운 지평

대한예수교장로회 총회교육원 편

생명의 양식

New Horizon of The Reformed Christian Education

| 간행사 |

교단교육 새 지평을 위한 연구와 개발의 결실

1885년 언더우드와 아펜젤러 선교사가 인천항에 들어오면서 시작된 한국교회는 구한말 국가적으로 어려웠던 시기에 민족의 등불과 희망이 되었습니다. 대한제국의 국운이 기울어지는 가운데 1907년 대한예수교장로회 독노회를 구성하였고, 그 때 한국인 목사 일곱 명을 장립하였습니다. 이것은 이제 선교 22년만에 한국인에 의해 설교와 치리가 이루어짐을 말하는 것이었습니다. 그로부터 다시 5년 후 한국장로교회는 조선예수교장로회총회를 구성하였습니다.

2012년은 한국장로교회와 고신교회에 매우 뜻깊은 해입니다. 올 해로 한국장로교회 총회가 조직된 지 100년이 되었습니다. 일제강점기에 고통 가운데서 해방과 함께 시작된 교회쇄신운동이 총회 안에서 성공을 거두지 못하였고, 오히려 총회로부터 추방을 당하는 어처구니없는 일을 당했습니다. 그리하여 1952년 9월 대한예수교장로회 총로회가 조직되었고, 이제 60주년을 맞이하게 되었습니다. 고신총회는 지난 6월 설립 60주년 기념대회를 성대하게 개최하였고, 그 역사와 의미를 되새겼습니다.

총회교육원은 고신총회 설립 60주년의 뜻깊은 해를 맞이하여 세 가지 중요한 기념사업을 준비했습니다. 첫째는 고신교단 교육 60년사를 편찬하는 일입니다. 이 사업은 2005년에 처음 추진되었으나 그랜드스토리 개발의 과중한 업무로 중단이 되었다가 이제 고신총회 설립 60주년을 맞이하여 결실을 보게 되었습니다. 이상규 교수, 강용원 교수, 나삼진 원장이 함께 집필하고 있는 고신교단 교육 60년사는 집필이 완료 단계에 있어 연말에 선을 보일 것입니다. 역사를 살펴보는 것은 오늘의 우리들의 자리를 점검하고, 내일의 가는 방향을 결정하는 것이어서 매우 중요한 일입니다.

둘째, 고신총회 설립 60주년 기념 교육대회를 개최한 일입니다. 총회교육원은 매 3년마다 교육대회를 개최하여 목회자들과 교육지도자들, 그리고 핵심교사들이 함께 교육의 현재와 미래를 논의하는 자리를 마련하여 왔습니다. '총회교육의 해' 사업도 이같은 노력의 일환입니다. 교육이 살기 위해서는 목회자와 교회의 지도자들이 앞장서야 합니다. 지난 해 11월에 개최하였던 2011년 총회교육대회는 '교육이 살 길이다'는 주제로 전국의 601명의 목회자들이 참여하여 매우 의미있는 시간을 가졌습니다. 전국교회와 교육지도자들이 적극 협력하고 참여한 것은 교육의 현실이 그만큼 어렵고 도움이 절실하다는 것을 보여주는 것이라 할 수 있을 것입니다. 총회교육원과 일선교회, 목회자와 교육 지도자들이 하나가 되어 한국교회의 산적한 교육 문제를 풀어가야 할 것입니다.

셋째, 고신총회 설립 60주년 기념 교육논문집의 발간입니다. 교회의 미래는 복음전도와 함께 연구와 개발에 있습니다. 총회교육원이 그동안 총회의 지원에 힘입어 연구와 개발에 힘써왔고, 그동안 상당한 성과를 거두었으며, 한국교회 각 교단 교육부보다 앞서 나아가고 있는 것은 감사한 일입니다. 이번에 60주년 기념 논문집으로 《개혁주의 기독교교육학의 새로운 지평》이라는 연구논문집을 간행하게 되었습니다. 우리의 교육철학과 정신 정리하고, 교육 분야의 다양한 연구로 교회교육의 새로운 방향을 모색하게 되었습니다.

많은 교수님들이 분주한 중에서도 새로운 귀한 논문들을 집필하여 주셨습니다. 여러 논문들이 전국교회와 교육 지도자들에게 개혁주의 기독교교육학의 새로운 방향을 제시할 것입니다. 원고를 보내주신 분들께 깊은 감사를 드리며, 다시 한 번 감사드립니다.

총회교육원장
나삼진 박사

| 축사 |

"개혁주의 기독교교육의 새로운 지평"
발간에 즈음하여

구주대망 2012년 올해는 백색순교를 향하여 달려가는 우리 고신총회가 설립된 지 60주년이 되는 뜻깊은 해입니다. 올해도 어느덧 4계절이라는 아름다운 하모니를 신실하게 지휘하시는 하나님의 도우심으로 무더운 여름을 지나, 농부들이 오곡백과의 추수를 기다리는 풍성한 가을을 맞았습니다. 교단설립 60주년 기념대회를 비롯한 여러 행사들의 여운이 남아 있는 이때에 "개혁주의 기독교교육의 새로운 지평"이라는 논문집이 발행됨을 진심으로 기뻐하며 고신교회 전체의 마음을 모아 축하를 드립니다.

대통령 선거를 앞둔 우리나라는 소망보다는 큰 절망 가운데 있음이 숨길 수 없는 안타까움입니다. 무엇보다 무너져 가는 학교교육으로 인하여 미래가 보이지 않고 실종되었다며 이구동성으로 염려하고 있습니다. 그러나 이보다 더 가슴 아픈 사실은 그리스도인의 가정이나 교회교육도 예외가 아니라는 점에 있습니다. 한미준(한국 교회 미래를 준비하는 모임)이 한국 갤럽 리서치에 의해 조사한 "한국 교회 미래 리포트"에 의하면 '교회학교의 성장이 교회의 장기적 성장의 궁극적 대안'이라고 했습니다.

그러므로 이번에 발행되는 논문집은 기념으로만 끝나는 닫힌 책이 아니라 하나님의 교회를 깨우며 새롭게 하기 위한, 절박한 심정으로 외치는 광야의 소리가 되어야 할 것입니다. 전국의 많은 목회자들과 교육 전문가들이 읽고 반응함을 통하여 우리 고신교단의 교육의 역사를 정리하고, 과거에 대해 반성하며, 현재를 돌아보면서 미래를 조망할 수 있기를 바랍니다.

평생을 드려 기독교교육에 헌신하고 계시는 모든 집필자들과 총회교육원의 노고에 다시 한 번 박수를 드리며, 이 열매가 밑거름 되어 교회교육과 다음세대를 향한 하나님의 간절한 꿈들이 성취되어 가기를 두 손 모아 기도합니다.

고신총회장
정근두 목사

| 축사 |

"개혁주의 기독교교육의 지평이
넓어지기를 소원하며…"

올해는 고신 총회가 설립된 지 60주년을 맞이하는 뜻 깊은 해입니다. '진리운동'으로 달려온 고신총회의 역사는 비록 순간순간 인간적인 실수가 있었지만, '하나님 앞에서'(Coram Deo)라는 구호와 함께 개혁주의 신학에 바탕을 둔 개혁주의 교회 건설에 매진한 자랑스러운 60년이었습니다.

그러나 우리는 신사참배로 타락한 한국교회를 새롭게 하기 위해 싸웠던 때보다 더욱 힘든 시대를 살아가고 있습니다. 세속적 인본주의, 포스터모더니즘, 상대주의와 종교다원주의, 물질주의와 쾌락주의, 지식정보만능주의, 과학과 신비주의의 혼재, 그리고 가정의 붕괴는 교회의 근본 터전부터 무너뜨리고 있습니다. 하나님의 사람들인 성도와 교회마저도 이 거센 세속화의 흐름에 동승하고 있는 실정입니다.

이제 부활하신 그리스도 안에서 이미 승리한 우리들, 창조주와 구속주를 알고 있는 그리스도의 교회는 이 세상을 향해 응전을 선포해야만 합니다. 그리고 '삶의 전 영역에서 승리하는 그리스도의 군사'를 양성하는데 우리의 목표를 집중해야만 합니다.

이러한 우리의 응전은 일회성 행사에 머물러서는 안 되고, 좀더 신학적이며 체계적이어야 하며, 근본을 새롭게 하는데 집중해야 할 것입니다. 금번에 발간되는 고신총회 60주년 기념 교육논문집인 《개혁주의 기독교교육의 새로운 지평》은 고신교단 설립 60주년의 의미를 더욱 풍성하게 하고, 교회의 미래를 공고히 한다는 점에서 매우 의미 있는 작업이라 아니할 수 없습니다.

이 논문집을 통해 고신교회가 기독교교육에 바탕을 둔 새로운 지평을 더욱 넓혀가기를 소원하면서 축하의 말씀을 드립니다. 이 논문집을 간행하기 위해 수고한 총회교육원 이사회와 원장 나삼진 박사를 비롯한 모든 연구원들에게 하나님의 크신 은총이 넘치기를 기원합니다.

고신대학교 총장
김성수 박사

| 축사 |

"고신총회설립 60주년 교육논문집"
발간을 축하하며

올해는 장로교 설립 100주년, 고신 총회 설립 60주년을 맞이하는 뜻 깊은 해입니다. 한국교회를 향하여 하나님이 지금까지 부어주신 은혜를 생각할 때마다 한없는 감사와 찬양을 드립니다. 100년 전 선교사들이 전한 복음을 통해 한국교회는 세계 교회사에 유래가 없는 괄목할 만한 성장을 이루었습니다. 하지만 100여년이 지난 지금 한국교회는 서구교회가 겪었던 위기를 경험하고 있습니다. 교회의 성장은 멈추었고 교회학교 학생의 수는 급감하고 있습니다. 이러한 때에 과거를 되돌아보고 새로운 100년을 준비하는 것은 매우 의미 있는 일일 것입니다.

특별히 하나님의 다음세대가 위축되어져 가는 가운데 개혁주의 기독교교육학자들이 올바른 신앙과 교회교육을 위해 기독교교육 논문집을 발간하게 하게 됨을 심히 기쁘게 여깁니다. 개혁주의 신앙의 전수는 우리가 반드시 지켜가야 할 과제인 동시에 미래를 향한 새로운 지평의 근간이 되어야 합니다. 또한 개혁주의 정신의 무장이야말로 교회를 향한 위기를 올바르게 대처해 나가는 올바른 자세일 것입니다.

위기(危機)란 위험(危險)과 기회(機會)가 합쳐 이루어진 단어입니다. 부디 이러한 좋은 양서를 통해 한국교회가 신앙의 위험 앞에 교육을 통한 기회의 자리로 나아가기를 소원합니다. 또한 바라기는 한국교회가 올바른 신앙교육을 통해 서구 교회의 전철을 밟지 않고 오직 말씀으로 든든히 서 가기를 기도합니다. 무엇보다 이 논문집의 발간을 위해 수고한 집필자들과 편집에 수고한 총회교육원의 연구원들 그리고 논문집을 기획하고 발간에 앞장선 나삼진 원장께 감사와 위로를 전합니다.

총회교육원 이사장
최한주 목사

| 목차 |

간행사　　　　　　　　　　　　　　　　4
축사　　　　　　　　　　　　　　　　　6

기독교교육 역사와 이념

1. 대한예수교장로회(고신) 교육의 역사 | 나삼진 박사 _ 15
2. 고신교단교육의 지향점 | 김성수 총장 _ 45
3. 고신교회의 "교육이념과 목적" 개정 제안 | 현유광 교수 _ 61

기독교교육 철학과 방법

1. 현대교육에서 본 예수님의 교육방법 | 조성국 교수 _ 83
2. 칼빈의 제네바 아카데미의 교육과정 형성이 한국교회에 주는 교육적 함의 | 류기철 교수 _ 105
3. 기독교교육의 기초존재론 : 차이와 교육 | 도세훈 교수 _ 127

기독교교육과 상담

1. 아동상담에 있어서의 놀이치료의 의미 | 류혜옥 교수 _ 151
2. 교회 위기 청소년의 자아탄력성 증진을 위한 기독교교육 상담적 접근 | 강연정 교수 _ 167
3. 종교정향 및 신앙성숙과 심리적 안녕감, 비행, 친사회적 행동과의 관계 | 김성수 목사 _ 195

Ⅳ 기독교교육과 우리시대

1. 다문화 기독교교육의 현황과 과제 | **강용원 교수** _ 223
2. 교회학교 다문화 역량의 의미와 개발 | **이현철 교수** _ 251
3. 한국 교회교육 현장에서의 통일교육 방향성 | **임창호 교수** _ 273

Ⅴ 기독교교육과 총회교육 사역

1. 클릭바이블 활용 실태 및 요구 분석
  | **조성국 교수, 이현철 교수 , 조철현 교수, 안동철 목사** _ 295
2. 생명의 양식 교육과정의 발전과정과 평가 | **안동철 목사** _ 323
3. 교회학교 교사교육 개선 방안에 관한 연구 | **이기룡 목사** _ 349

I

기독교교육 역사와 이념

01 대한예수교장로회(고신) 교육의 역사 | 나삼진 박사
02 교육의 가치중립성 문제와 사회적 책무성 | 김성수 총장
03 고신교회의 "교육이념과 목적" 개정 제안 | 현유광 교수

대한예수교장로회(고신) 교육의 역사
(1952-2012)

나삼진 박사 _ 총회교육원

*요약
I. 머리말
II. 제1기(1952-1963) 초기의 교단교육
  1. 이 시기의 고신교회
  2. 초기의 고신교단 교육
III. 제2기(1964-1970): 교단의 위기와 교단교육의 출발
  1. 이 시기의 고신교회
  2. 이 시기의 교단교육
IV. 제3기(1971-1982): 1970년대 평신도 중심의 교단 교육 발전
  1. 이 시기의 고신교회
  2. 1970년대의 교단교육
V. 제4기(1982-1999): 교단교육의 새로운 도전
  1. 이 시기의 고신교회
  2. 이 시기의 교단교육
VI. 제5기(2000년대): 교단교육의 전문화 시대
  1. 고신교회의 상황
  2. 2000년대의 교단교육
VII. 맺는말
*참고문헌

─────────── 〈요 약〉 ───────────

대한예수교장로회 교단교육 60년(1952-2012)은 다섯 시기로 구분할 수 있고, 시기마다 부침을 거듭하여 왔다. 제1기(1952-1963)에는 박손혁 목사가 중심이 되어 주일공과를 편찬하였고, 제2기(1963-1970)에는 교육과정심의위원회가 구성되어 교단교육이념과 목적

을 제정하고, 생명의 양식 교육과정을 개발하였다. 제3기(1970-1982)에는 교단교육이 전반적으로 침체되었고, 제4기(1982-1999)에 총회교육위원회를 중심으로 교재개발, 교사대학 운영, 성경대학 운영 등 다양한 교육의 발전을 이루었다. 제5기(2000-2012)는 그동안의 연구와 개발이 기초가 되어 교재개발, 교사대학운영 등 다양한 차원에서 교단교육의 전문화 시대를 열게 되었다. 고신교단은 교회의 미래를 위해 교단교육의 전문성을 더욱 발전시켜야 한다.

주제어: 고신교회, 고신교단 교육, 교단교육 60년, 한국교회교육사

Ⅰ. 머리말

일제강점기에 대동아공영권을 꿈꾸던 일본제국주의자들은 1930년대 말 제2차 세계대전을 준비하며 국민들의 정신무장을 강화하기 위해 신사참배를 강요하였다. 이에 대해 부산경남 지방, 평안도 지방, 그리고 만주 지방에서 강력한 반대운동이 일어났고, 반대운동을 이끌었던 지도자들은 1940년 일제검속으로 투옥되어 6년 씩 감옥에서 영어의 몸이 되었다.

1945년 8월 해방과 함께 출옥한 이들이 중심이 되어 1946년 9월 20일 고려신학교를 설립하였고, 고려신학교는 한국교회 쇄신운동의 근거지가 되었다. 그러나 한국사회에서 건국과정에서 친일청산이 이루어지지 못하였던 것과 같이, 교회쇄신운동은 기득권층의 강력한 반발에 봉착하였고, 이들이 서로 갈등하다가 총회로부터 축출당하였다. 이들은 1952년 9월 11일 대한예수교장로회 총로회를 발회하였고, 교회쇄신운동을 이끌었던 한상동 목사, 주남선 목사, 손양원 목사 등의 정신이 총로회를 형성하는 데 신앙적인 기초가 되었다.

고신총회는 이 대한예수교장로회 총로회 발회를 역사적 출발점으로 하는데, 부산, 경남, 울산 지역을 포함하는 경남노회를 중심으로 한 총회였지만, 경북지방회, 경기지방회, 전라지방회를 둔 총회의 규모를 갖추었

다.[1] 한국장로교회 총회 설립 100주년을 맞이하는 이 시점에 고신총회는 총회 설립 60주년 기념대회를 개최하였다.

이 논문은 대한예수교장로회 총회교육 60년(1952-2012)을 요약한 약사이다. 지난 60년 동안 고신교회의 교육이 어떻게 발전되어 왔는가를 역사적인 흐름을 중심으로 정리하였다. 고신교단 교육사를 다섯 단계로 구분하여 제1기(1952-1963), 제2기(1964-1970), 제3기(1971-1982), 제4기(1982-1999), 제5기(2000-2012)로 구분하였다. 각 시기마다 고신교회의 현실을 간략하게 정리한 후 그 시기에 교단교육이 어떻게 형성, 발전되었는가를 정리할 것이다.

Ⅱ. 제1기(1952-1963) 초기의 교단교육

1. 이 시기의 고신교회

해방과 함께 한국교회는 과거를 청산하고 새로운 대한교회 건설의 중대한 책무를 부여받았다. 이에 출옥성도들은 해방 후 대한교회의 건설을 위해 교회쇄신운동을 전개하였다. 그러나 일제강점기 한국교회 친일지도자들은 당시의 범과를 회개하고, 이를 청산, 극복하기보다는 기득권 유지에 혈안이 되어 있었다. 남북이 분단된 현실에서 남한교회가 중심이 되어 남부총회를 복구하게 되었다.

그러나 남부총회는 과거 일제강점기의 범과에 대한 청산 없이 친일인사들이 여전히 주도적으로 활동하였다. 1948년 제34회 총회에서 순천노회가 "고려신학교에 학생들을 추천해도 좋은가"에 대한 질의에 대해 일본기독교조선교단 초대 통리로 있었던 기독교계 대표적인 친일인사 김관식 목사는 정치부장으로서 "고려신학교는 우리 총회와 아무 관계가 없으니 노회

---

1. 허순길, 《한국장로교회사》 (서울: 대한예수교장로회 총회출판국, 2002), 380.

가 천서를 줄 필요가 없다"고 선언을 함으로써 고려신학교를 거부하였다.[2]

이후 총회에서는 '고려신학교'가 계속하여 문제가 되었으며 경남노회를 위해 전권위원과 특별위원 등을 내곤 하다가 한국전쟁 중이던 1951년 제36회 총회에서는 노회의 정통성을 가진 경남노회의 총대를 받지 않고 추방함으로써 장로교 제1차 분열이 이루어졌다. 1952년 9월 7일 경남노회를 중심으로 총로회를 발회하게 되었다. 이후 총로회는 지지하는 교회들이 꾸준히 증가하고 교회성장도 이루어져 1959년에는 590교회에 이르렀다. 1959년 총회를 기점으로 장로교 총회파는 연동측과 승동측으로 장로교 대분리가 이루어졌다. 네 선교회 전부와 그들이 소유한 재산 및 그들이 설립하였던 대부분의 기독교학교가 연동측으로 넘어갔다. 이때 위기에 처한 승동측은 '같은 신앙 같은 신학체계'를 명분으로 박형룡 목사를 중심으로 고신측과 합동을 타진하여 왔고, 한상동 목사는 그들의 간절한 요청을 받아들여 합동이 성사되었다. 고신교회는 1960년 12월 13일 전격적으로 승동측과 합동총회를 개최하여 3년 동안 합동교단으로 존재했다.

2. 초기의 고신교단 교육

고신총회 교단교육 제1기는 고신교회가 총회로부터 추방당한 후 총로회를 구성되면서부터 합동을 거쳐 환원의 때까지를 포함하는 시기이다. 고신교단이 기구적인 조직을 1952년 9월에 갖추었고, 제1회 총로회에서는 "종교교육에 관한 일을 장리(掌理)하기 위해" 종교교육부를 상비부로 두기로 하였다.[3] 또한 제3회 총회(1954년)는 종교교육부에서 공과를 간행하도록 결정했다.[4] 이것이 고신교회 초기 교단교육의 출발이다.

총로회는 이 때 종교교육부장으로 박손혁 목사를 선임하였는데, 그는 초

---
2. 위의 책, 344.
3. 《대한예수교장로회 총회회록(제1회-제10회)》, 1961, 10.
4. 《대한예수장로회 총회회록(제1회-제10회)》, 1961, 29.

기 고신교회의 교육을 위해 많은 수고를 하였다. 초기의 교단교육은 박손혁 목사의 지도력으로 뿌리를 내리기 시작했다. 영어에 능숙하였던 그는 미국 개혁교회의 교육 자료들을 받아 이를 번안하여 주일공과를 간행하여 사용하게 되었다. 그의 노력으로 초창기 주일공과가 편찬되었고, 초기 고신교단의 교육의 기초가 닦여졌다. 1956년부터는 유년주일학교 공과와 장년공과가 출판되어 전국 교회에 보급되었고, 1957년부터는 하기학교 공과가 간행되었다.[5] 그 이전에는 고신교회가 시작될 무렵 부산에서 사역하던 는 마두원 선교사는 문서사역에 중요한 관심을 가지고 주일공과를 간행하였고, 그 책을 중심으로 주일 성경공부를 인도하기도 하였다.[6]

1959년 연동측과 승동측의 대분열이 있었는데, 선교사들과 기독교학교들을 송두리째 두고 나와야 했고, 승동측은 교단적으로 위기에 처해 교재 개발을 제대로 하지 못하였으며, 1960년 12월 합동 당시에도 박손혁 목사가 준비한 주일공과를 합동교단의 주일공과로 출판하였다. 그가 합동 이후 당시 어려웠던 교육 분야를 담당하여 합동총회의 교육의 기초를 놓았다. 그는 주일공과 편찬 외에도 성경통신학교를 설립하여 평신도들의 성경공부를 지원하였다.

Ⅲ. 제2기(1964-1970): 교단의 위기와 교단교육의 출발

1. 이 시기의 고신교회

승동측과의 합동은 순탄하지 않았다. 고신측과 승동측이 합동한 지 3년이 채 되지 못하여 고신측이 환원을 하게 되었다. 1962년 9월 총회를 마친

---

5. 《대한예수교장로회 총회회록》, 1961, 95-96.
6. 나삼진, "문헌으로 본 고신 교회교육 60년: 주일공과-주일학교 교사용(1952), 《교회와 교육》 2012년 봄호, 88-91.

후 한 달이 못되어 한상동 목사는 고려신학교 복교를 선언하였는데, 이는 고신측의 환원의 신호탄이었다. 1963년 총회를 앞두고 각 노회가 차례로 환원을 하였고, 1963년 9월 제13회 환원총회를 개회했다.

그러나 이때 박윤선 목사와 이북 출신의 목회자들의 교회 등 145교회를 잃고, 445교회만이 환원하였다. 더구나 수도권에 있는 중형교회들과 이북 출신 목회자들이 중심이 된 경기노회 보류파들을 포함하여 170여 교회나 잃게 되었다. 이는 교단적으로 엄청난 손실이었다. 이것은 고신측이 영남 편중 교단이 되는 데 결정적인 역할을 하였다.

뿐만 아니라 고신교회의 신앙과 정신을 이끌어오던 《파수꾼》이 합동측으로 넘어가 훗날 《기독신문》이 되었고, 고신교회가 준비하여 합동기념으로 출판하였던 《새찬송가》 역시 합동측에 넘어가고 말았다. 환원 총회 이후 교단 지도자들은 어려운 시기에 교단의 재정비를 위해 많은 노력을 기울였다. 1964년 제14회 총회에서 고려신학교를 총회가 직영하기로 하였고, 1965년 총회 유지재단을 구성하였으며, 1966년에는 고려신학교 설립 20주년 기념행사와 함께 주남선 기념관을 건립하였고, 1967년 학교법인 고려학원이 설립되었다.

2. 이 시기의 교단교육

교육과정심의위원회 조직과 활동

1964년 9월에 열렸던 제14회 총회에서 교단교육 전문기구로 교육과정심의위원회를 구성하기로 결의하였다. 이렇게 선임된 위원은 다음과 같다.

위원장: 오병세 박사(고려신학교 교수)

위 원: 홍반식, 이근삼, 허순길, 민영완, 석원태, 양승달, 최해일, 박종락, 이만열, 이중재, 윤종하

이들은 유학에서 돌아온 이른바 '동방박사 세 사람'을 포함하여 비교적 젊은 교사들이 주축을 이루었다. 1965년 12월에 간사로 최해일 전도사가

선임되었고, 그는 교단교육을 위해 선임된 첫 간사가 되었다.

(1) 교단교육이념과 목적 제정

제14회 총회에서 교육과정심의위원회가 구성되면서 교단교육의 기초를 놓았다. 교육과정심의위원회는 1965년 1월 부산에서 모인 제1차 회의에서 미리 준비한 교단교육이념과 목적을 심의, 제정하고, 제15회 총회에 상정, 총회의 결의로 제정하고 공포하였다.[7] 이 때 제정된 대한예수교장로회 고신교회의 교육이념과 목적은 다음과 같다.

> 교육이념
> 개혁주의 정신에 입각하여 웨스트민스터 표준서들(Westminster Standards: 신앙고백서, 대소교리문답, 교회정치, 예배모범)을 따라 하나님을 사랑하고 이웃을 사랑하는 그리스도인을 양성한다.

> 교육목적
> 성경을 가르쳐:
> 1. 삼위일체 하나님을 바로 알고, 사랑하며, 섬기게 한다. (예배적 인격자)
> 2. 하나님의 형상인 사람을 이해하고, 사랑하며, 도우고 그리스도를 전하게 한다.(인화협동적 인격자)
> 3. 자기의 존재 의의와 특수한 사명을 자각하여 자기의 선 자리에서 맡은 일에 충성하게 한다.(문화적 인격자)
> 이러한 그리스도인을 육성하여, 신앙의 정통과 생활의 순결을 겸비케 한다.

---

7. 교육과정심의록, 대한예수교장로회 총회종교교육부, 1-10; 《대한예수교장로회 총회회록(제11-제20회)》(부산: 대한예수교장로회 총회출판부), 1971. 105.

이 고신교단 교육이념과 목적이 고신교회의 신앙과 정신을 함축하고 있다. 이는 학생신앙운동(Student for Christ) 강령과 함께 고신교회의 신앙고백과도 같은 역할을 해 왔다. 이 교육이념과 목적에 대해 총신대학교 기독교교육학과 정정숙 교수는 "예장고신측의 생성과정과 전통을 집약하는 것"으로, 그리고 "한국 각 교파 중에서 자기들의 주장을 선명히 한 것"이라고 평가하고 있다.[8] 이같은 교육이념과 목적은 한국교회 다른 교단에 비해 크게 앞선 것이었다. 합동측이 1994년, 통합측이 1972년에 채택하였고, 교육과정 개발 역시 통합측 '성서와 생활'이 1970년, 합동측은 계단공과가 1967년에야 이루어졌다.

이와 함께 교회의 교육기관을 유치부, 유년부, 중등부, 고등부, 대학부, 장년부로 구분하고, 각 단계별 교육목표를 설정하였는데 유치부는 주기도문, 유년부는 사도신경, 중등부는 십계명, 고등부는 소교리문답, 대학부는 대교리문답, 장년부는 신앙고백서를 교리적 표준으로 채택하였다.

교육과정심의위원회는 이후 수차례 연구회를 통해 교수요목을 작성하고, 단계별로 수년에 걸쳐 '생명의 양식' 교육과정을 간행하게 되었다. 대중교통이 어려웠던 시절 위원회는 연휴를 통해 1박 2일의 집중하는 형식으로 회의를 갖고, 과제를 분담하여 회의를 가짐으로써 효율성을 높였다.

(2) 생명의 양식 교육과정 개발

교육과정심의위원회의 열성적인 노력으로 교재개발이 이루어져, 1966년에는 '생명의 양식' 교육과정 첫 권이 출간되었고, 1970년까지 모두 여섯 권으로 된 주일학교 교육과정을 완성하게 되었다. 이는 당시 만국통일공과를 사용하던 한국교회 교육현실에서 우리나라 학자들의 노력으로 만들어진 첫 본격적인 계단공과라는 점에서 한국기독교교육사적인 의의가 있다.[9] 위원회는 어린이를 위한 주일학교 교재를 '생명의 양식' 교육과정으

---

8. 정정숙, 《기독교교육과정》 (서울: 대한예수교장로회 총회출판국, 2000).
9. 나삼진, "고신교회 교회교육의 발자취", 《생명의 양식 제5차 교육과정 해설》 (서울: 대한예수교장로회 총회출판국), 28.

로, 성인들을 위한 주일공과를 '진리의 말씀'으로 이름을 붙였다. '진리의 말씀'은 1966년부터 3년에 걸쳐 간행되었다. 이 두 교육과정은 당시의 교회교육의 전부였다. 이 때 함께 개발하였던 중고등부 교재는 중고등부 각 3개년 과정으로 교과서를 편찬하였으나, 고등부 1을 출간하고 중단되었다가 1985년 16년만에야 완간되었다.

(3) 교육연구대회 개최

이 시기에 총회적으로 교육문제의 해결을 위해 교단의 지도자들과 목회자들이 뜻을 모아 교육연구대회를 개최하였다. 총회교육부 주관으로 1964년 7월 제1회 전국 교회교육연구대회를 개최하였는데 주제는 '교회교육의 새로운 방향'으로 하였으며, 이는 교회교육을 위해 새로운 바람이 불게 되었다. 여러 차례의 교육연구대회에는 한상동, 송상석, 오병세, 이근삼 목사 등교단의 지도자들이 강의를 맡아 범교단적인 행사가 되었고, 목회자와 평신도들에게 함께 교회교육 발전을 도모하는 기회가 되었다. 고신교회의 교단교육이 이렇게 초기에 연착륙하게 된 것은 교단 지도자들의 비전과 적극적인 협력의 결과였다.

이 교육대회는 이후 1966년, 1970년, 1971년, 1972년까지 계속되어 교단적으로 교육에 관심을 기울이는 계기가 되었다. 이 대회를 마치면서는 대회의 개요와 함께 강의와 토론들을 정리하여 보고서를 출간하였다. 이러한 노력은 1960년대 목회자들과 교육지도자들에게 단비와 같은 것이었다.

(4) 교육연구모임과 《주교연구》

이 시기에 1965년에는 고려신학교 안에서 자발적인 교회교육 연구모임으로 교회교육연구회가 조직되었다. 이들은 교회교육에 뜻을 둔 전도사들로 신학교 내에서 자신들의 교회교육사역의 발전을 위해 자발적인 연구활동을 전개하고, 《주교연구》라는 간행물을 내면서 황무지와 같던 교회교육을 지원하였다.

이 시기에 각 노회 단위로 형성된 주일학교연합회의 노력은 값진 것이었다. 평신도들의 자발적인 봉사는 평신도 리더십의 신장을 가져왔고 총회적인 지지가 없는 가운데서 그들의 헌신적인 사역으로 교회교육이 크게 안정되었다. 그와 함께 교육과정심의위원회의 준비와 주도로 1967년 교육연구대회에서 전국주일학교연합회가 조직되어 교사들이 전국 규모로 연합하여 일하도록 도왔다.

Ⅳ. 제3기(1971-1982): 1970년대 평신도 중심의 교단 교육 발전

1. 이시기의 고신교회

1970년대에 고신교회는 매우 불행하였던 시기였다. 1967년 사조이사단 조직이 있었고, 이 시기에 교수들과 이사장 송상석 목사가 충돌하여 갈등이 계속되었다. 제22회 총회 이후 교단의 지도자 중 한 분이었던 송상석 목사가 총회가 정한 4년 임기의 이사장을 마치고도 당시 문교부 등록 임기가 남아있다는 이유로 법적인 이사장직을 주장하고, 이사장 직무를 이양하지 않는 일이 발생하였다. 이것이 1970년대 교단 분규의 불씨가 되었고, 수차례 교계언론에 공방을 벌이다가 여러 과정을 거쳐 결국 1974년 송상석 목사는 제24회 총회가 구성한 특별재판국의 판결로 면직되었다. 그는 1946년 박형룡 박사의 귀국에 기여한 것이나 이후 행정적인 기여가 많았던 분으로, 교단적으로 참 안타까운 일이었다. 이 사건으로 인해 경남노회가 총회에서 이탈하게 되었고, 총회의 입장을 지지하는 이들이 중심이 되어 경남노회를 계승하게 되었다.

이 시기에 경남노회의 이탈로 많은 고신교회는 한동안 시련을 겪게 되었는데, 수년이 지난 후 1982년 합동하기로 하고, 합동경축대회를 갖고 받아들임으로써 이는 종결되었다. 그러나 석원태 목사와 김태윤 목사 등은 환원에 동참하지 않아 오늘날까지 고려측으로 있다.

2. 1970년대의 교단교육

(1) 1970년대 교회교육의 발전

1970년대에 들면서 고신교회에서 교회교육의 발전은 거의 정지되고 말았다. 힘겹게 생명의 양식 교육과정을 완간하고 어린이 교재 발간이 있었으나 경영의 실패와 교회의 협조의 부족으로 재정적으로 타격을 받게 되었고, 이를 만회하기 어려웠기 때문이었다. 해마다 교재 재판을 제작하였을 뿐 어린이 교재는 사장되고 말았다. 이 시기에는 교단교육은 심군식 목사가 주로 담당하였다. 그는 여러 권의 동화책을 출간하였던 아동문학가로 목회를 하면서 교단교육을 담당하였는데, 당시 총회 기관지 《개혁신앙》의 편집까지도 맡겨져 있어 짐이 무거웠다. 당시로서는 교육사업의 중요성을 강조하면서도 예산과 인력의 지원이 따르지 않음으로써 일정한 성과를 기대하는 것은 처음부터 무리였다.

그나마 이 시기에 총회적으로 교회교육을 위해 아무런 노력을 기울이지 못했지만, 헌신적인 평신도들의 수고와 노력으로 주일학교 교육이 활발하게 이어질 수 있었다. 1967년 조직된 전국주일학교연합회가 점차 안정을 잡아가면서 1974년부터 전국교사대회가 시작되었다. 당시 전국의 노회 단위로 주일학교연합회가 조직되었고, 노회주일학교연합회가 주관하는 교사강습회가 활발히 전개되었다. 이 시기에 교회교육을 위해 총회적인 지원이 없었지만, 교사강습회 마다 그리고 각 교회의 주일학교는 헌신된 교사들의 노력으로 활력이 넘쳤다.

(2) 고등교육의 발전

그런 가운데서도 1970년대에 고신교회는 고등교육이 크게 발전하게 되었다. 그것은 교단적인 자원이 많지 않던 시기에 고등교육에 집중하였는데 이는 고려신학교로 승격과 교육이 필요하였기 때문이었다. 1968년 복음간호학교 설립, 1970년 12월 고려신학대학 인가, 1975년 복음간호학교의 전문학교로 승격, 1975년 고려신학대학 본관 준공 등이 이루어져 고등교육이 강화되고 복음병원도 한층 발전하게 되었다.

1970년대는 고신교회에 신학교육의 정상화가 이루어지기도 했으나 교단적으로 매우 불행했던 시기였다. 1970년대 고신교회의 교단교육은 교회가 본질적인 사역에 충실하지 못하면 중대한 위기를 만난다는 사실을 가르쳐 주고 있다. 이 시기는 우리 사회가 도시화, 산업화의 결과로 고도의 교회성장이 가능했던 시기였는데, 고신교회가 그 성장의 기회를 놓친 것은 무척 아쉬운 일이었다.

(3) 교육현안 건의와 기구 조정

교단교육에 대한 무관심이 1970년대 후반까지 계속되자 평신도 중심의 활동으로는 한계에 이르게 되었다. 이는 교회교육의 전문성에 문제를 가져오게 되었고, 교회와 노회마다 교회교육에 대한 불만이 점증되었다. 1960년대에 개발된 생명의 양식은 교회의 상당한 호응을 받았으나, 후속 작업이 이루어지지 않자 교회에서부터 불평들이 나오기 시작하였다. 그리하여 1970년대 말부터는 총회 때마다 교단교육의 개선을 위한 각종 청원이 쇄도하게 되었다.

1978년 제28회 총회에서 교육국을 설치하기로 하였으나, 인력과 예산이 지원되지 않아 아무런 소용이 없었다. 한 사람에게 맡겨진 교단교육은 후퇴할 수밖에 없었다.[10] 전국주일학교연합회는 1980년 제30회 총회에 계단공과에 관한 일, 계절공과에 관한 일, 어린이 주일 헌금 실시, 교육 전담 간사 선임, 주일학교 명칭 환원 등 다섯 가지 건의사항을 제출하였다. 전라노회를 비롯한 여러 노회에서도 계속하여 교육관련 청원이 제출되었다.

---

10. 나삼진 편, 《심군식 목사와 교단교육》, 34.

총회에서는 교육국을 설치하고, 운영계획을 제출하였지만, 재정적인 지원이 따르지 않음으로써 교육현장에 달라진 것은 아무 것도 없었다. 교단교육은 1970년대 황금기 같은 교회성장기에 계속하여 잠을 잘 수밖에 없었다. 참으로 안타까운 일이었다.

Ⅴ. 제4기(1982-1999): 교단교육의 새로운 도전

1. 이 시기의 고신교회

1980년대는 고신교회에서 그동안의 상처가 아물기 시작하던 때였다. 제29회 총회에서는 진주노회의 헌의로 이탈한 형제들의 복귀를 영접하기 위한 위원회를 구성하였고, 대회가 다양한 채널을 통해 대화가 계속되었다. 장로회가 중심이 되어 하나되기 운동을 전개하였고, 《하나되기 운동 소식》지를 간행하기도 하고, 서울과 부산에서 고신교단 하나되기 합동기도회를 갖기도 하였다. 이처럼 1980년대는 평신도 운동이 활발하게 일어났던 시기였다.

이러한 평신도들의 적극적인 중재와 노력으로 제30회 총회에서는 다시 준비과정을 거쳐 1982년 11월 16일 부산 송도 고신대학교에 고신교단 합동 경축대회를 갖게 됨으로 나뉘었던 형제들이 하나가 되었다. 그러나 석원태 목사를 중심으로 한 반고소 고려파는 합동에 동참하지 않고, 고려측으로 독립된 교단으로 발전하게 되었다.

2. 이 시기의 교단교육

(1) 총회교육위원회 구성

1970년대 후반 교육에 대한 원성이 많던 시기에 전국주일학교연합회와 여러 노회의 건의가 계속되었지만 큰 성과는 없었다. 1978년에 교육국을 조직하였지만 인력이나 재정 지원이 없었고, 여전히 '사람좋은' 심군식 목사 한 사람에게 맡겨져 있었다. 교단교육의 변화는 없었다. 다시 전국주일학교연합회가 다시 계단공과 개편, 계절공과 적시에 편찬, 유치부 공과 편찬, 교사통신대학 개설, 교육전담간사 채용 등을 건의하게 되었다. 결국 제32회 총회는 총회교육위원회를 설치를 결의하였다.

그런데 문제는 당시 교육부 부원들이 대거 교육위원으로 참여하면서 이름만 달라진 것이지 교육부와 큰 차이를 갖지 못하였다. 다만 교육위원회의 특수성을 고려하여 고신대학교 총장 혹은 고신대학교 신학대학원장을 배정하여 행정적인 격려가 되었다. 이후 홍반식, 오병세, 이근삼, 김병원 총장 등이 교육위원장으로 많은 봉사를 하였다.

(2) 간사 제도 도입

고신총회는 교육 사업에서 인력과 재정의 부족으로 많은 어려움을 겪었다. 1980년대 교회가 성장하고 교육적인 필요가 증대됨으로써 전담인력을 충원할 수밖에 없었다. 총회교육위원회는 전국교회로부터 다양한 요청을 받아들이기 위해 간사 제도를 도입하게 되었다. 이는 심군식 목사 한 사람에게만 주어져 있었던 교단교육을 더 이상 끌고 가기 어려웠기 때문이었다. 첫 전담간사는 부산, 동부산, 중부산노회 여전도회연합회의 후원으로 이루어졌다.

총회교육위원회는 1984년 3월에 첫 전담간사로 송길원 강도사를 선임하였다. 그것도 재정을 지원할 수 없는 상황이었으므로, 심군식 목사와 회계 정금출 장로가 협력하여 부산 지역의 세 노회 여전도회연합회의 후원으로 이루어졌다. 송길원 간사의 노력으로 십 수 년 동안 중단되었던 생명의 양식 중고등부 교과과정이 완간을 보게 되었다. 또한 생명의 양식 전면 개편을 위해 처음으로 전국주일학교연합회 대표 등을 초청하여 1985년 1월 공청회를 실시하고, 집필자 세미나를 개최하였으며, 새로운 교육과정 개발을 준비하게 되었다. 제35회 총회에서 두 사람의 간사를 더 충원을 허락을 받으면서 10월 18일 김상옥 강도사와 나삼진 전도사를 간사로 선임하고 대표간사 제도를 도입, 송길원 목사를 첫 대표간사로 선임하였다.

1986년 1월부터는 신학대학원에서는 교회문제연구소를 함께 사무실로 사용하게 되었고, 2년을 공동으로 사용하다가 별도의 사무실을 얻어 총회회관이 건축하여 서울로 이전하기까지 사용하게 되었다. 또 초기에는 교회가 간사들의 생활비를 지원하는 제도로 교육위원회 사역을 시작하였다.

그러나 교회지원 간사 제도가 여러 가지 문제점을 노출하게 되어 1987년 11월부터 단계적으로 교회지원 간사제도를 폐지하고, 전담간사 제도를 추진하였다. 1989년에 전담간사 제도가 완전하게 정착하게 되었다. 그 때까지 김상옥, 엄칠문, 임기홍, 황신기, 전영욱, 서용택, 조서구, 이영한 등이 교회지원 간사 제도에 따라 무급으로 많은 수고와 봉사를 하였다. 전담간사 제도로 전환한 이후에는 다양한 교육사업을 더욱 강력하게 추진할 수 있었다.

1987년에 시작된 전담간사 제도가 정착하자 교단교육의 전문화에 대한 컨센서스가 형성되었고, 그 결과 1992년 1월에 대표간사 나삼진 목사가 미국 유학을 떠나 미국 Biola University에서 기독교교육학과 청소년사역학을 전공하고 각각 석사학위를 수여하고 1994년 귀국하였다. 1994년 7월에는 간사 박홍철 목사가 미국 Liberty University로 유학을 떠나 실천신학을 전공하고 석사학위를 수여했다.

(3) 주일학교 교사통신대학의 개설

제35회 총회(1985년)는 총회교육위원회가 헌의한 주일학교 교사통신대학 설립을 허락하였다. 이에 3개월간의 준비를 통해 1986년 3월 주일학교 교사통신대학이 개교하였는데, 첫 입학생으로 665명이 등록하여 큰 성황을 이루었다.

주일학교교사통신대학은 2년 동안 학기당 네 권씩 교재 16권을 공부하고 학기당 두 차례씩 출석수업에 참석하는 프로그램이었다. 이 과정의 교과서로 2년에 걸쳐 교사양성 총서(전16권)를 완간하였다. 교사통신대학은 그동안의 교사들의 배움과 헌신의 갈증을 풀어주어 교사교육과 주일학교 부흥에 큰 활력을 불어넣었다. 총회에서는 이 과정을 마친 이들에게 장로고시와 전도사 고시에서 성경과 교리과목을 면제해주는 혜택을 주기도 했다. 이러한 행정적인 지원은 통신대학의 활성화에도 도움을 주었는데, 초기 전성기에는 학기당 1,200명까지 증가하기도 하였다. 교사통신대학의 성공적인 운영은 교단교육의 재정적인 안정을 가져왔고, 제2차 교육과정 개발의 씨앗이 되었다.

(4) 생명의 양식 제2차 교육과정 개발

고신교단이 처음 개발한 생명의 양식 교육과정은 한국인 학자들에 의해 개발된 첫 계단공과라는 장점에도 불구하고 후속 개정과 개발이 이루어지지 않아 교회의 외면을 받았다. 이와 함께 준비하던 생명의 양식 개편교재는 1987년 1월 출간하게 되었고, 총회교육위원회에서는 교육과정의 연속성을 고려하려 이를 '생명의 양식 제2차 교육과정'이라 부르게 되었다. 생명의 양식 제2차 교육과정은 당시 새롭게 도입된 컴퓨터 인쇄 기법을 따라 제작되어 미려함이 뛰어났으며, 가독성이 크게 높아졌다. 제2차 교육과정은 유치부 2개년, 유년부 3개년, 초등부 3개년 과정으로 편성되었으며, 모두 8개년 연속교육과정으로 교사용 8권, 어린이용 32권으로 기획되었고, 어린이 교재는 년 4회로 발간하다가 보급의 번잡성을 피하기 위해 연 2회로 합본하였다. 이 교육과정 개발은 준비 기간이 짧았지만 간사들의 헌신적인 노력으로 1989년 7월에는 이를 완성할 수 있었다. 제2차 교육과정에 대한 교회의 반응은 참으로 놀라운 것이었다.

이때 총회가 전혀 재정 지원을 하지 않은 가운데 교사통신대학의 운영의 인적 물적 자원이 생명의 양식 제2차 교육과정 개발을 지원하였기 때문이었다.

그 시기에 고신교회의 오랜 숙원사업이었던 생명의 양식 제2차 교육과정 개발과 교사통신대학의 개교는 교회의 적극적인 협력으로 교회교육에 희망을 주고, 교단교육의 새로운 가능성을 여는 기회가 되었다.

(5) 성경통신대학 개설

주일학교 교사통신대학을 운영하던 가운데 교사들의 반응이 무척 뜨거워 교사통신대학의 운영이 총회교육위원회 자립에 기여했다. 2년 과정을 마친 졸업생들이 계속교육 프로그램에 참여하기를 원하였다. 고신교단에서는 초기부터 성경에 대해 많은 관심을 가지고 있었으나 공부할 수 있는 기회가 적어 가정에서 성경을 공부할 수 있도록 통신성경학교를 운영하고 있었다. 통신성경학교는 1950년대부터 종교교육부장 박손혁 목사가 담당하였는데, 그의 소천 후 제씨 박정덕 목사가 운영하고 있었지만 당시에는 유명무실하였다.

교육위원회는 교육위원이던 박정덕 목사와 협력하여 통신성경학교를 혁신하여 성경통신대학을 개설하기로 하였다. 박정덕 목사가 책임지고 있던 통신성경학교를 전면 개편하여 총회교육위원회의 산하기관으로 하는 성경통신대학을 설립하는 것이었다. 박정덕 목사도 교사통신대학과 같은 형태로 운영하는 것이 효과적이라고 보았다. 교육위원회에서는 통신성경학교를 개편하여 성경통신대학으로 승격하기로 하고, 1988년 제38회 총회에 청원, 총회의 승인을 받아 개설하였다. 이는 신구약성경을 2년 동안 집중적으로 공부하도록 하였는데, 이를 평신도성경연구총서(전12권)로 간행하였다. 이 프로그램으로 평신도 지도자들은 성경을 체계적으로 배우는 중요한 기회가 되었다. 총회에서는 이 과정을 마친 이들에게 장로고시와 전도사 고시에서 성경과 교리과목을 면제해주는 혜택을 주기도 했다.

(6) 교단교육진흥 종합계획 추진

총회교육위원회는 제39회 총회를 앞두고 교단교육진흥계획(1989-

2004)을 마련하고 제2회 총회교육정책협의회를 개최하여 전국교회의 의견을 수렴하였다. 이 계획은 교단역사상 처음있는 일로 3차에 걸친 교단교육 진흥 5개년계획을 마련한 것이었다.

이 협의회에서 발표된 교회교육 센서스 결과, 생명의 양식 개편공과 평가 보고. 교회교육 자체평가 연구 보고 등을 발표하고, 다양한 의견을 수렴하여 제39회 총회에 교단교육진흥 제1차 5개년 계획(1989-1994)을 제출하였다. 교단의 각 분야를 통털어 처음으로 작성된 이 중장기 계획은 3차에 걸친 5개년 계획으로 제1차 5개년 계획(1989-1994) 기간동안 모두 6개 부분에서 39개의 크고 작은 사업을 추진하게 되었다. 이를 통해 교단교육의 기초를 닦게 되었다.

이를 위해 교회교육의 현실을 분석하고 정리하는 것은 필수적이었다. 그리하여 1989년에 교단 최초로 교회교육 총조사인 '교회교육 센서스'를 실시하여 502교회를 중심으로 전국교회의 현황을 조사하였다.[11] 이 사업은 이후 매 5년마다 시행하여 교회와 교육의 현황은 물론이고, 교재에 대한 종합적인 평가와 교회의 요구들을 수렴하였다.

(7) 생명의 양식 제3차 교육과정 개발

1993년부터는 생명의 양식 제3차 교육과정 개편작업이 이루어졌다. 1994-1999년에는 교단교육진흥 제2차 5개년 계획이, 1999-2004년에는 제3차 5개년 계획이 추진되었다.

(8) 교회와 교육 발간

1986년 3월 주일학교 교사통신대학이 개교되면서 교과에 따른 모든 교재를 한 번에 모두 발간할 수 없었다. 교재는 교사양성총서(전 16권)로 준비하기로 하였지만 첫 학기는 일부 과목을 통신으로 공부할 수밖에 없었

---

11. 박홍철, "2천년대 교단 교육정책 수립을 위한 교회교육 센서스 결과 분석", 《총회교육정책협의회 자료》(부산: 총회교육위원회, 1989(9)), 13-31.

다. 이를 위해 당시 부정기 간행물이던 《총회교육위원회보》를 《교회교육》으로 개제하고, 제4호부터 발간하기로 하였다. 이 《교회교육》지는 표지 없이 한 해를 지내오다가, 1987년부터 표지를 입혔고, 1994년에는 정기간행물로 등록하여 시판하게 되었다. 1999년부터는 간종을 계간으로 변경하여 교회교육지도자들을 위한 자료를 제공하게 되었다.

(9) 큐티 사역

고신교단에서 성인을 위한 교육과정은 전통적으로 구역공과와 장년 공과 두 종류가 있었다. 구역공과는 주제를 따라 공부하게 되어 있고, 장년부 성경공부는 성경을 책별로 공부하는 과정이었다. 이에 대한 종합적인 평가와 장년부 교재개발 세미나를 통해 1999년 1월부터는 종전의 장년부 성경공부에 대한 종합적인 분석과 평가를 토대로 교회 장년부 성경공부를 위해 1999년에 《복있는 사람》을 창간하였다. 2001년부터는 《어린이 복있는 사람》이 창간되었다. 《복있는 사람》은 2008년 이후 학생신앙운동(SFC)과 협력하여 성경본문을 통일하여 사용함으로써 어린이, 청소년, 대학청년, 장년 등 가족이 같은 본문으로 성경을 묵상하도록 하였다. 고신교단은 이 분야에서 한국교회의 첫 교단이 되었고, 지금도 유일한 교단이 되고 있다.

Ⅵ. 제5기(2000년대): 교단교육의 전문화 시대

1. 고신교회의 상황

2000년에 접어들면서 온 세계는 새로운 밀레니엄의 시작으로 들떠 있었다. 세계가 희망을 노래하고, 이를 준비하였다. 그러나 2000년대에 고신교단의 역사에서 가장 힘든 역사적 경험을 해야 했다. 학교법인 고려학원의 부도로 인한 교육부의 임시이사 파견 사건이 발생되었다. 2003년 4월 1일 기존 임원의 승인이 취소되고 교육부가 임시이사를 파견하게 되었다. 이 사건으로 학교법인과 세 기관 고신대학교, 고려신학대학원, 복음병원은 물론 고신교회 전체를 공황 상태에 빠지게 만들었다. 이 일로 고려학원 산하기관은 불신자들이 학교법인의 중요한 의사를 결정하는 부끄러운 일을 당해야 했으며, 큰 변화를 경험하고 생존을 위해 몸부림 쳐야 했다. 고신교회는 상당한 금액의 자금을 쏟아 부어야 했고, 총회적으로 이를 극복하기 위해 인천부지 매각, 전국교회의 모금과 은행융자 등으로 250억 원 이상의 자금이 투입되었다.

총회적으로도 2002년에 총회기구 구조조정의 일환으로 종전의 기구를 대폭 조정하였는데, 제52회 총회에서 소총회 형식의 부회와 법인총회를 분리하는 위원회 중심 제도로 전환하였다. 또 제57회 총회에서는 총회회관 구조조정이 발의되어 교단교육에 상당한 영향을 미치게 되었다.

2. 2000년대의 교단교육

2000년대에 접어들면서 고신교회 교단교육은 전문화 시대를 열게 되었다. 이 때 교회학교의 교육연한을 유아부로 교육연한을 확대하였고, 유아부, 유치부와 함께 초등부를 1, 2, 3부로 더욱 세분화하여 전문적인 교육이 이루어지도록 하였다. 2001년 개발된 '생명의 양식 제4차 교육과정'은 새로운 차원의 교재로 격상되었다.

(1) 교육목적 개정 추진

교육과정심의위원회가 준비하고 제15회 총회에서 '교단교육이념과 목적'과 '단계별 교육목표'가 채택되었다. 이는 고신의 역사와 이념을 정리한 것으로 높게 평가되어 왔다. 그러나 그동안 초기 작성시에 나타나지 않았던 사회와 문화현상으로 특히 선교와 사회봉사 분야의 보완의 필요성이 제기되었고, 총회교육위원회에서는 그러한 의견을 수렴하여 2천 년대를 맞이하여 생명의 양식 제4차 교육과정 개발과 함께 진행하기로 하였다.

총회교육위원회에서는 이를 위해 대학과 대학원 교수와 교육전문가들로 연구위원회를 구성하고, 자료집을 간행하는 등 여러 과정의 연구를 거쳐,[12] 제59회 총회에서 교단교육 이념과 목적 개정안을 제출하였다. 그러나 개정시안이 발표되고 의견이 수렴되는 가운데 원로목사회 등의 이견이 해소되지 않아 총회를 앞두고 이를 철회하고 말았다. 공식적인 절차에 따라 공개적인 의견 수렴의 기회가 있었음에도 불구하고, 비공식 과정과 절차를 통해 공식적인 절차가 진행되지 못한 것은 아쉬운 일이 아닐 수 없었다.

다만 2001년 제4차 교육과정 개발시 유아부 신설과 초등부를 세 부서로 구분함에 따라 단계별 교육목표를 신설하거나 개정하였고, 제5차 교육과정 개발을 앞두고 부서 조정에 따라 다시 일부 개정하였다.

(2) 총회교육원 출범

총회교육위원회에서는 2002년에 총회교육위원회 설치 20주년 기념회와 심포지움을 개최하였다. 이 발표회에서 총회의 위원회 체제의 한계를 확인하고, 21세기의 변화하는 세계 속에서 전문적인 발전을 위해 기구개혁을 추진하게 되었다. 그 심포지움에서 강용원 교수는 교육의 전문성을 제고하기 위해 교육원으로 개편을 제안하였고, 제52회 총회에서 교단교육의 기구 개편 문제를 연구하도록 청원하여 허락을 받았다.

제53회 총회에서는 그 연구 결과를 바탕으로 총회교육원으로 개편하기로 결의하였다. 제54회 총회(2004년)에서는 총회 규칙을 개정함으로써 2005년 1월에, 총회교육원이 출범하였다. 사실상 규칙 개정이 완료되어 총회교육원은 교단교육의 전문화 시대를 위해 기구정비를 할 수 있었다.

---

12. 대한예수교장로회 총회교육원, 《교단교육목적 개장을 위한 자료집》(서울: 대한예수교장로회 총회교육원).

(3) 총회교사대학 개편

2008년에는 제58회 총회의 승인을 얻어 주일학교 교사통신대학을 총회교사대학으로, 성경통신대학을 총회성경대학으로 개편하였다. 총회교육원은 시대의 변화에 따라 이 두 대학을 각각 2년에서 1년 프로그램으로 축소하고, 교재를 혁신하였다. 날로 변화하는 교사들의 삶의 복잡성을 고려하여 프로그램을 1년 과정으로 축소하는 대신 학기당 과목수를 늘려 내용을 알차게 하였으며, 전공분야를 관심에 따라 선택적으로 이수할 수 있도록 변화를 준 것이다. 총회교사대학을 위해 '교회의 미래를 준비하는 교회학교 교사 교육과정 Church Next' 시리즈 9권을 출간하였다. 총회성경대학 또한 기존의 총회교육원 트랙과 새로운 교회 트랙으로 이원화하여 'ㅇㅇ교회 성경대학'으로 운용할 수 있도록 프로그램을 조정하였다. 총회성경대학 새로운 성경공부 교재로 바인더 세 권으로 된 '바이블 키 성경탐구'를 출간하였으며, 교회트랙은 '바이블 키 지도자 세미나'를 개최하여 참가한 목회자들이 자격을 얻어 교회 프로그램을 운용하기로 하였다.

(4) 교단교육 발전계획 수립

총회교육원에서는 제39회 총회 이후 여러 차례 교육발전 계획을 추진하여 왔다. 3차에 걸친 교단교육진흥 5개년 계획(1989-2004)이 완료되고, 다시 제54회 총회의 승인으로 '교단교육발전계획: 비전 2009'(2004-2009)를 준비하여 정책기반의 교단교육 사업을 추진하였다. 제58회 총회(2008)에서는 제59회 총회기(2009-2010)를 '총회교육의 해'로 정하여 교육에 대한 관심을 갖기로 하였다.

총회교육원은 세 차례의 종합계획과 중간 단계를 거쳐 제59회 총회에서는 '교단교육 발전 계획'(2009-2024)을 수립하였다. 이는 3차에 걸친 교단교육발전 5개년 계획으로 미래 한국교회와 교단교육의 전문화를 준비하는 것이었다. 2009년부터 시작되는 제1단계 사업은 8개 영역에서 크고 작은 33개 사업을 추진하고 있다. 이러한 사업들이 완성되면 고신총회의 교단교육은 한국교회의 다른 교단의 교육과는 비교가 되지 않을 탁월성을 확보할 것으로 전망된다.

(5) 간사 전문화 지원

기독교육은 프로그램이 아니라 사람이다. 헌신된 사람, 헌신된 사역자들이 자신의 사역을 극대화시켜 풍성한 결과를 만들어낸다. 총회교육원은 유능한 간사를 확보하고 관리하는 것이 중요하다고 판단하고, 그동안 간사 전문화를 지속적으로 추진하였다. 2002년 나삼진 목사의 연구년에 이어 2007년부터 안동철 목사가 미국 Liberty University에 유학을 다녀왔다. 그 전후로 연구원들이 국내 대학원에서 교육학 석사 학위를 공부할 수 있도록 하여 제인호 목사와 김성수 목사가 한양대학교 교육대학원에서, 박미화 연구원이 숙명여자대학교에서, 이기룡 목사가 연세대학교 교육대학원에서 교육학 석사 학위를 마쳤다. 이들이 전문 리더십 강화를 위해 교육원에서는 학비의 일부를 지원하였는데, 지속적으로 비판을 받는 요인이 되었다. 그러나 이러한 노력이 총회교육원의 전문성 제고에 크게 기여했고, 고신교단 교육이 한국교회 최고의 연구개발 체계를 갖추게 된 이유이기도 하다.

(6) 해외동포 목회와 교육 협의회

총회교육원의 교육사역이 자리를 잡아가면서 해외총회에 속한 교회들의 교육과 목회를 지원하는 일로 확장되었다. 총회교육원은 2004년 세계선교대회와 때를 같이하여 제1회 해외동포 신앙교육정책협의회를 부산 해운대에서 개최하였다. '해외 한인 교회의 목회와 교육'이라는 주제로 개최된 이 협의회는 첫 협의회 이후 매년 각 총회를 순회하며 교육과 목회의 방향을 새롭게 해 왔는데, 재미총회, 대양주총회, 유럽총회, 일본총회 등에 속한 교회 대표들이 참여하였다.

이 협의회는 미국(2006), 뉴질랜드(2007), 한국(2008), 일본(2009), 독

일(2010), 미국(2011), 한국(2012) 등에서 계속되었다. 이 협의회의 결과로 해외총회와의 교육과 목회를 논의하는 협의회가 상설화되어 해외교회 목회자들의 목회와 교육사역 발전에 크게 기여하였다.

(7) '클릭 바이블' 개발

총회교육원은 이 시기에 2000년부터 3년간에 걸쳐 생명의 양식 제4차 교육과정(2001-02)을 개발하였고, 그 후에 한 해의 준비를 거쳐 2004년부터 생명의 양식 제4차 교육과정 중고등부 '클릭 바이블' 시리즈를 개발하였다. 클릭 바이블 시리즈는 개혁주의 신앙을 기초로 하면서도 현대문화와 청소년들의 감각에 관심을 두었고, 청소년들의 삶과 신앙을 깊이 터치해주어 2012년 6월을 기준으로 하여 모두 100만 부가 간행되었다. 이 '클릭 바이블' 시리즈는 기독교 포털인 갓피플닷컴(godpeople.com)과 CGNTV 등에서 최우수 청소년 교재로 선정되었고, 2008년 기독교보 10대 뉴스 '베스트 오브 베스트'로 선정되기도 했다.

이러한 교재개발 사업은 최근들어 한국교회 전체에 주목할만한 영향을 미치게 되었다. 고신교회(1,750교회)의 교재 발행 수가 통합측(8,700교회), 합동측(11,100교회) 보다 더 많이 수를 간행한 것은 물론 교재의 수준이 월등하여 한국교회의 중고등부 교육 분야에서 대표적인 교재가 되고 있다. 이러한 결과는 다른 교단 교재개발에 큰 자극제가 되었다.[13]

(8) 총회 교육대회

2000년대에 접어들어 교단의 교육지도자 교육을 위해 2001년 교육대회, 2004년 교육대회, 2008년 교육대회, 2011년 교육대회 등 네 차례 개최하였다. 이런 교육대회는 1994년에 시작되었던 교육목회세미나가 한층 발전

---

13. 최근 10년 동안 고신교단의 기독교교육 분야 연구개발이 다른 교단의 그것보다 크게 앞섰으나 이것이 최근 타 교단을 자극하여 예장합동측의 '생명의 빛' 교육과정, 성결교의 'BCM교재', 침례교의 '틴틴 파워 지저스', 예수교성결교회의 '성품 시리즈'를 발간하도록 자극하였고, 통합측에서도 총회 설립 100주년 기념 교재를 개발하여 2013부터 사용할 예정이며, 각 교단이 치열한 경쟁에 돌입하였다.

된 형태로 2001년부터 시작되었다.

2011년에는 총회설립 60주년 기념사업으로 교육대회를 개최하였다. '교육이 살길이다'는 주제로 개최한 이 교육대회는 역대 교육대회 사상 가장 알찬 프로그램으로, 그리고 601명의 목회자들과 교육 지도자들이 참가하여 성황을 이루었고, 교단의 지도자들이 교육에 새로운 비전을 갖게 되었다.

(9) 제5차 교육과정 '그랜드 스토리' 개발

생명의 양식 제5차 교육과정 그랜드스토리의 개발은 총회교육원이 제56회 총회에 개발계획을 제출, 승인을 받으면서 추진되었다. 그랜드스토리 교육과정은 성경적 신학적 기초, 발달이론적 기초, 사회문화적 기초, 교회교육 환경을 고려하여 준비되었는데, 하나님의 구원역사, 흥미와 참여, 신앙공동체 형성, 창의적 학습, 성경적 세계관, 삶의 변화, 가정과 협력 등 일곱 가지 특장을 갖고 편찬되었다.[14]

그랜드스토리 교육과정은 유아부 1년(2년 반복), 유치부 2년, 초등 1부 3년, 초등 2부 3년 등 모두 10개년 교육과정으로 편성되었고, 교사지도서 18권, 어린이 교재 18권, 지도자 지침서 1권, 미디어 자료 등 40권이 완간되었다.

또 2011년 7월 완간에 이어 그림 자료를 설교와 교육활동에 다양하게 활용하도록 지원하기 위해 '그랜드스토리 미디어 센터'(www.grandstory.co.kr)를 오픈하고, 모든 자료를 한국교회에 무상으로 제공하는 조처를 단행하였다.

이 교육과정 개발을 위해 처음에는 교회와의 공동개발 사업으로 추진하고자 했으나, 이것이 용이하지 않았다. 그것은 교재 출판에 따른 출판수익이 상당액 있는 상태에서 과중한 상회비 부담으로 불만이 고조되어 있는

---

14. 나삼진, "생명의 양식 제5차 교육과정의 기초와 방향", 《생명의 양식 제5차 교육과정 해설》 (서울: 대한예수교장로회 총회출판국, 2009), 151-165.

가운데 교육사업을 위한 추가적인 부담을 요구할 수도 없었다. 이 시기는 총회회관 구조조정이 논의되기 시작하던 때에 시작되었고, 제5차 교육과정 그랜드 스토리 개발이 추진되었지만, 예산이 제대로 배정되지 않아 중단될 위기에 처해지기도 하였다.

교재개발이 완료된 후에는 전학년 교재로 사용됨으로써 전국주일학교연합회가 주관하는 어린이대회의 교육평가에서 다소 왜곡되었던 교재 사용의 문제도 어느 정도 해소할 수 있었다. 그랜드스토리는 지금까지 개발 3년 만에 67만 부가 공급되는 등 교파를 초월하여 즐겨 사용되는 교재가 되었다.

(10) 총회회관 구조조정

제57회 총회에서는 총회 감사부와 총무 임종수 목사, 그리고 교육원이 헌의한 교재개발 관련 헌의안을 묶어 총회회관구조조정연구위원회를 구성하였고, 한 해 동안 연구하여 제58회 총회에 제출하도록 했다. 총회회관 구조조정 추진안은 제58회 총회에서 여러 논란 가운데서 한 해 더 연구하기로 하고 연구위원을 보완하였으나 한 해 연구한 결과 첫 해에 제출되었던 보고서와 99% 동일한 내용이 보고되었으나 한 해 연구한 결과를 받아야 한다는 의견으로 연구보고서를 받게 되었다.

그 과정에서 구조조정연구위원장의 사퇴 의사가 표명되는 등 논란이 있은 후 제59회 총회에서는 구조조정연구위원회의 보고를 총 투표수 432명 가운데 찬성 244표, 반대 182표, 기권 6표로 투표로 받았고, 구조조정추진위원회를 구성하여 추진하기로 하였다.

제59회 총회기 동안 총회회관 구조조정에 대한 실제적인 준비가 이루어졌는데, 이 기간 동안 구조조정추진위원회와 실무기관과의 대화와 이해의 부족으로 기관간 충돌의 어려움도 발생하였다. 제60회 총회를 앞두고 취업규칙, 조직 및 업무분장 규칙, 위임전결규정, 임금 규정 등 네 가지 규정이 마련되었다. 이러한 방안은 수개월 여러 과정을 통해 논란이 계속되다가 제60회 총회에 제출되어 오랫동안 논란이 계속되다가 총회장 윤현주 목사의 제안으로 총회회관구조조정추진위원회, 총회선교위원회, 총회교육원 이사회가 실무책임자들이 동석하지 않은 가운데 합의형식을 거쳐 수정 채택되었으며, 구조조정추진위원장은 추진과정의 절차 문제로 사과를 하였다.

총회회관 구조조정 추진 결과 총회교육원은 개발실, 정책실, 간행실 세 부분 가운데 재정업무가 재무회계실로, 간행실의 업무가 출판국으로 이관되었다. 구조조정 이전 10명이던 연구원과 직원은 7명으로 축소되어 사역에 심각한 어려움을 주게 되었고, 도서출판 생명의 양식 사역과 복있는 사람 큐티 사역이 출판국으로 이관됨에 따라 사역의 일관성이 약화되었다.

교육원은 재정과 출판을 이관하는 과정에서 자산과 부채를 총괄하여 출판국에 이관하게 되었는데, 출판 자산 가운데 미지급금을 상쇄하고 총판가 기준으로 7,694만원 상당을 이관하였다.[15]

Ⅶ. 맺는말

고신교회는 일제강점기의 암울하던 한국교회 가운데서 신사참배 강요를 반대하고, 해방 후에는 교회쇄신운동을 전개하여 해방된 나라에 새로운 교회를 이끌도록 했던 자랑스러운 전통을 가지고 있다. 일본 제국주의의 극심한 교회 탄압으로 그리스도인들의 신앙이 훼절되는 가운데서도 우리의 신앙의 선진들은 진리를 위해 투옥되는 것을 두려워하지 않았고, 평양 감옥에서 수년 동안 극심한 고초를 겪었다. 해방 이후에는 한국교회를 새롭게 하기 위해 여러 가지 노력을 기울였으며, 총회의 축출로 불가피하게 별도의 치리회를 구성하지 않을 수 없었다.

고신교회의 독특한 역사와 함께 고신총회 교단교육은 고신교단의 신앙

---

15. 총회교육원 출판관계 인계인수서, 2011. 10. 4.

과 신학을 전승하는 일에 많은 노력을 기울여 왔다. 고신교단의 교단교육은 초기부터 자랑스러운 역사를 가지고 있다. 교단의 위기상황에서 개혁주의 신학과 교육철학에 기반하여 교단 교육이념과 목적을 설정하였고, 우리 학자들과 교육전문가들의 힘으로 한국교회 최초로 본격적인 교육과정 개발의 역사를 가지고 있다. 오늘날은 교회의 미래를 생각하는 중장기 정책과 축적된 교재개발과 교사교육의 전문성으로 한국교회 교육을 이끌어가고 있다. 이러한 고신교회 교육의 과거와 현재는 분명 자랑스러운 것이다. 총회교육원은 이러한 우리의 역사와 정신을 현대화하고 대중화하며, 또 다음 세대에 전승하기 위해 다양한 노력을 기울여 왔다.

이제 우리는 과거의 아름다운 역사를 회고하고 자랑하기 보다는 우리 시대에 주어진 현재적 과업에 충실하고, 현재적 성취에 안주하기 보다는 다가오는 시대의 교육적 위기를 내다보며 이를 대비하는 교단교육이 되어야 한다. 다음 세대의 교육은 출산율의 저하에서 오는 교회학교의 위기, 교사들의 헌신도의 약화, 어린이나 청소년들의 신앙에 대한 무관심, 교회의 인력과 역량의 약화 등으로 그 심각성을 더하고 있다. 고신교회 교단교육은 초기 어려웠던 시기를 지나 지난 날 성공과 지속적인 침체와 실패, 그리고 1990년대 이후 약진하여 교단교육의 전문화 시대를 열고 있다. 이제 그러한 역사적 경험과 역사를 거울삼아 교단교육의 혁신을 위해 다시 한 번 교단의 역량을 결집해야 한다.

지금 한국교회의 위기상황이 다가오고 있다. 이는 교회학교의 위축이 그 출발이 될 것이며, 이미 다양한 곳에서 그 징조를 보이고 있다. 이전보다 더욱 강력하고도 지속적인 노력을 기울이지 않으면 한국교회는 물론 고신교회의 미래는 불투명하게 될 것이다.

참고 문헌

나삼진 편. 《심군식 목사와 교단교육》. 서울: 총회교육위원회, 2001.

나삼진 편. 《생명의 양식 제5차 교육과정 해설》. 서울: 대한예수교장로회 총회출판국, 2009.

대한예수교장로회 총회교육원. 《교단교육목적 개정을 위한 자료집》. 서울: 대한예수교장로회 총회교육원.

《대한예수교장로회 총회회록(제1회-제10회)》. 부산: 대한예수교장로회 총회출판부, 1961.

이상규. 《한국교회 역사와 신학》. 서울: 생명의 양식, 1997.

정정숙. 《기독교교육과정》. 서울: 대한예수교장로회 총회출판국, 2000.

허순길. 《한국장로교회사》. 서울: 대한예수교장로회 총회출판국, 2002.

교육의 가치중립성 문제와
사회적 책무성*

김성수 총장 _ 고신대학교

I. 서 론
II. 교육의 가치중립성 문제
III. 교육과 사회변화
IV. 성경적 세계관에 기초한 교육의 사회적 책무성
  1. 분별을 위한 교육
  2. 공의를 위한 교육
  3. 평화(샬롬)를 위한 교육
V. 맺는 말

---------------------------- 〈요 약〉 ----------------------------

이 글은 교육이 종교적으로 가치중립적인지를 검토함과 동시에 교육의 사회적 책무성을 공의와 평화의 관점에서 규명하는 글이다. 흔히들 교육을 종교적으로 중립적인 활동이라고 생각한다. 그러나 교육은 언제나 무엇인가를 섬기고 예배하는 행위일 수밖에 없다는 점에서 결코 종교적으로나 가치적으로 중립적일 수가 없다. 그러므로 교육이 사회를 변화하고 변혁하는 활동이 되기 위해서는 교육 활동과 현상의 배후에 깔려있는 종교적 동인과 세계관이 무엇인지를 분별해야 하는 일이 아주 중요하다.
지금까지 개혁주의 전통은 소위 '문화명령'을 강조해 왔다. 문화명령에 대한 관심은 기독교교육과 학문의 이상을 구현하기 위해서 아주 중요하기는 하지만 그것이 기독교교육과 학문을 실천 지향적으로 만들어 주는 것은 아니다. 그러나 기독교교육과 학문이 사회 정의와 평화의 문제에 관심을 가지게 되면 그것은 충분히 실천적 성격을 가질 수 있으며 사회적으로 책임성 있는 활동이 될 수 있다. 그러므로 기독교교육과 학문은 정의와 평화를

구현하기 위한 '풀어줌의 사명'에 보다 더 많은 관심을 기울여야 한다.

주제어: 가치중립성, 기독교교육, 사회적 책무성, 공의, 평화(샬롬)

I. 서 론

과학과 과학기술의 발달은 인간의 삶을 편리하게 만들어 주었다. 오늘날 우리는 역사상 그 어느 때 보다도 과학기술이 제공해 주는 효용성과 편의성을 향유하고 있다. 그러나 과학과 과학기술이 인간의 삶에 긍정적으로만 작용하는 것은 아니다. 현대인은 그 어느 때 보다도 과학과 과학기술의 부작용 때문에 위기에 직면해 있다. 출산율 저하와 고령화, 빈부의 격차, 이혼율과 자살율의 급증, 사회계층간 갈등 심화 등 국내 문제 뿐만 아니라, 테러 위협의 증대, 에너지 자원 고갈, 경쟁적인 지역주의화와 세계화, 지구 온난화 등 국제적 관심사들이 일상생활에 변화무쌍하게 드리워져 있다.[1]

이와 같은 사회 문화적 위기에 직면하여 기독 지성인들은 기독교세계관과 철학에 기초한 실천적 지성으로 시대정신을 분별하고 사회 변화와 개혁을 추구할 수 있는 용기와 능력을 가져야 한다.

이 글에서는 교육의 가치중립성 문제와 교육의 사회적 책무성의 문제를 고찰해 보고자 한다. 왜냐하면 교육의 가치중립성 문제는 궁극적으로 인간 삶의 모든 영역에서 그리스도의 '주 되심'(Lordship)을 드러내는 과업과 직접적인 관계를 맺고 있으며, 이것은 다시 기독교 세계관의 틀을 통해 사회문제를 바라보고 평가하며 변화와 개혁을 추구하는 교육의 사회적 책무

---

* 이 글은 2007년 기독교학문연구회 춘계학술대회에서 발표한 기조강연을 다시 정리한 글입니다.
1. 김성수, 김승욱, "2007년 기독교학문연구회 춘계학술대회 초대의 글", 기독교학문연구소, 2007.

성과 관계되는 중요한 의미를 갖고 있기 때문이다.

II. 교육의 가치중립성 문제

많은 사람들은 가르치고 배우는 교육의 행위가 가치중립적인 행위라고 믿고 있다. 심지어는 많은 그리스도인들도 교육은 종교적으로 중립적인 행위라는 '신화'를 무비판적으로 수용하고 있다.[2] 교육은 단지 특정 종교나 가치와 관계없이 누구에게나 보편적인 사실을 전수하는 행위일 뿐이며, 사실에 대한 가치론적 해석이나 의미부여는 어디까지나 개인적인 문제라고 생각한다.

그러나 교육이 중립적이라고 선언하는 것은 하나의 신화에 불과하다. 교육은 결코 가치중립적인 행위가 아니며 본질상 중립적일 수가 없다. 일반적으로 많은 사람들이 가치중립적이라고 생각하는 공교육의 주창자인 호레이스 만(Horace Mann)도 교육의 종교적 중립성을 주장하지 않았다.[3] 교육은 항상 교육의 과정을 결정하는 사람이 견지하고 있는 삶에 대한 신념의 표현이라는 것이다. 오늘날 공교육은 세계에 대한 기독교적 관점을 거절하는 기초 위에 세워져 있다.

에들린(Richard Edlin)에 의하면 교실에서 단순히 하나님에 대해서 언급하지 않는다고 해서 그것이 교육의 중립성을 의미하는 것은 아니다.[4] 학교에서 일어나는 수많은 이념적 교화는 실제로 하나님에 대한 명시적인 언급이 없이 일어나고 있다. 하나님에 대한 언급이 없이, 그리고 창조세계의 모든 국면에 대한 그리스도의 '주 되심'에 대한 주장이 없이 학교교육의 프로그램은 부단히 하나님은 우리가 살고 있는 세계에는 적절성이 없다

---

2. Richard J. Edlin, *The Cause of Christian Education*, 기독교학문연구회 교육학분과, 기독교 교육의 기초, 서울: 그리심, 2004, 52-53.
3. Ibid., 53-55.
4. Ibid., 61-63.

는 가르침을 강화시키고 있다. 성경적 세계관에 대한 언급이 없다고 해서 그 교육이 중립적인 것은 아니다. 하나님은 소위 사적이며 영적인 영역에만 적절성을 가지며, 학문과 교육과 같은 공적인 삶의 영역에는 하나님이 적절하지 않다고 주장하는 세속주의(secularism) 역시 종교적 관점이다.[5]

그리스도인들이 교육의 가치중립성을 주장하는 관점에 민감하면서 이러한 주장을 거부해야 하는 이유는 이런 세속적 관점이 교육의 영역에서 기독교 신앙의 힘을 약화시키며 적절성이 없는 것으로 왜곡시키기 때문이다.[6]

그리스도인 교육자들이 기독교 신앙을 인간 삶의 소위 사적인 영역에만 제한시키는 이와 같은 이원론적 관점을 견지하게 되면 교육의 영역에서 빛과 소금의 역할을 감당할 수가 없으며, 신앙과 지성으로 사회를 변화시키며 사회적 책무성을 감당하는 책임 있는 제자들을 양육할 수가 없다.

III. 교육과 사회변화

교육이 가치적으로 중립적이지 않다는 사실은 교육을 사회변화의 주요 수단으로 보면서 교육을 통해 사회변화를 시도해 온 교육의 역사를 통해서도 자명하게 드러난다. 이와 같은 고찰은 또한 기독교 지성이 추구해야 할 사회변화의 틀이 무엇이어야 하는지를 생각하도록 만들어 준다.

교육의 역사를 보면 교육이라는 수단을 통해서 사회 변화를 추구한 많은 사상가들을 볼 수 있다. 미래의 이상국가(Republic)를 구상한 플라톤은 교

---

5. 인간 삶의 소위 '공적 영역'과 '사적 영역'을 구분하는 문제의 위험성에 대해서는 오스 기니스(Os Guinness)는 '세속화'(secularization)와 '사생활화'(privatization)의 문제로 잘 설명해 보여주고 있다(cf. Os Guinness, *The Gravedigger File*, 이종필 역, 《무덤파기 작전》, 서울: 낮은 울타리, 1997, 57-106.
6. 교육의 가치중립성에 대한 주장은 그리스도의 주 되심의 범위를 소위 '영적인' 일에 제한시키며, 학교의 전체 영역을 복음과는 관계없는 영역으로 방치한다. 뿐만 아니라, '영성'의 성경적 개념에 대해서도 잘못된 해석을 하도록 만든다. John Van Dyk, *The Craft of Christian Teaching*, 김성수 역, 《가르침은 예술이다》, 서울: 한국기독학생회 출판부, 2003, 41-42.

육을 통해 정의로운 사회를 위한 계획을 설계하였다. 그는 성의 평등, 공동의 자녀 양육, 철인-왕(philosopher-king) 계급의 통치와 같이 당대 헬라 사회의 관습과는 혁신적으로 다른 출발을 제안하였다.[7]

스토아주의 철학자들은 세계 국가(a world state)에 대한 관심을 가지고 사회를 변화시킬 사상을 주창하였다. 로마 황제며 철학자였던 마르쿠스 아우레리우스(Marcus Aurelius)는 자신은 로마 시민이 아니라 세계시민이라고 천명하였는데, 이러한 관점은 오늘날 재건주의 교육자들이 민족주의적 열정과 쇼비니즘(chauvinism)을 극소화하기 위한 시도에서 정교화 되고 있는 개념이기도 하다. 성 어거스틴(Saint Augustine)과 같은 기독교철학자들은 교육을 통해 이상적인 기독교 국가의 이상을 실현할 것을 주창하였다. 토마스 무어(Thomas More), 토마스 캄파넬라(Thomas Campanella), 요한 발렌틴 안드레아(Johann Valentin Andreae), 그리고 사무엘 고트(Samuel Gott)와 같은 사상가들 역시 다양한 유토피아적 저술들을 통해서 인간이 이 사회를 기독교적 사상을 따라 더 나은 세계로 바꾸기 위해 할 수 있는 일들을 제안하였다.

콩트 드 생시몽(Comte de Saint-Simon), 찰스 포리에르(Charles Fourier), 그리고 프랑소아 노엘 바베우프(Francois Noel Babeuf)와 같은 유토피아적 사회주의자들의 저술 역시 다양한 형태의 사회주의 발달을 통한 사회 변혁을 주창하고 있다. 로버트 오웬(Robert Owen)과 에드워드 벨라미(Edward Bellamy)와 같은 저술가들은 산업혁명에 의해서 크게 영향을 받았는데, 이들은 과학과 과학기술 교육을 통해 사회를 개혁하고 인류의 운명을 개선하려고 노력하였다. 한편, 칼 막스(Karl Marx)와 같은 사상가는 산업 제도의 비인간화가 노동자들에게 가하는 해악을 개탄하면서 국제 공산주의에 기초하여 재건된 세계를 구상하기도 하였다.

비록 세계 1차 대전과 2차 대전이 인간의 사상을 미래 세계에 대한 낙

---

7. Plato, *The Republic*, New York: Oxford University Press, 1945.

관주의적 관점으로 고개를 돌리게 했으며, 헉슬리(Aldous Huxley)의 《용감한 신세계》(Brave New World)와 오웰(George Orwell)의 《1984》와 같은 반유토피아적 사상을 낳기는 했지만, 럿셀(Bertrand Russell)과 같은 낙관주의적 개혁자들도 있다. 럿셀의 저서 "사회 재건 원리"(Principles of Social Reconstruction)는 핵으로 인한 인류대학살을 피하기 위하여 인간이 취할 수 있는 단계들을 제공해 주고 있다.

한편, 오늘날 청년 행동주의자들과 같은 다양한 집단들은 반문화와 범세계적 변화를 위한 제안들, 그리고 인종차별과 빈곤, 전쟁이 없는 세계를 위한 다양한 제안들을 제시하면서 논하고 있다. 심지어 스키너(B.F. Skinner)의 《왈덴 투》(Walden Two)에서와 같이 어떤 이들은 '조건 지움'(conditioning)이나 '행동주의 공학'(behavioral engineering)의 사용을 인간의 진보된 과학기술을 통해 인간의 일상생활에 중요하고도 의미 있는 변화를 성취하는 한 방법으로 보고 있다.[8] 그 이후에 나온 《자유와 존엄을 넘어서》(Beyond Freedom and Dignity)는 심지어 우리가 전통적 의미의 자유를 허용할 수 없다는 스키너의 신념을 더 강하게 지적하는 것 같아 보인다.[9]

그런데, 플라톤으로부터 스키너에 이르기까지 주창된 제안들을 잘 검토해 보면 이들 모두는 자기 나름대로의 특정한 가치관과 세계관의 기초 위에서 교육을 사회 변화의 주요 도구로 사용하려고 시도했다는 사실을 발견할 수 있다. 예를 들면, 플라톤은 교육을 자신이 규정하고 있는 행복한 사회의 필수 조건으로 생각하였다. 막스는 교육을 프로레타리아 계급들로 하여금 '사회적 의식'(social consciousness)에 대한 감각을 발전시키도록 도와주는 한 방법으로 보았다. 기독교 저술가들은 자신들의 종교적 신앙과 사상을 주입시켜주는 한 수단으로서 교육을 사용할 것을 주창하였다. 또 현대 기술주의자들은 과학적 세계관을 가지고 교육을 기술적 변화

---

8. B. F. Skinner, *Walden Two*, New York: Macmillian, 1948.
9. B. F. Skinner, *Beyond Freedom and Dignity*, New York: Alfred H. Knopf, 1971.

를 조장하는 한 방법으로 보았을 뿐만 아니라 개인들에게 진보된 기술 사회 속에서의 삶을 위한 필요한 기술을 제공해 주는 방법으로 보았다. 《왈든 투》(Walden Two)에서 스키너는 고도의 효율성을 위해 훈련받고 교육받은 개인들, 기술자들, 예술가들, 그리고 농업가들을 가진 공동체를 묘사하였는데, 이것은 확실히 토레오의 왈든(Thoreau's Walden)이 보여주는 낭만적 전통과는 큰 차이가 있다. 심지어는 에밀(Emile)에서 아동을 시골에서 양육해야 한다고 처음으로 교육적인 언명을 했던 장 쟈크 룻소(Jean-Jacques Rousseau)도 양육의 완성된 결과는 존 록크(John Locke)가 《교육에 관한 몇 가지 생각》(Some Thoughts Concerning Education)에서 그랬던 바와 같이 나중에 보다 새롭고 개선된 길을 따라 사회를 인도해 가는 사람으로 보았다. 록크가 말하는 '신사'(gentleman)는 자신의 양육과 교육의 덕목이 그를 이끌어 가는 사람이며, 반면 룻소가 말하는 '고상한 야만인'(Noble Savage)은 자신의 순수성과 자연성(naturalness) 때문에 인도되는 사람이다.

미국에서도 많은 사람들이 교육을 사회 개혁의 도구로 보았다. 예를 들면, 호레이스 만(Horace Mann), 핸리 버나드(Henry Barnard), 윌리엄 토리 해리스(William Tory Harris), 프란시스 파커(Francis Parker), 그리고 존 듀이(John Dewey) 등이다. 특별히 듀이는 교육을 인간과 사회 변화를 위한 도구로 보았으며, 그의 철학은 1920년대와 1930년대를 통해서 급진적 사회 개혁과 동일시되기도 했다. 재건주의는 본질상 근본적으로 실용적이며 듀이의 사상에 많은 영향을 받았다.[10]

재건주의자들은 과학적 방법, 문제 해결, 자연주의, 그리고 인간주의와 같은 것들을 조장한다. 교육이 사람들을 사회적 가치와 문화적 가치에 적응시키는 한 방법이 되어야 할 필요성은 과거에도 있었으며 미래에도 항상 있을 것이다. 그러나 재건주의자들은 주장하기를 이것이 교육이 취해

---

10. Gerald L. Gutek, *Philosophical and Ideological Perspective on Education*, Needham Heights, MA: Allyn & Bacon, 1997.

야 할 일차적 역할은 아니라는 것이다. 재건주의자들의 관점에서 볼 때 교육의 일차적 역할은 즉각적이며 계속적인 사회 변화를 위한 도구로서 봉사하는 것이다.

IV. 성경적 세계관에 기초한 교육의 사회적 책무성

교육이 본질상 가치중립적인 행위가 될 수 없으며, 동시에 교육이 어떤 형태로든지 간에 사회변화의 수단적 역할을 감당할 수밖에 없다고 한다면 그리스도인 교육자들은 성경적 세계관에 기초한 교육을 통해 사회 변화의 역할을 감당할 수 있도록 하는 데 관심을 가져야 한다. 특별히 오늘날 우리가 직면하고 있는 사회문화적 위기 현상을 극복하기 위해서는 성경적 세계관을 통해 위기의 근저에 놓여있는 시대정신을 분별하고 모든 다양한 위기 현상을 극복할 수 있는 포괄적 지향점을 교육의 궁극적 목적으로 분명하게 제시해 줄 수 있어야 한다.

1. 분별을 위한 교육

교육이 사회변화의 수단적 역할을 효과적으로 감당하기 위해서는 무엇보다도 현대사회의 제 문제의 뿌리에 놓여 있는 세계관을 분별할 수 있어야 한다. 바울이 로마 교인들을 향해서 "너희는 이 세대를 본받지 말고 오직 마음을 새롭게 함으로 변화를 받아 하나님의 선하시고 기뻐하시고 온전하신 뜻이 무엇인지 분별하도록 하라"[11]고 가르친 내용은 오늘 우리 기독지성인들에게도 동일하게 적용되는 가르침이다.

예를 들어 오늘날 우리가 그 속에서 숨쉬며 살아가면서 무비판적으로 수용하고 있는 시장경제 이데올로기의 위험성을 생각해 보자. 시장경제는

---
11. 롬 12:2

오늘날 전 세계를 지배하고 있는 가장 강력한 이데올로기이다. 이 신자유주의 이데올로기는 외견상 착한 얼굴을 갖고 자신을 드러내 보인다. 그러나 그 근저에는 재물과 자신을 사랑하는 맘몬주의의 기본적 동인이 지배하고 있다. 이와 같은 기본적 동인은 서구적 삶의 방식 추구 – 가능하면 많은 것을 수집해서 소비하고, 가능하면 신속하게 개인의 욕구를 만족시키는 서구적 삶의 방식을 개인적인 삶의 가치로 추구하도록 만들고 있으며, 이러한 개인적 가치는 다시금 시장에 대한 신뢰, 경제적 번영 추구, 물질적 풍요, 사생생활화, 사회 모든 기구의 상업화, 가능한 한 최대한 경쟁해야 한다는 등의 사회적 가치를 만들어 내고 있다. 이와 같은 사회적 가치는 다시금 구조적 빈곤, 시장 모형에 의해 형성된 사회관계, 물질적 풍요에도 불구하고 영적으로 빈곤하며 억압적인 사회, 그리고 인간의 다양한 소명 수행을 위한 자유가 없는 사회구조를 창출하고 있으며, 현대인으로 하여금 진정한 소명을 충족시킴으로 얻는 열매가 없이 끝없이 요구하는 탐욕스런 생활을 하도록 인도한다. 이와 같은 모든 동기와 행위의 사회 문화적 결과는 결국 기근, 빈곤, 불평등, 무관심, 폭력과 질병의 증대, 분주함, 불만족, 권태 등 비인간화 현상이다.[12]

이와 같은 위기 현상에 직면하여 교육이 진정으로 사회를 변화시키는 사회적 책무성을 감당하기 위해서는 시대정신을 분별하고 기본적 동인을 바꿀 수 있는 지혜와 능력을 가질 수 있어야 한다. 마음과 뜻과 정성을 다해 하나님과 이웃을 사랑하며 하나님의 뜻에 순종하고자 하는 기본적 동인은 봉사, 나눔, 배품, 돌봄, 생산, 그리고 삶을 부요하게 하는 등 다양한 방법으로 자연과 이웃과 하나님의 기본적인 뜻을 향해 책임적 관계를 중시하는 개인적 삶의 가치를 형성할 수 있도록 만들어 준다. 이와 같은 개인적 가치는 한 걸음 더 나아가 공의, 청지기적 의식, 존중 등과 같이 사회 전반의 번영과 풍요를 위한 사회적 가치를 추구하도록 인도하며, 이러한 사회

---

12. B.J. van der Walt, *Religion and Society*, Potchefstroom: Institute for Reformational Studies, 1999, 80.

적 가치는 다시금 가정, 학교, 대학, 기업 등과 같은 구조적 다양성을 찬양하며, 억압과 강요가 없이 인간의 다양한 소명을 조화롭게 수행할 수 있는 기회와 자유를 보장해 줄 수 있는 사회구조를 창출한다. 그래서 인간은 다면적인 인간의 삶을 유지하고 자유를 성취하기에 충분할 정도의 필요와 요구를 향유하며, 궁극적으로 보다 나은 인간의 복지와 평화(샬롬)의 삶을 향유할 수 있도록 인도해 간다.

2. 공의를 위한 교육

교육이 진정한 사회적 책무성을 감당하기 위해서는 또한 공의를 구현하는 일에 최대한의 관심을 가져야 한다. 공의 또는 정의의 문제는 고대 플라톤(Plato)으로부터 현대의 롤스(John Rawls)에 이르기까지 모든 철학자들의 중요한 관심사였다. 그런데 우리는 일반적으로 공의 또는 정의의 문제를 지나치게 학술적으로 추상화시키거나 단순화시켜서 이해하는 경향이 있다. 그러나 공의는 지극히 현실적이며 인간사적인 문제인 동시에 사회적 책무성과 관계되는 문제이다.

월터스톨프(Nicholas Wolterstorff)에 의하면 공의는 인간이 반드시 향유해야 하는 자기 자신의 기본적인 생계권을 누리도록 보장해 주는 지극히 현실적이며 구체적인 문제이다.[13] 생계권은 그것이 없다면 모든 다른 권리가 의미가 없어지며 삶을 보장한다는 의미에서 기본적인 권리이다. 월터스톨프가 공의의 문제를 논하면서 고아와 과부, 나그네와 병든 자들에 대한 관심을 이야기하는 이유는 이들은 자신의 권리를 스스로 지키기가 어려운 사회적 약자들인데 이들의 권리를 정당하게 보장해 주는 것을 공의의 핵심으로 보고 있기 때문이다.

---

13. Nicholas Wolterstorff, *Until Justice and Peace Embrace*, Grand Rapids, Michigan: William B. Eerdmans Publishing Company, 1987, 81-85.

3. 평화(샬롬)를 위한 교육

교육의 사회적 책무성은 궁극적으로 평화(샬롬)를 위한 교육의 형태로 나타나야 한다. 오늘날 우리가 직면하고 있는 가치관의 부재, 자원의 고갈, 공해 문제, 지구 온난화, 빈부 격차, 사회 계층간의 갈등 심화, 테러위협의 증대, 지역주의화 등과 같은 모든 형태의 문제들은 결국 평화(샬롬)를 위한 교육과 직결되어 있다. 왜냐하면 평화는 단순히 평안함을 누리는 감정적 상태와 같은 개인적이거나 심리적인 문제가 아니라 본질상 관계의 문제이기 때문이다. 인간은 누구나 하나님과 이웃, 자연, 그리고 자신과의 관계를 유지하고 있다. 월터스톨프에 의하면 평화는 이와 같은 제반 관계에서 누리는 교제와 즐김이다. 평화는 단지 적의가 없는 상태나 올바른 관계 속에 있는 것만은 아니다. 가장 큰 평화는 그 관계 속에서 즐김(enjoyment)이다. 한 국가는 주변 다른 국가와 평화로울 수는 있지만 그 속에서 가난으로 비참할 수 있다. 평화 속에 거하는 것은 하나님 앞에 사는 것을 즐기는 것이며 물리적 환경속에 사는 것을 즐기는 것이며 그 동료와 함께 거하는 것을 즐기는 것이며 자신과의 삶을 즐기는 것이다.[14]

그래서 월터스톨프는 평화의 개념을 책임적 개념으로 규정한다. 그 이유는 평화가 있는 곳에 우리는 서로 서로에 대해, 하나님에 대해, 자연에 대해 책임을 규정하기 때문이라는 것이다. 그러나 평화는 그것 이상을 의미한다. 관계 속에 즐거움과 기쁨이 있는 곳에만 평화는 완전히 존재한다. 우리가 서로에 대하여, 하나님에 대하여, 자연에 대하여— 물론 자신에 대하여— 우리의 책임을 이행한다 할지라도 기쁨은 결여되어 있을 수 있다. 고통이 남을 수 있다. 물론 모든 고통이 상대에 대한 무책임으로 오는 것은 아니겠지만 여기에서 자연에 대한 지배가 개입되어진다. 자연에 대한 지배는 인간생존의 곤경을 우리가 물리치도록 해 준다는 것이다.

그럼으로 교육이 진정으로 사회적 책무성을 감당하고자 한다면 인간의

---
14. Ibid., 70.

4중 관계에서 평화를 향유할 수 있도록 해 주는 일을 궁극적 목적으로 삼아야 한다.

첫째, 사회적 책무성을 위한 교육은 가장 기본적으로 교육대상으로 하여금 초월적 존재와의 관계 맺음에서 교제와 즐김을 추구할 수 있도록 도와주는 교육으로 나타나야 한다. 인간은 본질상 '종교적 존재'(religious being)이다. 모든 인간은 자신이 특정한 신의 존재를 상정하든지 하지 않든지 간에 어떤 형태의 초월적 존재 또는 절대적 존재와 관계를 맺고 살아간다. 월터스톨프에 의하면 진정한 평화에는 하나님과의 올바르고 조화로운 관계와 그를 섬기는데서 오는 기쁨이 포함된다. 선지자가 평화를 말할 때 그들은 더 이상 인간이 하나님을 떠나서 방황의 길로 돌아서지 않을 날을 의미한다. 평화는 인간이 하나님을 섬기는데 진정한 기쁨이 있다는 것을 인정할 때 완전해진다. 그러므로 가치관 교육 또는 종교교육은 교육이 진정한 형태의 사회적 책무성의 기능을 가능하게 해 준다.

둘째, 사회적 책무성을 위한 교육은 교육대상으로 하여금 이웃과의 관계 맺음에서 교제와 즐김을 추구할 수 있도록 도와주는 교육으로 나타나야 한다. 인간은 사회적 존재(social being)이다. 이웃과 관계를 맺지 않고 유아독존적으로 살아갈 수 있는 인간은 아무도 없다. 동료들과 원만한 인간관계를 맺고 즐기는 아동 및 청소년이 사회적 문제를 야기하는 경우는 매우 희박하다. 월터스톨프에 의하면, 평화에는 다른 인간들과의 올바르고 조화로운 관계와 그 공동체 안에 있는 기쁨이 포함된다. 각 개인이 세상에서 자신의 길만을 추구하는 그런 집단일 때 평화는 없다. 인간이 다른 인간을 압제하지 않을 때 공동체 안에 있는 기쁨이 있을 수 있다. "정의가 광야에 거하며 의가 아름다운 밭에 있을 때" 바로 그 때에야 "의의 공효는 평화요 의의 결과는 영원한 평안과 안전이라"는 말씀이 진실이 된다. 그래서 월터스톨프는 가난에 대한 우리의 관심을 관용의 문제가 아니라 권리의 문제로 보고 있다. 부유한 자가 기아에 있는 사람들을 알고 도울 힘이 있음에

---

15. Ibid., 82.

도 그렇게 하지 않는다면 그는 육체적으로 그 어려운 자를 공격한 것만큼 이나 그 주린 사람의 권리를 침해하는 것으로 보고 있다.[15]

그러므로 사회적 책무성을 위한 교육은 아동 및 청소년들로 하여금 교우관계를 원만히 맺어나가고, 이러한 관계를 향유할 수 있도록 도와주고, 이웃을 내 몸과 같이 존중하고 사랑하는 가치관을 갖도록 도와주는 일을 중요시해야 한다.

셋째, 사회적 책무성을 위한 교육은 교육대상으로 하여금 자연과의 관계 맺음에서 교제와 즐김을 추구할 수 있도록 도와주는 교육으로 나타나야 한다. 인간은 또한 자연과 더불어 자연 속에서 살아가야 한다. 월터스톨프에 의하면 평화에는 자연과의 올바르고 조화로운 관계와 물리적 환경 속에 거하는 기쁨이 포함된다.[16]

평화는 우리가 우리의 노동으로 세계를 형성하고 그렇게 하는데서 성취감을 발견하고 그 결과에 기쁨을 발견할 때 온다. 행복한 인간의 삶이라는 것은 세상 도피적이거나 고행적인 삶이 아니라 세상 속에서 세상과 더불어 자신의 잘못된 욕망을 제어하며 보다 숭고한 인류의 보편적 가치를 추구하며 살아가는 삶이라고 말할 수 있을 것이다. 소박하지만 풀 한 포기, 꽃 한 송이, 곤충 하나, 동물 한 마리에 관심을 갖고 이들이 갖는 오묘한 특성과 생활양태를 즐기면 살아가는 삶은 질적으로 풍요한 삶이 될 것이다. 자연을 즐기며 자연 속에서 살아갈 줄 아는 아동 및 청소년은 건강하다. 사회적 책무성을 위한 교육은 환경교육 또는 생태교육과 결코 무관할 수 없다.

넷째, 사회적 책무성을 위한 교육은 교육대상으로 하여금 자신과의 관계 맺음에서 교제와 즐김을 추구할 수 있도록 도와주는 교육으로 나타나야 한다. 인간은 특별히 자신과의 관계를 상정할 수 있는 존재이다. 무생물이나 다른 동식물들은 자신과의 관계를 설정하거나 성찰하지 못한다. 그러나 인간은 자신이 지식의 주체가 되는 동시에 자신을 지식의 객체로 삼을 수 있는 유일한 존재이다. 건강한 청소년은 자신에 대한 인식이 뚜

---

16. Ibid., 70-71.

렷하며 긍정적인 특성을 갖고 있다. 자신과의 관계를 부정적으로 설정하는 아동 및 청소년은 문제를 야기할 수 있는 가능성이 높다. 그러므로 사회적 책무성을 위한 교육은 아동 및 청소년들로 하여금 긍정적이고 건전한 자아의식(positive self-esteem)을 형성할 수 있도록 도와주는 방향으로 나아가야 한다.

V. 맺는 말

교육은 결코 가치 중립적인 활동이 아니다. 교육은 궁극적으로 무엇인가를 섬기고 봉사하는 '예배적 활동'이다. 그러므로 교육이 사회를 변화시키고 개혁하는 일에 올바른 방향으로 공헌하고자 한다면 반드시 사회 문화 현상의 근저에 깔려있는 종교적 동인과 세계관을 분별하는 일을 중요시해야 한다. 그럴때에 교육은 사회적 책무성의 기능을 올바로 수행할 수 있게 된다.

우리는 지금까지 기독교 학문을 추구하면서 문화명령을 많이 강조해 왔다. 그러나 단지 문화 명령만을 언급하는 것은 학문의 방향을 결정하는 어떤 원리도 제시해 주지 못하며 기독교교육과 학문활동을 실천지향적으로 만들어 주지 못하는 약점을 갖고 있다. 그러나 그리스도인 학자와 교육자들이 우리의 사회가 정의와 평화를 결여하게 되는 구조에 조금만 관심을 가져도 우리는 보다 더 책임성 있게 우리의 학문의 방향을 올바로 설정할 수 있게 될 것이다. 문화명령만으로는 학문을 행하기 위한 근거로 불충분하다. 또한 우리에게 필요한 것은 평화를 위해 일하라는 명령이다. 그러므로 사회적 책무성을 위한 교육은 반드시 정의와 평화를 궁극적 지향점으로 설정하고 이와 같은 지고한 가치를 추구하고 진작시키는 활동으로 나타나야 한다.

참고 문헌

김성수, 김승욱. "2007년 기독교학문연구회 춘계학술대회 초대의 글." 기독교학문연구소, 2007.

Edlin, Richard J. *The Cause of Christian Education*. 기독교학문연구회 교육학분과, 기독교교육의 기초, 서울: 그리심, 2004.

Gutek, Gerald L., *Philosophical and Ideological Perspective on Education*, Needham Heights, MA: Allyn & Bacon, 1997.

Os Guinness. *The Gravedigger File*, 이종필 역. 《무덤파기 작전》. 서울: 낮은 울타리, 1997.

Plato. *The Republic*. New York: Oxford University Press, 1945.

Skinner, B. F. *Walden Two*. New York: Macmillian, 1948.

Skinner, B. F. *Beyond Freedom and Dignity*. New York: Alfred H. Knopf, 1971.

Van der Walt. *Religion and Society*. Potchefstroom: Institute for Reformational Studies, 1999.

Van Dyk, John. *The Craft of Christian Teaching*. 김성수 역. 《가르침은 예술이다》. 서울: 한국기독학생회 출판부, 2003.

Wolterstorff, Nicholas. *Until Justice and Peace Embrace*. Grand Rapids, Michigan: William B. Eerdmans Publishing Company, 1987.

고신교회의 "교육이념과 목적" 개정 제안*

현유광 교수 _ 고려신학대학원 실천신학

*요약
I. 여는 글
II. 펴는 글
  1. 교육목적과 목표의 중요성
  2. 총회교육원의 "총회교육이념과 목적 개정안"에 대한 전원호와 목사원로회의 제안들, 그리고 이에 대한 필자의 평가
  3. "교육이념과 교육목적" 서술의 구조와 내용
III. 나가는 글
*참고문헌

------------------------------ 〈요약〉 ------------------------------

개인이나 조직이 활동을 할 때에 목적/목표가 분명할 때에 많은 유익을 얻는다. 교회교육에 있어서도 예외가 아니다. 고신교회의 교육이념과 목적이 수립된 지 50년이 가까워오고 있다. 시대적 그리고 사회적 변화와 구성원들의 공감대를 제고(提高)하기 위해서는 오늘과 내일의 상황을 반영하는 목적/목표로 개정할 필요가 있다.

고신교회 교육위원회는 2007년부터 교육이념과 목적에 대한 개정을 위해 활발하게 논의를 하고, 2008년 개정안을 총회에 제출하였으나, 철회되었다. 그러나 교육원의 개정안은 여러 경로를 통해 의견이 수렴되고 제안이 반영됨으로써 거의 합의에 도달했었다. 필자는 이런 상황에서 다음과 같은 결론을 내림으로써 개정안을 보완코자 한다.

1) '교육이념' 또는 '교육목적'에 대한 개정안에 대해서는 거의 합의가 이루어졌다고 사료된다.
2) 교육목적을 요약하는 단어로서 '인격'이라는 말보다는 '인격자, 사명자'라는 말이 더

적합하다.
3) '교육이념-교육목적'이라는 구조를 '교육목적-교육목표'라는 구조로 변경하자.
4) '예수 그리스도를 통한 구원, 성령님의 사역, 제자 됨과 제자삼음, 선교, 재림, 교회, 가정, 사회, 공의, 평화'와 같은 단어를 교육목표의 내용에 포함시키자.

주제어: 고신, 교육목적, 교육목표, 성경, 웨스트민스터 표준문서, 개혁신앙, 성령님, 제자, 그리스도인

I. 여는 글

대한예수교장로회(고신)(이하 "고신교회")의 교육이념과 목적이 제정된 지 50년이 가까워오고 있다. 심군식에 의하면 1965년 1월 14일부터 부산에서 열린 제1차 '교회교육 연구협의회'에서 고신교회의 '교육이념'과 '교육목적'이 세워졌고, 이를 기초로 하여 유치, 유년, 중등, 고등, 대학, 청년 그리고 장년의 7개 부서의 '교육목표'가 세워져 오늘에 이르고 있다.[1] 이때에 확정된 고신교회의 교육이념과 교육목적은 개혁신학에 근거한 탁월한 것으로 평가된다. 따라서 별다른 비판이나 심도 있는 평가 없이 지금까지 수용되어 교회학교 교재와 프로그램 개발에 기여하며, 각 교회가 자체 교육과정을 수립하는데 영향을 발휘하고 있다.[2]

교회나 교육기관의 교육 목적[3] 및 목표는 조변석개(朝變夕改)식으로 자주 바뀌어서는 안된다. 왜냐하면 교육목적과 목표가 일단 수립이 되면 각종 교재개발과 프로그램 개발에 깊이 영향을 미치게 된다. 이러한 교육과

---

* 고신교회의 "교육이념과 목적" 개정 제안 본 논문은 필자가 1999년 12월에 발간된 고려신학대학원 교수 논문집 《개혁신학과 교회》 제9호에 기고한 "고신교회 교육목적과 목표의 평가"를 근거로 일부 수정한 것임을 밝힌다.
1. 심군식, "나의 교단교육 20년" 《교회와 교육》, 1994, 1월, 66.
2. 대한예수교장로회(고신) 총회교육위원회, 《제4차 교회교육 센서스 결과 분석 보고서》(2004) 7. 교단의 교육목표, 목적, 정책의 교회교육 반영유무에 대해서 "반영한다"는 교회가 77% 였다.
3. 이 글에서 '목적'이라는 단어는 어떤 조직이나 활동이 지향하거나 추구하는 포괄적인 결과를 의미하며, 교회교육에서 부서별이나 연령별, 또는 단원이나 매 주일 공과의 구체적인 목표를 수립하는 근거를 제시해 주는 선언문을 가리킨다.

정들은 몇 개월 또는 1-2년에 걸쳐 개발이 되며, 약 10년 내외의 기간 동안 사용되어진다. 그런데 만약 교육목적이나 목표가 자주 바뀌게 되면 그러한 교재개발은 중단될 수밖에 없고 혼란을 겪게 될 것이다.

뿐만 아니라 교육목적이나 목표는 일반적으로 광범위한 의견수렴과 신중한 논의를 통하여 세워짐으로써 교회나 교육기관의 구성원들과 지도자들이 동의를 하고 공동의 목적과 목표로서 수용할 수 있어야 한다. 나아가 이를 성취하기 위한 모두의 헌신을 이끌어 낼 수 있어야하기 때문이다. 따라서 특별히 교육목적은 자주 바뀌어서는 안 되고 개정이 쉽게 이루어질 수도 없다.

그렇다고 해서 이러한 교육목적이나 목표가 절대적으로 바뀔 수 없는 것은 아니다. 하나님의 말씀은 완전하여 사람의 믿음과 삶의 유일한 표준으로서 영원불변한 것이지만, 이를 인간의 삶에 구체적으로 적용하는 데에는 새로운 인식이 요구될 때가 있다. 교회교육의 목적과 목표에서도 신학의 발전으로 하나님의 말씀에 대한 새로운 이해를 갖게 되든가(예를 들면 종말론, 성령론, 또는 환경, 인권, 평화, 경제 문제 등), 인간의 언어가 변하고 삶의 정황이 바뀌고 있기 때문에 교육목적과 목표에서도 조정과 변화가 필요한 경우가 생기게 된다. 이러한 필요를 인지한 고신교회 총회 교육원은 심포지엄을 개최하고, 개정위원회를 구성하여 논의하고, 기독교보를 통하여 개정안을 공지하고, 전국교회 의견서를 수렴하여 개정안을 확정한 후 고신총회 제58회 총회(2008년)에 헌의한 적이 있다.[4] 그러나 이 헌의 안은 총회에 상정되지 못하고 철회되었다.[5]

이 글에서 필자는 첫째로, 교육목적과 목표 수립의 중요성을 간략히 밝히고, 둘째로, 고신교회의 교육이념과 목표를 개정하는 과정에서 제기된 의견들을 소개하고 정리한다. 셋째로, 고신교회의 교육이념과 목표를 개정함에 있어서 그 구조와 내용에 있어서 필자의 의견을 개진한다.

---

4. 대한예수교장로회 총회, 《제58회 총회보고서》(2008), 131.
5. 대한예수교장로회 총회, 《제58회 총회회록》(2008), 1093.

II. 펴는 글

1. 교육목적과 목표의 중요성[6]

하나님의 형상으로 지음을 받은 사람은 여러 면에서 다른 동물들과 구별된다. 다른 동물들은 본능에 이끌려 옛날이나 지금이나 대동소이한 삶의 방식을 보인다. 그러나 사람은 본능을 따르는 면도 없지는 않지만, 이성을 사용하여 단기 또는 장기(長期) 목표를 세우고 목표지향적인 활동을 한다. 그리고 그 목표를 평가의 근거로 삼아 새로운 목표를 세우고 발전을 도모한다.

일반적으로 목적과 목표를 가진 개인이나 조직은 그 활동에 많은 유익을 얻는다. 교회교육에 있어서 목적의 유익을 간단하게 살펴본다. 첫째로, 교육목적이 분명하면, 교회의 모든 교육활동이 방향성을 가지게 된다. 교육목적이 확립될 때에 비로소 각 부서의 교육목표가 세워질 수 있고, 각 연령별 교육목표가 수립될 수 있다. 나아가 목표에 근거한 교육의 내용이나 프로그램들이 계발될 수 있다. 목적과 목표가 분명하면 연령층 사이와 프로그램들 사이에 연계성과 통일성이 보장된다.

둘째로, 교육목적이 분명하면, 인적, 물적, 시간적 자원들을 효과적으로 배분할 수 있고, 효율성과 생산성을 높이는 방안들을 강구할 수 있다. 그러나 목적이 불분명하던가 아니면 아예 없다고 한다면 자원을 활용하는데 등한히 하게 되고, 자원이 없으면 일을 할 생각조차 하지 않는 안일함에 빠지게 된다.

교육에서 목표를 중시하는 교육사조는 타일러(Ralph W. Tyler)가 체계화 하였다.[7] 타일러는 목표설정의 중요성과 목표설정을 통해 얻게 되는 교

---

6. 보다 상세한 내용을 보려면 필자의 1999년 12월에 발간된 고려신학대학원 교수 논문집 《개혁신학과 교회》 제9호에 기고한 "고신교회 교육목적과 목표의 평가"를 참고하라.
7. Ralph W. Tyler, *Basic Principles of curriculum and Instruction*, Chicago: The University of Chicago Press, 1949.

육활동의 효율성을 지속적으로 강조했다. 그는 교육목적이 수립되어야만 무엇을 가르치며(learning experiences), 어느 범위까지 어떤 순서로 가르치며(organization), 어떻게 평가할 것인가(evaluation)가 자연스럽게 도출된다고 하였다.

셋째로, 교육목적이 분명한 경우, 그 목적은 단기적 또는 장기적으로 이루어진 교육활동의 성과를 평가하는 객관적인 기준을 제공한다. 목적이나 목표가 제시되지 않은 상태에서 이루어진 교육활동은 평가자의 임의적이고 주관적인 기준에 따라 평가될 수밖에 없다. 그러나 목적이나 목표가 분명할 때에 그 목적이나 목표는 누구나 동의할 수 있는 객관적인 평가의 기준이 된다. 목적이나 목표가 없이 교육활동이 있게 될 때에 교육활동의 결과나 투입된 자원의 효율성을 객관적으로 평가하는 것은 쉽지 않다.

넷째로, 목적이나 목표를 세우고 교육활동을 시작했을 때에, 목적을 달성한 사람들은 성취감을 얻을 수 있게 된다. 그들은 자기들이 이룬 성과에 대해 하나님께 영광을 돌리며 감사하게 된다. 반면에 목적을 달성하지 못한 사람들은 자신들의 활동을 더욱 면밀히 분석한다. 그리고 하나님 앞에서 회개할 것은 회개하고, 이웃과의 관계에서 책임져야 할 것은 책임지고 용서를 구할 것이다. 나아가 다음 할 일들에 대해서는 수정된 목적과 목표를 세우며, 더 효과적인 계획이나 방법을 세우는데 도움을 얻게 된다.

2. 총회교육원의 "총회교육이념과 목적 개정안"에 대한 전원호와 목사와 원로회의 제안들, 그리고 이에 대한 필자의 평가

총회교육원장 나삼진은 2008년 5월 24일자 기독교보에 "'교단 교육 이념과 목적' 개정과정과 그 방향"이라는 글을 올렸다.[8] 이 글에서 그는 1965년에 제정된 원래의 교단교육의 이념과 목적 제정의 배경을 서술하고, 교육목적 개정의 필요성 제기와 개정안이 만들어진 과정을 진술한 후, 개정

---

8. 《기독교보》, 2008년 5월 24일, 14면.

안의 특징을 설명하였다. 이에 대해 전원호[9]와 목사원로회 총회[10]가 개정안에 대한 수정을 요구하는 의견을 제출했다. 이러한 제안을 반영하여 2008년 7월 31일 총회 이사회에서 최종개정안을 확정짓고 제58회 총회에 헌의하기로 결의하였다.[11]

다음 표는 1965년판 현행 교육이념과 목적, (기독교보에 올린 *교육원의 1차 개정안*), 전원호의 제안, 목사원로회 총회의 제안, 그리고 교육원에서 총회에 헌의한 최종 개정안의 다섯 가지를 대조한 것이다.

1965~현재	교육이념: 개혁주의 정신에 입각하여 웨스트민스터 표준서들 (Westminster Standards-신앙고백, 대·소교리문답, 교회정치, 예배지침 및 권징조례)을 따라 하나님을 사랑하고 이웃을 사랑하는 그리스도인을 양성한다	교육목적: 성경을 가르쳐 ① 삼위일체 하나님을 바로 알고, 사랑하며, 섬기게 한다 (예배적 인격). ② 하나님의 형상인 사람을 이해하고, 사랑하며, 도우고 그리스도를 전하게 한다 (인화협동적 인격). ③ 자기의 존재 의의와 특수한 사명을 자각하여 자기 선 자리에서 맡은 일에 충성하게 한다 (문화적 인격). 이러한 그리스도인을 육성하여, 신앙의 정통과 생활의 순결을 겸비케 한다.
교육원 1차 개정안	교육목적: 신앙과 생활의 유일한 표준인 성경을 가르쳐, 예수 그리스도 안에서 성령님의 도우심으로 하나님 사랑과 이웃 사랑을 실천하여 개혁주의 교회 건설과 하나님 나라 확장에 기여하는 그리스도인을 양성한다.	이를 위해 1. 삼위일체 하나님을 바로 알고, 사랑하며, 예배하게 한다.(예배적 사명) 2. 하나님의 자녀로서 특권을 누리며, 섬김의 삶을 살게 한다. (봉사적 사명) 3. 하나님의 형상인 사람을 이해하고, 사랑 하며, 선교의 사명을 감당하게 한다.(선교적 사명) 4. 하나님의 청지기로서 창조세계를 탐구, 관리하며, 문화변혁의 사명을 감당하게 한다.(문화적 사명) 이러한 교육을 통해 신앙의 정통과 생활의 순결을 겸비하게 한다.

---

9. 전원호, "교단교육이념이 사라졌습니다", 코람데오 닷컴 http://kscoramdeo.com/ 〈HOME〉주장〉나의 주장 2008년 6월 11일, 2012년 8월 20일 캡쳐.
10. 《기독교보》, 2008년 9월 13일.
11. 대한예수교장로회 총회, 《제58회 총회보고서》, 131.

		목적: 성경을 가르쳐 신앙의 정통과 생활의 순결을 유지하며 하나님 나라 확장에 기여하는 그리스도인을 양성함을 교육 목적으로 한다.
전 원 호	교육이념: 신앙과 생활의 유일한 표준인 성경을 총괄한 웨스트민스터 표준문서와 교단 헌법에 나타난 개혁주의 사상을 교육 이념으로 한다.	1. 삼위일체 하나님을 바로 알고, 사랑하며, 예배하는 예배적 인격자를 양성한다. 2. 하나님의 자녀로서의 특권을 누리며, 섬김의 삶을 사는 봉사적 인격자를 양성한다. 3. 하나님의 형상인 사람을 이해하고, 사랑하며, 복음을 전해주는 선교적 사명자를 양성한다. 4. 하나님의 청지기로서 창조 세계를 탐구, 관리하며, 문화 변혁의 사명을 감당하는 문화적 사명자를 양성한다.
목 사 원 로 회 총 회	신앙과 생활의 유일한 표준인 성경과 웨스트민스터 표준서들(우리교회 헌법)을 따라 예수 그리스도 안에서 성령님의 도우심으로 하나님 사랑과 이웃 사랑을 실천하여 개혁주의 교회 건설과 하나님 나라 확장에 기여하는 그리스도인을 양성한다.	(제안 없음)
교 육 원 최 종 개 정 안	교육이념: 신앙과 생활의 유일한 표준인 성경과 웨스트민스터 표준서를 비롯한 개혁주의 교회의 신앙고백서들을 가르쳐, 예수 그리스도 안에서 성령(님)의 도우심으로 하나님 사랑과 이웃 사랑을 실천하여 개혁주의 교회 건설과 하나님 나라 확장에 기여하는 그리스도인을 양성한다.	교육목적: 1. 삼위일체 하나님을 바로 알고, 사랑하며, 예배하게 한다 (예배적 사명). 2. 하나님의 자녀로서 특권을 누리며, 섬김의 삶을 살게 한다 (봉사적 사명). 3. 하나님의 형상인 사람을 이해하고, 사랑하며, 전도와 선교의 사명을 감당하게 한다 (선교적 사명). 4. 하나님의 청지기로서 창조세계를 탐구, 관리하며, 문화변혁과 개발의 사명을 감당하게 한다 (문화적 사명). 이러한 교육을 통해 신앙의 정통과 생활의 순결을 겸비하게 한다.

(1) 교육이념/목적

먼저 교육이념 또는 교육목적의 내용을 비교해 본다. (비교는 1965년판, 전원호, 목사원로회, 그리고 교육원 최종안 이상의 네 가지를 중심으로 한다. 교육원의 1차 개정안은 참고하기 위해 아래 표에 포함시켰다.)

1965~현재	교육이념: 개혁주의 정신에 입각하여 웨스트민스터 표준서들(Westminster Standards-신앙고백, 대·소교리문답, 교회정치, 예배지침 및 권징조례)을 따라 하나님을 사랑하고 이웃을 사랑하는 그리스도인을 양성한다.
교육원 1차 개정안	교육목적: 신앙과 생활의 유일한 표준인 성경을 가르쳐, 예수 그리스도 안에서 성령님의 도우심으로 하나님 사랑과 이웃 사랑을 실천하여 개혁주의 교회 건설과 하나님 나라 확장에 기여하는 그리스도인을 양성한다.
전원호	교육이념: 신앙과 생활의 유일한 표준인 성경을 총괄한 웨스트민스터 표준문서와 교단 헌법에 나타난 개혁주의 사상을 교육 이념으로 한다.
목사 원로회 총회	교육이념: 신앙과 생활의 유일한 표준인 성경과 웨스트민스터 표준서들(우리교회 헌법)을 따라 예수 그리스도 안에서 성령님의 도우심으로 하나님 사랑과 이웃 사랑을 실천하여 개혁주의 교회 건설과 하나님 나라 확장에 기여하는 그리스도인을 양성한다.
교육원 최종 개정안	교육이념: 신앙과 생활의 유일한 표준인 성경과 웨스트민스터 표준서를 비롯한 개혁주의 교회의 신앙고백서들을 가르쳐, 예수 그리스도 안에서 성령(님)의 도우심으로 하나님 사랑과 이웃 사랑을 실천하여 개혁주의 교회 건설과 하나님 나라 확장에 기여하는 그리스도인을 양성한다.

1) 위의 표에서 나타난 것처럼, 1965년판의 교육이념에는 보이지 않던 "신앙과 생활의 유일한 표준인 성경"이라는 구절(句節)을 그 후의 개정안들의 교육이념 또는 교육목적에서는 모두 포함시키고 있다. 교육이념/목적에서 "성경"이 교회교육의 출발점으로서 누락이 된다는 것은 합당하지 않다. 물론 1965년판의 경우 교육이념의 하위 개념으로서의 교육목적에 "성경을 가르쳐"라고 함으로써 "성경"을 포함시키고 있다. 그렇지만 "성경"보다 "개혁주의"를 앞세우는 것은 부자연스러운 일이다. 고신교회의 특별함을 "개혁주의"라는 단어를 맨 처음에 언급함으로써 부각시키는 것도 필요한 일이 될 수도 있다. 그러나 모든 예수 그리스도의 교회의 기초가 되는

"성경"을 최우선으로 언급하는 것은, 주님 안에서 하나 된 교회를 지향한다는 점에서 바람직한 일이다. 개정안 모두 교육이념/목적에 "성경"이라는 단어를 포함시킨 것은 앞으로 개정이 이루어진다면 "성경"이라는 단어가 포함될 가능성이 높아졌다는 것을 보여준다.

전원호의 개정안에서는 "성경"이 "웨스트민스터 표준문서와 교단 헌법"을 수식하는 단어로 격하(格下)된 면이 있어서, 다른 개정안들처럼 "성경"을 독립적으로 명시할 필요가 있을 것 같다.

2) 표준문서와 관련한 언급을 보면, 1965년판과 그 후의 개정안들을 아래와 같이 병렬시켜 볼 수 있다.

(1965년) "웨스트민스터 표준서들(Westminster Standards-신앙고백, 대·소교리문답, 교회정치, 예배지침 및 권징조례)을 따라"

(전원호) "성경을 총괄한 웨스트민스터 표준문서와 교단 헌법에 나타난 개혁주의 사상을"

(목사원로회) "성경과 웨스트민스터 표준서들(우리교회 헌법)을 따라"

(교육원) "성경과 웨스트민스터 표준서를 비롯한 개혁주의 교회의 신앙고백서들을 가르쳐"

네 곳에서 모두 "웨스트민스터 표준(문)서(들)"라는 구절을 찾을 수 있다. 그리고 조금씩 차이는 있지만 "개혁주의"라는 단어를 모두 언급하고 있다. 고신교회가 지향하고 있는, 한국의 다른 교회들과의 차별성이라고 할 개혁주의를 포함시키는 것은 의미가 있다.

전원호와 목사원로회는 "교단 헌법"과 (우리교회 헌법)이라는 구절을 통해 고신교회의 헌법을 부각시키고 있다. 그 반면에 교육원의 개정안은 웨스트민스터 표준서와 더불어 "개혁주의 교회의 신앙고백서들"을 언급하고 있다. 목사원로회는 "개혁주의 교회의 신앙고백서들"을 언급한 교육원의 개정안에 대해 다음과 같이 세 가지로 부당성을 제기한다.[12] 첫째는, 고

---

12. 《기독교보》, 2008년 9월 13일.

신총회가 웨스트민스터 표준서들 외에 다른 개혁주의 교회의 신앙고백서들을 채택한 일이 없었다. 둘째로, 다른 개혁주의 교회의 신앙고백서들을 다 찾아서 가르친다는 것은 거의 불가능한 일이다. 셋째로, '은혜의 방편'을 예로 들면서 하이델베르크 요리문답은 은혜의 방편으로 말씀과 성례만을 들고 있으나, 웨스트민스터 대교리문답은 기도를 추가하고 있다. 그런데 "은혜의 방편에서 기도가 빠진다면 오늘의 신자들이 기도를 소홀히 할 가능성이 있어 문제가 됩니다."라고 우려를 표명한다.

그러나 이러한 문제제기에 대해서 필자는 다음과 같이 반론을 한다. 첫째 우려에 대해서, 웨스트민스터 표준서들은 영국의 장로교의 전통을 따르고 있어 "개혁주의 교회 건설"이라는 목표를 이루기 위해서는 유럽 대륙의 개혁교회의 신앙고백서들을 고신교회가 참고할 필요가 있다. 그리고 두 번째 우려에 대해서는, 개혁주의 교회의 신앙고백서들을 하나도 빠짐없이 다 가르치겠다는 것이 교육원 개정안이 의미하는 것은 아닐 것이다. 세 번째에 대해서는 양자 중 하나만을 가르치겠다는 것이 아니라, 둘 다 가르치겠다는 것이므로 크게 우려할 바가 아니라고 하겠다.

이런 점들을 고려하여 "개혁주의 교회의 신앙고백서들을 가르쳐"라는 표현 대신에 "개혁신앙을 가르쳐"라고 하면 원로목사회의 우려를 불식시킬 수 있겠다. 아울러 영국이나 미국에서 발전한 장로교의 전통과 유럽 대륙의 개혁교회의 유산을 모두 활용할 수 있는 근거를 마련할 수 있다.

3) 전원호를 제외한 세 곳에서는 교육이념에 어떤 사람을 양성할 것인가에 대한 목표를 서술하고 있다. 네 가지를 아래와 같이 병렬시켜 대조해 볼 수 있다.

  (1965년) "하나님을 사랑하고 이웃을 사랑하는 그리스도인을 양성한다."

  (전원호) (없음)[13]

---

13. 전원호는 교육이념의 하위 개념이라고 할 "목적"에서 이렇게 천명(闡明)한다. "성경을 가

"성경을 가르쳐 신앙의 정통과 생활의 순결을 유지하며 하나님 나라 확장에 기여하는 그리스도인을 양성함을 교육목적으로 한다."

(목사원로회) "예수 그리스도 안에서 성령(님)의 도우심으로 하나님 사랑과 이웃 사랑을 실천하여 개혁주의 교회 건설과 하나님 나라 확장에 기여하는 그리스도인을 양성한다."

(교육원) "예수 그리스도 안에서 성령(님)의 도우심으로 하나님 사랑과 이웃 사랑을 실천하여 개혁주의 교회 건설과 하나님 나라 확장에 기여하는 그리스도인을 양성한다."

이상에서 목사원로회와 교육원의 개정안은 교육원의 제1차 개정안을 그대로 받아들이고 있음을 알 수 있다. 그리고 목사원로회와 교육원의 최종 개정안은 1965년판에 나오는 "하나님을 사랑하고 이웃을 사랑하는 그리스도인"이라는 말을 수용하고 있다. 나아가 앞의 두 개정안은 1965년판에 나오지 않는 "예수 그리스도 안에서 성령(님)의 도우심으로"라는 말을 덧붙이고 있다.

예수 그리스도는 하나님 아버지께로 나아가는 유일무이한 길이다.(요 14:6) 그리고 성령님으로 말미암지 아니하고는 성경과 예수 그리스도를 알 수도 없고, 거듭날 수도 없고, 나사렛 예수를 주(主)로 믿을 수도 없고, 신앙의 성숙도 기대할 수 없다. 따라서 삼위일체 하나님을 교육이념/목적에서 분명하게 언급하는 것은 바람직한 일로 생각된다.

목사원로회와 교육원의 개정안이 공히 "개혁주의 교회 건설과 하나님 나라 확장"을 언급하고 있는데, 이것 역시 환영할 선언이다. 1965년판에서는 아쉽게도 '교회'와 '하나님 나라'에 대한 언급이 빠져있다. 따라서 앞으로 개정이 된다면 바로 이 구절은 반드시 포함되어야 한다.

르쳐 신앙의 정통과 생활의 순결을 유지하며 하나님 나라 확장에 기여하는 그리스도인을 양성함을 교육목적으로 한다."(코람데오 닷컴. http://kscoramdeo.com/ HOME〉주장〉나의 주장 2008년 6월 11일)

(2) 교육목적/목표

다음으로 교육이념/목적의 하위 개념으로서의 교육목적/목표의 개정안에 대해 살펴본다. 1965년판과 교육원 제1차, 전원호, 그리고 교육원 최종 개정안을 대비시키면 아래 표와 같다. 목사원로회는 교육목적에 대해서는 언급하지 않고 있다. 교육원의 최종 개정안에 묵시적으로 동의하는 것으로 볼 수 있다. 교육원 최종안은 1차 개정안에 나오는 "문화변혁과 개발의 사명을"에서 "개발"이란 단어만을 추가시키고 있다. 따라서 1965년판, 전원호 그리고 교육원의 최종안 세 가지만을 비교하면 되겠다.

1965~현재	교육목적: 성경을 가르쳐 ① 삼위일체 하나님을 바로 알고, 사랑하며, 섬기게 한다 (예배적 인격). ② 하나님의 형상인 사람을 이해하고, 사랑하며, 도우고 그리스도를 전하게 한다 (인화협동적 인격). ③ 자기의 존재 의의와 특수한 사명을 자각하여 자기 선 자리에서 맡은 일에 충성하게 한다 (문화적 인격). 이러한 그리스도인을 육성하여, 신앙의 정통과 생활의 순결을 겸비케 한다.
교육원 1차 개정안	이를 위해 1. 삼위일체 하나님을 바로 알고, 사랑하며, 예배하게 한다.(예배적 사명) 2. 하나님의 자녀로서 특권을 누리며, 섬김의 삶을 살게 한다.(봉사적 사명) 3. 하나님의 형상인 사람을 이해하고, 사랑하며, 선교의 사명을 감당하게 한다.(선교적 사명) 4. 하나님의 청지기로서 창조세계를 탐구, 관리하며, 문화변혁의 사명을 감당하게 한다.(문화적 사명) 이러한 교육을 통해 신앙의 정통과 생활의 순결을 겸비하게 한다.
전원호	목적: 성경을 가르쳐 신앙의 정통과 생활의 순결을 유지하며 하나님 나라 확장에 기여하는 그리스도인을 양성함을 교육 목적으로 한다. 1. 삼위일체 하나님을 바로 알고, 사랑하며, 예배하는 예배적 인격자를 양성한다. 2. 하나님의 자녀로서의 특권을 누리며, 섬김의 삶을 사는 봉사적 인격자를 양성한다. 3. 하나님의 형상인 사람을 이해하고, 사랑하며, 복음을 전해주는 선교적 사명자를 양성한다. 4. 하나님의 청지기로서 창조 세계를 탐구, 관리하며, 문화 변혁의 사명을 감당하는 문화적 사명자를 양성한다.

목사 원로회 총회	(제안 없음)
교육원 최종 개정안	교육목적: 1. 삼위일체 하나님을 바로 알고, 사랑하며, 예배하게 한다(예배적 사명). 2. 하나님의 자녀로서 특권을 누리며, 섬김의 삶을 살게 한다(봉사적 사명). 3. 하나님의 형상인 사람을 이해하고, 사랑하며, 전도와 선교의 사명을 감당하게 한다(선교적 사명). 4. 하나님의 청지기로서 창조세계를 탐구, 관리하며, 문화변혁과 개발의 사명을 감당하게 한다(문화적 사명). 이러한 교육을 통해 신앙의 정통과 생활의 순결을 겸비하게 한다.

1) 성경의 중심 주제는 관계이다. 교육목적에 있어서 1965년판은 창세기 1-2장에 잘 드러나는 창조에 나타난 관계를 중심으로 서술하고 있다고 하겠다.

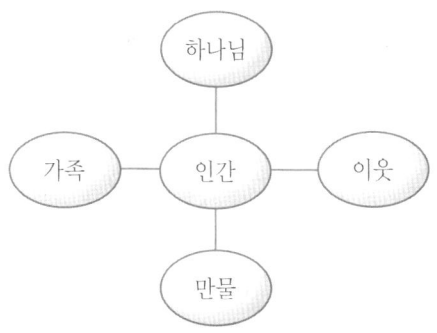

사람은 창조주와 주권자가 되시는 하나님을 예배하는 존재이다. 또한 만물을 다스리며 하나님을 영화롭게 하는 문화를 개발할 사명을 맡았다. 나아가 독처하는 것이 좋지 않으므로 이웃과의 사회적 관계를 맺고 인화협동적으로 사는 자이다. 이러한 목적은 매우 바람직하다고 본다. 더욱이 세 가지로 제시되어 간략하다. 그러나 간략하고 함축적이다 보니 21세기 한국 사회에서 교회교육이 강조해야 할 내용들이 반영되지 않는 한계가 있다.

그 중 몇 가지를 제시하면 다음과 같다. 교회교육에 있어서 가장 으뜸 되는 목적은 예수 그리스도를 믿음으로 하나님의 자녀의 권세를 받고 누리게 하는 것이고, 나아가 예수님의 제자로서 자라가는 것이다. 그리고 성령님으로 충만함을 받아 각자에게 주어진 은사를 활용하여 교회를 섬기며, 전도와 선교에 참여해야 한다.

"믿음/중생, 하나님의 자녀의 권세/영생, 교회, 가정, 사회/공의/평화, 성령님, 선교, 주님의 재림"같은 단어는 교육목적/목표에 포함시킬 필요가 있다.

2) 교육목적/목표에 대한 개정안을 살펴보면, 전원호와 교육원의 최종 개정안 모두가 예배, 봉사, 선교, 문화와 관련된 신앙인을 양성하려는 점에서 일치하고 있다. 차이가 있다면 표현하는 방식에 있다. 전원호는 "예배적 인격자, 봉사적 인격자, 선교적 사명자, 문화적 사명자"의 양성을 선언한다. 이와 유사하게 교육원은 예배, 섬김, 전도와 선교, 문화와 관련된 서술을 한 후에, 괄호 속에 "예배적 사명, 봉사적 사명, 선교적 사명, 문화적 사명"을 부기(附記)하고 있다. 따라서 전원호의 개정안과 교육원의 최종안은 많은 부분에서 일치하고 있다.

필자로서는 교육이 추구하는 것은, 내용을 가르치는 것도 중요한 부분이라고 인정한다. 그러나 교육이 추구하는 궁극적인 목표는 사람을 변화시키는 일이다.[14] 따라서 목적/목표의 서술에 있어서 '사명'보다는 '인격자/사명자'라는 표현이 더 합당하다고 본다.

3. "교육이념과 교육목적" 서술의 구조와 내용

고신교회의 교육의 기초가 되는 내용을 "교육이념, 교육목적" 그리고 각

---

14. 노오만 디 종, 《진리에 기초를 둔 교육》, 신청기 역 (서울: 생명의말씀사, 1985), 173. "따라서 가르침이 교육이라면 우리는 주제를 가르치는 것이 아니라 학생을 가르친다고 해야 옳

단계별 "교육목표"로 구분하여 진술하고 있다. 이러한 구분 중에 첫 번째로 제시하고 있는 '교육이념'을 살펴보자.

(1) '교육이념'

'교육이념'이라는 제목은 신앙교육이라는 측면에서나 교육학적인 측면에서 바람직하지 않다고 본다. '교육이념'을 가장 상위의 개념으로 두는 구조는 대한예수교장로회(합동)[15]에서도 볼 수 있다. 교회의 교육목적을 서술하면서 '교육이념'이라는 제목을 사용하여 총괄적인 존재의의와 그들이 궁극적으로 추구하는 목적을 표현하고 있다. 이러한 관습은 대한민국 정부의 교육법[16]을 참고한 것으로 보인다. 대한민국의 교육법은 국가의 교육의 전체적인 정신과 방향성을 '교육이념'이라는 항목에서 제시하고 있다.

'이념'이라는 단어를 사전에서 찾아보면, "이성에 의해 얻어지는 최고의 개념"[17], "순수이성에 의한 본질적인 개념"[18], "① 생각, 관념, 의식내용. ② 이성의 판단으로 얻은 최고의 개념"[19]으로 풀이하고 있다. 물론 이념에는 "한 사회나 개인이 이상으로 여기는 근본적인 사상."이라는 의미도 있다. 그러나 공통적으로 "이성으로부터 형성되는 최고의 개념"이라는 생각을 떨쳐버리기 어렵다.

더욱이 '이념'이라는 단어의 일반적인 의미에는 '이데올로기'가 포함된다. 교회교육에서 이성을 사용한다. 그러나 최고의 권위는 하나님의 계시의 말씀인 성경에 있고, 성령님의 초월적인 사역이 교회교육을 주도한다. 신앙교육이란 핵심진리가 교리로서 존재하기는 하나, 이것이 이데올로기

을 것이다."
15. 박석기, "21세기를 준비하는 합동교단의 교육정책 및 교육부의 사역," 《21세기 교회교육을 전망한다》 (서울: 총회교육위원회, 1999년 겨울), 190-195.
16. 위키백과. http://ko.wikipedia.org/wiki/%ED%99%8D%EC%9D%B5%EC%9D%B8%EA%B0%84 2012. 8. 10 캡쳐. 홍익인간이 대한민국의 교육이념으로 채택된 것은 미군정 시절부터였다. 교육이념으로 제안된 '홍익인간'에 대해 비과학적이고 일제의 '팔굉일우'와 유사하다는 지적이 있었으나, 논란 끝에 1945년 12월 20일 개최된 교육심의회에서 대한민국의 교육이념으로 채택되었다.
17. 이희승 편저, 《한글사전》 (서울: 민중서림, 1994) "이념"
18. 《우리말 큰사전》 (서울: 어문각, 1997) "이념"
19. 《신콘사이스 국어사전》 (서울: 동아출판사, 1979) "이념"

로서 적용되는 것은 아니다. 신앙교육이란 살아계신 하나님을 알고 교제하며, 그를 영화롭게 하고, 그를 즐거워하는 삶을 살도록 돕는 인격적인 관계가 근본이다. 이런 이유로 교회교육에서 '교육이념'이라는 단어는 그리 적합하지 않다.

교육목적을 제시하는 구조의 두 번째는 '교육목적'이다. 여기서는 첫 번째 단계('교육이념')에서 언급된 것을 조금 더 구체적으로 제시하는 부분이다. 따라서 이 부분은 '교육목표'로 부를 수 있다. 세 번째 부분인 '각 단계별 교육목표'는 그대로 사용해도 무방하다.

위에서 살펴본 이유를 근거로 고신교회의 교육목적을 제시하는 구조를 아래와 같이 바꿀 수 있을 것이다.

1965년판	개선안
1. 교육이념	1. 교육목적
2. 교육목적	2. 교육목표
3. 각 단계별 교육목표	3. 각 단계별 교육목표

(2) 필자가 제안하는 교육목적과 교육목표

필자는 위의 논의를 근거로 아래와 같이 교육목적과 교육목표를 제안한다.

교육목적:
믿음과 삶의 유일한 표준인 성경과 이에 근거한 개혁신앙을 가르쳐
예수 그리스도 안에서 성령님의 도우심을 입어
하나님을 사랑하고 이웃을 사랑하며
이웃과 모든 족속을 예수 그리스도의 제자로 삼아
하나님께 영광을 돌리는 그리스도인을 양성한다.

교육목표:
1) 성경의 가르침과 웨스트민스터 표준문서를 비롯한 개혁신학을 이해하므로, 신앙의 정통과 생활의 순결을 겸비한 그리스도인이 되도록 돕는다.
2) 전능, 사랑, 공의로우신 하나님을 믿어, 그를 사랑하며 예배하는 자가 되도록 돕는다.
3) 예수 그리스도를 믿으므로, 하나님의 자녀의 권세를 누리며 그의 제자로서 살도록 돕는다.
4) 보혜사 성령님의 도우심을 입어, 세상에서 거룩한 생활을 하며, 예수님의 증인이 되며, 제자 삼는 자가 되도록 돕는다.
5) 가정과 교회와 세상에서 청지기로서의 자신의 존재의미를 알고, 이웃을 사랑하므로, 소금과 빛의 역할을 하며 문화의 지혜로운 생산자와 소비자가 되도록 돕는다.
6) 구속사적 입장에서 역사와 세상을 이해하고 주님의 재림을 기대하므로, 공의, 평화, 생명, 자연을 귀하게 여기며 헌신하는 하나님의 사람이 되도록 돕는다.

Ⅲ. 나가는 글

지난 2007년부터 1965년에 제정된 고신교회의 교육이념과 목적에 대한 개정을 위한 논의가 활발하게 시작되었다. 그러나 2008년 총회에서 교육원의 최종 개정안이 철회됨에 따라 현재 논의가 더는 이루어지지 않고 있는 형편이다. 위에서 살펴본 것처럼 교육원의 개정안은 여러 경로를 통해 의견이 수렴되고 제안이 받아들여짐으로써 거의 합의에 도달했다고 볼 수 있다.

고신교회의 교육목적이 총회적으로 그리고 개 교회적으로 교육의 방향을 제시하고, 교육의 내용을 선별하게 하고, 자원을 효과적으로 동원하며, 교육활동을 평가하는데 매우 중요한 역할을 한다. 따라서 모든 교회교육의 지도자들과 성도들이 보다 쉽게 이해하고 헌신적으로 추구할 수 있는 교육목적을 제시하는 것은 시급하고 중요한 일이다. 이 글이 고신교회의 교육목적을 새롭게 정립하는데 일조(一助)할 수 있기를 기대한다.

참고 문헌

노오만 디 종. 《진리에 기초를 둔 교육》. 신청기 역. 서울: 생명의말씀사, 1985.

대한예수교장로회 총회. 《제58회 총회보고서》, 2008.

대한예수교장로회(고신) 총회교육위원회. 《제4차 교회교육 센서스 결과 분석 보고서》, 2004.

박석기. "21세기를 준비하는 합동교단의 교육정책 및 교육부의 사역." 《21세기 교회교육을 전망한다》. 서울: 총회교육위원회, 1999.

이희승 편저. 《한글사전》. 서울: 민중서림, 1994.

Ralph W. Tyler. Basic *Principles of curriculum and Instruction*. Chicago: The University of Chicago Press, 1949.

《기독교보》, 2008년 5월 24일.

《기독교보》, 2008년 9월 13일.

《신콘사이스 국어사전》. 서울: 동아출판사, 1979.

《우리말 큰사전》. 서울: 어문각, 1997.

II

기독교교육 철학과 방법

01 현대교육에서 본 예수님의 교육방법 | 조성국 교수
02 칼빈의 제네바 아카데미의 교육과정 형성이 한국 교회에 주는 교육적 함의 | 류기철 교수
03 기독교교육의 기초존재론: 차이와 교육 | 도세훈 교수

현대교육에서 본 예수님의 교육방법

조성국 교수 _ 고신대학교 기독교교육학

*요약
Ⅰ. 들어가면서
Ⅱ. 예수님의 교육방법의 유형분류
  1. 시각적 방법
  2. 언어를 사용한 방법
  3. 학습자와 연관된 방법
  4. 교육방법사용의 특징
Ⅲ. 현대교육의 틀에서 본 예수님의 교육방법
  1. 교육내용의 관점에서
  2. 학습자 이해의 관점에서
  3. 교수-학습 원리의 관점에서
Ⅳ. 마무리하면서
*참고문헌

------------------------------ 〈요 약〉 ------------------------------

예수님의 교육방법에 대한 관심은 교회교사 및 기독교교육학자들의 궁극적인 관심사이다. 교육학이 독립적 학문이 된 이후 기독교교육학자들은 복음서라는 한정된 자료에 표현된 예수님의 교육의 맥락으로부터 현대교육방법과 유사한 특성을 보여주는 부분을 추출하고 범주화하여 현대교육방법의 유형에 따라 유형화 했다. 예수님이 사용한 교육방법은 몇 가지로 한정할 수 없을 만큼 다양했다. 그러나 이러한 접근은 예수님의 교육방법의 근본적 특성을 잘 드러내지 못했다.

예수님의 교육방법은 그 방법들 자체의 가치 규명보다 어떠한 교육방법이라도 효과적으로 만들었던 교육원리에 대한 분석으로라야 제대로 해명될 수 있다. 현대교육의 내적 패러다임에 따라 살펴보면, 예수님은 교육내용인 진리이해, 교육대상인 학습자에 대한 이해, 그리고 이 양자를 주어진 상황에서 효율적으로 연결하는 교수-학습원리 이해에서 완벽하셨다. 그 분이 하나님의 아들, 그리스도로서 절대적 권위를 가진 온전한 교사이셨으므로, 그 분은 방법들을 최상으로 효율화하신 것이다.
따라서 예수님의 교육방법에 대한 연구결과는 특정 교육방법 자체에 대한 관심보다 예수님의 교육원리이해에 기반을 둔 창의적 접근을 요청한다. 비록 예수님과 기독교교사 사이에 비연속성이 있기는 하지만, 교육에 대한 예수님의 명령과 보혜사 성령님으로 교육의 효율성을 담보하셨으므로 예수님의 교육방법 및 교육원리에 기초한 창의적인 방법들을 실행하는 것은 불가능한 일은 아니다.

주제어: 예수, 예수님의 교육방법, 제자양육, 교회교육, 종교교육

I. 들어가면서

최근 교회에서도 새로운 교육방법에 대한 관심과 필요가 더 커지고 있다. 그것은 아마도 학교교육과 비교할 때 교육의 전문성 격차가 더 커졌고, 더욱이 정보공학의 발전에 따라 새로운 도구들이 개발됨으로써 그 새로운 학습도구를 활용한 교육방법에 대한 관심이 커졌기 때문이기도 하다. 그러나 근본적으로는 인간교육의 한계경험에서, 혹은 현재의 방식으로는 기대하는 효과를 현실화하기 어렵다는 고민에서 비롯된 것임에 분명하다.

교회에서 교사, 부장, 지도교역자는 무엇인가 특별한 효과를 가져다줄 수 있는 교육방법이나, 흥미 있는 프로그램이 없을까하고 늘 고민하고 있다. 한국교회가 성장의 한계에 직면한 이후, 이전에 생각해보지 못했던 많은 전도방법과 프로그램들, 그리고 일반사회에서 개발된 방법들도 도입하여 실험하고 있는 상황을 생각해보면 왜 교육방법에 대하여도 여전히 허전함을 느끼는지 이해할 수 있다. 이러한 필요에 부응하여 최근 한국인 학자들에 의해서도 비중 있는 전문적인 책들이 출간되었다.[1]

효과적인 교육방법에 대한 근본적인 고민은 그리스도인 교사 및 교육

---

1. 최근 출간된 강용원교수의 《기독교교육방법론》은 기독교교육방법의 기초와 실제에 대한 심도 있는 학술연구서이며, 성경교수방법에 있어서도 강용원 교수의 《유능한 교사의 성경교수법》, 한춘기교수의 《성경교수방법론》은 실제에 대한 유익한 지침서들이다. (강용원, 《기독교교육방법론》(서울: 한국기독교교육학회, 2008b); 강용원, 《유능한 교사의 성경교수법》(서울: 생명의 양식, 2008a); 한춘기, 《성경교수방법론》(서울: 생명의 양식, 2008).)

학자들로 하여금 자연스럽게 예수님의 교육방법에 대한 관심으로 진행된다. 예컨대, 프리더만(Matt Friedeman)은 자신의 책 《이렇게 가르치셨다(The Master Plan of Teaching)》에서, 그가 예수님의 교육방법에 관심을 가지게 된 배경을 언급하였다. 그의 고백에 따르면, 그는 대학원에서 교육방법을 공부하는 동안 발표를 위해, 교실에서 능력 있는 교사의 요건이 무엇인가를 알기 위한 문헌조사활동으로 도서관에서 수많은 자료들을 뒤적거렸다. 그는 자료조사 작업을 통하여 약 435가지의 다양한 방법을 찾아 분류하면서 기진해 버렸다. 서로 대립하기조차 하는 이 방법들을 분류하는 혼란스러운 실타래를 풀면서, 교사로서의 자신의 정체성을 어디에 두어야 하는가라는 근본적인 의문에 사로잡혔다. 이러한 상황에서 그는 결국 예수님을 이상적인 교육방법의 모델로 삼게 되었다고 고백한다. 그는 시대의 변화에 동반된 문화, 과학, 기술의 변화에도 불구하고 예수님의 방법은 당시뿐만 아니라 지금도 가장 적절하다고 확신하게 되었고, "예수님이라면 어떻게 가르치실까?"라는 질문을 자신의 교육방법론의 기초로 삼았다고 말한다.[2]

  흥미로운 것은 이처럼 그리스도인 교사들이 예수님을 통하여 교육방법의 진리라고 할 수 있는 통찰들을 발견하면서도 그 동안 예수님의 교육방법에 대한 연구서들이 많았던 것은 아니었다. 예수님의 교육방법에 대한 고전적인 연구서인 《예수님의 교육방법론(Teaching techniques of Jesus)》에서 저자인 호언(Herman H. Horne)은, 예수님이 인류역사에 있어서 최고의 선생님이면서도 교육연구에 있어서 도무지 제대로 연구되지 않았다는 사실을 다음과 같이 말했다: "아마도 독자들 가운데 어떤 이들은 플라톤의 공화국(국가)이 나온 이래로 교육에 대한 책들이 그토록 많이 출판되었고, 마가복음이 나온 이래 예수님에 대한 책들이 그토록 많이 나왔음에도 불구하고 교육자로서의 예수님에 대한 책들이 나오게 된 것이 금세기

---

2. M. Friedeman, 《이렇게 가르치셨다: 생명력 있는 예수님의 교육방법》, 파이디온선교회 역 (서울: 파이디온 선교회, 1996), 13-15.

에 들어서야 처음으로 일어나게 되었는지 의아해 할 수가 있을 것이다."³

그 이유는 현대이후 예수님과 교육을 동시에 잘 아는 학자들이 많지 않았고, 하나님으로서의 예수님에 대한 이해가 그 분의 교육방법이 그리스도인 교사들조차 활용할 수 있는 연속성을 가질 수 있을 것인가에 대하여 회의하게 만들었기 때문일 것이라는 그의 지적은 의미가 있다. 그 이유가 무엇이든 간에 교육의 역사를 취급하는 책에서 예수님의 교육에 대하여 제대로 취급하는 책이 적은 것은, 교육의 현대 학문적 연구가 그리스를 고향으로 삼고 있다는 점 외에도, 예수님의 교육을 종교적인 영역으로 구분하여 교육학의 일차적인 연구대상으로 삼고 있지 않기 때문에 빚어진 것이라고 판단된다. 그러나 인류역사에서 그 분만큼 엄청난 영향을 미친 교사는 없다. 하찮은 사람들을 그 분만큼 엄청난 위인들로 변화시킨 분도 없다. 2천년이 지난 오늘날조차도 그 분을 따르는 수많은 제자들을 보면서 교사로서의 그 분의 능력을 새삼 확인할 수 있다. 호언의 주장처럼, 그리고 그리스도인 교육학자들의 일반적 주장처럼, 그 분은 세계의 가장 위대한 교사이시다.

예수님의 교사됨 혹은 교육방법에 대한 연구가 하나님의 아들로서의 예수님과 인간교사와의 연속성에 있어 근본적인 한계성을 내포하고 있다는 사실을 인정한다고 하더라도 예수님의 교육에 대한 연구는 완전한, 혹은 이상적 교사의 역할에 대한 이해를 증진시켜줄 것이라는 사실에는 이의가 없다. 그래서 예수님의 교육방법에 대하여 연구하는 학자들은 많은 경우 프라이스(J. M. Price)의 경우처럼, 예수님이 완벽한 교사라는 사실을 입증한 이후 그 분의 방법을 교회교육에서 활용하도록 적극적인 그리고 구체적인 지침제공의 시도를 했다.⁴ 프라이스는 예수님이 진리의 현현이고, 섬기려는 열망을 가졌고, 가르침에 대한 믿음을 가졌고, 성경에 대한 완벽한 지식을 가졌고, 인간을 이해하셨고, 방법에 통달하셨다는 사실에 근거

---

3. H. H. Horne, 《예수님의 교육방법론》, 박영호 역 (서울: 기독교문서선교회, 1998), 9.
4. J. M. Price, 《선생예수》(서울: 침례회출판사, 1981), 15.

하여 교육방법에 있어 예수님은 완벽하게 적합성을 가지신 분이라고 주장했고, 이에 근거하여 예수님의 교육방법을 교회교육에 적용하기 위해 구체적인 설명을 전개하였다.

뿐만 아니라 비록 우리가 그 분과 비교할 수 없는 근원적 한계성을 가지고 있지만, 그 분은 모든 그리스도인들이 본받도록 요구받는 분이셨고, 제자들을 불러 교육하신 후 그 분을 본받아 교사의 일을 하도록 요구하셨다. 지금도 성령으로 하나님의 사람들에게 직분과 은사와 능력을 주시며, 가르치는 활동 가운데 함께 역사하시는 분이라는 사실을 떠올린다면,[5] 예수님의 교육방법은 그리스도인 교사들에게 호기심 이상으로 실제성을 갖는다. 더욱이 일반교육을 위한 교사가 아니라 교회에서 기독교신앙교육의 교사로 임명된 교회교사들에게는 예수님의 교육에 대한 탐구는 일차적인 의미를 던져줄 것임에 분명하다.

II. 예수님의 교육방법의 유형분류

현대교육방법유형에 따라 분석해보면, 예수님이 사용하신 교육방법들은 아주 많다. 호언은 1920년에 복음서에서 해당 내용을 분석한 후 예수님의 교육방법들을 정리하면서 때로는 교육원리도 포함하여, 주제에 따라 27개로 분류해 설명한 바 있다. 호언은 예수님의 교육방법에서 실물교훈, 주의법, 접촉법, 문제이용법, 대화법, 질문법, 응답법, 강화법, 비유법, 성경사용법, 상황이용법, 유화법, 대조법, 사물이용법, 상징이용법, 수사법, 대상, 교제, 동기부여, 본능, 인상과 표현법 등에 주목했다.[6]

예수님의 교육방법을 유형별로 설명하는 연구서들은 교육방법의 관점에서 호언이 발견한 것 외에도, 현대 교육방법에 맞추어 그리고 다른 여러

---

5. R. B. Zuck, *Spiritual Power in Your Teaching*, Chicago: Moody Press, 1972.
6. H. H. Horne, op.cit., 14-15.

가지 방법들을 발견하여 추가하기도 한다. 예수님의 교육방법유형의 가장 상세한 분류 중 하나는 1983년 니콜스(Charles H. Nichols)에 의해 이루어졌다. 그는 예수님의 교육방법을 학문적 연구의 주제로 선택하여 연구한 박사논문에서 예수님의 교육방법을 다양한 각도에서 분류하였다. 예수님의 교육방법유형을 개관하기 위해 니콜스의 요약된 분류를 검토해보자.[7]

1. 시각적 방법

① 직접 시행해 보이심: 성전을 성결하게 하고, 발을 씻기시는 행동 등을 통하여 직접 행동을 통해 보여 주심으로써 가르치셨다.
② 실물교훈: 어린아이, 혹은 말라버린 무화과나무를 통하여 진리를 가르치셨다.
③ 기록하심: 모래 위에 글을 쓰셔서 현장에 있었던 사람들에게 기대하셨던 효과를 얻었다.
④ 실례: 기도와 사랑에 대하여 실례를 드시기도 했고, 또 자신이 친히 실례가 되시기도 했다.

2. 언어를 사용한 방법

① 진술적 방법: 직접적 진술, 선동적 진술, 경고, 대조, 격려, 요약 등 다양한 진술방법을 사용하셨다.
② 질문을 제기하는 방법: 수사적 질문, 되묻는 질문, 직접 질문 등 다양한 방법을 사용하셨다.
③ 격언과 금언의 사용: 교훈을 시작하거나 효과를 남기기 위해 종종 격언을 사용하셨다.

---

7. W. Benson, "Christ the Master Teacher", (R. E. Clark, L. Johnson & A. K. Sloat, eds., *Christian Education: Foundations for the Future*. Chicago: Moody Press, 1991, 101).

④ 인용: 사람들에게 익숙한 책이었던 구약성경을 종종 인용하셨다.
⑤ 비유: 목자, 부자 등 비유방법은 예수님의 가르치심의 가장 중요한 부분이었다.
⑥ 비교 점층적 강조법: 작은 논증을 근거로 큰 논증으로 나아가도록 하는 방법으로서 사고를 자극하기 위해 사용되었다.
⑦ 사례활용: 공중의 새에서 들의 꽃에 이르기까지, 혹은 현재 사건이나 역사로부터, 예수님은 진리를 가르치시기 위해 필요한 대상이나 사건들을 활용하셨다.
⑧ 과장법: 특히 종교지도자들을 대하실 때 상황이 적절한 경우 개념을 극단적 방법으로 과장하는데 명수이셨다.
⑨ 직유와 은유법: 학생들의 뇌리에 새겨질 수 있도록, 가르치려는 진리를 유사한 대상과 비교하여 가르치셨다.
⑩ 역설법: 반대되는 개념으로서, 익살스럽게, 혹은 사고를 자극하기 위해 종종 역설법을 사용하셨다.
⑪ 요구: 제자들에게 필요한 일을 요구하는데 지체하지 않으셨다.
⑫ 침묵: 납득시키기 위해 이따금씩 이 방법을 사용하셨다.

3. 학습자와 연관된 방법

① 질문을 받으심: 항상 사람들과 제자들의 질문을 받으셨다. 그 분을 함정에 빠뜨리려는 사람들에게조차도 질문하도록 허용하셨다.
② 진술을 요구하심: 부적절한 진술을 고쳐주시면서 제자들이 그 분과 대화를 통하여 더 나은 진술로 나아가도록 격려하셨다.
③ 사고를 촉구하심: 제자들이 단지 듣기만 하도록 요구한 것이 아니라, 그들을 사고과정에 참여시켜 생각하도록 하셨다.
④ 참여를 요구하심: 아무런 행동도 하지 않고 단지 앉아서 듣기만 하도록 머물러 둔 것이 아니라 종종 행동의 응답을 요구하셨다.

⑤ 실제문제에 직면하게 하심: 항상 실제의 문제를 취급하셨다. 제자들을 삶의 현장에 두셨고, 그 실제문제에서 내적 의미들을 처리하도록 하셨다.
⑥ 시험하심: 육지에서 혹은 바다에서 주님은 종종 실제적인 시험을 통하여 제자들의 학습정도를 확인하셨다.

4. 교육방법사용의 특징

니콜스는 예수님의 교육방법을 다양한 각도에서 분석한 이후 교육방법에 나타나는 일반적 특징을 다음과 같이 정리하였다.[8]

① 예수님은 학생들의 능력에 맞추어 방법을 선택하셨다. 니고데모(요 3장)와 사마리아여인(요 4장)에게 가르치신 기록에서 잘 드러난다.
② 예수님은 학생의 태도에 맞추어 방법을 선택하셨다. 종교지도자들에게 사용하시던 방법은 제자들을 가르치실 때와 달랐다.
③ 학습자와 집단 크기에 맞추어 방법을 선택하셨다. 산상설교(마 5-7장)는 백부장과의 대화(마 8:5-13) 방법과 달랐다.
④ 예수님은 가르치는 장소에 맞추어 방법을 선택하셨다. 베데스다 우물에서의 가르침(요 5:1-47)은 수로보니게 여인을 가르칠 때와 다른 방법이 사용되었다.
⑤ 예수님은 전달하시려는 내용에 맞추어 방법을 선택하셨다. 사역을 시작하실 때의 대화에서 사용된 방법은 사역의 막바지에 사용된 방법들과 달랐다.
⑥ 예수님은 가르치려는 목적에 맞추어 방법을 선택하셨다. 5천명을 먹이신 것과 바다에서의 교훈이 기록된 요한복음 5장은, 생명의 떡에 대한 대화의 요한복음 6장과 다른 방법이었다.

---

8. Ibid., 96.

⑦ 예수님은 다양한 방법을 사용하셨으나 그 다양성은 의도적이었다. 교사로서 그 분은 단지 방법을 다루는 기술자가 아니라 목적을 가진 전략가였다고 말할 수 있다.
⑧ 예수님은 방법이 교훈의 목적과 내용을 가리지 못하도록 했다. 그 분에게서 방법은 목적을 위한 수단일 뿐이지, 방법 그 자체가 목적이 아니었다.
⑨ 예수님은 방법을 학습자의 실제 생활에 기초하여 사용하셨다. 바닷가에서 베푸신 여러 가지 비유들(마 13:1-35)과 부자청년과의 대화(마 19:15-20) 등은 이 특징을 보여준다.
⑩ 예수님은 당시대의 방법이 지닌 가능성을 최대한 활용하셨다. 그 분은 당시대의 방법들을 사용하시면서도 권세 있게 사용하셨다(마 7:29).

이상의 정리에서 나타난 바와 같이 예수님은 대단히 다양한 교육방법을 사용하셨다. 학생의 내적 이해를 끌어내려는 단일한 대화법을 발전시킨 소크라테스와 달리, 예수님은 모든 상황에 비추어 창의적으로 방법들을 만들어나가셨다. 그래서 예수님의 가르침은 지루할 수 없었고, 항상 새로워서 호기심을 불러일으키기에 충분하였다. 그 분은 단지 지적 영역을 위한 교육이 아니라, 학습자의 전인적 영역의 변화, 특히 영적인 변화를 통한 행동의 변화를 끌어내려는 목적으로, 진리의 내용, 학습자의 수준과 필요, 상황적인 조건을 예술적으로 접합해서 가장 적합한 방법을 만들어내셨다. 또한 두드러진 특징이 있다면 그 분은 비교적 비형식적인 교육의 방법으로 가르치신 분으로서 삶의 전체 환경과 조건에서 교육의 기회를 만들어가셨다고 말할 수 있다.

Ⅲ. 현대교육의 틀에서 본 예수님의 교육방법

복음서에서 알려진 예수님에 대한 이해에서 당시대 사람들에게 가장 일반적인 명칭은 선생님이었다. 궁극적으로 그 분이 하나님의 아들로서 그리스도이심을 확인해 가는 과정에서 제자들뿐만 아니라 많은 사람들은 그 분을 선생님이라고 불렀다. 다른 유사한 용어를 제외하고라도 교사(didaskalos)이라는 용어는 신약성경에서 58번 사용되었는데 그 중 48번이 복음서에 나오고, 그 중 41번이 직접 간접으로 예수님께 적용되었다.[9] 예수님은 선생님이라는 사람들의 호칭에 대하여 긍정하셨을 뿐만 아니라 그 분은 친히 자신을 선생이라고 칭하셨다(요 13:13-14). 그 분의 사역을 기록하고 있는 복음서에는 그 분을 통한 창조적인 많은 가르침과 그 결과로 채워져 있어서 그 분의 사역은 "가르침"으로 요약되고 있기도 하다(행 1:1).

그 분이 완전한 교사이심을 보여주는 조건들은 다양한 관점으로 해명될 수 있다. 우선 예수님의 교육과 그 분이 사용하신 방법들의 탁월성을 설명할 수 있을 것이다. 호언처럼 교수법에 대한 전통적인 접근방법에 따라 예수님이 사용하신 많은 방법들의 특징을 분류하여 각 방법의 탁월성과, 동시에 방법 사용의 다양성을 강조할 수 있을 것이다. 혹은 프리더만처럼 예수님의 제자양육에 초점을 맞추어 예수님의 교육의 영향을 간접적인 방식으로, 원리에 따라 정리할 수도 있을 것이다.

프리더만은 교육방법들이란 그 분의 전체 교육의 맥락에서 부차적인 위치에 있다고 보고, 구태여 전체적으로 정리하자면 예수님의 교육은 소그룹의 제자양육방법이라고 보았다. 파즈미뇨도 예수님의 교육방법에서 가장 두드러진 특성은 멘토역할과 관계성이라고 보았다.[10]

이처럼 제자양육의 관점에서 예수님의 교육방법을 설명하려는 시도는

---

9. 조성국, "교회교육의 기초를 위한 신약성경의 교육적 함축성", 《기독교교육연구》, 창간호 (1990a): 25.
10. R. W. Pazmino, *God Our Teacher*, Grand Rapids: Baker Academic, 2001, 78-84.

복음주의 기독교교육에서 오늘날 더욱 일반화되고 있는 접근방법이다.

본 장에서는 예수님의 교육방법에 대한 유형적 구분에 이어 예수님이 사용하신 교육방법들의 효율성을 보장할 수 있었던 내면적 조건들을 현대교육의 틀에 따라 원리적 측면에서 해명함으로써 좀 더 심화해보려 한다.

교육방법을 특별히 효율성 있게 했던 내면적 조건들에 대한 고려가 없이는 예수님의 교육방법의 특이성을 만족스럽게 설명할 수 없다. 오히려 예수님의 특별한 위치 때문에 그 분이 사용하셨던 교육방법은 항상 효율성이 있었다. 기교 있는 방법의 적용이 많은 도움을 주는 것이 사실이지만 인간교육에서의 효율성이란 방법 이상으로 교사 자신의 특별한 위치에 의해 좌우된다. 방법들이란 원래 사용하는 사람과 대상, 그리고 상황에 의존하여서 그 효율의 정도가 발휘될 수 있기 때문이다.

호언은 세계적으로 탁월한 교사의 기본적인 자질들을 첫째, 세계를 포용할 수 있는 원대한 비전; 둘째, 사람의 마음에 대한 지식; 셋째, 가르칠 주제에 대한 능통한 지식; 넷째, 가르침에 대한 적합성; 다섯째, 가르침을 구현한 생활이라고 보았고, 예수님은 이 모든 조건을 충분하게 갖추고 계셨다고 보았다.[11] 호언의 방식처럼 교사의 자질에 초점을 맞추어 더 논의할 수도 있겠지만, 현대교육 체계를 염두에 두고 교육의 효율성을 보장해줄 수 있었던 예수님의 교육의 적합성을 교육내용의 관점에서, 학생의 관점에서, 교수학습의 원리의 관점에서 살펴보는 것이 더 적절하다고 본다.[12] 그 안에서 교사로서의 예수님의 독특성도 함께 고려될 수 있을 것이다.

1. 교육내용의 관점에서

예수님은 가르치실 내용이라고 할 수 있는 진리와 지식에 있어서 완전하신 분이었다. 진리와 지식에 있어서 예수님은 한정적으로 하나님의 말

---

11. H. H. Horne, op.cit., 216.
12. 조성국, "효과적 성경교수를 위한 전제적 고려", 《교회교육》, 제49호 (1990b): 21-26.

씀을 받아 전하였던 선지자 이상이었다. 그 분에 대한 질문에 있어서 선지자중 하나라는 대답은 그 분에 대한 만족스런 설명이 될 수 없었다. 그 분은 선지자의 원형이신 그리스도시고, 진리 그 자체이신 하나님과의 관계에서는 하나님의 아들, 곧 하나님이셨다.

예수님에 대하여 히브리서는 다음과 같이 선언하였다: "옛적에 선지자들을 통하여 여러 부분과 여러 모양으로 우리 조상들에게 말씀하신 하나님이 이 모든 날 마지막에는 아들을 통하여 우리에게 말씀하셨으니 이 아들을 만유의 상속자로 세우시고 또 그로 말미암아 모든 세계를 지으셨느니라. 이는 하나님의 영광의 광채시요 그 본체의 형상이시라. 그 능력의 말씀으로 만물을 붙드시며 죄를 정결케 하는 일을 하시고 높은 곳에 계신 지극히 크신 이의 우편에 앉으셨느니라."(히 1:1-3)

이 구절에 따르면 예수님은 하나님 가장 가까이 계시면서 하나님의 모든 일에 참여하시는 분으로서 창조세계의 모든 것에 대한 지식에 있어서 뿐만 아니라, 인간구원의 지식에 있어서 정확한 일차적 지식을 가지고 계시는 분이시며, 그 분이 직접 그 일을 하셔서 만물을 통치하시고 구원의 일을 집행하신다. 따라서 그 분은 무엇에 대한 지식만 아니라 무엇의 지식을 가지신 분이시다. 따라서 그 분이 가르치는 내용은 단편적이고 부분적이고 추론과 과장과 오류가 내포된 정보나 지식이 아니라 정확한 진리이며 실재이다.

세상에서 그 분의 가르침은 사실은 그 분 자신에 대한 내용이었다. 그 분 자신이 태초로부터 계셨던 말씀이었고, 그 말씀이 육신이 되신 분이셨다. 그 분 자신이 인간을 자유롭게 하고 빛으로 인도하는 진리였다. 그 분의 구속사역으로 표현된 삶이 바로 진리였다. 따라서 그 분은 교육의 내용이 되는 진리와 지식에 있어서 탐구나 타인으로부터의 학습을 필요로 하지 않는 분이셨다.

예수님의 가르침을 들었던 사람들은 즉각적으로 예수님의 권위를 알아차렸다. 유대인들은 "이 사람이 배우지 아니하였거늘 어떻게 … 아느냐?"

고 놀랐다. 사람들은 "이는 그 가르치는 것이 권위 있는 자와 같고 그들의 서기관들과 같지 아니함일러라."(마 7:29)는 말에서처럼 그 분의 권위에 압도당하였고 입이 벌어졌을 뿐이다. "그 사람의 말하는 것처럼 말한 사람은 이때까지 없었나이다." 그 분의 질문에 대하여 "한 말도 능히 대답하는 자가 없고 그 날부터 감히 그에게 묻는 자도 없더라."라는 표현들은 진리지식에 있어서 그 분의 독특성을 알게 한다.

그 분은 가르치는 내용에 대하여 완벽한 지식을 갖고 계셨다. 이것이 없이는 효율적인 교육을 기대할 수 없다. 오늘날도 해당 분야의 최고 권위자가 가장 좋은 교사가 될 수 있는 것은 이러한 이유 때문이다. 해당분야의 최고 권위자에게 최상의 학생들이 모이는 것은 이러한 이유 때문이다. 그러나 기독교신앙과 도덕분야의 교육에 있어서는 그 지식이 교사 자신의 신앙과 도덕에 일치하지 않을 때 결코 권위를 인정받을 수 없다. 단지 연구에 한정된 것이 아니라면, 교사로서 학생을 교육한다고 할 때, 교사와 진리의 불일치는 기대하는 효과를 기대할 수 없게 만들고 만다. 예수님에게는 진리지식과 그 분 자신의 일치가 있다. 그 분 자신이 곧 진리지식이기 때문이다. 이것이 그 분의 효율성을 설명해주는 첫 번째의 내면적 이유이다.

이 측면의 시사점에 따르면, 가르치고자 하는 교육내용에 대한 소화된 지식이 필요하다. 지적으로도 체계화된 지식이 있어야 하고, 그 지식이 자신의 삶의 경험에서 확인된 것일수록 좋다. 동시에 기독교신앙의 내용이란 교사의 삶을 통하여 표현되어야하고, 반영되어야 한다. 예수님의 교육 내용이 많은 경우 단지 행동만으로도 표현되었던 것을 기억해야 한다. 예수님의 이적과 행동 자체가 계시의 내용이 되는 경우가 많았다. 명백한 언어로 표현되는 내용뿐만 아니라 삶에서의 선택과 행동에 반영되는 내용에 의해 감춰진 교육과정(hidden curriculum)이 이루어진다는 사실을 주목할 필요가 있다. 물론 표현된 기독교신앙에 대한 균형 잡힌 충분한 이해가 없이는 의미 있는 교육이 이루어질 수 없다.

2. 학습자 이해의 관점에서

  효과적인 교육이란 학습자에 대한 이해 없이는 이루어질 수 없다. 질병의 치료에서 질병의 원인과 상태에 대한 정확한 진단에서 가장 효과적인 치료방법이 사용될 수 있는 것처럼, 교육도 학습자의 상태와 문제와 필요에 대한 이해에서 비로소 효과적인 교육방법이 선택되어 적용될 수 있다.
  모든 지식의 원천이신 예수님은 가르치실 대상의 상태를 정확하게 진단하고 계셨다. 인간이해를 위해 심리학의 도움을 얻거나, 아니면 심리학의 연구방법에 따라 여러 가지 진단도구를 사용하여 상태를 점검하실 필요가 없는 분이셨다. 직관적으로 영혼의 문제에서 삶의 전체를, 학습자 자신이 알고 있는 것보다 더 정확하게 꿰뚫고 계셨다.
  베드로를 만났을 때, 그의 이름을 게바라 지어주셨고, 나다나엘을 만났을 때 그의 내면을, "보라 이는 참으로 이스라엘 사람이라 그 속에 간사한 것이 없도다."(요 1:47)고 말씀하셨고, 그가 은밀한 장소에서 기도한 것을 지적하셨다. 사람의 마음과 생각을 당사자의 도움 없이 꿰뚫어 보고 계셨다. 그러므로 성경은 "또 사람에 대하여 누구의 증언도 받으실 필요가 없었으니 이는 그가 친히 사람의 속에 있는 것을 아셨음이니라."(요 2:25)고 증거 한다. 예수님을 시험하기 위해 고상한 신학적 질문으로 접근하는 사람들의 질문 이면의 동기와 계획을 보고 계셨다. 그래서 "예수께서 그 간계를 아시고 가라사대…"라고 설명하는 구절을 읽는 것은 조금도 이상할 것이 없다.
  중풍병자에게 네 죄 사함을 받았다고 말씀하심으로써, 예수님의 인간이해는 질병의 상태와 심리적 이해를 넘어서 인간의 본질과 영의 문제를 총체적으로 통찰하고 계셨다는 사실을 확인하게 된다. 비록 당사자는 질병의 치료만을 원했지만, 예수님은 그에게 진실로 필요한 것이 무엇인지 알고 그의 죄의 문제조차 해결해주셨다. 사마리아 수가성에서 우물물을 긷는 여인에게 그녀의 삶의 현재와, 내면적 기갈을 꿰뚫어보시면서 무엇이 참으로 필요한지를 말씀하셨다. 그 여인은, "너에게 남편 다섯이 있었고 지금 있는 자도 네 남편이 아니니 네 말이 참되도다."(요 4:18)라는 예수님의 말에 놀라서 그 분을 선지자라고 생각했다. 나중에 동네사람들에게 달려가서 "내가 행한 모든 일을 내게 말한 사람을 와서 보라. 이는 그리스도가 아니냐?"(요 4:29)하고 외쳤다.

교육의 과정에서 베드로가 앞으로 직면하게 될 위기에서 어떻게 실패할 것도 알고 계셨고, 가룟 유다가 예수님의 교육에도 불구하고 결국 배반하여 예수님을 팔게 될 것도 알고 계셨다. 제자들을 선택하실 때 그들이 비록 범인들에 불과했지만, 교육의 결과 그들이 나중에 새롭게 다가오는 그리스도의 시대에 수행하게 될 엄청난 잠재력도 알고 계셨다. 예수님은 제자들을 교육하실 때 과정적인 진행상황도 잘 알고 계셨기 때문에 가장 적절한 시점에 무엇을 시작해야 하는 것도 알고 계셨다. 그래서 예수님은, 십자가와 부활로 이루어지는 그리스도직분의 사역에 대하여는 제자들이 예수님에 대하여 그리스도라는 확신이 생겨난 이후부터 가르치시기 시작하셨다.

정리한다면, 예수님은 입체적이고 총체적인 시야로 학습자의 상태를 정확하게 진단하고 계셨고, 그 학습자의 변화추이를 확실하게 알고 계셨고, 학습자의 절실한 필요와 관심을 잘 알고 계셨고, 따라서 언제 어떤 내용으로 가장 효율적인 학습이 이루어질 수 있는지를 알고 계셨다. 학습자의 상황에 맞추어, 학습자의 수준을 고려하여 접근하시는 예수님의 교육에서 이미 그 성공과 효율성은 보장되어 있었다고 말할 수 있다. 학습자의 이해 때문에, 예수님은 복음과 하나님의 나라에 대한 가르침에 있어서 전체적으로 보면 점진적이고 체계적이지만, 종종 부분에서는 논리적 접근이 아니라, 비형식적 교육과정으로서, 학습자의 현재와 상황에 맞춘 심리적, 상황적 접근으로 시작하셨다는 사실을 확인할 수 있다.

인간문제와 신앙교육에 있어서 많은 경우는 단지 문제를 정확하게 이해하고, 그 문제를 제기하는 인간을 이해하는 것만으로도 해결된다. 문제를 지닌 개인이 자신의 문제를 현실성 있게 이해하는 것만으로도 학습과 변화와 심리적 치료가 이루어진다는 사실은 이미 잘 밝혀져 있다.

이 측면의 시사점이라면, 교사가 학생을 이해하기 위해 진지한 노력을 기울이는 것이 필요하다는 사실이다. 학생의 일면에 대한 교사의 주관적인 선입견에 의한 이해가 아니라, 학습자의 일반적인 성장과정에서의 특징과 학습자 개인의 고유한 특성을 이해하기 위해 여러 가지 노력을 기울이는 것이 필요하다. 발달심리학의 도움, 성격심리학의 도움, 여러 가지 진단도구를 사용하여 객관적인 도움을 얻을 수도 있다. 더욱이 가능하면 대화와 옷차림과 친구교제와 가정과 학교생활을 관찰하고, 주의를 기울여 듣는 일로서 이러한 도움을 얻도록 해야 한다. 그 과정에서 그 학생에게 필요한 것이 무엇인지 알게 되고, 그 내용은 그 학생의 현실적 관심과 고민에 대한 대답이 될 수 있을 것이므로 그 곳에서부터 의미 있는 학습이 이루어질 수 있다.

3. 교수-학습 원리의 관점에서

교육내용과 학습자에 대한 이해에서 비로소 교육문제의 핵심이라고 할 수 있는 교수-학습에 대한 원리가 적용된다. 이 과정에서 적합한 방법이 선택될 수 있고, 그 적용의 범위와 정도도 결정된다. 교수-학습 원리는 진리와 학습자를 연결하는 관계의 이론이라고 할 수 있다. 이 관계를 효율성 있게 만드는 원리에 있어서 예수님은 정말 탁월한 분이셨다. 이러한 탁월성 때문에 비록 예수님의 교육방법들 중 많은 것들이 오늘날 활용되지 않고 있고, 또 예수님이 사용하시지 않았던 많은 방법들이 오늘날 새롭게 개발되고 있음에도 불구하고 시대적 문화적 차이를 넘어 예수님의 교육과 교육방법이 가장 효과적인 원리를 실제로 보여주고 있다고 평가한다. 그래서 프리더만은 예수님의 탁월한 교육방법을 서술하면서 호언이 사용한 방법분류의 방식이 아니라 원리를 표현하는 방식으로 그 중요특징을 정리하였다. 예수님의 교육에 나타나는 원리적 특징들 중 중요한 것을 몇 가지만 정리해보면 다음과 같다.

① 예수님은 교육에 있어서 뚜렷한 목표를 가지고 계셨다. 예수님이 가지고 계셨던 목표는 사실 하나님께서 구약성경의 계시에서 이미 드러내셨던 것이지만 예수님에게 온전히 실현된 것이었다. 일반적으로 말하여 그 목표는 하나님의 형상의 본 의미에 따라 하나님의 자녀에 합당한 거룩한 삶을 살아가는 교회공동체의 형성이라고 할 수 있다. 그러나 좀 더 좁은 의미에서의 교육목표는 복음과 함께 고난 받는 제자의 형성이었다. 주님은 온 세상의 변화를 지향할 정도로 광대하고 장기적인 전체적 계획 속에서 제자양육이라는 부분적인 교육을 진행하셨다.

예수님의 교육은 전인적인 변화를 목표하였다. 그 전인성은 구체적으로 신체적, 도덕적, 미학적, 지적, 사회적, 직업적, 영적인 모든 국면을 포함하고 있었다.[13] 달리 말하면 일반적인 교육목적이 구체적인 교육목표로 표현될 수 있고, 구체적인 목표들의 달성을 통하여 일반적인 목적이 달성되는 교육원리가 내재적으로 적용되고 있다. 예수님의 가르치심에는 이러한 전 교육과정의 목적을 지향한, 단계적 목표를 통하여 진행되는 가르침의 특성이 드러나고 있다. "이 때로부터"(마 16:21), 혹은 "비로소"(막8:31) 등의 표현은 이러한 단계적 진행을 보여주는 실례이다. 예수님의 교육목표는 오순절에 제자들과 그리스도인들을 통하여 달성되었고, 더 완전한 달성을 위해 진행되고 있다.

② 학생의 수준에서 교육을 시작한다. 예수님은 먼저 성육신을 통하여 친히 사람이 되셔서 사람들 가운데 계심으로써 인간의 수준에서 그들의 언어로 동일한 상황에서 가르치셨다. 단순한 말로 표현하면 학생의 눈높이에서 교육을 시작하셨다. 여기에 연관된 교수-학습 원리로 준비성의 원리를 들 수 있다. 학습자가 새로운 학습을 시작할 때 이전의 준비의 정도에 따라, 또 학습자의 동기에 따라 효과적인 학습이 이루어진다는 원리이다.

---

13. H. H. Horne, op.cit., 49-50.

제자들이 예수님께 나아와 비유의 의미를 더 설명해주기를 스스로 요청할 때, 혹은 요한이 제자들에게 기도를 가르쳐준 것을 근거로 기도를 배우고 싶다는 열망을 갖고 있을 때, 감람산에서 종말의 징조들에 대하여 알고 싶은 열망을 갖고 질문할 때 학습은 더 효과적으로 이루어 질 수 있었다.[14] 또 학생의 수준에서 출발하는 교육은, 예수님의 교육에서 많은 경우 구체적인 이야기에서부터 추상적이고 영적인 진리로 발전하는 원리를 통하여 확인된다. 우물물에 대한 대화에서 생명수로, 보리떡과 물고기에서 하늘의 양식으로, 잃어버린 동전과 양과 아들의 이야기에서 하나님이 죄인들을 찾으신다는 교훈으로, 진주와 씨앗과 그물 등으로 하나님의 나라를 설명해 가시는 예수님의 가르침은 사람들이 이미 알고 있는 것에서 출발하여 영적인 진리를 교훈 하시는 원리로서 현대의 교수-학습 원리의 구현이다.

③ 예수님의 교육에서 예수님 자신의 시범적 행동과, 학습자의 실행을 통하여, 혹은 활동에의 참여를 통하여 이루어지는 교육의 효율적 원리가 확인된다. 친히 발을 씻기시는 일을 실천하심으로써 제자들에게 섬김을 가르치셨고, 또 친히 하나님과의 교제인 기도를 실천하심으로써 기도를 가르치셨고, 친히 십자가를 지심으로 자기 십자가를 질 것을 가르치셨다. 특히 마가복음서는 예수님이 행동을 통하여 많은 것들을 가르치셨다는 사실을 잘 보여준다.

전도를 가르치심에 있어서 친히 동행하시면서 보여주신 후, 제자들을 둘씩 파송하여 실제로 역사하시는 하나님 나라의 능력을 알게 하셨다. 마지막 만찬을 준비하도록 하시고, 또 함께 성만찬에 참여하여 인상적인 가르침을 베푸셨고, 나귀를 끌고 오게 하여 친히 타고 입성하셨고, 광야에서 무리들을 기적적으로 먹이실 때 제자들에게 그 일에 참여하여 섬기게 하면서 교육하셨다.

예수님의 교육은 지적인 영역, 그리고 교실의 환경에 국한된 것이 아니었다. 현실 속에서 함께 행동하면서 경험된 참 지식이었다. 이론과 실천이

---

14. 강용원, 《교회교육의 새로운 전망》(서울: 총회교육위원회, 1993), 118.

분리된 교육이 아니라, 실천 안에서 확인되는 가르침이었다. 따라서 그 분의 교육은 행동의 변화에 맞추어져 있었다. 그 분의 가르침의 결과는 언제나 삶의 변화로 이어졌다. 선한 사마리아사람의 비유로 이웃사랑을 교훈하신 이후에 "가서 너도 이와 같이 하라."고 말씀하셨다.

인간은 들은 것의 10%를, 말한 것의 50%를, 본 것의 70%를, 행한 것의 90%를 기억한다는 연구결과를 소개한 프리더만의 흥미로운 자료는, "듣는 것" 중심의 교회교육이 비효율적일 수밖에 없는 이유를 잘 보여준다.[15]

④ 예수님은 한정된 사람들에 대한 제자양육을 통하여 교육의 효율성과 지속성, 그리고 확산성을 도모하셨다. 네 권의 복음서에서 예수님이 교육하신 상황은 대략 275번 정도인데, 그 중 큰 무리를 대상으로 가르친 것이 71회, 작은 무리는 61회, 12명의 제자는 48회, 두 사람을 대상으로 한 경우는 17회, 한 사람을 가르치신 것은 63회로서, 75% 이상의 상황이 적은 수의 사람들을 가르치신 기록이다.[16]

예수님은 이 땅에서 가르치실 시간적 여유가 별로 없다는 것을 아시고, 더욱 한정된 소수와 특별히 긴밀한 교제의 시간을 보내시면서, 그 사람들의 양육에 관심을 집중하셨다. 그들의 교육은 소모적인 듯 보였고, 많은 인내가 필요했던 것이 사실이지만, 소수의 헌신된 사람들에 대한 제자양육의 교육이 가져온 힘은 오순절 이후에 즉각적으로 입증되었다. 소그룹을 중심한 교육의 효과는 오늘날도 제도교육에 있어서는 예술분야 및 대학원교육에서, 교회에서는 제자훈련 프로그램을 통하여 효과가 입증된 원리이다.

⑤ 학습자에 대한 신뢰와 격려의 효과에 대한 원리를 확인할 수 있다. 제자양육에 초점을 맞추어 예수님의 교육방법을 연구한 프리더만은 이 원리를 풀어서 "자신감으로 크는 제자"라고 했다.[17] 학생에 대한 교사의 신뢰와 기대감은 교육에 있어서 의미 있는 효과를 산출하는 것으로 확인되었다.

---

15. M. Friedeman, op.cit., 88.
16. 강용원, op.cit., 114.
17. M. Friedeman, op.cit., 145.

로젠탈과 제이콥슨의 연구를 기초한 《교실에서의 픽말리온(Pygmalion in the Classroom)》이라는 책은 이 사실을 증명한다.[18]

제자들을 부르셔서 그들을 통하여 놀라운 일을 하실 것이라는 확신을 보이셨고, 실망스러운 결과를 보였을 때조차도 인내하시면서, 처음부터 그들에게 가지셨던 기대를 포기하지 않으셨다. 베드로가 신앙고백이후에 실패하였을 때, 뿐만 아니라 자신만만한 다짐 후에 예수님을 부인했을 때에도, 예수님은 그를 포기하지 않았다. 부활이후 베드로에게 사랑을 확인시키면서 "내 양을 치라."고 말씀하시는 예수님의 교육원리에 놀라움을 금할 수 없다. 제자들에 대한 깊은 사랑과, 그들의 가능성에 대한 신뢰는 마침내 큰 변화를 가져오고야 말았다. 부족한 점이 많은 평범한 계층의 사람들이 예수님의 교육을 통하여 신약교회의 형성에 놀라운 방법으로 기여하였다.

Ⅳ. 마무리하면서

예수님은 하나님의 아들로서 진리 그 자체이시면서, 그 분 자신의 교육의 내용이셨다. 그 분의 말씀이 곧 지식이며 진리였다. 그 분을 인간에게 알리시고, 하나님의 구원 계획을 실현하시기 위해 사람으로 오신, 인류가 유일하게 가질 수 있었던 바로 그 교사(the Teacher)이셨다. 예수님은 인간의 가장 깊은 영적 중심에서부터 인간의 전인의 필요와 수준과 상태를 아시는 분으로서, 당시대의 필요와 삶의 특징에 맞게 창의적으로 방법들을 만드시거나 더 효율적으로 적용하는 방법으로 가르침을 효력 있게 하셨다. 이러한 점에서 현대적 적용의 불연속적 한계성을 인정해야 한다. 방법조차도 그 자체로서 효력을 갖고 있었던 것이라기보다는 그 분이 사용하셨으므로 효력이 있었다고 해야 할 것이다. 또 예수님은 어떤 특정한 교육방법 자체를 절대화하지 않았다.

---

18. Ibid., 149-150.

그럼에도 예수님의 교육방법이 현대의 기독교교사들을 위해 어떤 연속적인 함의가 있다고 말할 수도 있다. 그 연속적 함의라면, 그 분이 사용한 교육방법들에 내재된 그 분의 의도와 태도와 원리의 적용에서 찾아져야 한다. 따라서 교육내용의 소화된 지식, 학습자의 이해를 위한 노력, 교육에서 이루어지는 원리들에 대한 탐구들을 통해주님의 가르침의 맥락에 대한 세심한 관찰과 더불어, 우리의 문화와 시대적 환경에서의 적용성을 확대해가는 노력이 요청된다. 따라서 특정 교육방법에 대한 형식적 집착이 아니라, 방법은 교육의 효과적 실행을 위한 수단이므로 창의적 개발을 필요로 하는 부분이라는 사실을 이해하는 것이 필요하다.

예수님의 교육 원리를 구현하는 방법이라면 예수님이 실제 사용해보신 일이 없는 방법이라도 기독교적 교육방법이 될 수 있다. 특히 예수님 당시와는 달리 제도적이고 형식적인 교육에 의존하고 있는 오늘날, 교육방법적 측면에서 새로운 창의적인 개발이 지속적으로 요청되고 있다. 신앙교육에 있어서도 현대의 교육공학적 자료들과 비교하여, 예수님이 추구하셨던 비형식적 교육방법, 소그룹의 제자훈련 방식의 의미를 더욱 깊게 적용하려는 시도가 필요하다. 이러한 다양한 노력들이 기독교교육의 교수과학적, 발달심리학적, 신앙공동체적, 사회참여적 방법론들을 발전시켜가고 있다. 그러나 모든 경우에 있어서 예수님의 교육의 연속성은 성령의 역사에 의해 비로소 가능하게 될 것이다. 그 분은 예수님 대신 우리에게 주어진 분으로서 교사를 세우시고, 교사에게 지혜를 주시고, 교사의 교육활동 안에 역사 하셔서 효력 있게 하실 분이시기 때문이다. 주님은 그 보혜사를 보내셔서 우리 속에 계시도록 하셨고, 그 분은 교사에게 모든 것을 가르치시고 예수님의 말씀과 교육방법에 대하여 생각나게 하셔서 올바로 적용할 수 있도록 도우시는 분이시다(요 14:16-17, 26). 우리가 그 분을 의지하고 사려 깊은 노력으로, 그 분을 본받아 예수님이 제자들을 양육하실 때 가지셨던 사랑과 신뢰와 인내와 시간을 드릴 수 있을 때, 예수님의 교육방법의 효과성을 확인할 수 있게 될 것이다.

참고 문헌

강용원. 《교회교육의 새로운 전망》. 서울: 총회교육위원회, 1993.

강용원. 《유능한 교사의 성경교수법》. 서울: 생명의 양식, 2008a.

강용원. 《기독교교육방법론》. 서울: 한국기독교교육학회, 2008b.

조성국. "교회교육의 기초를 위한 신약성경의 교육적 함축성." 《기독교교육연구》, 창간호. (1990a): 4-31.

조성국. "효과적 성경교수를 위한 전제적 고려." 《교회교육》. 제49호 (1990b): 21-26.

한춘기. 《성경교수방법론》. 서울: 생명의 양식, 2008.

Benson, W., "Christ the Master Teacher", (Clark, R. E., Johnson, L. & Sloat A. K.,, eds., *Christian Education: Foundations for the Future*. Chicago: Moody Press, 1991, 87-104).

Friedeman, M. 《이렇게 가르치셨다: 생명력 있는 예수님의 교육방법》. 파이디온선교회 역. 서울: 파이디온 선교회, 1996.

Guthrie, D., "예수", (Towns, E. L. ed.,). 《인물중심의 종교교육사》. 임영금 역. 서울: 대한예수교장로회총회교육부, 1984.

Horne, H. H. 《예수님의 교육방법론》. 박영호 역. 서울: 기독교문서선교회, 1998.

Pazmino, R. W., *God Our Teacher: Theological Basis in Christian Education*, Grand Rapids: Baker Academic, 2001.

Price, J. M., 《선생예수》. 서울: 침례회출판사. 1981.

Wilson, V. A., "Christ the Master Teacher". Graendorf, W. C., *Introduction to Biblical Christian Education*, Chicago: Moody Press. 1981, 54-67.

Zuck, R. B., *Spiritual Power in Your Teaching*. Chicago: Moody Press, 1972.

칼빈의 제네바 아카데미의 교과과정 형성이 한국 교회에 주는 교육적 함의*

류기철 교수 _ 고신대학교 기독교교육과

*요약
Ⅰ. 들어가는 말
Ⅱ. 제네바 아카데미의 커리큘럼 형성 배경과 과정
   1. 인문학(Humanism)의 중요성
   2. 교과 과정
Ⅲ. 제네바 아카데미의 중요성
Ⅳ. 한국 교회의 교육적 함의
   1. 하나님의 영광이 최고의 목적이 되어야 한다
   2. 교회와 학교의 협력 사역이 급선무이다
Ⅴ. 나가는 말
*참고 문헌

──────────── 〈요 약〉 ────────────

교육이라고 하는 주제는 모든 개신교 사회가 주창했던 근간적인 주제이었다. 마틴 루터도 그의 초기 저서에서 그렇게 밝혔고 멜랑크톤도 교육 개혁가였다. 칼빈도 제네바 아카데미를 1559년 50세의 나이로 설립하고 운영하며 자신의 혼신을 다해 꿈과 이상을 현실과 실전에 접목시켰다. 종교 개혁이 일어나는 유럽의 모든 나라와 지역들은 모든 교구(parish)에 학교가 세어져서 어린이들과 또 그들을 통해 그 가정들이 개혁주의 신앙으로 철저히 무장 되어야 함을 강력히 주장했던 것이 개혁주의 전통이었다. 그래서 유럽과 미국의 저명한 대학들이 16세기 이후 수많은 어려움 속에서도 세워졌고 운영 되어져 왔고 유럽과 미국의 문화를 꽃 피우고 신학을 발전 시키고 세계 선교를 감당하는데 앞장 설 수 있었던 것이다. 본 논문에서는 유럽과 서양 문화 전반에 큰 영향을 미친 칼빈의 제네바 아카데미를 주제로 제네바 아카데미의 커리큘럼 형성을 가능하게 한 배경과 그 과정을 살펴 봄으로써 한국 교회와 고신 교단이 처한 현실 속에서 교육 분야에서 대안을 제시하려고 한다. 제네바 아카데미의 커리큘럼 형성 배경으로 인문학의 중요성을 2장에서 다룰 것이며 곧 이어 커리큘럼의 내용을 설명할 것이다. 3장에서는 제네바 아카데미가 칼빈의 꿈이 현실이 되었을 때 어떤 결과를 가져 왔는지 간단히 짚어 볼 것이며 마지막 4장에서 대안을 제시하고자 한다.

주제어: 제네바 아카데미(Geneva Academy), 요한 칼빈(John Calvin), 고신 교단(Kosin denomination), 개혁주의 신학(reformed theology), 커리큘럼(curriculum)

I. 들어가는 말

한 가지 서론에서 던질 수 있는 질문이 있다면, 과연 요한 칼빈이 2012년 대한민국을 방문한다고 가정해 보면 어떨까이다. 그가 한국을 방문하면서 고신 교단 총회와 고신 대학과 신학교를 방문한다고 하면 무엇이라고 할 것인가? 고신 교단이 가지고 있는 여러 가지 뛰어난 장점이 있는 중에 한가지 아쉬운 점이 있다면 교회가 학교 교육과 분리 되어 있다는 점이다. 필자는 만약 칼빈이 한국에 그리고 고신 교단을 방문한다고 하면 반드시 이 점을 지적할 것이라고 본다. 칼빈이 세운 제네바 아카데미는 교회가 세운 학교였다. 아카데미가 왜 세워져야 하는지, 그 교과 과정은 어떠해야 하는지, 교사를 선발하는 기준과 판단 근거는 어떠한 것이어야 하는지를 교회가 결정했었다. 정부에 맡기지 않았다. 교회는 학교가 세속화 되는 것을 막기 위해 관리 감독해야 할 뿐만 아니라 학교가 성경적인 원리와 실천에 따라 건강하고 효과적으로 운영될 수 있도록 도와 주고 협력해야 하는 그런 기능과 목적을 가지고 있다. 적어도 칼빈에게 있어서는 그러하였다.

종교 개혁의 여파가 한 세대에 머물지 않고 다음 세대에 전달되고 지난 500년간 미친 엄청난 여파를 고려할 때에 한국 교회가 미래를 걱정하고 다음 세대를 진정으로 위한다면, 교회성장과 개 교회 주의와 목회자 자신의

* 본 논문은 2012년도 고신대학교 학술연구비 지원에 의하여 연구되었음.

영광과 부의 축제를 탐하는 것이 아니라, 참된 기독교 신앙 전수를 말과 설교와 교육주간에만 전하는 것이 아니라, 실제 오늘날 교육과 관련하여 그들이 겪고 있는 현실, 즉 수능시험의 굴레, 소셜 네트워크와 게임으로 가장한 외로움, 진로에 대한 방황으로 고민하며 서서히 죽어가고 있는 젊은이들과 청소년들에게 생명의 진리를 전하는 것을 진정으로 원한다면 교회가 이제는 전도를 통한 교회 성장보다는 교육, 특히 학교 교육에 마음을 쏟아 부어야 할 때라고 본다. 일주일에 주일 오전에 있는 2시간 정도의 교육만으로 교회의 현재와 미래인 청소년을 구할 수 있다고 말하는 것은 기적을 바라는 것과 마찬가지이다. 하나님께서 하실 일은 하나님이 하시되 하나님의 백성들에게 맡겨주신 사명은 우리가 감당해야 한다.

　세상의 학문을 마치 하나님이 창조주이시며 예수 그리스도가 구세주가 아닌 것을 믿는 교사들에게 너무 오랫동안 학생들이 방치 되어 왔다. 교회와 학교다 다시 협력해야 하는 시대라고 필자는 본다. 고신 교단이 주 기반을 삼고 있는 부산과 경남 지역이 기독교 신자가 10% 미만이라고 하는 사실은 지금까지 전도를 안 해서가 아니라 기존 성도들이 성도답게 빛과 소금으로 살도록 바르게 교육하지 않았던 것이 가장 큰 이유라고 생각한다. 새벽기도는 매일 드렸지만 그 이후의 시간은 세상에 청소년들을 방치해 두었다고 본다. 그리고 국가의 교육 정책에 개혁 교단으로서 목소리를 모아 개혁의 소리를 드높이지 못하고 끌려만 다녔다. 이제 학생들이 있는 학교를 늦었지만 되찾아야 할 때가 시급한 시점이다. 이것을 위해 가장 적절한 모델 중에 하나인 칼빈이 자신의 이상과 꿈과 성경적 비전을 현실화 시키려고 자신의 삶을 바친 제네바 아카데미에서 그 실제를 배울 수 있어야 한다고 주장한다.

　칼빈에게는 교회와 학교가 두 개의 독립된 존재가 아니었다. 협력하는 유기적 관계의 조직이었다. 오늘날 고신 교단이 가지고 있는 교회의 숫자와 학교의 숫자는 비교가 되지 않는다. 그리고 학교 교육에 대해서는 초창기를 제외하고는 일관성 있게 무관심의 태도를 보이고 있기 때문에 칼빈이 고신 교단을 방문한다면 반드시 이 부분을 '개혁'해야 한다고 주장할 것이라고 본다. 왜 그렇다고 보는가? 칼빈이 제네바 아카데미를 세우면서 학교 교육에 있어서 가장 중요한 부분 중 하나이며 학교라고 하는 조식의 핵심인 교과과정을 어떻게 규정했는지를 연구하면 그 답이 드러난다. 그 교과과정을 규정했던 역사적 배경과 실제 교과과정이 어떠했는지를 다음 장에서 살펴 볼 것이다. 마지막으로는 그 의미가 어떠하며 그 의미가 가지는 한국 기독교 교회와 특별히 고신 교단에 대한 함의를 제시하고자 하는 것이 본 연구의 목적이다.

본론에 들어가기 전에 선행 연구를 먼저 살펴보고자 한다. 칼빈이 설립한 제네바 아카데미에 대해서 한국에서는 많은 연구가 된 것은 아니다. 2005년 오형국이 "제네바 종교개혁에서의 교회와 학교"라고 하는 논문에서 제네바 교회와 제네바 아카데미 학교와의 관계, 인문주의 교육이론과 학문관, 그리고 신학교육과 인문주의의 관계에 대해서 연구하여 자료를 제시하였다.[1] 최근 2010년에는 한남대학교의 김승률이 칼빈의 학교 교육이념과 제네바 아카데미의 설립에 대한 논문을 썼다.[2] 제네바 아카데미에서 나타난 칼빈의 학교 이념, 교육의 특징, 짧지만 교과과정, 그리고 제네바 아카데미가 개혁운동과 기독교 교육에 끼친 영향을 논하였고 적용으로는 한국 기독교 대학의 현실과 대안을 효과적으로 제시하고 있는 유익한 논문을 제시하였다. 그러나 교과과정에 대해서 가장 자세하게 연구해 놓은 논문은 권태경이 2005년에 발표한 칼빈의 제네바 아카데미에 대한 연구라는 논문에서다.[3]

그럼에도 아쉬운 점은 각 논문들이 제네바 아카데미의 역사적 배경과 교회와 학교와의 관계, 교과과정, 교육의 특징 등에 대해서 외국 논문의 내용을 소개 하는 정도에 그치고 있다는 것이다. 한국 교회와 기독교 대학교

---

1. 오형국, "제네바 종교개혁에서의 교회와 학교: 제네바 아카데미를 중심으로", 《기독교교육정보》, 11 (서울: 한국기독교정보학회, 2005), 259-281. 교회와 학교와의 관계에 대해서 자세하게 논한 논문으로 평가된다.
2. 김광률, "칼뱅의 학교 교육이념과 기독교 대학의 현실문제와 대안", 《기독교교육정보》, 26 (서울: 한국기독교정보학회, 2010), 47-69. 이 논문에서 저자는 대안으로 기독교 대학 교수들의 소명의식, 기독교 교회와 기독교 대학간의 협력의 중요성, 기독교 대학의 정체성과 교육목적에 맞는 교과과정 운영으로 제시하였는데 적절하고 효과적인 제시 내용으로 평가된다.

에 대안을 제시한 김광률의 논문을 제외하고는 구체적이고 실질적인 대안을 제시한 논문이 없다. 그 외에도 Karin Maag, Bihlmeyer, Bratt, Briggs, Alan Karp, Gillian Lewis 등 제네바 아카데미에 대한 저명한 학자들의 글에 대한 소개가 누락되어 있다는 것이다.[4] 이런 점들을 보완하는 작업들과 교회와 학교와의 관계에 대해서 연구가 계속 되어지는 기독교 교육학계가 되어야 바람직할 것이다.

II. 제네바 아카데미의 커리큘럼 형성 배경과 과정

1. 인문학(Humanism)의 중요성

요한 칼빈(John Calvin)은 1509년에 프랑스 피카흐디(Picardy) 지방의 노용(Noyon)에서 태어나서 자랐으나 목회자 훈련을 받기 위해 1523년 14살의 나이에 수도인 파리로 가서 공부했다. 그곳에서 콜레지 드 라 막쉐이(Collège de la Marche)에서 고전학(classics)을 꼬흐디에(Cordier) 교수에게서 수학했다. 19세에 오흘레앙(Orleans)에서 법학을 공부했으나 3년 뒤인 1531년에 파리로 돌아가 신학을 공부하였다. 그 전까지 인본주의자

---

3. 권태경, "칼빈의 제네바 아카데미에 대한 연구", 《역사신학논총》, 제9집 (서울 : 한국복음주의역사신학회, 2005), 37-61.
4. 보다 자세한 내용을 위해서 아래의 글들을 참고하라: Bihlmeyer, Karl. The Reformation in Geneva. Calvin and the Reformed Churches.. Meeter'Center'Photocopy'Collection. Church History. Revised by Herman Tuchle. Westminster: The Newman Press, 1963-68. 63-69. Bratt, John Harold, 1909-2000. John Calvin and the Genevan Schools.. Christian Home and School. Vol. 37, No. 7, 1959: 12-13. Briggs, Charles Augustus. John Calvin in His Organization of the Academy of Geneva Made it the Center and Norm of Theological Education for All the Churches of the Reformed Type. History of the Study of Theology. New York, Charles Scribner's Sons, 1916, pp.126-131. Henderson, Robert W.. The Genevan reform in school and church. The teaching office of the Reformed tradition; a history of the doctoral ministry. Philadelphia, Westminster Press, 1962, pp. 32-71.?Karp, Alan. John Calvin and the Geneva Academy: Roots of the Board of Trustees.. History of Higher Education Annual. Vol. 5, 1985: 3-41.?Lewis, Gillian. The Geneva Academy. Calvinism in Europe, 1540-1620. Cambridge: University of Cambridge, 1994, pp. 35-63. Maag, Karin. Education and training for the Calvinist ministry: the Academy of Geneva, 1559-1620. The reformation of the par ishes: The ministry and the Reformation in town and country.

였으나 개신교 신자가 된 것이다. 5년 뒤인 1536년엔 27세의 나이로 그의 명작인 기독교 강요(Institutes of the Christian Religion)를 출판하였고 같은 해에 스위스의 제네바로 가서 도시 개혁에 헌신하였다. 그러나 그의 개혁은 반대파에 부딪혀 오래가지 못하고 2년 뒤에 스트라스부르그(Strasburg)로 피신해야 했다. 거기에서 3년간 지내면서 같은 처지에 있던 프랑스 망명자들을 상대로 목회 하면서 설교 사역을 감당했고 아카데미에서 교수 사역도 병행하였다. 그러나 다시금 1541년에 제네바에서 초청을 받고 돌아가서 본격적인 개혁운동을 주도하게 된다. 제네바 도시뿐만 아니라 스위스 전체, 그리고 유럽 전체의 개신교회의 개혁 운동에 앞장 서게 된 것이다. 그의 공헌에 대해서는 전체를 열거할 수 없겠으나 강조하고 싶은 것은 그의 달란트는 뛰어난 교사였다는 것이다. 이론과 신학에도 정통했지만 이론을 실제적인 상황에 적용하는데 특출했기에 교회를 설립하고 개혁주의 예배를 체계화하고 철저한 신학 교육을 실천했다는데 강조를 두고자 했다.

그가 1559년 50세의 나이로 설립한 제네바 아카데미(Geneva Academy)는 불어를 사용하는 스위스 지역과 개신교회가 있는 프랑스 지역과 스코틀란드와 영국의 장로교회 지역에 있던 교회들을 위해 목회자를 훈련시키는 신학교였다. 그의 교수사역으로 길러진 학생 중 요한 낙스(John Knox), 프랑스와 듀 존(Francois du Jon), 램버트 다뉴(Lambert Daneau)등이 있다.[5] 신학교이긴 하였으나 대학으로서의 고등 교육을 이후로 제공하게 되었다. 제네바에서 일어난 종교 개혁 운동은 교회뿐 만 아니라 도시의 지도자들도 같이 참여한 것이며, 1559년에 제네바 아카데미가 세워짐으로 고등 교육에 대한 필요성을 절감했던 종교 개혁지도자들과 시민 지도자들을

Manchester: Manchester University Press, 1993, 133-52.?Maag, Karin. Higher Education for Melanchthon and Calvinism: A Comparative Approach. Melanchthon und der Calvinismus. Stuttgart: Frommann-Holzboog, 2005, 61-74.
5. Charles Augustus Briggs. History of the Study of Theology, New York, Charles Scribner's Sons, 1916, 129.

만족시킬 수 있었다.[6]

그러나 이미 그 전부터 즉 1541년에 칼빈은 제네바 시민들이 미신과 무지 속에 있던 시민들이 중세 천주교 신부들로부터 농락 당하고 있던 것을 불쌍히 여겨 젊은이들을 훈련시켜야 할 필요성을 느끼고 교회 법령(Ecclesiastical Ordinances)을 제정하게 된다. 1541년에 제네바 시가 제정한 교회법령은 교육의 중요성을 강조하고 있다. 그 교육을 가능하게 하기 위해서 대학교의 설립의 필요성을 주장하고 있다. 그곳에 나타난 그의 뜻은 교회가 황폐해 지기 전에 목사들은 반드시 훈련 받아야 하고 장로들도 교육을 받아야 한다고 하면서 학교를 세우는 필요에 있어서 가장 중요한 것은 "젊은 이들이 목회와 시 의회 정부를 위해 준비할 수 있도록 교육하기 위해"서라고 선언하였다.[7]

여기에서 특이한 것은 칼빈이 세우려던 학교는 처음부터 신학자와 목회자만 양성하는 신학교가 아니었다는 것이다. 목회를 위한 지도자 양성 뿐 만 아니라 도시를 이끄는 정부에서 사역하는 관료 사역을 위한 지도자를 양성하는 것도 칼빈의 꿈이었다.[8] 특별 계시만 하나님의 계시가 아니라 일반 계시도 하나님의 계시인 것과 마찬가지라고 하는 사실과 유비할 수 있다.

이러한 대학에서의 수업은 신학이 우선 되어야 하는데, 즉 구약과 신약 성경을 가르쳐야 하고 이 구약과 신약을 더 잘 이해하기 위한 수단으로서

---

6. 15세기에 제네바에서는 대학교를 세우려고 하였으나 고등교육기관인 대학을 세울 수 있는 여건이 되지 못하였다. 그래서 고등교육을 받으려고 하면 라틴계통의 중세 학교의 수준을 넘어 고등교육을 받으려 하면 다른 지역으로 유학을 가야 했다. 참고하라: Karin Maag, Higher Education for Melanchthon and Calvinism: A Comparative Approach, in Melanchthon und der Calvinismus, Stuttgart: Frommann-Holzboog, 2005, 63.
7. Emile Rivoire and Victor van Berchem, Les Sources du droit du Canton de Geneve, Aarau, 1927-35, II, no. 794, p. 381; CO, X, I, 21; RCP, I, 1-13. Gillian Lewis (1994), 36. 재인용. 비록 이러한 프로젝트가 그 당시에 곧바로 실행되지는 않았다. 칼빈이 추방되고 스트라스부르그에서 망명 생활을 하는 동안 시간이 18년이나 지나고 칼빈이 다시금 제네바로 초청되어 와서야 실현될 수 있었다. 18년 간 내부 갈등이 있었는데 그것은 적합한 교수를 찾는 일과 재정을 마련하는 문제로 시간을 끈 것이다. 그러나 칼빈을 반대하는 파를 1555년에 제네바시는 축출하게 됨으로 새로운 학교를 세우는 데 장애물이 제거 되었고 또한 동시에 반대파들의 재산을 처분해서 학교 건물을 세울 수 있는 재정까지 마련이 되고 또한 교수 공급의 문제도 한꺼번에 해결이 되어 새로운 고등교육을 시작할 수 있는 준비가 된 것이다.

언어와 인문학을 먼저 가르쳐야 할 필요성도 강조하고 있는 것을 보면 이 사실을 다시 한번 더 확인할 수 있다.[9] 이렇게 해야지 후대에 황폐한 교회를 물려 주지 않을 것이라고 설명하고 있는데 다른 말로 고치면, 교회가 생명력을 가지고 계속해서 신앙을 전수하는데 성공하기 위해서는 하나님의 특별 계시와 일반 계시, 즉 성경과 창조 세계 전체에 대한 바른 세계관을 가르쳐 주어야 후 세대가 온전하고 건실하게 신앙이 성장할 수 있다고도 설명 될 수 있는 것이다.

그래서 칼빈이 한 일은 신학에 치우쳤던 중세 스콜라학풍(Scholasticism)에 대항해서 칼빈과 베자(Theodore Beza)는 인문학과 어학을 신학을 배우는 교과과정에 첨가하게 되었는데 여기에 대해 반대와 저항이 없었던 것이 아니었다. 왜 이교도들, 예를 들어 고대 그리이스 철학자들과 로마의 웅변가들의 책과 학문을 기독교인들이 공부하고 배워야 하는가라는 것이었다. 그와의 또 반대가 되는 비판도 있었다. 특별히 제네바 도시의 지도자들과 외국의 지도자들 그리고 외국인 학생들도 제네바 아카데미가 더욱 더 인본주의를 가지고 학업을 주도하는 일반 대학의 모습을 띠기를 원했고 그렇게 하도록 칼빈에게 압력을 행사했다.[10] 그렇게 해야지 유럽에서 제네바 아카데미가 명성을 떨치게 되고 더 많은 유학생을 유치하게 될 것이고 그렇게 되면 재정적으로도 더 풍부해 질 것이라고 믿었기 때문이었다. 그래서 제네바 아카데미는 목회자 양성 훈련을 위해서 우선 시작이 되었지만 그 당시의 사회적 분위기(milieu)로 인해 일반 대학으로서

---

8. 칼빈은 사회전체를 하나님께 드리기 원했기에 그가 이루었던 역사들은 학교와 교회를 넘어서는 것이었다. 예를 들어 비거주자인 카톨릭(non-resident) 사제들을 몰아내어 주었고, 주교(Bishop)주변으로 오랫동안 얽혀 있었던 정치적 계층 구조(hierarchy)를 제거했으며 중세 수도원 구조로 그때까지 운영되어져 왔던 제네바 시의 재정 문제를 근대화 시켜서 재정 부담을 크게 완화시켜 주었으며, 각 교회, 심지어 시골 교회까지도 개혁주의와 신학과 일반 인문학으로 잘 준비된 최고의 프랑스어로 설교하는 설교자들을 모셔와서 목회자로 둘 수가 있었던 것이었다. 이 모든 것은 칼빈이 이루어내었던 제네바 시에서의 개혁운동으로 가능해 진 것이었다. Cf. William G. Naphy, The renovation of the ministry in Calvin's Geneva, in: The reformation of the Parishes: The ministry and the Reformation in town and country, ed. Andrew Pettegree, Manchester: Manchester University Press, 1993, 128.
9. Maag, Karin, Education and training for the Calvinist ministry: the Academy of Geneva, 1559-1620, in: The Reformation of the Parishes: The ministry and the Reformation in town and country, Manchester: Manchester University Press, 1993, 133.

학교가 운영되어야 한다는 일반 지도자들의 기대 사이에 긴장과 어려움이 있게 된 것이다.[11]

제네바 아카데미의 주요 목적중의 하나는 개혁주의 목회자 양성이었다. 물론 그 전에도 제네바 시에서 목회자를 양성 안 한 것은 아니었다. 그 전에도 목회자를 양성해서 특별히 프랑스 전역으로 사역자 들을 보내었다. 그러나 그 전에는 목회자 양성 훈련이 매우 기초적인 수준에 머물러 있었다는 것이 문제였다. 칼빈과 파렐(Farel)이 공개 강좌로 신약과 구약 주석 강해를 했었고 또한 그들이 설교하는 것을 청취하였고 교회에서 사역을 도왔던 일이 목회자 훈련의 전부였다. 그랬기 때문에 좀 더 학문적으로 지식적 훈련을 사역자들이 받아야 할 필요성을 모두가 느끼게 되었다. 문제는 제네바 아카데미의 목적과 방향에 대해서 학교 관계자들 사이에서도 관점의 차이가 있었다는 것이다. 특별히 도시 지배 계층의 엘리트들은 인본주의에 바탕을 둔 고등 교육기관의 모델을 따라서 제네바 아카데미를 설립 운영하기를 원했다. 그 반대 세력과의 갈등이 바로 새롭게 세워지는 학교의 가장 큰 갈등의 핵심이었다. 그래서 1610년까지는 목회자 양성이 중요한 목적으로 유지되었다. 그러나 또한 지역 군주들과 외국 군주들의 압력과 또한 외국에서 오는 학생들로 인해 유럽에서 있는 다른 대학처럼 어깨를 나란히 할 수 있도록 일반 대학의 모델을 따라서 학교가 운영 되도록 압박을 받았다.[12]

이러한 외부의 영향을 받은 것뿐만 아니라 칼빈도 칼빈이 개신교 신자로 거듭나기 전에 인문학을 공부하였던 배경이 있으며 또 제네바에서 축출되어 스트라스부르그에 가서 망명생활을 하며 망명자 교회를 돌보며 스트

---

10. Ibid., 134.
11. 압력 행사는 주로 재정을 지원하는 도시의 지도자들이 재정을 가지고 콘트롤 하려고 했다. 원하는 과에 재정 지원을 전폭적으로 해 주었다. 예를 들어 법학과를 일반 도시 지도자들이 원했기 때문에 1566년에 법학을 가르치기 시작했다. 그 이후로 의대로 세워지게 되었는데, 이처럼 유럽에 있던 다른 대학과 위상을 같이 하기 위해 제네바 도시의 지도자들이 재정으로 콘트롤 하면서 학교의 위상을 높이려고 노력했던 것이다. 그럼에도 불구하고 칼빈주의 교회는 자신들을 위한 목회자들이 아카데미에서 신학과 실천 신학으로 훌륭하게 준비되어 돌아오기를 바랬기 때문에 이처럼 대학으로 더욱 크게 발전하는 것을 반기지는 않았다.

라스부르그 아카데미에서 수업을 강의하고 있을 때에도 스트라스부르그 아카데미의 교장이었던 장 스트럼(Jean Strum)에게서도 영향을 받았다고 프랑스와 웬델은 주장한다.[13] 칼빈은 종교개혁을 받아 들이고 개신교 신자가 되고 난 이후에도 그 전에 받았던 인문학과 과학 연구에 대한 열정과 애정을 버리지 않고 품고서 그 시대가 요청하는 새로운 인문학 연구 풍토를 받아 들여 개혁해 나갔다. 실제로 그가 쓴 고린도전서 3:19절에 대한 주석에서 이렇게 글을 적고 있다. "자연적인 통찰력이란 하나님의 선물이다. 그리고 인문학(liberal arts) 그리고 모든 과학을 연구하는 학문은 그것을 통해서 지혜가 얻어지는 것이며 그것은 하나님의 선물이다."라고 했다.[14]

그럼에도 칼빈을 반대하는 이들도 있었는데, 예를 들어 예수님의 제자들은 엄청난 하나님의 역사를 경험하고 오순절 교회와 초대교회의 주인공들이었지만 그들은 아무도 헬라와 로마의 학문을 연구하지 않았다고 하는 것이 그 공격의 내용이었다.[15] 이런 반 인문학 연구에 대한 비평에 칼빈은 어떻게 반응했는가? 인문학에 대해 허망한 것이며 쓸데 없는 하찮은 학문으로 업신여겼던 거의 반대자들에게 칼빈은 만약 인문학을 공부하지 않게 되면 무식한 사람이 되며 게다가 교만과 하늘의 신비에 대해서 어리석은 판단을 하게 되는 결과를 낳게 된다고 날카롭게 비판했다.[16] 따라서 칼빈은 중세를 넘어서 종교 개혁을 통해서 성경에 대한 지식을 직접 목회자가 소유할 수 있도록 하는 과정에 있어서 과거 인류의 인문학적 과학적 지식을 포기하는 것이 아니 오히려 성경을 더 잘 이해할 수 있는 수단으로 많은 유익을 가져다 줄 것으로 믿어 의심치 않았음을 알 수 있다.

---

12. Ibid., 134. 여기에서 야기되는 문제는 지적인 목회자 훈련에만 집중함으로 practical 한 훈련을 받지 못했다는 것이다. 칼빈주의자 교회의 입장에서는 교회를 실제적인 면에서 인도해 줄 목회자가 필요했으나 이런 부분에 대한 훈련을 제네바 아카데미가 제공해 주지 못했고, 지적인 훈련에 치중한 것은 그 당시 시대의 흐름에 편승하여 목회자에 대한 전반적인 정체성과 사역에 대한 관점을 갖추지 못한 약점을 지적할 수 있다.
13. François Wendel: Calvin et l'humanisme, Paris 1976, 81f. 재인용. Karin Maag, (2005), Higher education for Melanchthon and Calvinism: a comparative approach, 67.
14. John Calvin, Commentary on the Epistles of Paul the Apostle to the Corinthians, Grand Rapids: W. B. Eerdmans Pub. Co., 1948. 145.
15. Karin Maag (2005), 68.

그래서 1559년 6월 5일 개교 연설에서도 베자를 통해서 아리스토텔레스가 쓴 글들을 직접 연설문에 인용을 하기도 했으며 다른 고대 학자들의 글도 포함시켰다. 그리고 연설문 내용 자체가 두 부류의 사람들에게 호소하는 내용을 포함했는데 한 부류는 공부하는 것이 헛된 것이라고 믿는 반 지성주의자들과 다른 부류는 고대 문헌을 직접 공부하는 것이 개신교 프로테스탄트 목회자들에게 위험한 결과를 가져다 줄 것 이라고 믿는 부류에 대한 대답으로 이루어지게 된 것이다. 그럼에도 불구하고 칼빈과 베자가 강조하는 인문학 공부와 과학 연구가 모든 학문의 꽃으로서 극단으로 치달아 나머지 모두를 지배하게 될 것을 우려하면서 그의 연설에서는 모든 학문은 하나님의 선물이며 그래서 그 학문을 통해서 하나님으로부터 멀어져서는 안되며 그래서 인문학과 과학을 연구함으로 하나님의 선물을 감사히 받되 하나님께 영광을 돌려 드려야 됨을 또한 강조하였다. 하나님의 말씀의 권위 아래에 이 모든 학문의 권위를 두어야 됨을 반복해서 설명한 것이다. 칼빈은 자신의 고린도서 주석에 그래서 이렇게 그의 관점을 설명하고 있다.

> 그러나 그 학문들은, 즉 인문학과 과학, 그 자체의 한계에 의해서 갇혀 있다. 즉 하나님의 천국인 하나님의 나라에 대해서 관통할 수 없다. 그 학문의 위치는 따라서 아내가 아니라 여종의 위치를 고수해야 한다. 더더욱 그 학문들은 성령과 하나님의 말씀의 권위아래 전적으로 복종하지 않으면 공허하고 무가치 한 것으로 우리는 여겨야 한다.[17]

루터나 멜랑크톤이나 칼빈이나 그 당시의 종교 개혁을 주도함에 있어서 교육 개혁을 대단히 중요히 여기며 개혁의 물결이 전 유럽을 덮을 수 있도록 가장 효과적인 방법에 앞장 서서 나아갔다. 인문학을 공부하고 연구하는 것이 그러나 최후의 목적은 아님을 그들 모두다 공감하고 있었다.

---

16. John Calvin, Calumniae nebulonis cuiusdam quibus odio et invidia gravare conatus est doctrinam de occulta Dei providential, et ad easdem responsio, in: CO IX, 316f. 재인용 Karin Maag (2005), 68.

위텐베르그 대학과 제네바 아카데미의 환경과 커리큘럼의 범위와 다양성에 있어서는(제네바 아카데미가 좀 더 좁았다) 차이가 있었지만 고등 교육의 목적은 더 높은 목적, 즉 하나님의 영광을 위하여 일반 계시를 통해 얻은 인간의 경험과 지혜를 사용할 수 있어야 한다는 것이었다. 인간이 하는 모든 것은 하나님의 군사들로 하늘 군대를 이끄시는 총 사령관 하나님을 따르기 위해 사용하는 것이 되어야 한다고 베자는 그의 초대 개교 연설에서 강조한 것은 아름다운 진리의 모습이다.[18] 그의 초대 연설문을 옮겨 보면 다음과 같다.

> 여러분들은 헛된 레슬링 게임을 구경하려고 몰려갔던 고대 그리스인들처럼 시시한 게임에 참여하려고 여기에 모인 것이 아닙니다. 참된 경건에 대한 지식과 과학으로 잘 준비 되어서 하나님의 영광을 최고로 높이고 여러분들의 조국을 영광스럽게 하고 여러분의 가족을 부양하기 위해 이곳에 모였습니다. 여러분들은 위대한 지휘관의 거룩한 군병으로 소집 되었다는 것을 결코 잊어서는 안 됩니다.[19]

2. 교과 과정

제네바 아카데미는 다른 대학, 즉 예를 들어 더 큰 위텐베르그(Wittenberg) 대학과 비교해서 약식의 커리큘럼을 제공하였다. 아카데미의 커리큘럼은 2개의 부분으로 나뉘어져 있었다. 하위 클래스인 라틴학교(Latin School) 혹은 schola private과 상위 클래스인 schola publica가 있었다. 상

---

17. John Calvin (Commentary on the Epistles of Paul the Apostle to the Corinthians, 1948, 145. 칼빈은 인문학의 중요성을 알았지만 인본주의자는 아니었음을 기억해야 한다. 인본주의자들은 인간의 능력의 근원과 가치의 중심에 인간이 서 있음을 믿고 주장하는 이들이지만 칼빈은 그와는 반대로 하나님의 권위와 가치의 중심에 하나님이 계심을 믿었다. Cf. William Stanford Reid, Calvin and the founding of the Academy of Geneva, Westminster Theological Journal 18. (1955/56), 18.
18. Karin Maag (2005), 73.
19. 김광률, 《기독교교육정보》, 제26집, 51-52. 재인용.

위 클래스가 정규 수업과정 이었다. 정규 과정에서의 학문에 대한 초점은 주로 인문학(humanities), 고대 언어와 신학이었다.[20]

인문학과 고대 언어를 강조한 것은 칼빈 뿐만 아니라 위텐베르그 대학의 마틴 루터와 멜랑크톤도(Melanchthon) 마찬가지 였다. 중세의 스콜라 신학과 관점과 접근방법이 잘못되었음을 강조하면서 위텐베르크 대학의 커리큘럼을 혁신적으로 루터와 멜랑크톤이 바꾼 것처럼 칼빈이 주도한 제네바 아카데미도 같은 행보를 하였다. 1559년 6월에 제네바 아카데미의 초대 교장(rector)이었던 베자도 그와 같은 뜻을 표명했다. 즉 인문학 담당 교수, 헬라어 교수, 히브리어 교수 그리고 신학을 가르치게 될 칼빈과 베자 교수였다. 그래서 좀 더 구체적으로 설명하면 제네바 아카데미 에는 4명의 학과장이 있었는데 신학, 히브리어, 헬라어, 그리고 철학이었고 철학 안에는 라틴어 표현, 수사학, 논리 그리고 물리(physics)가 있었다. 1559년에 학교가 시작할 때부터 칼빈이 별세하기(1564) 까지 칼빈과 베자가 신학과장을 동시에 맡고 있었고 수업도 한 주씩 돌아가면서 가르쳤다. 수업 내용은 성경 주해였고 학생들은 히브리어 수업에서 배웠던 것을 수업 시간에 듣는 강의에 적용하거나 그 지식을 활용할 수 있었다. 그리고 헬라어 수업은 신약 보다는 고대 헬라어 문학서적 독해에 더 많은 시간을 할애했다. 언어 자체를 공부하지는 않았는데 그 이유는 그 전에 이미 헬라어 수업을 이수했었기 때문이었다.[21]

인문학 교과과정은 아리스토텔레스(Aristotle)와 키케로(Cicero)에 대한 수업이 있었고 자연과학과 수사학(rhetoric)과 변증학(dialectics) 수업이었다. 헬라어 수업에서는 고대 헬라 문화에서의 시인, 연설자 혹은 역자 학자들이 쓴 원서의 의미를 해석하는 내용으로 수업이 진행 되었다.[22] 이 전에 받았던 중세적 스콜라 학풍의 수업과는 정반대의 수업 방식이 새로웠다. 그 전에는 원서를 직접 대하고 연구했던 것이 아니라 원서가 쓰여진 이후

---

20. Karin Maag (2005), 63.
21. Karin Maag (1993), 136.
22. Karin Maag (2005), 67.

에 수세기 동안 많은 카톨릭 학자와 중세 학자들이 쓴 주석(commentary)의 내용을 강해 했던 것이다. 그러나 이제 직접 원서를 해석하고 그에 대해 자신의 평가를 내릴 수 있는 직접적인 학문 접근 방식이 된 것이다.

또한 특이한 것은 그 당시의 다른 도시에 있던 일반적인 학교와는 달리 제네바 아카데미는 라틴어와 불어 모두를 철저하게 가르쳤다. 첫 3년 동안 학생들이 이 두 언어를 습득하여 읽기와 쓰기가 되면 그 때에 헬라어를 공부할 수 있었다. 이때가 되면 주로 보통 11살에서 12살의 나이가 되었다.[23] 세 가지의 언어를 공부하였기 때문에 무조건 반복적으로 따라서 외우는 것으로는 올바른 교육이 되지 않음을 알고서 의도적으로 세 언어의 문법과 유사점과 차이점을 교사들은 계속해서 비교와 대조하며 가르치도록 하였다. 또한 사고하는 법을 발전시키기 위해 기초 변증학 마지막 2년 동안에는 에세이를 쓰도록 하였고 한 달에 두 번씩 일반인들 앞에서 연설을 하도록 하였다. 이처럼 하급 기초교육과정에서부터 철저히 성경과 헬라어와 불어와 라틴어등을 공부하게 함으로써 기초를 튼튼히 하고 고급 상급 과정에서는 수사학과 자연과학에 대한 교양과목을 자유로운 환경에서 공부할 수 있도록 교과 과정을 칼빈은 편제하였다는 것이 특징이다. 그래서 특별 계시 뿐만 아니라 일반 계시를 통해서도 하나님을 폭넓게 알아가도록 시야와 마음을 넓혀 주는 교육을 했던 것이다.

제네바 아카데미가 다른 학교와 달랐던 점이 또 있다면 하위 클래스와는 달리 상급반에서는 까다로운 규제가 많지 않았다는 것이다. 학생들이 기본적으로 해야 했던 의무는 처음에 학기 등록을 하고, 신앙 고백서에 사인을 한 뒤 수업에 참석하는 것이었다. 그 이후는 공부를 하는 것은 자신이 알아서 하면 되었다. 물론 하급반 어린 학생들의 경우는 이와는 전혀 대조가 되는 상황이었으나 상급반 학생들은 많은 자유가 주어졌다. 하급반에서는 반복 학습과 암기와 에세이 쓰기 등으로 정확한 지식과 많은 양

---

23. William Stanford Reid, Calvin and the founding of the Academy of Geneva, Westminster Theological Journal 18, (1955/56), 14.

의 정보를 배워야 했지만 졸업 후 대학에 입학하게 되면 이렇게 잘 쌓여진 학업 태도와 습관을 기초로 많은 자유가 주어진 것이다. 그럼에도 고등 상급반에서는 주당 27시간의 수업이 진행 되었고, 신학 3시간, 히브리어와 구약 8시간, 헬라어와 웅변가들과 시인들 5시간, 윤리 3시간, 물리학과 수학 3시간, 그리고 수사학과 논리학 5시간이 포함되어 있었다. 신학생들은 매주 토요일 오후에 성서 구절을 주석하는 방법에 대해 한 시간씩 공부했다. 이 모든 과정을 통해서 인문주의 학문의 기초부터 실제까지를 단계적으로 학생의 수준에 맞추어서 교육하는 교육학의 진모를 칼빈은 실현할 수 있었던 것이다.

III. 제네바 아카데미의 중요성

칼빈이 일으켰던 교육 개혁의 여파가 얼마나 유럽을 강타하였는지는 1572년 프랑스 파리에서 자행되었던 성 바돌로뮤 학살(St. Bartholomew Day massacre) 사건과 그와 관련된 다른 프랑스 지역에서의 개신교 탄압과 살인 사건들을 통해 드러나게 된다.[24] 칼빈의 영향력 그리고 제네바 아카데미에서 교육 받은 이들이 온 유럽에 영향력을 드러내자 이를 탄압하려는 강력한 저항 세력이 생겨나게 된 것을 통해 그 영향력을 가늠할 수 있다. 제네바 아카데미는 개교 5년 만에 기초 교육과정에 천명의 학생들, 고등교육과정에는 삼백 명의 학생들이 공부하게 되었고, 탁월한 개혁 전통의 요람으로 전 유럽에 이름을 떨치게 되었다. 개혁주의 원리에 따라 칼빈과 칼빈의 후계자들에 의해 교육받은 이들을 통해 북서유럽의 대부분이 그 영향권아래에 들어오게 되었는데 이것은 네델란드, 영국, 스코틀랜드, 독일, 프랑스인들을 통해 전 유럽으로 번져 나갔으며 이것이 오늘날 서양 문화의 기초가 되었다고 해도 과언이 아니다.[25] 리드(Reid)는 그래서 이와

---

24. Lewis, Gillian (1994), The Geneva Academy in: Calvinism in Europe, 1540-1620, ed.

같이 결론을 맺고 있다. 칼빈주의자들의 전통을 살펴 볼 때 이처럼 위대한 영향력을 미칠 수 있었던 것은 올바른 교육적 원리 위에서 각각의 시대가 당면한 문제들을 외면하지 않고 그것이 철학이든, 과학이든, 역사이든 어떤 문제든지 하나님의 영광을 위해 하나님의 말씀의 원리대로 정면으로 도전할 때에 칼빈주의의 새로운 부흥이 일어날 것이다 라는 것이다.[26] 이 원리는 리드가 살았던 20세기 중반에서만 진리가 아니라 21세기를 살아가는 그리고 급변하는 글로벌 시대를 살아가는 한국 교회, 특별히 고신 교단에게도 공히 적용되는 진리이다. 이 부분에 대해 좀 더 구체적으로 다음 장에서 의논하고자 한다.

IV. 한국 교회의 교육적 함의

그의 제네바 아카데미의 교육과정을 통해서 그 영향과 중요성이 오늘날 한국 교회와 기독교 대학과 고신 교단에 전해 주는 함의는 무엇인가? 한국의 근대화 과정의 초기에 입국하여 활동안 많은 선교사들 또한 이러한 칼빈의 교육적 철학적 신학적 영향을 받아 한국에서도 그러한 기독교 대학을 세우려고 하였다. 하버드나 예일이나 프린스턴 대학의 모델을 따랐다.[27] 그러나 이런 미국의 대학들이 세속화에 빠져 역사를 지나 현재는 반기독교적 색채와 성경의 원리에서 크게 벗어나 하나님의 영광을 구하는 것이 아니라 인간의 영광을 구하는 비참한 방향으로 나아가고 있다.[28]

한국 사회에서 가장 큰 문제 중에 하나가 교육문제라고 필자는 믿는다. 학벌 위주와 수능을 위한 무한 경쟁, 교육이 곧 사업이 되고 돈을 벌기 위

Andrew Pettegree, Alastair Duke & Gillian Lewis, Cambridge: University of Cambridge, 35.
25. 기독교 대학 설립과 교육정신을 모방하거나 기초하여 세워진 대표적인 대학은 네델란드의 the University of Leyden, 영국 캠브리지 대학의 Emmanuel College, 미국의 Harvard University 등이 있다. 즉 유럽과 미국을 대표하는 대학들인 것이다.
26. William Stanford Reid, Calvin and the founding of the Academy of Geneva, Westminster Theological Journal 18. (1955/56), 21.

한 수단으로 전락하는 현실, 인성을 위주로 하면서 참된 인간(심지어 홍익인간이라고 할지라도)을 만들어 내는 진정한 교육의 부재, 사교육의 극심한 극단, 국가의 기독교 학교(대안학교포함)에 대한 직·간접적 탄압과 압력, 기독교 대학에 대한 교단의 일관성 있는 무관심, 교회 성장에만 관심을 가지되 교회의 현재이며 미래인 학생들에 대해서는 "전도사"에게 맡기는 안일한 태도, 헌금이 모이지 않는 초, 중, 고등부학생들의 현실적인 문제에 대한 해결 부재, 일반 학문과 기독교 학문의 통합성의 결여, 기독교 대학과 학교 내의 교사들의 기독교 세계관 부재, 고신 교단의 운영에 있어서 현시대와 미래를 해결하는데 결정적인 역할을 할 기독교 학교(대안) 설립에 대한 의지 결여 등 수많은 문제가 쌓여 있다.

이러한 현실에 대해 대안은 무엇인가?

칼빈의 제네바 아카데미에서 배울 수 있고 또 적용할 수 있는 원리는 무엇인가? 2가지만 제안한다.

1. 하나님의 영광이 최고의 목적이 되어야 한다

이것은 모두가 인정하는 원리이지만 실제로는 그렇지 않기 때문에 교단과 학교의 설립과 건학 이념을 다시금 강화하고 회개 운동을 펼쳐야 한다. 하나님의 영광이라고 말하지만 각 교회의 지도자들이 자신의 욕심을 위하여 얼마나 많은 전도 프로그램과 개척을 해 왔는가를 생각해 보면 알 수 있다. "목회가 우상"이 되어서는 안 된다! 하나님 만을 섬겨야 한다. 그 뜻이 현실에 있어서 무슨 의미인가? 이웃 교회들이 모두 한다고 따라서 하는 전도 사업이 아니라 말씀에서 가르치는 각 세대가 다음 세대로 믿음을 전수하기 위해 "오늘 내가 네게 명하는 이 말씀을 너는 마음에 새기고 네 자

---

27. 이계준, "기독교 대학의 정체성과 미래의 과제", 《대학과 선교, 2》(서울 : 한국대학선교학회, 2000), 11.
28. 오우성 외, 《기독교 종합 대학의 정체성과 제도》(대구: 이문출판사, 2000), 23-25에 기독교 대학의 세속화 될 때의 특징에 대해서 언급하고 있어 참조하라.

녀에게 부지런히 가르치며 집에 앉았을 때에든지 길을 갈 때에든지 누워 있을 때에든지 일어날 때에든지 이 말씀을 강론할 것이며"(신 6:6-7) 라고 하는 하나님의 뜻을 현실에 적용해야 할 것이다.

2. 교회와 학교의 협력 사역이 급선무이다

제네바 아카데미는 교회의 학교였다. 목회자들의 모임이 있어서(Company of Pastors) 지금의 노회 혹은 교단의 역할을 하면서 학교에서 일어나는 모든 사역들에 깊이 관여 하였고 학생들의 재정적 지원과 졸업 후 사역에 대한 추천서와 소개와 연결 고리가 되어 주었고 행동이 올바르지 못한 학생들을 관리하거나 치리 하였다. 학교의 이념과 교과과정과 교사 선정에 협력한 것이다. 기독교 학교에 대해 교단의 관심이 높은 것은 한국에서는 드문 일이다. 사학법 개정과 정부의 압력으로 인해 기독교 학교의 설 자리가 좁아져 있고 미션 스쿨들은 정부의 재정 지원으로 인해 손과 발이 묶여 있다. 그럼에도 불구하고 한 좋은 예로 통합측에서는(대한예수교 장로회 총회(통합)) 2007년 92회 총회에서 1학교 1교회 자매 결연하는 것을 결의했다. 적게는 자매 결연을 고신 교단에서도 시행 할 수 있고 크게는 주중에 비어 있는 교회 건물을 사용하여 작지만 아카데미나 대안학교를 시작할 수도 있다. 더 중요한 것은 의지가 없다는 것이고 돈벌이가 안되기에, 아니 재정이 들어가기만 하는(초기에는) 그런 사업이기 때문에 시작을 안하고 있다는 것이 더 큰 문제이다. 믿지 않는 자를 믿게 하는 사역과 믿은 자를 성숙한 그리스도인으로 성장 시키는 사역이 적절한 균형을 이루어야 한다. 전도의 사역에 집중을 해온 지난 100년간의 한국 교회 사역에서 이제 시계의 펜들럼이 교육 쪽으로 옮겨와야 할 시대이다. 신앙인이 올바른 삶으로 세상의 빛과 소금이 되도록 도와 줌으로 사회에 유익을 끼쳐야만 한다. 주중의 삶과 주일의 삶이 이분적으로 나누어져 있는 한국 교회의 삶을 더 악화 시키는 현상은 자녀들을 일반 학교에서 다른 학생들과 전혀 다름 없이 수능에 좋은 점수를 얻고 좋은 대학에 입학 시키고자 좋은 학원을 좇아 다니는 여전도회 집사들로서는 변화 시킬 수가 없다. 주중에 기독교 학교를 세워 기독교 학생들을 기독교 세계관으로 교육시키는 믿음과 삶이 일치된 새로운 패러다임을 이 시대는 요구하고 있기 때문이다.

V. 나가는 말

교육이라고 하는 주제는 모든 개신교 사회가 주창했던 근간적인 주제이었다. 마틴 루터도 그의 초기 저서에서 그렇게 밝혔고 멜랑크톤도 교육 개혁가였다. 칼빈도 제네바 아카데미를 설립하고 운영하며 자신의 혼신을 다해 꿈과 이상을 현실과 실전에 접목시켰다. 종교 개혁이 일어나는 유럽의 모든 나라와 지역들은 모든 교구(parish)에 학교가 세워져서 어린이들과 또 그들을 통해 그 가정들이 개혁주의 신앙으로 철저히 무장 되어야 함을 강력히 주장했던 것이 개혁주의 전통이었다.[29] 그래서 유럽과 미국의 저명한 대학들이 16세기 이후 수많은 어려움 속에서도 세워졌고 운영되어져 왔고 유럽과 미국의 문화를 꽃 피우고 신학을 발전 시키고 세계 선교를 감당하는데 앞장 설 수 있었던 것이다.

한국 기독교는 지난 130년간의 역사 속에서 수 많은 어려움들을 넘어 왔다. 이제 앞으로의 130년 아니 1300년을 내다 보되 과거 종교 개혁의 유산에 튼튼히 뿌리를 내리고 열매를 맺어야 한다. 한국의 현실 문제에 교회가 대답해야 하는 부분이 있다면 필자는 교육 문제라고 믿는다. 제네바 아카데미는 중세 카톨릭 교회가 부패한 상황에서 새로운 지식층과 상인들과 중상층을 기반으로 문예 부흥이 일어나던 시기에 그 시대의 문제점들을 끌어안고 성경의 원리로 돌아가 답을 찾아 효과적으로 가르쳤고 교육시켰다는데 그 의의가 있다. 그 원리는 시간이 지나도 변하지 않는다. 제네바 아카데미가 그 동안 묻어 두었던 인문학을 발굴해 내어 젊은이들과 목회자들을 훈련 시킴으로 세상을 기독교적 세계관을 가지고 연구하고 발전시킴으로 유럽과 아메리카와 아시아까지 그 영향력을 펼칠 수 있었던 것처럼 한국 교회, 특별히 과거의 유산을 자랑으로 삼고 있는 고신 교단과 그 안의 목회자와 지도자들은 어떻게 하면 우리의 젊은이들이 우상화 시키며 미혹하는 현대 문화 속에서도 기독교적인 세계관과 안목을 가지고 성경의 원리 위에서 세상을 비판하고 또 발전시키는데 도움을 줄 수 있는지 명예와 재물을 멀리하고 가슴으로 고민해 보아야 한다. 교회는 선교를 위해 존재한다. 교회의 사명이 그것이다. 해외로만 하는 선교가 선교가 아니다. 우리에게 맡겨 주신 조국과 학교와 성도들을 교육을 통해서 하나님의 가치와 아름다움과 꿈과 비전과 샬롬으로 변화시켜 나가게 하는 것이 선교이다. 2012년 우리에게 주시는 하나님의 뜻에 순종하는 것이 하나님께 가까이 나아가는 최선의 길이다.

---

29. Reid, Steven J, *Humanism and Calvini*, Burlington: Ashgate Publishing Company, 2011, 1.

참고 문헌

권태경. "칼빈의 제네바 아카데미에 대한 연구". 《역사신학논총》, 9. 서울: 한국복음주의역사신학회, 2005.

김광률. "칼뱅의 학교 교육이념과 기독교 대학의 현실문제와 대안". 《기독교교육정보》, 26. 서울: 한국기독교정보학회, 2010.

오형국 (2005). 제네바 종교개혁에서의 교회와 학교: 제네바 아카데미를 중심으로. 《기독교교육정보》, 11. 서울: 한국기독교정보학회, 2005.

오우성, 김종성, 이규민, 반신환. 《기독교 종합 대학의 정체성과 제도》. 대구: 이문출판사, 2000.

이계준. "기독교 대학의 정체성과 미래의 과제". 《대학과 선교》, 2. 서울: 한국대학선교학회, 2000.

Beze, Theodore de, 1519-1605. Beza's address at the solemn opening of the Academy in Geneva. in: *Transition and revolution: Problems and issues of European Renaissance and Reformation history*. Minneapolis: Burgess, 1974) 175-79.

Bihlmeyer, Karl. *The Reformation in Geneva. Calvin and the Reformed Churches*. in: Church History. rev. by Herman Tuchle. Westminster: The Newman Press, 1963-68. 63-69.

Briggs, Charles Augustus. John Calvin in His Organization of the Academy of Geneva Made it the Center and Norm of Theological Education for All the Churches of the Reformed Type. in: History of the Study of Theology. New York: Charles Scribner's Sons, 1916.

Calvin, John. *Institutes of The Christian Religion*. Trans. By Ford Lewis Battles. Grand Rapids: Eerdmans Publishing Co., 1975.

──────────── . *Commentary on the Epistles of Paul the Apostle to the Corinthians*. Grand Rapids: W. B. Eerdmans Pub. Co., 1948.

Henderson, Robert W. *The Genevan reform in school and church*. The teaching office of the Reformed tradition; a history of the doctoral ministry. Philadelphia, Westminster Press, 1962.

Karp, Alan. John Calvin and the Geneva Academy: Roots of the Board of Trustees. *History of Higher Education Annual*. vol. 5, 1985: 3-41.

Lewis, Gillian. The Geneva Academy in: *Calvinism in Europe, 1540-1620*. Cambridge: University of Cambridge, 1994: 35-63.

Maag, Karin. Education and training for the Calvinist ministry: the Academy of Geneva, 1559-1620. in: *The reformation of the parishes: The ministry and the Reformation in town and country.* Manchester: Manchester University Press, 1993.

--------------- Higher Education for Melanchthon and Calvinism: A Comparative Approach. *Melanchthon und der Calvinismus.* Stuttgart: Frommann-Holzboog, 2005.

McKim, Donald K.(ed). 《칼빈 신학의 이해》. 이종태. 서울: 생명의 말씀사, 1991. (원전 1984년 출판)

Naphy, William G. The renovation of the ministry in Calvin's Geneva. in: *The reformation of the Parishes: The ministry and the Reformation in town and country.* ed. Andrew Pettegree. Manchester: Manchester University Press. 1993

Reid, W. Stanford. Calvin and the founding of the Academy of Geneva. *Westminster Theological Journal.* vol. 18, 1955/1956, pp. 1-33.

Reid, Steven J. *Humanism and Calvinism.* Burlington: Ashgate Publishing Company, 2011.

기독교교육의 기초존재론:
차이와 교육*

도세훈 교수_고신대학교 교양학부

*요약
Ⅰ. 문제제기: 근대 교육의 비판으로부터 - 근대교육의 자화상
Ⅱ. 철학적 지평 - 동일성과 차이
Ⅲ. 교육학적 지평
  1. 에밀(Emile) 혹은 차이가 박탈된 삶에 관하여
  2. 경건주의자들과 교육을 통한 구원
Ⅳ. 성경적 지평 - 선한 사마리아인의 비유:
              차이와 응답(교육해석학적 시도)
Ⅴ. 기독교교육의 기초존재론
  1. 교육의 한계
  2. 차이와 응답: 선함 혹은 교육의 가능성 너머
Ⅵ. 나오면서: 기독교교육 - 차이에 대해 깨어 있음
*참고문헌

------------------------------- 〈요 약〉 -------------------------------

교육의 자화상은 도야(Bildung)라는 교육학적 개념으로 안착된 근대이후 시작되었던 모든 도야로써 교육의 과정은 개인의 잠재적 가능성의 발견과 그것의 무제한적 펼침(Ent-faltung)을 교육의 최종적 목적으로 삼았다. 근대교육에 이러한 모습에서 확인할 수 있는 교육의 복적과 본질이 드러난다. 하나는 도야(Bildung)를 통한 아동의 가능성의 개발과 성장이고, 다른 하나는 교육(Erziehung)을 통한 아동의 사회화와 문화화이다. 근대의 도야와 교육은 인간의 무한한 가능성을 중심으로 두 방향성, 즉 자기화(Selbst-Werden)와 사회화(Sozialisation) 사이에서만 작동한다는 사실이다. 이러한 교육의 과정에서 차이로서 타자는 언제든지 제거되고 소거될 수밖에 없다. 하지만 기독교교육의 기초존재론에 관한 숙의의 시도는 세 지평(철학적, 교육학적, 성경적 지평)을 통해 차이의 중요한 의미가 드러난다.

철학적 지평에서 들뢰즈와 레비나스를 통해 차이에 대한 논의를 통해 확인되는 중요한 점은 차이의 문제는 근본적으로 존재성과 깊은 연관을 가지고 있다는 점이다. 다시 말해 차이는 상대화할 수 있는 것이 아니라, 차이 그 자체로 절대적이고 인정되어야 한다는 것이다. 무엇보다 차이는 그 자체로 이미 긍정이다. 교육학적 지평에서 하나는 루소의 에밀을 통해 볼 수 있는 교육의 자화상, 즉 개인의 차이가 만들어내는 정체성이 사회화 안에서 강요되는 교육의 모델에서 차이가 억압당하는 식민지화 과정으로서의 교육을 본다. 다른 하나는 경건주의 교육학자들의 교육을 통한 구원이라는 기독교육의 vision도 루소의 에밀과 동일한 지평에서 종교사회화의 과정을 통해 아동의 고유성이 억압되는 과정을 본다. 성경적 지평에서 차이의 문제는 선한 사마리아인의 비유를 통해 드러난다. 교육의 목적은 나의 자아실현과 실존성에 있지 않고, 나의 이웃으로서 타자의 존재가능성에 있다. 선한 사마리아인의 응답은 그러한 존재의 차이에 대한 응답이다. 그 응답은 더 나아가서 차이에 대한 책임까지 연결된다. 그런 점에서 타자에 대해, 차이에 대해 응답할 수 있음(responsible)은 동시에 책임질 수 있음(responsibility)이기도 하다. 교육은 자기 도야나 사회화 수준에서의 배움(학습)의 차원을 넘어서 응답의 차원임을 이 비유를 통해 확인할 수 있다.

기독교교육은 그런 점에서 교육의 자기 한계, 즉 불가능성을 인정하면서 교육의 과정을 '선한 사마리아인으로 세움 받는 과정'으로 이해한다. 무엇보다 선함의 역설적 가능성은 이제 교육의 가능성을 넘어 '다름'과 '차이'에 대한 응답의 가능성에 있다는 것을 보여준다. 선함의 원천이 어디로부터 오는 것인지 이제야 올바른 주소지를 교육에게 알려주고 있다. 요컨대, 교육을 차이라는 타자에 대한 응답의 문제로 이해할 때 존재의 자아실현을 위한 교육과는 다른 그 너머의 교육, 즉 타자를 위한 '다른 교육'을 생각해 볼 수 있다. 기독교교육은 이렇게 '다른 토대' 위에 세워지는 교육의 과정이다.

주제어: 존재론, 차이, 다름, 통일성, 응답, 사회화

I. 문제제기: 근대 교육의 비판으로부터
- 근대교육의 자화상

자아실현의 이데올로기의 충실한 매개수단으로써 교육은 데카르트(decarte)로부터 시작하여 18세기 계몽의 기획과 19세기 신인문주의 교육을

---

* 저자의 다른 논문에서 타자성과 교육의 관계를 통해 기독교교육이 근본적으로 처해 있는 기초 존재론에 관해 논의한 바 있다. 도세훈, 엠마누엘 레비나스(Emmanuel Levinas)의 타자성의 교육적 의미. 기독교교육연구 Vol.5(2012) 참조.

통한 자아의 가능성의 확대와 극대화는 오늘날 우리 교육의 밑그림이요 동시에 자화상이다. 그러한 교육의 자화상은 도야(Bildung)라는 교육학적 개념으로 안착된 근대이후 시작되었던 모든 도야로써 교육의 과정은 개인의 잠재적 가능성의 발견과 그것의 무제한적 펼침(Entfaltung)을 교육의 최종적 목적으로 삼았다. 하지만, 몰렌하우어(Mollenhauer, 1983)에 따르면 교육에 대한 그러한 근대적 이해와 실천에는 동시에 심각한 그늘이 공존한다. 그것은 교육을 통한 아동의 성장과 진보가 어른들, 즉 기성세대의 사회화와 문화화의 규범과 틀 안에서 이루어졌다는 사실이다. (다시 말해 아동의 가능성 혹은 칸트(Kant)의 표현을 따르자면, 형성 가능성(Bildsamkeit)이란 기성의 사회와 문화의 규칙 안에서 소용되고 통용되는 한에서의 형성 가능성이다) 어른들은 아동의 정신적이고 사회적인 성장을 조율하고 통제하는 엄격한 검열관이었다.[1] 다시 말해, 그들의 형성 가능성은 이미 사회화되고 문화화된 형태로 드러날 수밖에 없는 조건 안에서 가두리 양식(cultivated)된 것이었다. 즉, 그들은 엄밀하게 말해서 사회라는 울타리 안에서 "제한적으로 교육되었다(gebildet)"[2] 그런 점에서 교육의 과정은 사회화(socialisation)의 과정이고, 동시에 문화화(enculturation)의 과정이기도 하다.

근대교육에 이러한 모습에서 확인할 수 있는 교육의 목적과 본질이 드러난다. 하나는 도야(Bildung)를 통한 아동의 가능성의 개발과 성장이고

---

[1] Klaus Mollenhauer, *Vergessene Zusammenhaenge*, 21.
[2] Gert Biesta 가 정확하게 지적하고 있는 것처럼, 전통적으로 서양교육의 핵심은 바로 인간의 인간성이 교육을 통해 확인되는 과정이라 볼 수 있다. 그럼, 인간의 인간성을 구성하는 것은 무엇인가? 교육에 대한 이해는 근본적으로 인간의 인간성이 무엇으로 구성되어져야 하는 것인가에 대한 일종의 당위론적 인간학적 질문으로 변한다. 인간의 인간성은 무엇이어야 하는가? 근대교육에서 교육의 조건은 그런 점에서 인간의 인간학적 조건과 일치하게 된다. 즉, 인간의 조건이 교육의 조건의 토대가 된다. 그래서 사회 내 존재로서 인간, 특히 교육받은 존재는 그가 속해있는 사회가 인정하는 일련의 지식, 이상 그리고 가치등을 담지하고 있는 사람이어야 한다. 근대 교육의 관점에서 볼 때 그러한 것들을 자기 삶 안에 철저하게 내면화하고 있는 자는 분명히 교육받은 존재임에 틀림없다. 이러한 근대 교육의 사유는 이후 교육받은 존재가 받게 될 일련의 인간을 인간이게끔 해주는, 인간의 인간성을 담보해주는 과정을 이제 하나의 교육의 과정으로 수용하게 된다. 예컨대 헤어더(Herder), 페스탈로찌(Pestalozzi), 훔볼트(Humboldt)와 같은 신인문주의 교육학자들에 의해 계승되고 발전된다. Biesta, *Bildung and Modernity*, 378.

다른 하나는 교육(Erziehung)을 통한 아동의 사회화와 문화화이다. 근대의 도야와 교육은 인간의 무한한 가능성을 중심으로 두 방향성, 즉 자기화(Selbst-Werden)와 사회화(Sozialisation) 사이에서만 작동한다는 사실이다. 교육행위의 전제는 '나의 형성가능성'이며 그러한 가능성은 교육이라는 사회화과정을 통해 구현된다. 사회화 과정은 근본적으로 동일화과정이며 동질화 과정이다. 그것은 동시에 도야와 교육을 통한 나의 미래시제의 교육 이상태 사이와의 '차이'를 좁혀나가는 과정이기도하다. 이렇게 '차이'를 좁혀나가는 과정에서 그리고 교육을 통해 나의 미래를 실현시켜나가는 과정에서 만나는 타자(the others)는 도구적으로 사용되는 대상이거나 자아실현을 위협하는 장애물에 불과하다. 그 타자는 '나의 울타리' 안에서 공존할 수 없는 자이다. 나와 다른 사람, 즉 차이로서 타자는 소멸되어야 할 존재이다. 근대 교육의 vision은 그런 점에서 나를 확대하는 과정이요, 자기 생존에 대한 염려로 실존하는 인간을 내세운다. 타자와 공존할 수 없는 홀로 있는 자이다. 오늘날 우리가 대치하고 있는 다양한 교육의 문제와 난제(aporia) - 그것이 공교육의 문제든 기독교교육의 문제든 - 의 근본적인 원인에 대한 고민은 우리 모두가 특히 기독교교육의 주요한 장소인 교회교육에서 드러나는 문제와 어려움도 교육 자체가 가지고 있는 어떤 근원적 문제와 연결되어있다는 생각을 떨쳐버릴 수 없다.

 본고에서 그러한 문제의 근원을 "차이" 혹은 "다름"의 관점에서 진단하고 그것의 교육적 의미를 밝히는 동시에 차이를 기독교교육이 어떻게 이해하고 다루어야 하는지에 대한 숙의를 시도하려고 한다. "차이" 혹은 "다름"에 관한 쟁점은 실제적이고 실천적인 사회문제뿐만 아니라 교육의 영역에서도 "다문화(multiculture)"혹은 "상호문화(interculture)"라는 주제로 다양하게 논의되고 있다. 다문화는 문화의 복수성(Plurality)과 다양성 혹은 다원성(multiplicity)을 전제하는데 이러한 복수성과 다양성은 근본적으로 "개별적 차이"로부터 가능하다. 복수성과 다양성은 동질(homogenous)의 집합이 아니라, 이질(heteronomous)적인 것의 집합이다. 말하자면 교육의 영역에서 다문화 혹은 상호문화 논의는 차이에 대한 숙의로부터 출발해야 한다. 다시 말해, 차이는 극복의 대상이 아니라 다양성의 전제라는 점이다. 그런 점에서 우리는 현대철학에서 특히 차이의 문제는 플라톤과 아리스토텔레스 이후의 존재론과 반대되는 지평, 즉 차이성을 극복해야하는 인식 가운데서 치열하게 논의되었던 차이의 문제를 세 지평 – 2. 철학적 지평과 3. 교육학적 지평 그리고 4. 성경적 지평 – 에서 차이가 어떻게 이해되고 다루어지는지 밝힌 후에 그것이 기독교교육이 처해 있는 기초존재론의 토대임을 보이려한다.

Ⅱ. 철학적 지평 – 동일성과 차이

"나와 다르다", "나와 꼭 같지 않다", "내가 어떻게 당신과 같을 수 있어요?"와 같은 일상에서 흔히 쓰는 말을 통해 우리는 '나'와 '너', 그리고 '우리' 사이의 차이를 나타낸다. 그런데 이러한 차이에 대한 표현을 자세히 살펴보면 차이에 대한 인식이 '나'를 중심으로 이루어지고 있음을 발견하게 된다. 아리스토텔레스는 이를 종차(종의 차이)개념으로 설명한다. 예를 들어보자. 흑인을 정의한다고 할 때 여기서 흑인은 인종이란 유(genre)속에 포함되고 피부색이란 종차에 의해 흑인과 백인으로 구분된다. 그런 점에서 인종이란 유적 동일성 안에서 흑인과 백인의 개념을 포함하는 것이다. 그에게 차이는 동일성을 구성하는 하위개념으로 이해된다. 이러한 이해의 바탕 위에 긍정과 부정이라는 차이의 매개를 통해 (종)합으로 이루어지는 변증법적 논리가 가능하게 된다. 여기서 중요한 것은 긍정(백인)과 부정(흑인)의 본질적 차이가 긍정(백인)이라는 동일성 안에 머물게 된다. 차이에 대한 이러한 문화-사회적 가치의 개입은 두 종 사이의 고유한 차이를 사라지게 하고 결국 두 항(백인-긍정-동일성)과 (흑인-부정-차이)의 대립을 통해 종합을 향해 나아가는 변증법적 과정으로써 동일화 과정 속에서 흑인-부정-차이는 제거된다. 다시 말해 차이는 동일성 개념에 포섭된다. 일상 언어에서 살펴보았던 차이에 대한 우리의 이해도 아리스토텔레스의 종차개념과 다르지 않다. 나와 너, 그리고 우리 사이의 차이는 나 혹은 우리 공동체를 중심으로 떨어져있는 부정(negativity)의 정도를 드러낸다. 다시 말해 차이가 클수록 부정의 강도도 커지게 된다. 이러한 차이(타자)는 나 혹은 우리라는 동일성 안에 대립이라는 과정을 거쳐 포섭되고 만다. 하지만, 이러한 차이에 대한 서구 전통 철학적 이해, 특히 헤겔(Hegel)의 이해에 대해 들뢰즈(Deleuze)는 "개념적 차이"와 "개념 없는 차이"를 구분하면서 비판한다. 그에 따르면, 차이와 유사성은 오로지 동일적인 것에 종속된 것으로서만 의미를 지니게 된다. 다시 말해 절대적 차이는 드러날 수 없다. 개별자들간의 차이와 유사성이란 늘 유적 차원에서의 동일성을 전제한 차이이며 유사성이다.

차이란 그 자체로는 존립할 수 없고 늘 동일성의 그릇 안에 담겨서만 사유될 수 있다. 그런 점에서 모든 차이들은 동일성을 전제한 연후에 그 동일성으로부터 정도상 얼마나 떨어져 있는가를 가늠하는 방식으로만 사유된다. 다양한 차이는 상위의 동일성에 종속된 것으로서만 사유될 수 있다. 들뢰즈는 차이의 본래개념을 복원하기 위해서는 차이가 동일성을 포획하는 개념적 차이가 아니라 동일성의 환원 운동, 즉 동일화 과정에 종속되지 않을 개념 없는 차이를 주장한다. 보다 근본적이고 절대적인 차이로서 차이, 개념의 종과 대립 동일성의 구조에 포섭되지 않는 '차이 그 자체'로서 존재론적이고 긍정적인 접근을 시도한다. 차이는 긍정의 반대가 아니라 존재론적으로 긍정 그 자체이다. 차이는 대립을 통한 동일화의 대상이 아니라 나와 함께 공존하는 다른 존재, 즉 타자이다. 레비나스(Levinas)는 그러한 타자를 "절대 타자"[3]라 부른다. 그는 절대타자로서 타자의 타자성

---

3. 타자란 자아 바깥에 존재하는, 아직 존재하지 않는, 또한 이미 존재하지 않는 모든 것을 총칭한다. 그러면, 레비나스가 말하는 나의 바깥에 존재하는 것은 무엇일까? 레비나스가 말하고 있는 타자의 모습들은 관계의 양태에 따라 다음과 같이 구분된다. 타자는 대상의 사물 세계로서의 타자, 인간 존재로서의 타인인 타자, 그리고 신으로서의 타자로 구분해 볼 수 있다. 레비나스는 이를 총칭하여 타자(autre)라 부른다. 하지만 자아가 각각의 타자들과 관계 맺는

을 죽음이라는 피할 수 없는 사태(Tatsache)와 연관지어 설명하고 있다.

> 죽음은 계획을 세울 수 없음이다. 이러한 죽음의 도래를 통해 알 수 있는 것은 우리가 절대적으로 다른 것과 관계 맺고 있다는 사실이다. 이 다른 것이 짊어지고 있는 타자성alterite은 향유를 통해 우리 자신의 것으로 동화(同化)시킬 수 있는 잠정적 규정으로서의 타자성이 아니라 그것의 존재 자체가 곧 타자성인 그런 의미의 타자성이다. 그러므로 나의 고독은 죽음을 통해 굳어지는 것이 아니라 오히려 죽음을 통해 깨어진다.(시간과 타자, 84.)[4]

들뢰즈가 차이를 개념적 차이와 개념 없는 차이로 분리하면서 이해하는 방식[5]과 다르게 레비나스는 타자의 타자성의 관점에서 차이를 이해한다. 마치 죽음처럼, 차이로서 타자의 타자성은 동화의 과정을 통해 죽음의 부정성이 극복될 수 있는 것이 아닌 나와는 '전적으로 다른 것'이 있다는 사실을 보여주는 또 다른 존재론적 사건이다. 다시 말해 '나와 전적으로 다른 것'은 그 자체로 '절대적으로 다른 것'으로 남는다. 절대적으로 다른 것은 어떤 식으로든 상대화할 수 있는 대상이 아님을 의미한다. 죽음의 사건

방식은 다르다. 레비나스의 타자의 외재성과 관련하여 타자의 층위를 세 가지로 구분한다. 첫째는 환경적 물질의 세계로서의 타자는 대상화 가능한 자기화의 영역으로 이것은 향유의 관계로 드러난다. 타인으로서의 타자는 열망과 초월의 대상이며, 둘째는 윤리적 관계를 내포하는 형이상학적 관계이다. 또한 이 관계는 자아 안으로 동일시 할 수 없는 무한성을 내포한다. 마지막으로 타자로서의 신은 열망과 초월의 대상이지만 타인의 얼굴을 통해서 나타나는 것으로 설명하고 있다. 레비나스에게 있어서 무한의 개념은 철학의 핵심적인 모티브이다. 여기에 대해서 강영안의 타인의 얼굴의 제 4장에서 조직적으로 잘 설명하고 있다. 강영안, 《타인의 얼굴: 레비나스의 철학》(서울: 문학과 지성사, 2005), 123-162참조.

4. Levinas, Emmanuel, *Zeit und der Andere*. Meiner, 강영안 역. 《시간과 타자》(서울: 문예출판사, 1996), 84.

5. 들뢰즈는 '차이'에 대해 레비나스와 차이를 보인다. 그에게서 차이를 긍정하는 것은 나와 타자의 차이를 인정하는 것이라 나 스스로를 위한 차이를 만드는 것이다. 나 자신이 타자와 끊임없이 접속해 가며 나의 자아를 넘어선 다른 무언가로 변화해가는 과정이다. 결국 차이의 철학에서 중요한 것은 자신 안에서 차이를 만들어 가는 것이고 자신을 스스로 차이화 시켜나가는 과정이기도 하다. 이러한 점에서 차이는 정체되어 있는 것이 아니라 계속해서 새롭게 창조해 나가야 할 역동적이고 생성적인 그 무엇이 된다. 차이를 생성해 나가는 것은 구조 안에 있는 바로 나 자신으로서 주체로부터 시작된다. 차이를 존재론적으로 긍정했다는 점에서 레비나스와 다른 점이 없지만, 레비나스는 차이의 문제를 타자와의 관계에서 응답과 책임의 문제, 즉 보다 근본적인 윤리의 문제로 삼았다는 점에서 큰 차이를 보인다.

에서 보여지는 것처럼, 차이로서 절대적 타자는 존재의 불가능성과 시간에 있어서 계획불가능성을 가리킨다.

타자는 내가 어찌할 수 있는 존재가 아니라, 나의 존재의 유한성(죽음)을 가리킨다. 더 나아가서 차이의 문제는 교육의 주체로서 '나'의 존재성을 가리키지 않는다. 그것은 '내 앞에 다른 사람이 있다', 즉 타자의 존재성을 가리킨다. '나의 있음'(동일성)에서 차이는 바로 '타자의 있음'을 근본적으로 전제하고 있다. 내가 존재하기 이전에 타자가 먼저 있다. 그런 점에서 나의 존재 가능성은 타자의 존재 가능성에 기대어 의존되어있다. 그런 점에서 차이는 사람과 사람 사이의 문제, 즉 타자와의 관계성의 본질을 가리키는 말이다. 차이가 소멸되고 제거되는 관계는 무관계성, 즉 관계없음을 나타낸다. 레비나스에 따르면, 그러한 관계는 "폭력적 관계"[6]다. 두 사람 사이의 차이성이 인정되지 않는 관계는 어떤 형태이든 교육의 관계는 불가능하다.

그런 점에서 교육의 관계는 교사-학생, 가르치는 자와 배우는 자의 하나됨(unite)을 지향하지 않고 떨어져 있는 둘됨(dualite)이 담보되는 관계이다. 둘됨은 두 사람 사이의 차이가 보존된다는 것을 의미한다. 요컨대, 들뢰즈와 레비나스를 통해 차이에 대한 논의를 통해 확인되는 중요한 점은 차이의 문제는 근본적으로 존재성과 깊은 연관을 가지고 있다는 점이다. 다시 말해 차이는 상대화할 수 있는 것이 아니라, 차이 그 자체로 절대적이고 인정되어야 한다는 것이다. 무엇보다 차이는 그 자체로 이미 긍정이다. 교육학의 지평에서 이제 다루어야 할 차이의 문제는 존재론적 관점에서 차이, 즉 긍정 그 자체로서 '타자라는 차이'를 생각해 볼 수 있다. 다시 말해, 차이는 타자의 존재가 긍정되는 한에서 보존된다고 할 수 있다. 차이는 바로 타자 그 자체이다.

---

6. 서양의 전통적 존재론이 자아중심의 철학이며, 전체주의철학이라고 비판한다. 이러한 자아중심적 초월철학은 존재를 중심으로 질서지우려는 동일화와 전체화 경향을 피할 수 없으므로 지난 역사의 경험처럼, 모든 전쟁과 폭력은 이러한 자아중심적이고 전체주의적인 사유를 통해 결과지어진 것으로 본다. 레비나스는 시간을 타자와의 관계에서 가능하다고 보고 타자를 자아의 현재시간(presence)안에 포섭하려는 관계를 폭력으로 이해한다.

Ⅲ. 교육학적 지평

1. 에밀(Emile) 혹은 차이가 박탈된 삶에 관하여

18세기 가장 위대한 교육혁명가이자 정치혁명가였던 루소의 에밀을 통해 보여준 교육 프로젝트는 이후 서양 교육에 가장 큰 영향을 미친 혁명적 사건으로 이해된다. 루소는 에밀을 통해서 당시까지 보여준 '덜 자란 어른으로서 어린이'를 다른 관점, 즉 어른과 다른 어린이의 어린이성(인간의 교환 불가능한 고유성)이 있음을 역설했다. 그가 발견한 어린이의 어린이성(Kindheit)이란 근본적으로 기성세대가 만들어놓은 사회와 역사의 타락으로부터 구별되는 선하고 순수한 자연상태의 인간성을 가지고 있다는 것이다. 그렇기 때문에 교육을 통해 이러한 어린이의 어린이성이 최대한 인위적인 상태(교육이라는 인위적 강제)를 벗어나 전사회적 자연성(Naturzustand)을 유지하도록 하는데 자신의 교육적 목적을 두었다.

에밀의 교육론의 핵심은 기성세대의 권위나 인위성에 기반을 둔 교육으로부터의 탈출이다. 에밀의 교육론에 대한 이해는 오늘날 루소를 연구하는 학자들에게도 매우 보편적이고 일반적으로 수용되는 해석이다. 하지만 여기서도 마찬가지로 교육 되어야 함, 즉 교육의 필연성이 부인되지는 않는다. 다시 말해 기성세대의 교육으로부터 탈출한 아동 혹은 청소년(교육받는 이)은 다시 다른 형태의 교육에 속해져야만 한다. 교육받아야 할 존재로서의 교육학적 대전제는 여전히 루소의 에밀에서도 유효하다.

루소의 교육학적 사유의 혁명에도 불구하고 루소의 교육론은 시민사회의 태동으로부터 요구되는 도덕적 요구로부터 벗어날 수 없었다. 태도와 행위의 일치라는 시대의 도덕적 요구는 루소의 에밀에서도 잘 드러난다. 그가 어른과 다른 어린이의 어린이성을 발견했을지라도 에밀을 둘러싸고 있는 교육의 환경, 즉 교육의 유토피아처럼 보이는 세계 안에서 에밀 스스로 무언가를 할 수 있는 것은 그리 많아 보이지 않는다. 에밀은 자연인으로 살아야 하지만 동시에 교육이 필요한 존재임이 부정되지 않는다. 그것도 간접적이든 직접적이든 (루소에 의해) 교육적으로 조작된 강제에 의해서 말이다.

우리는 그의 교육론에서 근본적으로 타자의 타자성 혹은 타자를 자기화하고 내성화하는 과정임을 보게 된다. 그런 점에서 에밀은 자신의 고유한 삶을 살았다기보다 자신의 교사를 이상적인 초자아(Superego, Überich)로 내면화(internalisiert)한 삶이었다.(Lippitz, 2003 p. 86f) 다시 말해 에밀은 자신의 새로운 삶을 살았다기보다 이미 사용된 삶, 이미 중고가 되어버린 삶(second-handed life)을 살았다고 볼 수밖에 없다. 왜냐하면 루소의 교육은 교육받는 이로써 에밀을 교육적으로 잘 통제하기 위해 의지(하려고 하는 것)과 소망(하고 싶은 것)보다 언제나 한걸음 앞서 있기 때문이다.

루소의 교육은 하나의 완벽한 교육적 프로그램(program)이었다. 에밀은 그가 해야만 하는 것을 스스로 의지하고 자유로운 복종을 교육을 통해 자신의 삶의 과정으로 마지못해 수용했을 뿐이다. 이러한 루소의 에밀을 통해 볼 수 있는 교육의 자화상, 즉 개인의 정체성이 강요되는 교육의 모델에서 개인의 자유가 타인의 자유에 복속되고 자라나는 세대가 기성의 세대의 가치와 규범에 의해 통제되는 루소의 에밀과 같은 교육의 모티브가 뿌리 깊게 자리 잡고 있다. 이러한 교육 프로그램을 통해 교육받은 이들은 "특성 없는 인간들"(Der Mann ohne Eigenschaften)[7]일 뿐이다. 정체성의 강요 혹은 강제되는 정체성은 자라나는 세대에게 고통을 만들고 이미 이러한 고통의 희생양인 세대가 세대를 넘어 지속되고 반복된다. 이것이 근대교육의 결과이고 이러한 근대 교육의 사유와 관성은 오늘날 계속해서 비판과 반성 없이 수많은 교육에 뿌리내리고 있어 현대의 에밀을 재생산해낸다. 식민지화는 타국의 영토를 자국의 것으로 소유하고 지배하며 통제하는 것을 넘어서서 자국의 문화를 교육적 강제에 의해 식민지에 이식한

---

7. 젊은 나이의 작고한 오스트리아의 천재 소설가 로베르트 무질의 소설 중 《특성없는 인간(Der Mann ohne Eigenschaften)》을 차용하였다. Robert Musil, 《특성없는 인간(Der Mann ohne Eigenschaften)》 고원 역.

다. 그러한 이식행위(transplantation)를 통해 식민지를 자국과 동일화하고 균일화한다. 말하자면 식민지가 가지고 있는 고유한 문화와 역사-사회적으로 축적해온 모든 관습적 차이를 지속적으로 소거하고 제거해나간다.

교육행위는 그러한 관점에서 보면 정체성이 강요되는 행위(Identitaetszwang)이며 동시에 식민화과정(Kolonisierung)이라 볼 수 있다. 정체성이 강요되고 식민화과정에는 언제든지 폭력이 수반되기 마련이다. 교육의 행위는 본질적으로 차이를 억압하는 행위로 이해할 수 있다. 오늘날의 현대교육에도 깊이 뿌리내리고 있는 근대교육의 교육학적 전제와 자아실현의 교육 프로그램은 아동을 특성 없는 인간, '차이가 박탈된 삶'을 살아가도록 한다.

2. 경건주의자들과 교육을 통한 구원

루소의 에밀에서 그가 보여주었던 교육받는이에 대한 자연 상태를 순수하고 선한 상태의 존재로 보았지만, 경건주의 교육의 창시자인 헤르만 프랑케(Hermann Franke)는 인간 존재를 전혀 다르게 규정하고 있다. 프랑케에게서 유아는 "신뢰할 수 없는 낯선이"이다. 기성사회와 문화가 아동과 청소년에게 유해하다고 보았던 루소와는 달리 그는 오히려 유아와 아동이 기성의 존재하는 질서에 위협을 줄 수 있다고 보았다. 왜냐하면 그의 "훈육되지 못하고 훈련되지 못한 죄성을 가진 본성과 심성"은 언제든지 동물적인 것으로 변화될 수 있기 때문에 그것은 언제든지 기성세대를 위해할 수 있다고 보았다. 그러한 본성은 교육을 통해 통제되어야 하는 것이다. 그렇기 때문에 기성세대에 '낯선이'(der Fremde)로서 아동은 교육이 필요하다. 비록 통제하고 잘못을 했을 때 벌을 주는 성인(어른) 스스로가 그러한 교육과정에서 고통을 받는다고 할지라도 훈련과 훈육의 교육프로그램들을 통해서만 아동을 반드시 '그러해야 할 당위로서 지성적 존재'로 이끌 수 있다.

프랑케의 경건주의 교육 프로그램의 핵심적 목표는 바로 자기-강제(Selbstzwang)를 삶에서 안착시키는 것이다.[8] 이러한 교육의 목표는 비단 학생뿐만 아니라 교사에게도 동일하게 적용된다. 교사는 자신의 아동에게 어떤 질서 안에 머물도록 한다. 물론 자기 훈육 혹은 자기 훈련을 통해서 말이다. 경건주의자들에게 교육은 아직 기성세대와 문화에 통합되지 못한 아동의 "다른" 그리고 "낯선" 본성(자연성)의 훈육으로 보인다. 이러한 교육받는 이에 대한 그들의 교육학적 규정에는 인간의 근본적인 타락으로부터 연원되는 교육받는 이에 대한 염세적이고 비관적인 인간학이 터 잡고 있다. 물론 경건주의의 아동에 대한 교육이해가 루소에게도 영향을 주었지만, 앞서 보았던 것처럼 루소는 교육의 대상에 대한 프랑케의 이해를 역전시켜놓았다.

루소에게서 교육은 타락된, 자연 상태에서 벗어난 기성 사회로부터 아동의 올바른 성장을 돕기 위한 보호막으로서 기능한다면, 프랑케에게 교육은 그 반대로 원죄를 타고난 아동이 이미 교육받은 기성세대의 아름다운 질서와 세계 안에 되도록 빨리 편입되고 통합될 수 있는 수단으로서 기능하였고 더 나아가서 그것은 아동의 구원과 직접적으로 연관시키고 있다. 경건주의자들이 가졌던 아동에 대한 이해에서도 여전히 발견되는 것은 바로 아동이라는 낯선 존재가 가지는 기성세대와의 차이를 교육이라는 과정을 통해 제거하고 사회화 - 경건주의자들에게는 그것이 종교사회학적 의미를 가지겠지만 - 되어야 하는 것으로 이해하고 있다는 점이다. 이러한 아동에 대한 이해 안에서 아동의 낯섦을 차이로 동일시한다면, 교육적 강제를 통한 차이의 억압과 제거를 자연스럽게 정당화할 수밖에 없게 된다. 경건주의자들의 교육 프로그램이 정당화되기 위해서는 악한 본성의 낯선 사람으로서 아동의 그것이 교육을 통해 '선한 본성을 가진 기성세대와 다르지 않는, 즉 차이 없는 존재'가 되어야 한다는 것을 전제해야 한다.

설령, 이러한 전제가 인정된다해도 다른 문제가 제기될 수밖에 없다. '교

---

8. Lippitz, Wilfried. *Differenz und Fremdheit*. Peter Lang, 2003, 94-97. (이하 DF)

육을 통해 죄로부터의 구원이 가능한가?'라는 질문에 대답할 수 있어야한다. 결론적으로 교육을 통한 구원은 불가능하다. 앞서 보았던 두 가지 교육의 자화상은 오늘날 우리에게, 적어도 교육을 떠맡고 있는 우리에게 중요한 의미들을 시사해주고 있다. 아동에 대한 루소식의 이해든 혹은 프랑케식 이해를 떠나서 두 교육학적 사유전통에서 교육이 근본적으로 가지고 있는 아동에 대한 교육적 강제, 즉 차이에 대한 억압이 있다.

Ⅳ. 성경적 지평 – 선한 사마리아인의 비유: 차이와 응답(교육해석학적 시도)

선한 사마리아인의 이야기에서 차이와의 연관 하에서 교육의 의미를 살펴보고자 한다. 잘 알려진 비유처럼, 제사장과 레위인은 강도만난 사람을 보고도 피해간다. 하지만 어떤 사마리아인은 강도만나 신음하는 한 유대인에게 가까이 가서 상처를 싸매고 돌보아준다. 예수님은 누가 우리의 이웃인가에 대한 질문에 대해 매우 극적인 상황을 통해 분명하게 답하시고 계신다. 이웃에 고통에 응답하는 사람이 "우리의 이웃"이고 그가 바로 "선한 사람"이다. 그래서 "어떤 사마리아인"이 강도를 만나 죽어가는 이웃인 유대인에 대해 '유일하게' 응답한 사람이 "우리의 이웃"이고 "선한 사마리아인"이다. 어떤 사마리아인은 고통 받는 타자에게 대해 응답했을 뿐이다

교육공동체였던 이스라엘 공동체 안에서의 하나님의 말씀과 예전을 전승하고 지키던 당대의 종교 지도자이자 동시에 교사였던 두 사람, 제사장과 레위인. 이스라엘 공동체 안에서 선택받은 제사장과 레위인은 '교육받은 사람'이었다. 하지만 그들은 고통 받는 타자의 얼굴 앞에서 아무런 응답을 하지 않았다. "보고도 피했다"의 의미는 응답의 적극적 회피를 의미한다. 자기도 강도 만날 수 있겠다는 생존에 대한 의지(conatus essendi)와 신앙공동체로부터 '선택받은' 제사장과 레위인으로서의 실존에 대한 두

려움과 자기 염려로부터 이웃의 고통은 침묵하고 외면할 수 있는 자기합리화와 정당성을 부여받는다.

계몽주의 이후 교육받은 최초의 지식인이자 교양인으로서 근대인들이 가졌던 극단적 개인주의 성향과 많이 닮아있다. 이것이 바로 그들이 받았던 교육의 결과였다고 볼 수 있다. 결과적으로 그들이 교육을 통해 배우고 익혔던 것들은 삶에서 만나는 고통 받는 타자의 얼굴을 의식적으로 피해가게 한다. 그들은 이웃의 고통에 대해 '응답할 수 없는' 사람들이다. 그들은 더 이상 그 누구에게도 이웃일 수도 없고 선한 사람일 수 없다. 그들은 고통 받는 이웃으로부터 '선택받지 못한 사람들'이다. '선택받지 못한 사람들'인 제사장과 레위인이 설명되기 위해서는 잠간 사마리아인으로 시선을 돌려야한다.

복음서의 기록에는 사마리아인의 신상에 대해 구체적인 아무런 정보를 주지 않지만, 아마도 교육이 보편화되지 않은 시대로 보아서는 거의 어떤 형태로든 교육을 받지 못한 사람이었을 것으로 생각할 수 있다. 하지만, 그는 고통 받는 타자에 대해 응답하고(response) 끝까지 책임지는(responsible) 모습[9]을 우리에게 보여준다. 예수님은 어떤 사마리아인을 비로소 "선한" 사마리아인이라 부르고 있다. 고통 받는 타자에 대한 응답의 결과는 바로 "선하다"이다. 하지만 예수님이 말씀하시는 선함은 단순히 도덕적이거나 윤리적으로 채색된 의미의 선함 혹은 아리스토텔레스의 공리적 의미에서의 선(善)도 아니다. 구체적으로 말하자면, 사마리아인의 행위가 어떤 개인의 도덕적 의지의 결과가 아님을 말한다. 제사장과 레위인의 행위와 대조해서 보면, 교육을 통해 길러지고 훈련될 수 있는 차원의 것이 아님을 의미한다고 볼 수 있다. 선한 이웃에 대한 질문에 앞서 논의된 영생에 관한 맥락을 동시에 고려해본다면, 이 선함은 바로 영생, 즉 구원의 의미와 연결되어 있다고 본다.

개인의 도덕적 의지나 선함과 마찬가지로 영생이나 구원은 개인의 도덕적 의지나 노력, 일련의 교육적 노력을 통해 획득할 수 있는 것이 아니라,

하나님으로부터 주어지는 것, 즉 '선택되는 것'이다. 구원과 영생의 문제와 마찬가지로 고통 받는 이웃에 대한 선함도 개인의 도덕적이고 윤리적인 내면성으로부터 오는 것이 아니라, 밖으로부터 온다. 그것은 고통 받는 이웃의 요청에 응답하는 것을 통해서 온다. 응답 이전에 이웃의 절박한 요청이 있다. 그것은 바로 "선함"에 대한 부름이다. 그 부름에 응답하므로 사마리아인은 "선한 사마리아인"으로 선택받게 된다. 이 본문에서 영생과 선함은 구조적으로 동일한 조건에 있다. 결론적으로 선한 사마리아인의 선함은 고통 받는 이웃으로부터 온 것이다. 고통 받는 이웃이 그를 선한 사람으로 세우고 있다. 그와 대조적으로 제사장과 레위인은 이웃의 부름에 응답하지 않음으로 그들로부터 '선택받지 못한 자'가 된다. 그들은 결과적으로 '선한 사람으로 선택받지 못했다.' '선한 이웃'으로 '세움 받지 못했다.'

요컨대, 선한 사마리아인의 본문이 보여주는 교육적 의미가 이제 보다 명확해진 것과 동시에 독일의 경건주의자들의 가졌던 기독교교육의 vision에 대해 분명한 대답이 가능해진 것 같다. 그것은 어떤 형태의 교육이든 그것의 한계, 즉 교육의 불가능성에 관한 것이다. 선한 사마리아인의 선함은 바로 차이에 대한 응답을 통한 결과이다. 그 차이에 대한 응답은 어떤 특정한 교육적 형식을 통해 드러난 결과가 아니다. 응답의 결과이다. 그런 점에서 기독교교육은 차이에 대한 응답을 조건으로 한다. 제사장과 레위인의 태도는 차이에 대한 억압과 폭력이었다. 그들은 강도만난 이를 다시 살인한 셈이다. 왜냐하면 그들은 이웃의 고통에 대해 응답하지 않으므로 타자의 존재가능성을 부정한 것이기 때문이다.

결론적으로 교육은 더 이상 존재를 위한 배움으로의 교육이 아니라, 존재론적 차이 혹은 실존적 차이로부터 오는 부름에 대한 응답으로의 교육이다. 교육의 목적은 나의 자아실현과 실존성에 있지 않고, 나의 이웃으로

---

9. 사마리아인의 돌봄이 또 다른 이(주막 주인)에게 부탁되어지는 과정을 '타자에 대한 응답'에서 '타자에 대한 사회적 응답', 즉 '사회적 책임'이나 '공동체적 책임'으로 이해될 수 있다. 엠마누엘 레비나스는 이를 두고 '형제애에 기반한 사회'라고 부르며, 그러한 응답적 관계를 사회를 구성하는 본질(Das Wesen der Gesellschaft)로 이해한다. Levinas, Emmanuel, *Totalitaet und Unendlichkeit*, Alber, 1992, 309. (이하 TU)

서 타자의 존재 가능성에 있다. 선한 사마리아인의 응답은 그러한 존재의 차이에 대한 응답이다. 그 응답은 더 나아가서 차이에 대한 책임까지 연결된다. 그런 점에서 타자에 대해, 차이에 대해 응답할 수 있음(responsible)은 동시에 책임질 수 있음(responsibility)[10]이기도하다.

교육은 자기 도야나 사회화 수준에서의 배움(학습)의 차원을 넘어서 응답의 차원임을 이 비유를 통해 확인할 수 있다. 그런 점에서 차이에 대해 응답하며 책임지는 행위로서의 교육이다. 책임은 내 문제가 아닌 것에 대한 응답이요, 나와 상관없는 것에 대한 책임이다. 차이에 대한 응답과 책임이 기독교교육의 기초존재론의 토대를 이룬다. 기독교교육은 그러한 토대에서 출발한다.

V. 기독교교육의 기초존재론

1. 교육의 한계

사마리아인의 비유를 통해 제기한 세 가지 문제들은 오랫동안 현대 교육학이 고대 플라톤과 아리스토텔레스로부터 가까이는 칸트에 이르기까지 교육을 통해 가능하다고 주장해왔던 것들이었다. 말하자면, 인간은 교육을 통해 얼마든지 선한 행위를 창조해 낼 수 있는 존재로 길러질 수 있고 동시에 그것을 통제할 수 있는 이성을 발현할 수 있으며, 그것을 도덕 교육이나 윤리 교육을 통해 인간의 내적 선함을 드러내고 완성할 수 있다고 믿었다. 무엇보다 교육을 통해, 즉 잘 교육된 삶의 조건 안에서 인간의 자유를 완성 할 수 있다고 믿었다. 이러한 사유는 고대 그리스로부터 시작되는 교육을 통한 인간성의 실현이라는 파이데이아적 사유로부터 18세기 계

---

10. 여기서 대속의 의미는 응답 가능성(response-ability) 즉, 책임의 가능성을 가리킨다. 레비나스는 책임의 문제를 타자를 대신해 죽을 수 있는 가능성, 즉 대속의 가능성으로 이해한다. Levians, TU, 413-421.

몽주의를 거쳐 오늘날의 예의 모든 교육에 전제되어있는 사유다.

  현대의 교육학은 이러한 전제에 대해 아무런 질문을 제기하지 않고 아이러니하게도 기독교 교육조차도 이러한 교육의 전제성에 대해 의심하지 않는다. 이러한 교육적 사유는 바로 인간의 가능성과 자율성, 이성을 통한 완전한 사회(유토피아)를 건설 할 수 있다는 믿음에 근거한다. 만약에 교육을 통해 인간의 선한 행위가 가능하다면 사마리아인보다 오히려 제사장이나 레위인을 통해 고통 받는 타자에 대한 선함이 먼저 드러났어야 한다. 왜냐하면 그들은 '교육받은 사람들(the educated)'이었다. 태어나면서부터 예배와 예전을 배우고 익히면서 경건한 삶의 조건 안에 있었던 사람들이었기 때문이다. 그래서 그들은 이미 사마리아인이 오기도 전에 강도 만난 유대인을 구하고 돌보았어야 한다. 그래서 선한 사마리아인의 비유는 예수님의 비유에서 존재하지 않거나 혹은 선한 제사장 혹은 레위인의 비유가 되었어야했다. 그럼에도 불구하고, 이 비유는 선한 사마리아인의 이야기이다. 아니 사마리아인들과도 이미 평화로운 관계를 만들었어야했다. 하지만 성경은 교육받은 그들이 선한 사람들이 아님을 교육받지 못한 이(a uneducated), 사마리아인을 통해 보여준다.

  결론적으로 사마리아인의 선함은 '교육을 통해 불가능한 것'이다. 그것은 교육받은 인간의 아름다운 윤리적 선택의 결과가 아니었다. 선한 사마리아인의 '선함'은 기독교 교육 혹은 교회 교육이라는 이름으로 행해지는 '교육 일반'을 통해서조차 드러날 수 없는 '저 너머의 선함'이다. 말하자면, 이러한 '선함'은 교육을 통한 인간의 가능성의 영역 밖에 놓여있다는 것을 의미한다. 교육의 한계를 가리킨다. 그 한계란 교육을 통해 인간의 전적 타락과 부패를 극복할 수 없다는 것을 의미한다. 교육을 통한 계몽주의 프로젝트는 이제 부정되어져야한다. 제사장과 레위인은 그러한 교육적 한계, 즉 고통 받는 타자에 대해 응답할 수 없는 불가능성을 보여준다. 교육의 불가능성이다. 이 불가능성은 철저하게 자기 존재에 대한 염려로부터(실존) 시작하여 자아실현을 자기 목적으로 하는 '존재 교육학'의 한계에 기인한다. 이제 그러한 교육(the education for Being)은 중지되어야 한다.

2. 차이와 응답: 선함 혹은 교육의 가능성 너머

사마리아인을 예수께서 '선하다'라고 하신 의미는 무엇일까? 그의 선함은 어디서 오는 것일까? 앞서 밝혔듯이 그의 선함은 교육되고 훈련되어 일상화된 삶의 조건으로부터 온 것이 아니라 우연히 고통 받고 있는 타자와의 만남으로부터 온다. 그의 선함은 강도만난 유대인의 만남을 전제하지 않고는 생각할 수 없는 것이다. 다시 말해서 강도만난 유대인은 사마리아인이 '선한 존재가 될 수 있는' 불가피한 조건이다. 그런 관점에서 보면, 사마리아인의 선한 행위는 개인의 도덕적이고 윤리적 선택의 결과가 아니라, 바로 고통 받는 이웃으로부터 '선한 존재로 선택됨'의 결과로 보아야 한다. 말하자면, 그것은 선택이 있기 이전에 이미 피택되었다는(elected) 것을 의미한다. 그의 선함은 자신에게서 나온 것이 아니라, 자신 밖에서, 존재의 밖으로부터 주어진 것이다. 밖으로부터 선함이 창조되어진 것이다. 그것도 연약하고 아무것도 알 수 없는 강도 만난 유대인, 타자로부터. 지금 여기에서 신음하며 고통 받고 있는 강도 만난 유대인 앞에 사마리아인은 응답함으로써 타자에 대해 절대적이고 유일한 존재로 세움 받는다. 그의 응답은 선한 행위를 스스로 선택한 것의 결과가 아니라 이미 선한 존재로 피택된(세움 받은)것에 대한 응답이다.

선택 이전에 이미 선한 존재로 선택되었다. 선택 이전에 이미 타자와의 응답관계 안에 놓여있다. 강도만난 유대인의 선함으로의 부름과 요청 없이는 사마리아인은 선한 사마리아인일 수 없다는 점에서 유대인은 사마리아인에게 절대적이다. 유대인의 절대성(타자의 타자성)은 그와 사마리아인 사이의 다름과 차이를 넘어서서 그이의 고통을 대신 짊어지도록(대속) 한다. 선함의 역설적 가능성은 이제 교육의 가능성을 넘어 '다름'과 '차이'에 대한 응답의 가능성에 있다는 것을 이 비유는 보여준다. 선함의 원천이 어디로부터 오는 것인지 이제야 올바른 주소지를 교육에게 알려주고 있다.

Ⅵ. 나오면서: 기독교교육 – 차이에 대해 깨어 있음

선한 존재의 가능성이 내 앞에 있는 타자의 다름과 차이에 대한 응답의 가능성에 있다면 어떻게 그러한 차이와 다름에 대해 언제든지 반응하고 응답할 수 있을까? 사마리아인은 강도만난 유대인의 선한 존재로의 부름을 들을 수 있었다. 그 부름과 요청에 이끌려 그는 다가가 선한 존재로 세움을 받는다. 그 부름과 요청을 들을 수 있다는 것은 바로 타자에 대한 사마리아인의 감수성을 보여준다. 이 감수성은 단순히 심리학적 현상을 의미하는 것뿐 아니라 자신의 존재 염려로부터 벗어나서 타자에 대한 염려 가운데로 자신을 내어 놓는 상태를 의미한다. 이 감수성은 이성적으로 생각하고 판단하여 내려지는 선택과 결정 이전에 이미 타자의 부름에 사로잡힌다는 것을 의미한다.[11]

타자에 대한 이러한 감수성은 언제든지 내 앞에 있는 타자에 대해 깨어 있음(attentiveness)을 동시에 의미한다. 자기 존재의 염려에 사로잡혀 사는 삶이 아니라 언제나 내 앞에 고아와 과부의 얼굴을 한 타자의 삶에 관심하며 그들의 소리에 늘 깨어 귀 기울여 사는 삶을 의미한다. 자기 염려로 가득 찬 삶이 아니라 타자에 대한 염려에 붙들려 있는 삶이고 타자의 얼굴을 향해 열려있는 삶이다. 나의 허기를 채우는데 급급한 삶이 아니라 다른 이의 허기를 채우는데 분주한 삶이다.[12]

---

11. 이러한 존재로부터 벗어나 타자에게 사로잡힘의 현상을 '볼모'(hostage, Geiselschaft)로 표현한다. 역설적으로 그는 이러한 타자에게 볼모잡힌 존재에게 진정한 의미에서 자유가 주어진다고 말한다. 사로잡힘이 존재의 자유의 본질적 양상으로 설명한다. Levinas, Emmanuel, *Jenseits des Seins oder anders als Sein geschieht*, Alber, 1992, 280. (이하 JS)
12. 다른 이의 허기를 채움 혹은 자신을 내어놓음을 '영성'(spirituality)이라 표현한다. Levinas, Emmanuel, *Ethik und Unendliches*. Edition Passagen, 《윤리와 무한》, 양명수 역 (서울: 다산글방, 2000), 131.

고통 받는 타자에 대한 감수성과 깨어있음이 바로 선한 존재가 보여주는 영성이다. 타자에 대한 이러한 감수성과 깨어있음은 자아실현을 목적으로 하는 존재의 교육학을 통해 길러질 수 있는 것이 아니다. 그것은 교육을 타자에 대한 응답의 문제로 이해할 때 존재의 자아실현을 위한 교육과는 다른 그 너머의 교육, 즉 타자를 위한 '다른 교육'을 생각해 볼 수 있다.

참고 문헌

강영안. 《타인의 얼굴: 레비나스의 철학》. 서울: 문학과 지성사, 2005.

질 들뢰즈. 《차이와 반복》. 김상환 역. 서울: 민음사, 2006.

Klaus Mollenhauer. *Vergessene Zusammenhaenge: Ueber Kultur und Erziehung*. Juventa, 1983.

_____. *Totalitaet und Unendlichkeit*. Alber, 1992.

_____. *Jenseits des Seins oder anders als Sein geschieht*, Alber, 1992.

_____. *Ethik und Unendliches*. Edition Passagen, 1982, 양명수 역. 《윤리와 무한》. 서울: 다산글방. 2000.

Levinas, Emmanuel. *Zeit und der Andere*. Meiner, 2003. 강영안 역. 《시간과 타자》. 서울: 문예출판사, 1996.

Lippitz, Wilfried. *Differenz und Fremdheit*. Peter Lang, 2003.

Biesta, Gert, Bildung and Modernity: The Future of Bildung In A World of Difference. *Studies in Philosophy and Education*, 2002: 343-351.

Biesta, Gert. Learning From Levinas: A Lesponse. *Studies in Philosophy and Education*, 2003.

Sharon todd. *learning from the other, levians, psychoanalysis, and ehtical possibilities in education*. State University of New York Press, 2003.

III
기독교교육과 상담

01 아동상담에 있어서의 놀이치료의 의미 | 류혜옥 교수
02 교회 위기 청소년의 자아 탄력성 증진을 위한 기독교교육 상담적 접근 | 류강연정 교수
03 종교정향 및 신앙성숙과 심리적 안녕감, 비행, 친사회적 행동과의 관계 | 김성수 목사

아동상담에 있어서의 놀이치료의 의미

류혜옥 교수 _ 고신대학교 기독교교육학

* 요약
Ⅰ. 아동상담
Ⅱ. 놀이와 아동
  1. 놀이와 발달
  2. 놀이와 문화
  3. 놀이와 자아
  4. 놀이와 영성
Ⅲ. 놀이와 치료
Ⅳ. 놀이치료
  1. 놀이치료의 특징
  2. 놀이치료의 의미
Ⅴ. 결론
* 참고문헌

─────────────── 〈요약〉 ───────────────

최근 기독교상담 분야에서 활발히 진행되고 있는 놀이치료의 개념과 의미를 발달적 측면과 방법면에서 연구하였다.
본 논문은 아이로 하여금 놀 수 있도록 준비해 주는 것이 그 자체로 직접적이고 보편적인 적용성을 가진 심리치료이며 긍정적인 사회적 태도를 형성시켜 주고 놀이를 통제하거나 감독하는 것은 아동의 창조적인 자발성을 제한하는 것임을 강조하였다. 책임 있는 치료자가 필요한 것은 유아가 부모와의 상호작용을 통해 발달을 이루어 가는 것과 동일하다.
놀이치료는 발달장애나 심리적으로 부적응문제를 가진 아동의 발달을 촉진하고 적응적인 행동의 증가를 위해 최적의 심리치료임을 강조 해왔으며 본고에서는 아동상담의 중요한 방법으로서 놀이치료를 강조하고 놀이치료가 아동의 성장과 발달에서 갖는 의미를 고찰하였다. 즉, 놀이 그 자체가 치료라는 사실을 통해 인간 삶의 가장 기초를 세우는 유아기와 아동기 동안에 놀이 환경을 만들어주고 아동상담에 있어서 놀이치료가 의미 있게 발전한다면 건강한 삶을 영위하며 살아갈 수 있을 것이다.

주제어: 아동상담, 아동발달, 놀이치료, 자아, 영성

I. 아동상담

상담이란 내담자와 상담자가 서로 대화를 통해 문제를 해결해나가는 과정으로서, 내담자의 연령에 따라 성인상담, 청소년상담 그리고 아동상담으로 나눌 수 있다. 어느 연령을 막론하고 상담의 목적은 내담자가 직면한 심리적 문제를 해결하도록 상담자가 전문지식과 기술 그리고 임상경험을 활용하여 적극적으로 돕는 것을 말한다.[1]

아동상담은 부모와 아동이 바람직한 관계를 가지며 행복감을 가지도록 지지하고 강화해주는 것이다. 아동상담은 아동의 정서적, 행동적, 사회적 발달적 문제를 건강하게 성장하도록 도와주고 잠재력과 능력을 개발 할 수 있도록 도와주는 과정이라 할 수 있다. 아동상담도 성인상담과 마찬가지로 아동의 적응을 돕고 문제를 해결할 수 있는 능력을 향상시키는 전문적인 활동인 것이다.

아동에 대한 상담과 치료는 아동의 발달적 특수성을 이해하고 발달수준에 적합한 방법을 선택하는 것이 중요하다. 김춘경에 의하면 아동은 발달하는 과정에 있기 때문에 그 특성이 고정되지 않고 변화 가능성이 많아 아동기의 문제를 다룰 때는 장애(disorder)보다는 성향(tendency), 또는 어려움(difficulties)에 초점을 두고, 지금의 상태를 기초로 하여 앞으로의 성장 정도를 판단하고 장애로 발전하는 것을 예방한다는 입장에서 접근하는 것이 바람직하다고 하였다.[2]

---

1. 김광웅 외, 《처음 만나는 놀이치료》(서울: 학지사, 2009), 14-15.
2. 김춘경, 《아동상담 이론과 실재》(서울: 학지사, 2004), 22-24.

아동은 계속 발달하는 과정 속에 있기 때문에 문제를 규정하는 데 있어서는 더욱 신중을 기해야 하지만, 변화 가능성이 매우 높다는 점 때문에 아동상담은 성인상담에 비해 그 효과가 빨리 나타나고 오래 지속되는 편이다. 일반적으로 아동의 문제는 발달과정에서 적응하는 데 어려움이 생길 때 나타나는 증상들이 대부분이므로 증상 자체에 초점을 두어 치료하기보다는 그 문제를 가져온 원인을 체계적으로 분석하여 그에 맞는 적절한 대처를 하는 것이 바람직하다. 따라서 아동 문제를 해결하기 위해서는 아동 발달에 관한 지식을 갖는 것이 필수적이며 이러한 지식을 기초로 발달적 변화를 촉진하고 발달적 문제를 해결해 나갈 수 있도록 하는 것이 바람직하다.

또한, 아동 상담은 아동 자신 못지않게 부모나 또래와의 관계 변화가 중요한 비중을 차지한다. 아동상담에 부모교육이나 부모 상담을 병행하는 것이 적극 추천되는 이유가 바로 이것이며, 학교생활의 적응이 문제가 되는 학령기 아동이나 청소년의 경우에 또래상담의 효과가 제시되는 이유이다.[3]

이 외에도 부모의 이혼이나 사망, 가장의 실직 등으로 인한 빈곤 등은 아동에게 심한 스트레스원이 될 수 있으며, 아동 문제를 발생시킬 수 있다. 이러한 구조적 문제가 주된 원인인 경우 심리적인 측면만을 다루기보다 사회복지사의 도움을 청하는 등의 사회적 지원을 요청하는 것도 필요할 수 있다. 즉, 부모 상담이나 교육의 병행과 발달적 접근이 강조되어왔다.

그러므로 아동상담의 목표는 첫째, 아동이 환경에 대처해 나갈수 있도록 능력을 길러 주는 과정이며 둘째, 아동의 행동의 변화를 촉진 시킬 수 있도록 주위환경을 개선하도록 돕는 과정이며 셋째, 아동으로 하여금 자신의 문제를 이해하고 해결 할 수 있는 능력을 기르고 자율적인 힘을 가질 수 있도록 도움으로써 통합적 성장을 할 수 있도록 돕는 것이다.[4]

---

3. Ibid., 22-24.
4. 이숙 외, 《아동상담》(서울: 양서원, 2004), 22-24.

위와 같은 점을 고려할 때 아동상담은 아동의 입장에서 공감하는 것과 친밀감을 형성하는 것이 가장 중요할 뿐만 아니라 상담자의 인간관, 가치관, 아동관, 문제를 보는 관점에 따라 아동의 문제해결을 위한 진단과 방법, 목표가 달라질 수 있으므로 발달적인 관점과 접근에서 놀이와 놀이치료의 역할과 의미를 이해하는 것이 중요하다.

Ⅱ. 놀이와 아동

1. 놀이와 발달

(1) 신체 발달

놀이를 통하여 아동은 자신의 신체를 조절하는 능력을 터득하며 운동능력을 발달시키게 되기 때문에 아동의 신체 발달과 놀이동작은 서로 밀접한 관계를 가진다. 놀이 동작은 유아기 아동의 신체 성장을 촉진시켜 주고 아동은 다양한 놀이 동작을 함으로써 바른 자세를 형성할 수 있으며 놀이동작을 통해 기본 운동능력이 증진된다. 놀이는 일련의 심리적 긴장의 감소를 가져다주고 일정한 양의 근육운동이 일어나므로 놀이의 생물학적 기능은 운동의 기능이며 또 긴장 완화가 포함된다.

놀이행동은 운동 기능과 조정을 발달시키며 다른 삶과의 상호작용 과정에서 학습되는 사회적 기능을 발달시킨다. 아동은 놀이를 하기 위하여 규칙을 배워야 하고 여러 적응문제도 놀이와 게임을 통해서 이루어지며 성인기의 적응에도 영향을 미친다. 놀이는 몸을 포함하는데 그것은 물건을 조작하기 때문이며[5], 놀이는 성장을 촉진시키는 그 자체로 건강한 것이다.

---

5. D. W. Winnicott, 《놀이와 현실》, 이재훈 역 (서울: 한국심리치료 연구소, 1997), 71-72.

(2) 인지 발달

아동은 놀이를 하면서 스스로 인지 학습을 하게 되는데, 여러 가지 놀이도구와 구체적인 사물을 가지고 노는 동안 물리적 지식을 학습하고 여러 가지 논리적 수리적 지식도 습득하게 된다. 놀이와 인지 발달과의 관계에 대해, 놀이는 여러 정보에 쉽게 접근할 수 있는 통로의 기능을 하고, 놀이를 통하여 제반 기술과 개념에 숙달될 수 있으며 놀이 중의 인지적 조작을 통하여 지적 기제기능을 효율적으로 유지하고 촉진시키게 될 뿐 아니라 여러 개념과 기술을 재미있게 활용함으로써 창의력이 촉진된다.[6]

(3) 언어 발달

놀이는 언어발달의 수단이 되며 언어는 놀이 진행에 필수적인 매체의 역할을 하게 되는, 놀이와 언어는 상호 강화의 관계에 있다. 아동은 놀이를 하면서 다양한 어휘를 배우고 역할에 알맞은 적정한 언어를 사용할 뿐 아니라, 놀이 친구와 사회적 관계를 맺음으로써 자기중심적 언어에서 탈피하여 남의 말에 귀를 기울여 이해하고 자신의 의견을 교환하는 의사소통 능력을 기르게 된다. 놀이는 새로운 언어의 창출을 자극하고, 놀이를 통해 새로운 단어와 개념이 소개되고 명료화 될 뿐 아니라 언어의 사용과 연습을 유도하며 의사소통을 발달시킨다.[7]

놀이를 통해 인간은 주변 환경을 학습하게 되며 타인과의 의사소통을 가능하게 하는 중요한 역할을 한다. 즉, 놀이는 놀이를 하는 구성원들에게 서로 영향을 미치며, 그러한 작용 속에서 의사소통이 가능해진다. 언어를 배우는 데 있어서도 상호작용이 중요하다는 의미이다. 언어가 아닐지라도 비언어적인 표현에서도 아동들은 창조적으로 서로 놀이하며 영향을 주고받음을 알 수 있다.

---

6. I. Athey. "Contributions of Play to Development" child's play : Development and Applied. (1984): 9-27.
7. D. M. Levy. "Release Therapy", American Journal of Orthopsychiatry, No. 9 (1984): 713-736.

(4) 정서발달

아동들의 건강한 정서적 발달로서 놀이는 필요충분조건이다. 놀이는 구체적인 형태와 아동들의 내적 세계를 표현하게끔 하며, 정서적으로 중요한 경험은 놀이를 통해서 의미 있게 표현된다. 놀이의 주요 기능은 현실세계에서 다룰 수 없는 것들을 상징적 표현을 통해 다룰 수 있는 상황으로 변화시키고, 자기 지시적인 탐구에 몰두하면서 모방하며 학습할 수 있는 기회를 갖게 된다.[8] 아동이 자신의 감정을 표현하는 것은 놀이를 할 때 나타나고 아동들은 언어보다 장난감을 통해서 자신의 삶에 있어서 중요한 사람, 사건, 자신에 대해 어떻게 느끼는지를 더 적절하게 보여준다.

생활상의 사건이나 큰 충격에 대한 경험들은 성인들은 말과 글로서 표현하고 또 그것을 반복하는 과정을 겪지만 아동들은 그 사건에 대해 언급하기보다는 놀이를 통해 자신들의 정서 상태를 표현하고 반응한다. 또한 아동 자신의 충족되지 않은 욕구나 불안과 갈등을 가상놀이나 환상적인 놀이를 통해 표현하고 더욱 창조적인 자신으로 발전시켜나가기도 한다.

놀이는 아동의 기쁨과 슬픔, 자신의 관심사, 세상을 지각하고 수용하는 태도 등 다양한 정보를 제공해 준다. 성인과는 달리 언어가 유창하지 못한 아동은 자신의 욕구, 걱정거리, 기쁨 등을 언어로 능숙하게 표현하기가 쉽지 않다. 그렇기 때문에 그들의 생각과 감정을 구체적으로 정확하게 표현해 줄 수 있는 놀이가 타인과의 의사소통 수단이 된다.[9]

2. 놀이와 문화

놀이에는 사회 문화적 특성이나 지역적 특성 같은 중요한 환경적 요인이 있다. 분명히 아동의 놀이에는 심리학적인 면과 사회 문화적 결정요인이 있다. 아동의 놀이와 다른 사람의 놀이가 겹쳐지는 영역 안에서 삶의

---

8. H. Ginott. "The theory and practice of theraputic intervention in child treatment" *Journal of counseling psychology*. Vol. 23 (1959): 160-166.
9. V. Varma. "How and Why Children Fail" *Jessica Kingsley Publishers*. Vol. 116 (1993): 108.

풍부한 요소들을 도입시킬 수 있는 기회가 있다. 이 말은 놀이는 문화경험이 내재한다는 의미이다.

아동의 놀이에는 시대적인 현상과 문화적요소가 외부요인으로서 작용하는 것은 부인할 수 없다. 예컨대, 인터넷게임 같은 이 시대에 놀이로서 인정되는 여러 게임과 놀이의 다양한 형태들은 시대를 반영하고 있을 뿐 아니라 놀이의 여러 모양은 그 시대를 대표하는 삶의 형태이며 모습이라 할 수 있다.[10] 놀이는 단순히 생각하거나 바라는 것이 아니라 어떤 것들을 행해야 하며, 무엇을 행하는가에 대한 질문으로부터 시작할 때 놀이가 장소와 공간을 가지고 있는 문화경험으로 이해된다. 놀이는 환경에 대한 신뢰를 암시하며, 중간현상에서 놀이로, 놀이에서 공동의 놀이로, 그리고 이것으로부터 문화 경험들로 이어지는 직접적인 발달이 있으며[11], 놀이는 아동만의 문화이고 아동의 심리를 가장 잘 나타낸다.[12]

3. 놀이와 자아

아동이 놀이를 할 때에 집중하며 몰두하는 것을 관찰할 수 있다. 정신없이 놀이에 빠져 든 아동의 관심을 다른 곳으로 돌린다는 것은 여간 어려운 일이 아니다. 아동이 놀이에 심취해 있을 때 종종 그 자신을 보는 듯하다.

아동의 놀이 활동은 세상과 자신을 탐색하는 것이며 자아를 형성하는 활동이다. 영아기와 유아기 동안에도 성장하는 과정은 적극적인 놀이 활동의 결과라고 할 수 있다.

아동이 가장 좋아하고 몰두하는 것은 놀이이며 이를 통해 아동은 자신의 세계를 진실하게 창조해내며 이러한 과정을 통해 자신의 환상과 꿈을 이루어 보고 더 나아가 창조적인 일들을 만들어 냄으로써 자신의 능력과 소질을 개발하게 된다. 놀이는 스스로의 내적 동기를 가지고 시작하는 것이

---

10. 강위영 외, 《놀이치료》(서울: 특수교육, 1992), 29-30.
11. D. W. Winnicott, 《놀이와 현실》, 84-85.
12. Ibid., 13.

며 자발적으로 일어난다. 놀이는 가장 자연스런 자기표현의 매개체이며[13], 아동은 놀이를 통해 정서적인 갈등을 표현하고 훈습하며 놀이야 말로 아동의 의식과 무의식의 세계로 가는 왕도인 것이다.

아동이 성장하면서 경험하였던 불안, 두려움, 혼란, 공격의 욕구 등을 놀이를 통해 표현하게 되면 아동의 잠재력이 개발 되어 부적응은 적응으로 불안정은 안정으로 가는 길을 찾게 될 것이다. 놀이는 아동을 바르게 성장하도록 도와주며, 궁극적으로는 아동의 자아실현의 길인 것이다.

4. 놀이와 영성

종교와 문화, 예술 등은 놀이의 확장된 공간 속에서 일어난다.[14] 영성이란 종교와 떨어질 수 없는 불가분의 관계이기 때문에 영성 역시 놀이의 연장선에 있다고 할 수 있다. 즉, 영성은 놀이가 일어나는 중간 현상 속에 존재하는 것으로, 창조적이고 자유로운 특징을 지닌다. 아동들이 놀이에서 실제 자신의 삶을 뛰어넘어 환상의 세계에 몰입하게 되듯이 보다 더 행복한 삶으로 인도하는 종교적 경험들의 실상들은 놀이의 초월적인 면이다.[15]

초기 유아가 엄마에게 의존을 원하고, 그러한 의존이 적절히 받아들여졌을 때, 참 자기가 형성되는 것처럼 영적인 삶 속에서도 우리의 영성이 건강하게 자라날 수 있도록 받아 주고, 충분히 좋은 환경을 제공해 주는 하나님이라는 존재가 필요하다. 충분히 좋은 공간인 영성 안에서 하나님과 창조적으로 놀이할 수 있다. 경건한 놀이는 하나님의 형상대로 지음 받은 인간이 거룩한 하나님의 피조물이라는 깊은 정체성을 발견하는 방법이다. 이러한 경건한 놀이는 영광, 부, 명예, 가족, 예술, 과학, 그리고 구원 등을 아우르는 새로운 형태의 놀이이다. 이러한 경건한 놀이를 삶 가운데서 발견하고, 실천함으로써 간접적으로 하나님과 가까워지는 경험을

---

13. V. Axline, 《놀이를 통한 아동의 심리치료》, 서영숙 역 (서울: 학문사, 1986), 618-622.
14. D. W. Winnicott, 《놀이와 현실》, 88.
15. Appelros. "Playing and Believing." *The Studia Theologica*. Vol. 55 (2001): 23.

할 수 있다.[16]

키에르케고르는 청중은 하나님이고, 격려자는 종교지도자, 놀이를 하는 사람은 회중이라고 주장한다. 즉 예배를 드리는 사람은 놀이하는 주체가 되어 예배 안에서 적극적이고 자유롭게 놀이를 함으로써 하나님과 대화를 할 수 있다는 것이다. 경건한 놀이는 하나님하고 놀기이다. 하나님과의 경건한 놀이는 성경 외적으로 들어온 게임이나 다른 놀이적 요소로 재미와 흥미를 돋우는 것이 아니라, 성경 자체 안에 들어 있는 놀이적 요소, 이야기, 은유, 침묵, 비언어적 요소 등을 살리면서 아동들이 성경 이야기 자체에 빠져들며 놀게 하는 프로그램이다.[17] 이러한 경건한 놀이를 통하여 아이들은 실존의 문제에 대하여 생각하게 되며, 이는 아이들이 어른들의 보살핌과 또래 공동체 안에서 하나님을 보다 더 잘 이해하고, 알 수 있도록 해 준다. 경건한 놀이를 통하여 아이들은 어떻게 자신의 정체성을 확립하고, 자신의 이름이 어떻게 불려지며, 자신이 얼마나 가치 있는 존재인가에 대한 깨달음을 얻는다. 아이들은 실존의 문제를 교회 공동체 속에서 경건한 놀이를 통하여 자유롭고, 창조적인 경험을 할 수 있다.[18]

성인들은 하나님과 관련된 그 어떤 것들에 대해서 신학적이거나 개념적인 표현들을 쓰기를 원하지만 아동은 그들 자신의 놀이공간 안에서 하나님의 말씀과 자유롭게 창의적인 방법으로 대화할 때 더욱 쉽게 창조적으로 존재의 문제에 다가설 수 있다. 이러한 경험을 통하여 아이들은 새롭게 태어날 수 있으며, 창조주 하나님과 대화할 수 있다. 이러한 하나님과의 놀이 경험들을 통하여 아이들은 자신의 삶과 하나님을 바라보는 시각이 새로워질 수 있다.

---

16. J. Berryman, *Godly Play*, San francisco: Harper SanFranciso, 1991.
17. 양금희, "하나님나라 놀이터에서 하나님과 함께 놀기", 《교회교육》, vol.339 (2005): 17-23.
18. J. Berryman, *Godly Play*.

Ⅲ. 놀이와 치료

전통적인 아동상담가들은 아동들이 놀이를 통해 어떻게 자신의 현재와 과거의 복잡한 심리적 문제를 해결해 가는 지를 연구하였고 놀이는 아동의 정서적 어려움을 해결하는 아동 심리치료의 중요한 요소로 받아들여지게 되었다.

놀이의 치료적 요소는 비언어적으로 의사소통을 하므로 무의식적인 요소를 의식화 할 수 있다는 장점이 있다. 즉, 아동이 놀 수 있도록 준비해 주는 그 자체로 심리치료로서의 적용점이 된다. 아이가 놀 때 아이에게 반영해 주고 단순히 곁에 있어주는 책임적인 사람이 거기 있어야 한다. 놀이는 경험이며 삶의 기본적 형태인 시공의 연속성 안에서의 경험이기 때문이다. 아동이 혼자서도 놀 수 있고 다른 아이들과 함께 놀이를 즐길 수도 있다면, 문제가 되는 몇몇 증상들이 있다고 하더라도 별로 문제되지 않는다.[19]

또한 아동이 놀이에 대한 자발적이고 자연스러운 동기가 있다는 것은 놀이자체로 놀이치료의 조건이 충족된다. 아동은 놀이를 하고자 하는 욕구가 있기 때문에 치료자는 아동이 자발적인 욕구를 표현할 수 있는 환경을 마련해주고 격려해 주는 것뿐이다.[20]

아동에게 적용할 수 있는 놀이치료는 치료자와 신뢰적인 관계 맺기를 통하여 부모-자녀간의 상호작용 결핍과 부적절함을 회복하게 된다. 이를 통해 행동이 수정되고 변화되는 체험을 갖게 한다. 아동은 놀이를 하면서 치료자와의 관계를 형성하기도 하고 공격성, 욕구 및 불안을 표출하며, 자신이 미처 의식하지 못하고 있는 문제를 표현하고 이에 수반되는 감정을 완화시켜 갈 수 있다.

---

19. M. Davis & D. Wallbrige, 《울타리와 공간》, 이재훈 역 (서울: 한국심리치료 연구소, 1981), 172.
20. 신숙재 외, 《아동중심 놀이치료》(서울: 동서문화원, 2000), 3-5.

아동의 세계를 이해하고 무의식을 이해하는 가장 좋은 방법은 단순한 공감과 친밀감의 두께가 아니라 놀이를 통해서 표현하는 아동의 감정과 사고 그리고 경험을 공유할 수 있을 때 놀이치료가 성립되고 아동의 세계 속으로 들어 갈수 있을 것이다.

Ⅳ. 놀이치료

1. 놀이치료의 특징

놀이치료는 놀이라는 매체를 주로 사용하여 아동의 적응과 발달상의 문제 해결에 심리적으로 접근하는 특수한 심리치료로서 아동상담의 한 방법이다. 놀이치료는 아동정신분석학자 안나 프로이드(Anna Frued)와 멜라니 클라인(Melanie Klein)이 사용하였던 심리치료로서 가장 전통 있고 대표적인 아동 상담 방법이다.[21]

김재은은 놀이치료는 놀이가 가장 자연스러운 자기표현의 매개체라는 사실을 바탕으로 한 아동의 심리치료 방법이며 놀이 그 자체가 갖고 있는 카타르시스 효과를 메커니즘으로 하여 아동의 무의식 속에 머물러 있던 정신적 외상에 의한 덩어리를 언어로써 또는 행위로써 외부에 표출함으로 증상을 해소시키려는 심리치료라고 하였다.[22]

놀이치료는 아동의 생각이나 감정을 언어로 표현하는 데 어려움이 있기 때문에 놀이로서 의사소통을 하고 내적불안, 긴장, 좌절, 공격성, 두려움, 혼란 등의 감정을 발산하고 해소시킴으로써 부적응적 행동을 통찰하도록 돕고 스스로 자신의 문제를 해결 할 수 있는 내적인 힘을 기르고 새로운 자아상을 형성하여 건강하게 성장할 수 있도록 돕는다.

---

21. 김광웅 외, 《처음 만나는 놀이치료》, 14-15.
22. 김재은, 《아동의 심리치료》 (서울: 배영사, 1992), 38.

또한, 아동의 내적인 문제뿐 아니라 아동의 행동이 잘 변화될 수 있도록 부모 상담을 통해 주위환경을 조정하여 가정이나 사회에서의 일상생활을 아동의 상황과 발달에 맞게 재조정한다. 이러한 과정을 통해 아동은 자신감을 갖고 주위환경에 보다 잘 대처해 나갈 수 있는 능력을 갖게 된다. 이는 아동뿐 아니라 성인에게도 적용가능하며 장애치료에도 적용된다.

놀이치료가 근본적으로 선하고 긍정적이며 건설적이라는 점은 놀이가 아동들 자신을 표현하는 자연스러운 수단이라는 사실에 기초를 두고 있기 때문이다. 아동은 그들이 자유롭게 놀이를 할 때 그의 성격을 표현하고 감정과 태도를 밖으로 내보임으로써 해소할 수 있다는 점이다.[23]

즉, 성인들의 심리치료의 중심이 언어이듯이 아동들의 세계에 구체적으로 접근하기 위하여 자기표현을 가능하게 하는 놀이를 아동들의 심리치료에 적용하는 것이다.[24]

아동에게 놀이란 그 자체가 중요한 일이며 생활의 일부이다. 아침에 눈을 뜨는 순간부터 놀이 활동은 시작되며 이런 놀이를 통해 자신을 발달시키는 것을 볼 수 있다. 놀이 도중에 한번 실수했다고 중단하는 것이 아니라 여러 번 반복하면서 연습을 통해 습득해 가는 것을 볼 수 있다. 그러므로 아동은 자신의 발달을 촉진하는 수단으로 놀이를 사용한다.

아동의 놀이를 살펴보면 발달 정도를 알 수 있으며 아동의 성격 특성 및 심리적 어려움에 대해서도 이해할 수 있다. 그러므로 놀이는 아동의 진단과 평가를 하는 도구일 뿐 아니라 심리 치료의 수단이 되기도 한다.

그러므로 아동상담이 근본적으로 아동의 발달에 장애가 되는 요소를 극복하도록 돕고 타고난 지적, 사회적, 정서적 자원의 발달을 극대화하도록 도와주는 것이라면 상담자가 이 목적을 달성하기 위해서 아동상담의 도구로서 놀이치료가 가장 적용점이 높다고 할 수 있다.

성인상담이나 청소년상담은 주로 언어적인 대화를 통해 이루어지지만,

---

23. V. Axline, 《놀이를 통한 아동심리치료》, 618.
24. 이정숙, 이현, "개인 및 집단 놀이치료 효과에 대한 사례연구", 《한국영유아보육학》, No.14 (1998): 108-109.

아동상담은 아이들의 마음을 이해하기 위해 특별한 대화법을 사용한다. 말과 글로 자신의 생각과 느낌을 표현한다는 것이 아이들에게는 어려운 일이기 때문이다. 그래서 놀이, 그리기나 만들기, 그리고 이야기 꾸미기와 같은 표현 활동을 매개로 하는 상담기법이 사용된다.

2. 놀이치료의 의미

아동상담에서 놀이치료의 역할이라고 한다면 놀이를 통해 언어적으로 표현하지 못하는 감정을 표현하는 하나의 수단이 될 뿐만 아니라 놀이 자체의 행동이나 행위를 통해 정서적으로 안정되어 주어진 환경에 적응해 가는 점을 들 수 있다. 이것은 놀이치료가 아동의 갈등을 해결하고 상담자와의 상호작용을 통해 중요한 의사소통의 매체와 기능적 역할을 하는 것이다.

놀이가 무엇인지 알기 위해서 어린아이의 놀이를 관찰해보면 성인들의 집중의 상태와 유사한 거의 빠져있는 상태에 들어가며, 아이들은 쉽게 그것을 떠날 수도 없고, 쉽게 침범을 용납하지도 않음을 알 수 있다. Winnicott은 놀이의 영역은 외적 현실로부터 대상들과 현상들을 이 놀이의 영역 안으로 가져다가 내적이며 개인적인 실제로부터 온 것을 위한 표본으로 사용한다. 환각에 빠지지 아니한 채 그 아이는 잠재적 꿈의 표본을 만들어 내며 외적 현실로부터 가져온 조각들과 함께 산다고 설명하였다. 놀이는 그 자체로 인간의 경험적 존재 전반에 대한 기초이고 놀이는 단순한 행위를 넘어서는 인간 존재에 대한 살아있음의 표현이며, 삶에 대한 자발적이며 창조적으로 사는 응답이다.[25]

유아는 놀이를 통해 친구를 만들기도 하고 적을 만들기도 한다. 그만큼 아동들에게는 놀이가 거의 전부라고도 말할 수 있다. 놀이를 통해서만 창조적일 수 있게 자유로우며, 그 전체 인격을 사용할 수 있다. 그 개

---

25. D. W. Winnicott, 《놀이와 현실》, 71-72.

인이 자아를 발견하는 것은 창조적인 존재가 됨으로써 가능하다고 볼 때 어머니나 가족들은 단지 곁에 있어줌으로써, 그리고 반영해 줌으로써 아이가 안심하고 놀이에 몰입할 수 있도록 신뢰적인 환경이 되어 줄 수 있다. 이런 점에서 개인이나 가정은 그들만의 놀이를 가질 때 건강한 관계를 이룰 수 있다.

유아가 충분한 성숙에 이르는 것은 쉬운 일이 아니기 때문에, 부모는 자녀가 사회에서 자신의 일을 발견하고 정체성을 확립하며, 자기만의 삶의 유형을 정착하게 되어 성인이 되어가는 발달과정을 지속할 수 있도록 지켜주어야 한다. 이러한 점에서 부모와의 상호작용에서의 놀이치료는 의미가 크다. 어떤 의미에서 부모가 자녀를 양육한다고 하는 것은 아이와 잘 놀아주는 환경이라고 해도 무방할 것이다. 이러한 노는 환경은 바로 학습이며 문화의 전수과정이며 신앙의 전수과정이며 삶의 전반에 걸친 발달을 촉진하는 과정이라고 말할 수 있을 것이다. 이러한 과정을 통해서 아동은 자율적이며 분화된 자아를 건설적으로 이루어간다.

이를 바탕으로 본고에서는 놀이치료가 가져다주는 아동상담에서의 의미를 크게 네 가지로 분류해보았다.

첫째, 놀이치료는 창조적인 경험이고, 삶의 기본적인 형태이며 치료로서 아동의 신체, 언어, 정서, 사회성, 인지발달을 촉진하고 성장과정에서 발생하는 정서적 갈등이나 어려움을 해소한다.

둘째, 놀이치료는 그 시대를 반영하는 문화의 산물이며 아동에게 전수된다.

셋째, 놀이치료는 자아를 표현하며 형성해가는 과정이다.

넷째, 놀이치료는 가장 인간의 내적이고도 개별적인 영성을 포함한다.

V. 결론

 본고에서는 놀이 그 자체가 치료라는 사실을 강조하였다. 아이로 하여금 놀 수 있도록 준비해 주는 것이 그 자체로 직접적이고 보편적인 적용성을 가진 심리치료이며 긍정적인 사회적 태도를 형성시켜 준다. 놀이를 통제하거나 감독하는 것은 아동의 창조적인 자발성을 제한하는 것이나 책임 있는 치료자가 필요한 것은 유아가 부모와의 상호작용을 통해 발달을 이루어 가는 것과 마찬가지이다.

 놀이치료는 발달장애나 심리적으로 부적응문제를 가진 아동의 발달을 촉진하고 적응적인 행동의 증가를 위해 최적의 심리치료임을 강조 해왔으며 본고에서는 아동상담의 중요한 방법으로서 놀이치료를 강조하고 놀이치료가 아동의 성장과 발달에서 갖는 의미를 고찰하였다.

 우리나라에서도 1980년대 중반부터 국내에서도 아동상담, 놀이치료 욕구가 확산되어 현재에 이르기까지 아동의 문제해결을 위해 놀이를 통한 심리치료는 많이 활용되고 아동의 심리, 행동변화로 그 효과를 증명하고 있다.

 인간 삶의 가장 기초를 세우는 유아기와 아동기 동안에 놀이 환경을 만들어주고 아동상담에 있어서 놀이치료가 의미 있게 발전한다면 무리모두가 건강한 삶을 영위하며 살아갈 수 있을 것이다.

참고문헌

강위영, 송영혜, 변찬석. 《놀이치료》 서울: 특수교육, 1992.

김광웅, 김화란. 《처음 만나는 놀이치료》. 서울: 학지사, 2009.

김재은. 《아동의 심리치료》. 서울: 배영사, 1992.

김춘경. 《아동상담 이론과 실재》. 서울: 학지사, 2004.

신숙재, 이영미, 한정원. 《아동중심 놀이치료》. 서울: 동서문화원, 2000.

양금희. "하나님나라 놀이터에서 하나님과 함께 놀기", 《교회교육》, vol.339 (2005): 17-23.

이 숙, 정미자, 최진아, 유우영, 김미란. 《아동상담》. 서울: 양서원, 2004.

이정숙, 이현. "개인 및 집단 놀이치료 효과에 대한 사례연구", 《한국영유아보육학》, No.14 (1998): 107-129.

D. M. Levy. "Release Therapy." *American Journal of Orthopsychiatry*, No. 9 (1984): 713-736.

D. W. Winnicott. 《놀이와 현실》. 이재훈 역. 서울: 한국심리치료 연구소, 1997.

E. Appelros. "Playing and Believing." *The Studia Theologica*. Vol. 55 (2001): 23.

H. Ginott. "The theory and practice of theraputic intervention in child treatment." *Journal of counseling psychology*. Vol. 23 (1959): 160-166.

I. Athey. "*Contributions of Play to Development.*" *child's play : Development and Applied*. (1984): 9-27.

J. Berryman. *Godly Play*. San francisco: Harper SanFranciso, 1991.

M. Davis & D. Wallbrige. 《울타리와 공간》. 이재훈 역. 서울: 한국심리치료 연구소, 1981.

V. Axline. 《놀이를 통한 아동의 심리치료》. 서영숙 역. 서울: 학문사, 1986.

V. Varma. "How and Why Children Fail." *Jessica Kingsley Publishers*. Vol. 116(1993): 108.

교회 위기 청소년의 자아탄력성 증진을 위한 기독교교육 상담적 접근[*]

강연정 교수 _ 고신대학교 기독교교육학

*요약
I. 여는 글
II. 펴는 글
  1. 위기청소년
  2. 자아탄력성의 개념 및 특징
  3. 기독교 교육상담의 의미와 특성
  4. 위기청소년의 자아탄력성 증진을 위한 기독교 교육상담
III. 닫는 글
*참고문헌

----------------------------- 〈요 약〉 -----------------------------

본 연구의 목적은 교회의 위기청소년들이 위기상황을 잘 극복하고 회복할 수 있는 내적 자원인 자아탄력성을 증진시켜, 교회, 가정, 학교, 사회 등에서 잘 적응하고 기능할 수 있도록 도울 수 있는 기독교 교육상담적 접근 가능성을 모색해 보는 것이다. 이를 위하여 먼저, 위기 청소년과 자아탄력성에 대한 이해를 하고, 다음으로, 기독교 교육상담의 가능성과 방법을 정리하였으며, 마지막으로 위기상황과 대처양식에 맞추어 교육상담적 접근을 살펴보았다. 본 연구에서는 교회 청소년의 위기상황을 가족/관계적 위기, 학업/진로적 위기, 심리/정서적 위기, 사회/문화적 위기, 영적/신앙적 위기 등 5가지 유형으로 분류하고, 이에 대처하는 교육상담적 접근을 치료 지향적, 성장 지향적, 예방 지향적 대처 등 3가지 차원에서 살펴보았다. 아울러 교회 내 위기 청소년들의 자아탄력성 증진을 위한 교육상담적 접근방법은 L. J. Crabb의 상담자 훈련 단계를 참고하여, 첫째, 전체 청소년 대상 위기대처 및 자아탄력성 강화 교육적 접근, 둘째, 위기 극복 및 패러다임 전환을 위

한 교육상담적 접근, 셋째, 코칭 및 멘토링 접근 등으로 정리해 봄으로써, 교회에서의 교육상담적 가능성과 구체적인 교육상담적 방법들을 제시해 보았다.

주제어: 위기청소년, 자아탄력성, 기독교상담, 교육상담, 위기상황, 대처양식

I. 여는 글

청소년기는 그 어떤 시기보다 내적, 외적 변화가 왕성하게 이루어지는 시기이며, 이러한 위기를 어떻게 대처하고 극복하느냐 하는 문제는 이들의 인생에 중요하고 큰 영향을 미치게 된다. 청소년기는 발달적 위기 외에도, 발달과 적응에 장애가 될 수 있는 다양한 위기상황이 안팎으로 존재하므로, 개인 내적, 외적 위기상황 적응에 어려움을 호소하는 위기청소년이 갈수록 많아지고 있다. 과거에는 위기청소년이란 심각한 문제를 경험하거나 비행에 노출되어 선도가 필요한 청소년을 지칭하는 경향이 있었으나, 오늘날은 사회안전망에서 일탈할 가능성이 있거나 이탈한 청소년을 지칭하는 보편적인 용어로 사용되고 있다. 청소년으로 하여금 위기상태에 이르게 하는 요인으로 학교, 가족, 또래, 지역사회 등 다양한 요인 등이 있지만, 청소년 개인의 정신 건강과 낮은 자존감과 같은 심리적인 요인 또한 중요한 영향을 미치는 것이므로, 청소년의 위기는 삶의 전 영역에 걸쳐 나타나고 있음을 알 수 있다.

청소년의 정상적 발달과 적응을 저해하는 다양한 요인에도 불구하고, 이러한 문제와 요인들을 잘 이겨내고 학교를 비롯한 삶의 현장에 잘 적응하는 특성을 레질리언스(resilience)라고 하는데, 이 단어는 자아탄력성, 또는 적응유연성, 회복력 등으로 번역되어 사용되고 있다. 본 연구에서는

---

* 교회 위기청소년의 자아탄력성 증진을 위한 기독교 교육상담적 접근 본 논문은 2012년 《복음과 상담》 제18권에 게재된 논문을 수정, 보완하여 작성되었음.

resilience를 외부 환경에의 적응보다는 내적인 탄력성과 견디는 힘을 포함하는 개념인 "자아탄력성"으로 번역하여 사용하고자 한다. 여기서 자아탄력성이란 스트레스가 증가되는 상황에서도 영향을 덜 받으며, 유능감을 가지고 스트레스 상황을 대처함으로써 내적 스트레스를 현저하게 낮출 수 있는 능력을 말하며, 고위험 상황에서도 학교를 비롯한 삶의 현장에 잘 적응하며 기능하는 능력인 적응유연성을 포함하는 개념을 의미한다.[1]

교회 청소년도 일반청소년들과 비슷한 위기상황 가운데 살아가고 있는데, 교회 내의 다양한 위기상황 가운데 처해 있는 청소년들이 교회와 가정, 학교, 사회 등에서 잘 적응하고 기능할 수 있는 탄력성을 가진 사람으로 자랄 수 있도록 돕는 것이 기독교 교육과 기독교 상담의 중요한 목적 가운데 하나라 할 것이다. 본 연구에서는 교회의 위기청소년들이 자아탄력성을 증진시켜 위기를 극복하고, 교회, 가정, 학교, 사회 등지에서 잘 적응하고 기능할 수 있도록 기독교적인 교육상담적 접근을 모색해 보고자 한다. 청소년의 위기상황을 유형별로 분류하고, 이에 대처하는 교육상담적 접근 방법을 살펴봄으로써, 교회의 위기청소년들을 효과적으로 도울 수 있는 교회교육에서의 교육상담적 가능성을 찾아보고자 하는 것이 본 연구의 목적이라 하겠다.

---

1. 위기 청소년의 자아탄력성(resilience)은 박현선, "빈곤청소년의 학교적응유연성" (박사학위논문, 서울대학교 대학원, 1998)과 이상준, "가정폭력 경험 청소년의 탄력성과 보호요인" (박사학위논문, 카톨릭대학교 대학원, 2006), 이해리, "청소년의 역경과 긍정적 적응" (박사학위논문, 한양대학교 대학원, 2007) 외 다수의 연구에서 자아탄력성, 적응유연성, 탄력성 등으로 다양하게 번역되어 사용되고 있다.

II. 펴는 글

1. 위기청소년

(1) 위기의 의미

Collins[2]는 "위기란 한 인간의 안녕에 위협을 주며, 그의 일상적인 생활을 침해하는 모든 사건 및 그러한 상황의 연속"으로, Clinebell[3]은 "시간적으로 참으면 되는 위험이나 고통, 긴장 이상의 것"으로 정의한다. 정태기[4]는 "위기란 자신의 삶에 중대한 위협을 느낄 때 마음에서 일어나는 공포의 감정이며, 중요 생활 목표의 좌절 또는 생활양식의 혼란에서 오는 과도한 긴장감으로써, 평상시의 적응 방법이나 생활양식으로는 해결하지 못할 만큼 심리적인 긴장을 느끼는 상태인데, 이러한 긴장에는 흔히 계속되는 선택적인 갈등과 해소 및 평형을 되찾으려고 하는 압력 또는 생리적인 긴장감이 포함된다"고 말하고 있다.

McSwain과 Tradewell[5]은 인간의 위기를 신체적 위기, 자아 위기, 인간관계 위기, 환경 위기, 그리고 영적 위기 등으로 분류하고 있다. 정태기[6]는 우발적 위기와 같은 상황적 위기와 보편적 위기나 단계적 위기와 같은 발달적 위기, 오랜 전통 문화로 인해 초래되는 위기인 사회 문화적 위기로 나누어 설명하면서, 첫째, 자신의 삶에 중요한 위치를 차지하는 사람을 상실하거나 상실의 위험에 부딪혔을 때, 둘째, 새로운 사람과 대면하게 될 때나 자신의 존재에 위협적인 인물 혹은 위협적 사건에 직면하게 될 때, 셋째, 지위와 역할을 상실하였거나 변화를 겪었을 때에 개인은 인생의 위기

---

2. Collins, G. R., Christian counseling, 피현희, 이혜련 역, 《크리스챤 카운슬링》(서울: 두란노, 1993), 150-180.
3. Clinebell, H., Basic Types of Pastoral Care & Counseling, 《목회상담신론》 박근원 역, (서울: 한국장로교출판사, 1991), 30-45.
4. 정태기, 《위기와 상담》(서울: 크리스챤 치유목회연구원, 1998), 61.
5. McSwain, L. L. & Tradewell, W. C., Conflict Ministry in the Church, Nashville: Broadman Press, 1981, 110-120.
6. 정태기, 《위기와 상담》, 66.

를 크게 경험하게 된다고 보았다.

Swihart와 Richardson[7]은 위기 발생 요인을 첫째, 하나님의 특별한 계획과 섭리에 의한 요인, 둘째, 천재지변과 같이 창조 질서에 따른 자연적인 과정적 요인, 셋째, 타락한 세상과 자신 및 타인의 죄로 인한 영적 상실로 인한 요인 등 세 가지로 설명하면서, 하나님께서 위기 극복을 위해 허락해주신 5가지 영적 자원으로, 첫째, 하나님의 성품, 둘째, 그리스도인의 삶의 원리와 방향을 제시해주는 성경, 셋째, 기도의 능력, 넷째, 성령의 위로, 다섯째, 그리스도의 몸인 교회 공동체를 꼽고 있다.

위험(危險 ; Danger)과 기회(機會 ; Opportunity)의 의미가 내포되어 있는 단어인 위기(危機)는 인생의 가장 힘들고 위험한 순간을 성공적으로 견디고 극복하였을 때, 이러한 경험이 새로운 생의 성장과 변화의 기회가 될 수 있기에, 위기란 성장과 발달의 가능성을 잠재하고 있는 상태를 의미한다고 할 것이다.

(2) 위기청소년의 정의

OECD의 정의에 의하면, 위기청소년은 '학교생활에 적응하지 못해서, 직업을 갖거나 성인으로서의 삶을 성취하지 못할 것 같은 청소년, 그 결과가 사회에 긍정적인 기여를 하지 못하는 청소년'을 의미하는데, 이 정의를 보면 학교생활에 대한 적응이 위기청소년을 정의하는데 매우 중요한 기준으로 사용되고 있음을 알 수 있다. 구본용 등[8]은 가족환경이나 보호자의 행동이 청소년의 기본적인 필요를 충족시켜주지 못하거나 오히려 해를 끼치는 상황에 노출되어 있는 청소년과 부정적인 가족상황과 학대로 인해 학업 또는 사회생활을 하는 데 장애가 되는 신체적 또는 정서적 어려움을 경험하고 있는 13-18세(특수교육대상자의 경우 21세까지)의 청소년을 위기청소년으로 정의하고 있다. 유성경 등[9]은 위기청소년이 위기 상태에 이르

---

7. Swihart, J. J. & Richardson, G. C., *Crisis counseling*, Waco Texas: WorBooks, 1988, 150-160.
8. 구본용 외. 《위기(가능) 청소년 지원모델 개발연구》(서울: 국가청소년위원회, 2005), 10.

는 데에는 학교뿐 아니라 만성적인 가정불화, 부모의 이혼, 자녀에 대한 낮은 관여 등의 가족 요인, 또래의 비행 여부, 또래와의 관계 문제 등의 또래 요인, 물리적으로 낙후된 환경, 범죄 관련 환경, 낮은 사회적 유대감 등의 지역사회 요인이 관여되며, 청소년 개인의 정신 건강 및 낮은 자존감과 같은 심리적인 요인도 영향을 미친다고 하였다.

한국청소년상담원[10]에 따르면, 위기청소년은 일련의 개인·환경적 위험에 노출되어 행동·심리적으로 문제를 경험할 가능성이 높으며, 적절한 개입 없이는 정상적인 발달을 이루기 어려운 상황에 있는 청소년으로, 가출, 학업중단 및 실업, 폭력, 성매매, 약물오남용 등의 비행 및 범죄, 불안, 우울 등 심리적 장애, 자살의 위험이 높은 청소년을 의미한다. 청소년복지지원법 시행령 제7조 및 시행규칙 제8조에서는 위기청소년을 세 가지로 범주화하고 있는데, 첫째는 보호자가 없거나 보호자의 실질적인 보호를 받지 못하는 청소년(가출청소년, 소년소녀가장, 빈곤계층의 청소년, 요보호청소년), 둘째는 학업중단 청소년(고등학교 이하의 학교에서 학업을 중단한 청소년), 셋째는 교육적, 선도대상 청소년 중 비행예방의 필요성이 있는 청소년(학교폭력 피해 및 가해 청소년, 집단따돌림 피해 및 가해청소년, 비행청소년, 범죄 가해 및 피해 청소년, 우울 및 자살 위험이 있는 청소년)이다.

본 연구에서는 개인·가정·학교·사회·교회 등 청소년을 둘러싼 다양한 환경에 존재하는 문제 상황으로 인해 건전한 발달 및 적응이 어렵거나 위기상황의 위험에 처할 가능성이 높은 청소년으로써, 구체적으로는 다양한 가족갈등요인, 일탈 및 비행 문제, 학업/진로 문제, 성격 및 대인관계 문제, 정신건강 문제, 각종 중독행위, 신앙갈등 등 다양한 문제에 노출된 청소년을 위기청소년으로 정의하고자 한다.

---

9. 유성경 외, 《청소년의 가출》(서울: 한국청소년상담원, 2000), 5-10.
10. 한국청소년상담원, 《위기개입: 실무자를 위한 긴급구조 매뉴얼》(서울: 한국청소년상담원, 2006), 8.

(3) 위기청소년의 유형

위기청소년의 위기 수준은 3단계로 구분될 수 있는데, 1단계는 '낮은 단계'로 별 문제가 없으며, 학업 성적도 우수한 청소년집단, 학업과 진로 상담이 필요한 집단이 여기에 속한다. 2단계인 '중간단계'는 복합적 위기 상황은 아니나 앞으로 복합적인 위기상황이 될 가능성이 있는 집단으로 교육과 훈련을 통해 극복하도록 도와야 할 집단이 이에 속하며, 3단계는 '높은 단계'로 이미 다양하고 복잡한 문제를 드러내는 청소년 집단으로 전문가에 의한 지속적, 집중적 지도가 필요한 집단을 말하는데, 이러한 위기 수준에서 중간단계 이상의 위기수준에 처한 청소년을 위기 청소년이라고 말한다.[11]

McWhirter 등은[12] 청소년 위기 중 1단계 최저위기는 좋은 사회경제적 배경을 갖고 있고, 학교나 가족적 환경, 사회관계가 긍정적이며 심리적, 환경적으로 스트레스요인이 거의 없는 상태, 2단계 저위기는 최저위기에 비해 약간은 부족한 사회경제적 배경과 가정, 학교, 사회적 관계를 갖고 있으며 몇 가지 스트레스 요인이 있는 상태로 보고 있다. 아울러, 3단계 고위기는 부정적인 가족, 학교, 사회관계 하에 스트레스 요인이 많으며, 부정적인 태도나 감정, 기술 부족 등 개인적 위기징후로 발전되는 단계, 4단계 위기행동입문은 청소년이 어느 한 가지 유형의 문제행동을 시작하는 단계, 5단계 위기행동이란 입문 수준의 행동에서 다른 범주의 위기행동으로 발전해 나가는 단계로 설명하고 있다.

오익수와 김택호[13]는 청소년 위기상황을 첫째, 청소년이 자주 경험하는 위기상황, 둘째, 위기감을 강하게 느끼는 위기상황, 셋째, 지속적인 영향력을 미치는 위기상황, 넷째, 일상생활에서 자주 접하면서도 위기의 강도와 영향력이 큰 위기상황, 다섯째, 일상생활에서 드물게 경험하지만 위기

---

11. 청소년위원회, 《청소년 동반자 활동 매뉴얼》(서울: 청소년위원회, 2005), 20-30.
12. McWhirter, J. J., et. al., *At-risk youth : a comprehensive response*, Belmont, CA: UBrooks / Cole - Thomson Learning, 2004, 50-55.
13. 오익수·김택호, 《청소년 위기상담체제 개발 연구》(서울: 한국청소년상담원, 2005), 20-30.

의 강도와 영향력이 큰 위기상황 등으로 구분하는데, 이러한 위기상황은 개인영역, 가족영역, 학업수행, 또래와의 관계, 교사와의 관계, 성 피해 등 청소년을 둘러싼 주변 환경과 많이 관련되어 있다.

윤철경 등[14]은 청소년의 위기상황 영역을 가족적, 교육적, 개인적, 사회적 위기상황 등 네 가지로 구분하면서, 대부분의 위기청소년들은 복수의 위기상황에 처하기 쉬운데, 그 이유는 각각의 문제와 상황이 서로 연관되어 있을 뿐 아니라, 상호작용하여 새로운 문제를 발생시킬 수 있기 때문이라고 설명하였다. 윤철경 등[15]은 위의 네 가지 위기상황을 범주화하여 위기청소년의 규모를 연구하였는데, 전체 청소년인구 10,515,700명 중 복합적 문제행동과 심각한 가족, 교육, 사회적 위기에 노출되어 있는 고위기군 청소년(47만 6천명)과 학습부진과 가족위기를 겪고 있는 중위기군 청소년(117만 6천명)은 전체 청소년 인구의 16%인 약 170만 명인 것으로 추정하였다.

지승희 등[16]은 청소년의 위기수준을 자신과 타인에게 심각한 피해를 주는 고위험군에 속하는 1수준과 파괴적이지는 않지만 위기상황이 나타나는 경우로 위험군에 속하는 2수준, 문제 및 잠재적 조건을 보이지 않는 경우로 정상군에 속하는 3수준으로 구분하였다. 고위험군에 속하여 즉각적인 개입이 필요한 1수준의 청소년이 전체 청소년의 11%로 나타났으며, 2수준은 17.1%로 나타났다. 이는 직접적인 지원이 필요한 2수준 이상의 위기군 청소년이 28.2%로 OECD 국가의 위기에 처한 청소년의 추정지인 15-30%와 유사한 것으로 나타나 상당히 심각한 상태에 있음을 알 수 있다.

---

14. 윤철경 외, 《위기청소년 지역사회 안전망 실태와 발전 방안》(서울: 한국청소년개발원, 2005), 25-35.
15. Ibid., 35-40.
16. 지승희 외, 《위기청소년 실태조사 연구》(서울: 한국청소년상담원, 2006), 20-25.

2. 자아탄력성의 개념 및 특징

(1) 자아탄력성의 심리학적 이해

자아탄력성(resilience)란 라틴어의 resiliens에서 유래된 용어로 본래 물체의 신축적 혹은 유연한 성질을 일컫는데 사용되었던 용어이며, Webster 사전에 의하면, "압축되었거나, 구부러지거나, 늘어나 있는 상태에서 원래의 크기나 형태로 되튀어오르거나 원래대로 회복하는 능력, 또는 불행이나 변화로부터 회복하거나 조절하는 능력"으로, '위험하고 역경을 겪는 상황에서도 성공적으로 적응하는 과정, 능력'이라고 정의된다.[17] resilience는 국내에서는 연구자에 따라서 유연성이나 적응유연성, 회복력, 탄력성, 리질리언스 등 다양하게 번역되어 필요에 따라서는 교호적으로 사용되고 있으나[18], 본 연구에서는 resilience를 개인 내적인 적응과 회복의 능력을 의미하는 '자아탄력성'이라는 개념으로 번역, 사용하고자 한다.

Garmezy[19]는 자아탄력성을 단순히 스트레스에 잘 견뎌내기보다는 "부정적 사건들로부터 회복(bounce back, rebound)하는 능력"이라고 정의하였고, Werner[20]도 "스트레스가 되는 사건들에 노출된 후에도 성공적으로 적응하는 능력"으로 정의하였다. Block과 Kremen[21]은 스트레스를 견뎌내는 저항능력을 의미하는 적응유연성을 상황에 따라 긴장 수준을 강화시키거나 약화시키는 조절능력이라는 점에서 좀 더 포괄적인 개념으로써 자아탄력성이라고 기술하였다. Fine[22]은 자아탄력성을 좁은 의미로는 개인의

---

17. Mastern, A. S., Best, K. M., & Garmazy, N. "Resilience and development: contribution from the study of children who overcome adversity". *Development and Psychopathology*, 2, 1990, 425-444.
18. resilience는 긍정심리학적 개념으로, 박현선(1998), 강문희(2008), 김동일, 최수미(2008), 이상준(2006), 이해리(2007) 등의 연구에서 리질리언스, 탄력성, 자아탄력성, 회복력, 유연성, 적응유연성 등 개인의 내면적인 힘과 환경적 적응의 강도를 표현하는 용어로 번역되어 사용되고 있다.
19. Garmezy, N. "Resilience in children's adaptation to negative life events and stressed environments", *Prediatrics*, 20 (1991): 459-466.
20. Werner, E. E. "Resilience in development, current directions". *Psychological Science*, 4(3) (1995): 81-85.
21. Block, J. & Kremen, A. M. "IQ and ego resiliency: conceptual and empirical connections and separateness". *Journal of Personality and Social Psychology*, 70 (1996): 349-361.

감정차원을 조절하고 상황과 환경적 수반성을 변화시키는 적응적 자원으로, 넓은 의미로는 외적, 내적 스트레스에 대해 융통성 있게 조절할 수 있는 능력이라고 정의하였다.

자아탄력성에 대한 보편적인 두 가지의 관점은 자아탄력성을 긍정적인 적응의 결과로서 보는 관점과 그러한 결과에 영향을 미치는 요인으로서 보는 관점이다. 자아탄력성을 적응의 결과적 관점에서 본다는 것은 자아탄력성이 역경이나 위험상황에서도 ① 정신적 혼란이나 부적응을 초래하지 않고 ② 역경이나 스트레스로 인한 손상이나 부적 정서로부터 곧 회복되며 ③ 여전히 효율적인 기능을 유지하고 ④ 나아가 이를 통해 더욱 강해지고 성장하는 모습을 보여준다는 것을 의미한다. 다음으로, 요인으로서 자아탄력성을 보는 관점은 자아탄력성이 개인의 성격적 요인으로서 역경과 스트레스에도 긍정적인 결과가 산출되도록 하는 원인이 된다고 보는 것이다. Block과 Kremen[23]은 자아탄력성을 성격의 한 유형으로서 사람들을 잘 이해하고 다루며, 사회적 규칙에 잘 적응하고, 새로운 경험과 생각에 개방적인 사회적 지능과 유사한 특성을 가진 것으로 보았으며, Rauh[24]는 자아탄력성을 "바람직한 결과가 나오도록 영향을 미치는 특질들"이라고 정의하면서, 취약성(vulnerability)과는 반대로 "역경상황에서 개인적 또는 사회적 자원들을 이끌어 낼 수 있는 능력"이라고 설명하였다.

(2) 자아탄력성의 성경적 이해

기독교적인 관점에서 자아탄력성은 '인생의 고난이나 역경 가운데에서 하나님의 뜻을 깨닫고 삶의 문제에 대처하면서 길러지게 되는 그리스도인의 회복력, 유연성, 적응력 또는 탄력성'으로 정리할 수 있을 것이다. 성

---

22. Fine, S. B. "Resilience and human adaptability: Who rises above adversity". *American Journal of Occupational Therapy*. 45 (1991): 493-503.
23. Block, J. & Kremen, A. M. "IQ and ego resiliency : conceptual and empirical connections and separateness". *Journal of Personality and Social Psychology*. 70 (1996): 349-361.
24. Rauh, H. "The meaning of risk and protective factors in infancy". *European Journal of Psychology of Education*. IV. 2 (1989): 161-173.

경에서 말하는 자아탄력성은 단순히 자신이 처한 역경을 긍정적으로 해석하고 이겨내는 것에 그치지 않고, 인간의 제한적인 관점에서 벗어나 하나님의 관점으로 바뀌는 것을 말하며, 이는 고난과 역경을 하나님의 관점으로 바라보게 되면서 그 상황을 해석할 수 있는 시각 자체의 전적인 변화라고 말할 수 있다.

Meyer[25]는 "하나님은 우리가 제 길을 가지 못할 때 고난을 통해 우리를 돌이키시며, 고통을 통하여 그의 완전하심에 맞추어 우리를 성숙시키시며, 십자가의 죽음과 같은 고통을 통해 우리에게 가장 좋은 삶을 주기를 원하신다"라고 말한다. 이러한 근본적인 깨달음이 있을 때만 이 고난의 상황 속에서 자신을 온전히 지키며, 위기를 대처하며 극복하고 회복, 적응할 수 있는 자아탄력성을 길러갈 수 있게 된다. 최은영[26]은 그리스도인의 위기나 고난 가운데 역사하시는 하나님의 뜻을 깨닫고 성경적인 관점의 고난의 의미를 정리함으로써, 고난을 구원과 성장의 계기로 삼을 수 있어야 한다고 말한다.

성경의 인물 중에서 생의 위기와 고난, 그리고 역경을 극복하고 가족과 민족을 구원했던 위대한 신앙의 사람 요셉은 자아탄력성을 인생 전체를 통해 보여주었던 대표적인 인물이라 하겠다. 본 연구에서는 요셉의 생을 통해 성경적 관점에서의 자아탄력성의 패러다임과 특징을 살펴봄으로써 성경적인 자아탄력성의 의미와 증진방안을 정리해 보고자 한다.[27]

첫째, 자아탄력성은 하나님이 주신 꿈과 비전을 붙들고 나아갈 때 증진된다. 요셉을 고난가운데서 지켜준 것은 하나님이 주신 꿈이었으며, 요셉에게는 하나님이 주신 꿈이 앞으로 장차 이루어질 것이라는 확고한 믿음이 있었다. 요셉은 형제들과 재회할 때 '하나님이 생명을 구원하시려고 나를 당신들 앞에 보내셨나이다(창 45:5)', '하나님이 큰 구원으로 당신들의

---

25. Meyer, F. B. *The gift of suffering*. Grand Rapids. Michigan: Kregel Publications, 1991, 150.
26. 최은영, "기독교상담학, 고난에 대한 해석: 단일사례를 중심으로", 《한국기독교상담학회지》, 16 (2008): 265-291.
27. 창세기 37-50장의 요셉의 이야기를 참고하라.

생명을 보존하고 당신들의 후손을 세상에 두시려고 나를 당신들 앞서 보내셨나니(창 45:7)', '그런즉 나를 이리로 보낸 자는 당신들이 아니요 하나님이시라(창 45:8)'고 고백한다. 요셉에게는 이러한 하나님이 주신 절대적인 소망이 있었기에 계속되는 인생의 고난을 이기며, 하나님의 뜻을 이룰 수 있었던 것이다.

둘째, 자아탄력성은 성경적이며 긍정적인 자아상을 확립함으로써 증진된다. 요셉의 긍정적인 자아상은 아버지의 깊은 사랑과 하나님에 대한 절대적인 신뢰와 믿음이 있었기에 가능한 것이었다. 요셉은 하나님이 자신을 선택했고, 또한 앞으로 자신이 하나님의 도구로 사용될 것이라는 특별한 인식을 품게 되었으며, 자신뿐 아니라 자신이 처한 상황과 타인에 대해서도 긍정적인 해석을 할 수 있었다. 고난가운데서도 자신이 처한 상황에 대해서 긍정적으로 해석할 수 있다는 것은 앞날을 소망함으로 바라보면서 지금의 고난을 견딜 수 있는 자아탄력성을 강화해주며, 내적인 인내심을 강화시켜 주는 역할을 한다.

셋째, 자아탄력성은 위기에 굴하지 않고 책임감을 가지고 맡겨진 상황에 성실하게 대처할 때 증진되어진다. 요셉은 자신의 환경의 어려움과는 상관없이 자기가 현재 있는 자리에서 최선을 다했으며, 이러한 성실함으로 인하여 요셉은 보디발 가문의 총무직에 오를 수 있었다(창 39:7-18). 요셉의 상황에 대한 탄력적 대응과 성실함은 사람들에게 인정을 받는 도구로 작용하게 되었으며, 노예라는 신분에 절망해서 낙심하고 자신의 상황을 부인하며 형들을 원망하는 시선으로 삶을 포기하듯 살았다면 결코 올 수 없는 기회를 제공해 주었던 것이다.

넷째, 자아탄력성은 타인에 대한 배려와 이타적인 돌봄을 실천함으로써 증진된다. 위기와 고난의 상황 중에서도 요셉은 주변 사람들을 돌아보고, 타인에 대한 관심과 배려의 모습을 보여준다. 감옥에 갇힌 요셉은 술맡은 관원장과 떡맡은 관원장을 섬기게 되는데(창 40:2-4), 요셉은 그들에게 근심의 빛이 있는 것을 보고, 먼저 다가가 그들의 근심거리를 묻는다. 요셉은 자신의 어려움만 생각하고 자기중심적으로 사고한 것이 아니라 다른 사람의 어려움을 먼저 살피는 이타적인 사고방식을 가지고 있었으며, 이것이 훗날 요셉을 감옥에서 나오게 하는 결정적인 역할을 하게 되는 것이다.

다섯째, 자아탄력성은 과거에 연연하지 않고 용서와 화해를 실천할 때 증진된다. 요셉은 총리직에 오른 후 전에 자신을 팔았던 형제들과 재회했을 때 개인적인 감정이 북받쳐 올랐지만, 끝내 형들의 잘못을 용서해주고 더 이상 언급하지 않았다. 이것은 하나님을 신뢰하고 그분과 동행하며 위기의 과정을 거쳐 온 성숙된 요셉의 신앙의 모습을 잘 보여주는 것이다. 자아탄력적인 사람은 더 큰 소망과 목표를 품고 있기 때문에 용서와 화해를 실천할 수 있게 된다.

(3) 자아탄력성과 위기청소년의 관계

Rutter[28]는 자아탄력성이란 강점이나 약점과 같은 개인의 고정된 특성이 아니며, 심각한 위험상황에도 불구하고 적응적 기능을 유지하는 현상이라고 하였다. Walsh[29]는 자아탄력성을 학대나 폭력의 경험, 경제적 어려움, 인종적 차별, 가족의 정신질환, 부모의 이혼 등과 같은 역경을 통해 더 강해지고 더 많은 자원을 보유할 수 있는 능력이자, 위기나 도전에 반응하여 이를 감당하고 스스로를 바로 세우며 성장하는 적극적 과정이라는 개념으로 설명한다. Werner[30]는 하와이 가든 섬에서 만성적 빈곤이나 가정불화, 부모 이혼 등의 고위험 환경에서 성장한 청소년들에 대해 30여 년간 추적 조사한 카우아이(Kauai) 종단연구를 통해서, 자아탄력성은 보호적으로 작용하는 다양한 환경과의 상호작용을 통해서 발달한다는 것을 발견했다. 즉, 자아탄력성이란 고정된 특성이 아니라 시간의 흐름에 따라 변화하며, 개인과 환경의 상호작용에 의해 향상되는 것으로 보아야 한다는 것

---

28. Rutter, M. "Psychosocial resilience and protective mechanism". *American Orthopsychiatry*, 57, 1987, 316-331.
29. Walsh, F. *Strengthening Family Resilience*, NY: The Guilford Press, 1998, 250.
30. Werner, E. E. (1995). "Resilience in development, current directions", *Psychological Science*, 4(3), 81-85.

이다. 이해리·조한익[31]은 자아탄력성을 청소년들이 생의 도전들을 성공적으로 다루어냄으로써 긍정적으로 발달, 성장할 수 있도록 해주는 핵심적 기술과 태도들, 능력들을 밝히는데 유용한 개념적 틀이라고 보았으며, 이상준[32]은 가정폭력 경험 청소년이 높은 수준의 가정폭력 경험에도 불구하고 높은 적응상태를 보일 때, 이들을 탄력적인 청소년으로 규정하였다.

자아탄력적인 청소년은 특정한 스트레스를 수용하거나 참고, 피하고, 최소화하는 등의 방법으로 역경을 다룸으로써 효과적으로 대처한다. 이러한 청소년들은 양육자나 교사에게 자신의 관심사를 적극적으로 표현하며, 자신이 전혀 통제할 수 없고, 변화시킬 수도 없는 지속적이고 과도한 스트레스 상황이나 장소는 피하기도 한다. 또한 자신의 욕구에 맞도록 환경을 변화시키기도 하고, 문제에 대처하고 해결하기 위한 적극적인 접근을 취하고, 적극적으로 도움을 청하며, 그러한 스트레스 작용을 완충시킬 수 있는 다양한 환경의 자원을 활용하며, 중요한 환경적, 개인적 자원에 대해서 파악하는 능력을 가지고 있고 구조적인 실패를 자신의 탓으로 내재화하지 않는 등의 다양한 생존 전략을 가지고 있는 것으로 밝혀졌다.[33]

자아탄력성이 다차원적이라는 사실은 고위험 아동들이 특정 생활 영역에서는 유능함을 보이지만 다른 영역에서는 문제를 보일 수 있다는 사실들을 통해 입증되고 있다. 그러므로 자아탄력성 연구에 있어서 자아탄력성의 다차원성을 인정하고, '사회적 탄력성', '학업적 탄력성', '교육적 탄력성', '정서적 탄력성', '행동적 탄력성', '인지적 탄력성' 등과 같이 구체적이며 세부적인 특정 유연성 및 탄력성의 개념 연구의 과제들이 수행되어야 할 것이다.[34]

---

31. 이해리·조한익, "한국 청소년 탄력성 척도의 타당화 연구", 《한국심리학회지》, 18(2) (2006): 353-371.
32. 이상준, "가정폭력 경험 청소년의 탄력성과 보호요인" (박사학위논문, 카톨릭대학교 대학원, 2006), 25.
33. Hermandez, L. P. "The role of protective factors in the school resilience of Mexican American high school students". (Doctoral Dissertation, Standford University, 1993). 101-103.
34. 이해리, "청소년의 역경과 긍정적 적응 : 유연성의 역할".(박사학위논문, 한양대학교 대학

3. 기독교 교육상담의 의미와 특성

(1) 교육과 상담의 관계성

Clinebell[35]은 "교육과 상담은 하나로 연결되어있다. 둘 다 전인적 인간 성장을 극대화한다는 공통적 목적을 가진다. 상담은 성장이 감퇴된 사람들이 좀 더 건설적인 가치와 태도, 대인관계, 기술을 습득하도록 하는 재교육에 목적을 두고 있다. 성장 지향적 요법은 일상적인 관계와 학습상황에서 성장하고 학습할 수 있는 능력을 회복시키고자 한다."라고 하면서 목회상담자적 입장에서 교육과 상담의 목적의 동일성을 언급하고 있다. 정정숙[36]은 기독교 교육과 상담은 하나님 중심의 삶의 체계를 형성하고 성숙하게 하는데 도움을 준다는 의미에서 동일한 지향점을 갖고 있는데, 그 목표에 도달하는 방법론적 차이에 있어서 기독교 교육은 일반적으로 "정규적 교육(Formal Education) 활동"이고 기독교상담은 "비정규적 교육(Informal Education) 활동"으로 구분하여 설명하고 있음을 볼 때, 기독교 교육과 기독교상담은 동일한 목표를 향해 달려가는 수레의 두 바퀴와 같이 이해될 수 있을 것이다.

안경승[37]은 기독교 교육과 기독교 상담이라는 두 전문 분야의 관계성을 아래와 같이 비교, 설명하고 있다. 첫째, 교육과 상담의 목적은 근본적으로 동일하다. 기독교 교육은 피교육자로 하여금 "그리스도의 장성한 분량이 충만한 데까지 이르게"(엡 4:13) 하는 데 목적을 두고 있는데, 그 분의 품성을 본받도록 돕는 탁월한 방법 가운데 하나가 상담이며, 기독교 상담의 목적 역시 피상담자를 변화시켜 하나님을 영화롭게(고전 10:31)하는 것이다.

둘째, 교육과 상담은 상호 보완적으로 활용되어질 때 효과적이다. 깊은

원. 2007), 35-36.
35. Clinebell, H., 《성장상담》, 이종헌 역 (서울: 성장상담연구소, 1994), 74-75.
36. 정정숙, 《기독교상담학》 (서울: 베다니, 1994), 190-192.
37. 안경승, "기독교 상담과 가르침의 관계", 《복음과 상담》, 제6집 (2006): 237-239.

수준의 관계를 형성하고 돌봄을 베풀 줄 아는 교사와, 학습과 훈련을 도울 수 있는 상담자의 기술적이고 능력 있는 지도력은 가장 효율적으로 한 개인을 도울 수 있게 한다. 상담자로서의 교사와 교사로서의 상담자는 이상적으로 학생들을 인도할 수 있는 대안이 될 수 있는 모델이다.

셋째, 예수님은 하나님의 형상대로 지음 받은 사람을 사랑하시고 섬기는 본을 보여주시면서 돌보는 교사요 상담자로서의 지도자의 모델을 보여 준다. 진리를 선포하고 가르치는 방법에 있어서 예수님이 도입하셨던 비유적 접근은 학습자의 현 위치를 파악하고 그곳에서 출발점을 찾는 상담적 요소를 담고 있다. 상담과 교육을 통해서 진리를 듣고 알게 될 때 형성되는 인지의 재구조화는 인간을 변화시키는 힘으로 작용하게 된다.

기독교 교육과 기독교 상담은 고유한 실천신학의 분야로서 그 학문적 전문성을 더하고, 각자의 영역에서 하나님의 백성을 살리는 중요한 역할을 잘 감당할 수 있어야 할 것이다. 이와 같이 교육과 상담이 각 분야의 전문성을 살리는 동시에, 함께 통합적 노력을 해 나갈 때에 기독교 교육과 기독교 상담은 하나님의 백성들을 살리고 치유하고 변화, 성장시키는 귀한 역동의 도구가 될 수 있을 것이다.

(2) 교육상담 : 상담의 예방 및 교육적 접근

전통적으로 상담은 문제를 가진 한 개인이 상담자와의 대면 관계를 통해서 문제를 해결하거나 치료하도록 돕는 것으로 이해되어 왔다. 그러나 점점 상담 현장의 현실과 급변하는 세상의 추세에 부응하여, 상담 역시 치료적이고 통찰지향적인 장기상담적 접근에서 벗어나서 해결지향적이고 방향을 제시하며 교육적 방법을 통합한 형태를 가져야 한다는 필요성이 제기되고 있다. 본 연구에서 사용하는 교육상담(educational counseling)이라는 용어는 전통적인 치료상담(therapeutic counseling)과는 구별되는, 내담자의 예방과 성장을 위하여 필요한 교육적 접근을 상담의 한 차원으로서 실천하는 것을 의미하고 있다.

안경승[38]은 교육과 상담을 접목하는 몇 가지 가능성을 제시하고 있는데, 첫째, 문제 발생 후 치료적 접근을 하기 보다는, 개인의 태도 형성과 능력 증진에 도움을 주는 예방 및 성장 지향적 접근을 하는 것이 중요하다고 보았다. 즉, 인생의 제반 문제에 대한 해결이나 예상할 수 있는 어려움에 대한 대비에 그칠 것이 아니고 기본적으로 심리적 적응도를 성장하게 하는 것이다. 둘째, 특별한 어려움을 극복하는 능력만이 아니고, 다양한 문제 상황에 공통적으로 적용될 수 있는 지혜, 즉, 해결 방식, 절차, 과정 이해를 학습시키는 것이 중요하다. 이것은 상담자가 직접적으로 내담자를 돕기 보다는, 문제 상황에 처할 때 적합하고 구체적인 목적을 설정할 수 있고 성취가 가능한 대책을 마련하며, 이것을 실천에 옮기는 과정을 배우게 하는 것을 의미한다. 셋째, 임상상담의 학문적 근거를 서구 심리학에서만 찾는 것이 아니고 인문, 사회, 행동과학의 여러 다른 학문 분야에로 확장함으로써, 사람에 영향을 끼치는 여러 요인에 대한 이론적 토대를 세우고 충분히 활용할 필요가 있다. 특히, 교회 내 위기청소년들이 스스로 자기 문제를 해결하고 극복할 수 있게 돕기 위해서는 이러한 예방/교육적 접근이 매우 유용하고 필요한 대안이 될 수 있을 것이라 여겨진다.

Adams[39]는 제자들이 예수님과 함께 하는 과정에서(막 3:14) 가르침(teaching)과 상담(counseling)을 통해 제자화 되었으며, 권면과 가르침은 마치 동전의 양면과도 같은 것이어서(골 1:28, 3:16), 여러 가지 방법을 활용해서 가르치는 것이 기독교 상담자의 중요한 과업이 된다고 주장하였다. 또한 좋은 상담을 위해서는 공식적인 가르침(formal teaching)이 필수적이며, 피상담자의 문제해결을 도와 줄 때 "무슨 일이 왜 발생했는가를 정확하게 배우도록 강권해야 한다"고 말한다. Clinebell[40]은 "목사들이 소유하고 있는 많은 아주 훌륭한 상담 가치들은 창조적 교육과 역동적 상담의 기술들의 혼합을 요구한다. 이러한 유형의 도움은 교육적 상담이라고 불

---
38. 안경승, "기독교 상담과 가르침의 관계", 239-241.
39. Adams, J. E., 《목회상담학》, 정정숙 역 (서울: 총신대학교 출판부, 1992), 122-141.
40. Clinebell, H., 《성장상담》, 이종헌 역 (서울: 성장상담연구소. 1994), 74-75.

리운다."고 설명하고 있으며, Crabb[41]은 그의 상담 체계 중에 2단계에서 피상담자의 문제행동을 성경적 행동으로 바뀌도록 상담자가 "권면(exhortation)"해야 하며, 3단계에 해당하는 문제 사고는 성경적 사고로 변화하도록 "교화(enlightenment)"시켜야 한다고 주장한다. Kirwan[42]은 세 단계의 상담과정에서 첫 번째 소속감의 공유(Imparting a Sense of Belonging) 단계와 세 번째 봉사(Service)의 단계 사이에 "교화"(Edification)의 단계를 위치시키고 있는데, 이 교화단계에서 상담자는 내담자로 하여금 문제 가운데서 통찰을 얻을 수 있도록 가르치고, 특별히 심령 가운데 하나님의 말씀의 관점을 내면화하게 도와야 한다고 하였다. Collins[43]는 제자화 상담에서 상담자가 교사의 역할을 담당해서 내담자에게 다르게 생각하고 행동하고 느끼는 법을 가르쳐야 하는 것을 중요하게 다루고 있다. 그는 또한 기독교 상담이 첫째, 과거와 현재의 문제를 지닌 사람들을 돕는 전통적 치유(traditional therapy), 둘째, 하나님과 동행하도록 사람들을 도와주는 영적 지도(Spiritual direction), 셋째, 코칭(coaching)으로 점차적으로 발전하고 있다고 언급하면서 특별히 상담의 코칭적 접근을 제시하고 있는데, 상담에 대한 코칭적 접근에 학습과 훈련, 그리고 조언의 기술을 적절하게 활용하는 것 등이 중요하게 포함된다. Clinebell[44] 역시 교육적 상담자는 피상담자로 하여금 문제들을 건설적으로 극복하는 기술들을 획득하도록 지원하는 일종의 코치와 같다고 함으로써, 교육상담과 코칭의 상호연관성을 설명하고 있다.

---

41. Crabb, L. J., 《성경적 상담학》, 정정숙 역 (서울: 총신대학교 출판부, 1999), 167-169.
42. Kirwan, W. T. *Biblical concepts for Christian Counseling*. Grand Rapids, MI.: Baker, 1984, 225-226.
43. Collins, G. R., 《크리스챤 카운슬링》, 피현희 외 역 (서울: 두란노, 1993), 41-42.
44. Clinebell, H., 《성장상담》, 이종헌 역 (서울: 성장상담연구소, 1994), 74-75.

4. 위기청소년의 자아탄력성 증진을 위한 기독교 교육상담

(1) 교회 청소년의 위기유형과 대처 양식

본 연구에서는 윤철경의 위기상황 분류[45]를 보다 구체화하여, 교회 청소년의 위기상황을 가족/관계적, 학업/진로적, 심리/정서적, 사회/문화적, 영적/신앙적 등 5가지 위기상황으로 정리하였으며, 그 내용은 다음과 같다.[46]

첫째, 가족/관계적 위기는 청소년을 둘러싸고 있는 가족 구조, 가족 해체, 가정 빈곤, 가정 폭력 등의 문제로 인한 가족 위기와 부모, 형제, 친척 등 가족 구성원들과의 관계에서 겪게 되는 관계적 위기 등 가족과의 관계에서 청소년들이 경험하게 되는 위기를 의미한다.

둘째, 학업/진로적 위기는 학령기에 해당하는 청소년들에게 가장 중요한 공간인 학교와 학습과제의 수행을 둘러싼 위기상황, 그리고 인생의 진로 결정을 둘러싸고 나타나는 각종 위기상황 등을 의미한다.

셋째, 심리/정서적 위기는 위기 가운데 경험한 내적 상처와 타인과 자신의 상황에 대한 분노와 원망, 증오, 미움, 외로움, 죄책감, 좌절감, 열등감, 소외감, 상실감, 슬픔, 책임감 등 다양한 종류의 심리, 정서적 문제와 이로 인한 심각한 내면적인 위기 상황을 의미한다.

넷째, 사회/문화적 위기는 교우관계 등과 같은 사회적 관계의 문제와 각종 여가, 오락, 유흥활동, 게임중독 등과 같은 문화적인 문제들로 인하여 겪게 되는 위기상황을 의미한다.

다섯째, 신앙/영적 위기로서 청소년들이 하나님과의 관계에서 겪게 되는 위기로써, 위기 상황의 결과 경험하게 되는 신앙 영적 위기도 있고, 신앙 영적 위기의 결과 경험하게 되는 생의 문제들도 포함하고 있는, 어떠한

---

45. 윤철경 등은 청소년의 위기상황을 가족적 위기상황, 교육적 위기상황, 개인적 위기상황, 사회적 위기상황의 네 가지로 설명하였다.
46. 강연정. "위기유형과 대처방식에 따른 한 부모 가정 자녀상담", 《복음과 상담》, 제11권 (2008): 154-157.

위기보다 근본적이고 중요한 위기를 의미한다.

교회 청소년들이 현재 처해 있는 위기상황을 극복하고 자아탄력성을 증진하기 위한 위기상담의 대처 양식은 일반적으로 치료 지향적 대처, 성장 지향적 대처, 예방 지향적 대처 등 3가지로 이루어지며, 그 내용은 다음과 같다.[47]

먼저, 치료 지향적(Therapeutic-oriented) 대처 양식이란 위기청소년들이 이미 겪고 있는 위기상황의 고통과 어려움을 해결할 수 있는 도움을 제공하기 위하여 다양한 치료적 접근을 하는 것을 말한다. 이러한 치료 지향적 대처는 문제해결과 적극적인 개입에 초점이 있기 때문에 상담자에 대한 의존성 발달과 일시적인 문제해결이나 지원에 그칠 경우, 문제재발이나 치료효과의 반감에 대한 우려도 있음을 유념해야 할 것이다.

다음으로, 성장 지향적(Growth-oriented) 대처 양식이란 현재 처해진 위기상황을 견디고 이겨갈 수 있도록 위기청소년 개인의 내적 자원 개발과 위기에 대한 새로운 관점의 정립으로 말미암아 위기상황을 잘 극복해 갈 수 있도록 돕는 것이다. 그러나 위기상황을 재인식하고 재구성할 수 있기 위해서 성경적이며 긍정적인 관점으로의 인식의 전환을 위한 노력이 무엇보다 중요하다는 사실을 간과해서는 안될 것이다.

마지막으로, 예방 지향적(Prevention-oriented) 대처 양식이란 위기청소년들에게 발생할지 모르는 위기상황을 예방하거나 지금 현재 발생해 있는 위기상황이 다시는 재연되지 않도록 하기 위해 예방하고 대비하는 것이다. 예방적 대처는 문제를 예상하고 잘못되지 않도록 하기 위해 할 수 있는 조치들을 취하는 예방적 개입과 저항할 수 없는 난관을 예상하고 극복하고 피할 수 있도록 살아가는 법을 가르치는 예방적 교육을 통해 이루어질 수 있다.

---

47. Ibid., 148-150.

(2) 청소년 자아탄력성 증진을 위한 교육상담적 접근

교육상담적 접근은 전통적인 일대일의 상담치료적 접근 외에 다양한 차원의 상담적 접근이 포괄적으로 포함될 수 있는 접근 방법이라고 할 수 있다. 먼저, 교회 내에서 핵심적인 교육상담적 방법으로 활용되고 있는 것이 교육과 훈련이다. 이는 교회에서 정기적으로 다양한 주제에 맞는 단회 혹은 단기 특강, 세미나, 실습(workshop), 구조화 집단 프로그램 등을 실시하거나 주제를 심화하여 교육하는 중장기 교육과정을 개발하여 심층훈련을 할 뿐 아니라, 특정 위기 및 문제를 지닌 청소년들 뿐 아니라 정상적인 일반 청소년들도 자연스럽게 마음의 벽을 허물고 관련 내용에 관해 학습할 수 있는 기회를 제공하는 것이다. 이 외에도 청소년들의 흥미와 관심을 고려하여, 상담성경공부, 독서상담, 영화치료, 미술치료, 생태치료, 토론 모임, 지지그룹, 성품교육, 부모교육, 상담 프로그램 모니터링, 발달단계 별 모임, 주말학교, 그리고 멘토링과 코칭 등 다양한 교육상담적 방법들을 활용할 수 있을 것이다.

본 연구에서는 L.J.Crabb[48]이 제시하고 있는 3단계 상담자 훈련단계모델, 즉, 전체 교인 대상의 예방/교육적 접근인 격려 상담 단계, 상담기술이 필요한 사람들을 가르치고 훈련하는 권면 상담 단계, 개인상담 및 치료가 필요한 사람들을 상담해 줄 수 있는 상담전문가 훈련을 위한 교화상담 단계 등을 수정, 보완하여 교회 청소년 자아탄력성 증진을 위한 교육상담적 접근방법을 제시해 보고자 한다.

첫째, 교회 내 전체 청소년들을 위한 위기대처 및 자아탄력성 강화 교육적 접근이다. 이는 위에서 언급한 3가지 위기대처양식 중 예방지향적인 대처와 연결되는 접근이라 할 수 있다. 대부분의 청소년들은 고민이 있거나 문제가 있을 때 부모나 교사, 전문가의 도움을 받기보다는 혼자 고민하거나 스스로 자신을 상담하는 자기상담(self-counseling) 또는 주위 친구들과 문제해결을 위해 마음을 나누는 동료상담(peer-counseling)을 주

---

48. Crabb, L. J., 《성경적 상담학》, 정정숙 역 (서울: 총신대학교 출판부, 1999), 167-169.

요한 상담의 방법으로 사용하고 있다. 이러한 현실을 감안할 때, 교회 청소년들이 앞으로 언제 어떻게 다가올지 모르는 위기상황에 대처하고, 적응하며 회복해 갈 수 있는 자아탄력성을 길러갈 수 있도록 도와주는 전체 청소년 대상의 교육상담적 노력이 필요하다. 실제 활용할 수 있는 교육상담적 접근방법은 주일 예배나 수련회를 활용한 단기 특강 및 세미나, 워크샵 등이 가장 일반적으로 활용되는 방법이며, 주말이나 수련회 등에서 청소년의 자아정체감 및 자존감 향상을 통한 자아탄력성 증진을 위하여 상담성경공부, 독서상담, 영화치료, 주제토론모임, 성품교육 등과 같은 다양하고 구체적인 프로그램들을 꾸준히 실시함으로써 자라나는 청소년들을 위한 예방, 교육적 상담접근으로 활용할 수 있을 것이다.

둘째, 교회 내 위기청소년들의 위기 극복 및 패러다임 전환을 위한 교육상담적 접근이다. 현재 위기상황에 처해 있거나, 다양한 위기를 심각하게 경험했던 청소년들이 위기를 스스로 극복할 수 있도록 대처방법 및 지원전략을 교육하고 훈련해야 한다. 이와 아울러 청소년들이 현재의 위기를 바라보는 관점과 패러다임을 바꿀 수 있도록 도와줌으로써 더 이상 위기상황에 힘들어하지 않고 위기를 기회로 바꾸어 갈 수 있도록 도와주는 접근방법이다. 이는 성장지향적 대처와 치료지향적 대처와 연결될 수 있는 접근방법이지만, 전통적인 관점의 일대일의 상담치료적 접근과는 다르게 주제에 맞는 교육적 상담방법을 활용한 치료적 접근, 즉, 친구관계, 가족관계, 이성문제, 성격문제, 학업 및 진로 등 주요한 주제 별 모임이나 구조화집단상담 프로그램을 주기적으로 실시하거나, 주제에 맞는 상담성경공부나 독서상담모임, 영화치료나 미술치료, 토론모임, 지지그룹 등 다양한 프로그램을 통하여 당면하고 있는 위기를 잘 극복하고 내적인 힘을 길러서 자아탄력성을 증진시켜갈 수 있도록 도와야 한다.

셋째, 교회 내 위기청소년들의 자아탄력성 증진을 위한 코칭 및 멘토링 접근이다. G. R. Collins는[49] 종래의 상담(counseling)이 점차적으로 코칭

---

49. Collins, G. R., 《크리스챤 카운슬링》, 피현희 외 역 (서울: 두란노, 1993), 41-42.

(coaching)으로 발전하고 있다고 언급하며 상담의 코칭적 접근을 제시하고 있는데, 상담의 코칭적 접근에 있어서 중요한 것이 학습과 훈련, 그리고 조언의 기술을 적절하게 활용하는 것 등이 포함된다고 말한다. 코칭이란 한 개인이나 그룹을 현재 있는 지점에서 그들이 바라는 더 유능하고 만족스러운 지점까지 나아가도록 인도하는 기술이자 행위이며, 사람들을 격려하고 동기를 부여함으로써 그들이 스스로를 성장시키도록 돕는 과정이라고 할 수 있다. 코칭(coaching)과 멘토링(mentoring), 그리고 제자훈련(discipleship training)은 서로 교호적으로 사용되기도 할 정도로 서로 간에 공통점과 유사성이 많이 있는 용어이다. 특히 코칭과 멘토링은 더욱 그러한데, 엄밀히 말하자면, 멘토링을 좀더 성공하거나 자리잡은 선배 또는 교사가 멘티를 지도하고 조언하여 이끌어가는 과정이라고 본다면, 코칭은 보다 넓은 의미에서 청소년들이 자신의 상황을 살피고 어떻게 행할지 결론을 내리고 격려자이자 응원자인 코치의 인도를 따라 어떤 행동을 할 때, 코치는 성공한 전문가가 아니라 경청하고 이해하고 지도하는 능력을 가지고 청소년을 도울 수 있다. 이에 비하면 제자훈련을 훨씬 좁은 의미에서 어린 신자에게 성경의 진리를 가르치고 영적훈련을 도모하는데 그 초점이 있다.[50]

III. 닫는 글

교회는 교회교육을 통하여 청소년들을 교육하고 양육하는 중요한 교육적 기능을 수행하고 있으며, 기독교 교육과 상담은 그 방향성과 목적에 있어서 근본적으로 동일한 것을 추구한다고 볼 수 있다. 지나치게 심리치료적인 접근을 제외하고 예방, 교육, 발달, 성장 지향적인 모든 측면은 교육상담적으로 충분히 접근할 수 있는 상담의 측면들이며, 교회 교육적 맥

---

50. Collins, G. R., 《크리스챤 코칭》, 정동섭 역 (서울: IVP, 2004), 21-25.

락에서도 크게 이질감없이 실시될 수 있는 상담접근이라고 볼 수 있다.

교회의 청소년들이 다양한 삶의 위기상황에도 불구하고 학교를 비롯한 삶의 현장에 잘 적응하는 특성으로써, 스트레스가 증가되는 상황에서조차 영향을 거의 받지 않거나 덜 영향을 받으며, 유능감(efficacy)으로 스트레스 상황을 대처함으로써 스트레스를 현저하게 낮출 수 있는 능력인 자아탄력성(resilience)를 증진시키기 위하여, 가정/관계적 위기상황, 학업/진로적 위기상황, 심리/정서적 위기상황, 사회/문화적 위기상황 등 5가지의 위기청소년의 유형에 따라 위기청소년의 자아탄력성 증진을 위하여 치료 지향적 대처, 성장 지향적 대처, 예방 지향적 대처 등 3가지 위기상담의 대처 양식에 맞추어 생각해 보았다.

아울러 L. J. Crabb의 상담자 훈련단계를 수정하여 교회 내 위기청소년들의 위기대처와 자아탄력성 증진을 위한 교육상담적 접근방법에 관해 정리하였다. 다양한 교육상담적 접근을 함에 있어서 상담자가 간과해서는 안될 것이 위기청소년들의 삶 속에서 궁극적으로 역사하시고 인도하시는 하나님의 구원과 회복의 섭리를 인정하는 것이다. 기독교 상담자는 하나님의 절대 주권을 인정하는 가운데, 하나님께서 내담자의 위기를 극복하도록 도와주실 뿐 아니라 궁극적으로 인생을 인도하시고 도와주심을 확신하는 가운데 교육과 상담을 통하여 내담자를 하나님께로 인도할 수 있어야 할 것이다.

참고 문헌

강경호. 《위기와 상담 I, II》. 서울: 한사랑 가족상담연구소, 2000.

강연정. "위기유형과 대처방식에 따른 한부모 가정 자녀상담". 《복음과 상담》, 제11권 (2008): 139-164.

강문희 외. 《청소년의 탄력성》. 서울: 시그마프레스. 2008.

구본용 외. 《위기(가능) 청소년 지원모델 개발연구》. 서울: 국가청소년위원회. 2005.

김동일·최수미. "폭력노출 청소년의 발달적 적응을 위한 통합적 매개모형 : 폭력노출리질리언스와 환경적 보호요인 중심으로". 《한국청소년연구》, 19권 4호 (2008): 227-246.

박현선. "빈곤청소년의 학업적 탄력성". 박사학위논문, 서울대학교 대학원, 1998.

안경승. "기독교상담과 가르침의 관계". 《복음과 상담》, 제6권 (2006): 235-259.

오익수·김택호, 《청소년 위기상담체제 개발 연구》. 한국청소년상담원. 1998.

유성경 외. 《청소년의 가출》. 한국청소년상담원. 2000.

윤철경 등. 《위기청소년 지역사회 안전망 실태와 발전방안》. 한국청소년개발원. 2005.

이상준. "가정폭력 경험 청소년의 탄력성과 보호요인". 박사학위논문, 카톨릭대학교 대학원, 2006.

이해리. "청소년의 역경과 긍정적 적응 : 유연성의 역할". 박사학위논문, 한양대학교 대학원, 2007.

이해리·조한익. "한국 청소년 탄력성 척도의 타당화 연구". 《한국심리학회지》, 18권 2호 (2006): 353-371.

이장호. 《상담심리학》. 서울: 박영사, 1991.

정정숙. 《기독교상담학》. 서울: 베다니, 1994.

정태기. 《위기목회상담》. 서울: 대한기독교서회, 1995.

_____. 《위기와 상담》. 서울: 크리스챤 치유목회연구원, 1998.

지승희 외. 《위기청소년 실태조사 연구》. 한국청소년상담원, 2006.

청소년위원회. 《청소년동반자 활동 매뉴얼》. 서울: 청소년위원회, 2005.

최은영. "기독교상담학, 고난에 대한 해석 : 단일사례를 중심으로". 《한국기독교상담학회지》, 제16호 (2008): 265-291.

한국청소년상담원. 《위기개입 : 실무자를 위한 긴급구조 매뉴얼》. 한국청소년상담원, 2006.

Adams, J. E. 《목회상담학》. 정정숙 역. 서울: 총신대학교 출판부, 1992.

Block, J. & Kremen, A. M., "IQ and ego resiliency : conceptual and empirical connections and separateness". *Journal of Personality and Social Psychology*, 70 (1996): 349-361.

Clinebell, H. 《목회상담신론》. 박근원 역. 서울: 한국장로교출판사, 1991.

_____. 《성장상담》. 이종헌 역. 서울: 성장상담연구소, 1994.

Collins, G. R. 《크리스챤 카운슬링》. 피현희 외 역. 서울: 두란노, 1993.

_____. 《크리스챤 코칭》. 정동섭 역. 서울: IVP, 2004.

Crabb, L. J. 《성경적 상담학》, 정정숙 역, 서울: 총신대학교 출판부, 1999.

Fine, S. B. "Resilience and human adaptability: Who rises above adversity". American *Journal of Occupational Therapy*, 45 (1991): 493-503.

Garmezy, N. "Resilience in children's adaptation to negative life events and stressed environments", *Prediatrics*, 20 (1991): 459-466.

_____. "Children in poverty: resilience despite risk". *Psychiatry*, 56 (1993): 127-136.

Hermandez, L. P. "The role of protective factors in the school resilience of Mexican American high school students". Doctoral Dissertation, Standford University, 1993.

Kirwan, W. T. *Biblical concepts for Christian Counseling*. Grand Rapids, MI.: Baker, 1984.

Luthar, S. S. "Vulnerability & resilience : a study of high-risk adolescents". *Child development*, 62 (1991): 220-242.

Mastern, A. S., Best, K. M., & Garmazy, N. "Resilience and development : contribution from the study of children who overcome adversity". *Development and Psychopathology*, 2 (1990): 425-444.

McSwain, L. L., & Tradewell, W. C. *Conflict Ministry in the Church*, Nashville: Broadman Press, 1981.

McWhirter, J. J., et. al. *At-risk youth : a compregensive response*, Belmont, CA: UBrooks/Cole-Thomson Learning, 2004.

Meyer, F. B. *The gift of suffering*. Grand Rapids, Mochigan: Kregel Publications., 1991.

Rauh, H. "The meaning of risk and protective factors in infancy". *European Journal of Psychology of Education*, IV. 2 (1989): 161-173.

Swihart, J. J., & Richardson, G. C. *Crisis counseling*, Waco Texas: Word Books. 1988.

Rutter, M. "Psychosocial resilience and protective mechanism". *American Orthopsychiatry*, 57 (1987): 316-331.

Walsh, F. *Strengthening Family Resilience*, NY: The Guilford Press. 1998.

Werner, E. E. "Resilience in development, current directions". *Psychological Science*, 4(3) (1995): 81-85.

Wolin, S., & Wolin, S. J. "The challenge model: Working with strengths in children of substance-abusing parents". *Child and Psychiatric Clinics of North America*, 5 (1996): 243-256.

종교정향 및 신앙성숙과 심리적 안녕감, 비행, 친사회적 행동과의 관계:
기독교 신앙을 가진 고등학생을 대상으로[*]

김성수 목사 _ 극동대학교 교양학부 강사[**]

*요약
I. 여는 글
II. 펴는 글
  1. 위기청소년
  2. 자아탄력성의 개념 및 특징
  3. 기독교 교육상담의 의미와 특성
  4. 위기청소년의 자아탄력성 증진을 위한 기독교 교육상담
III. 닫는 글
*참고문헌

─────────────── 〈요 약〉 ───────────────

본 연구는 청소년의 종교정향과 신앙성숙이 심리적 안녕감, 비행과 친사회적 행동과 어떤 관계가 있는지를 규명하고자 하였다. 연구변수들 간의 관계를 확인하기 위해 187명의 청소년의 자료를 수집하였다. 변인들 간의 상관분석과 중다회귀분석의 독립변인 투입방법 중 위계적 방법을 사용하여 분석을 실시하였고, 그 결과에 입각하여 결과를 요약하면 다음과 같다. 첫째, 종교정향이 신앙성숙의 74% 설명해주었으며, 내인적 정향에서는 정통적·보수적 신앙, 배타·신앙제일주의 신앙, 합리·개방적 신앙이, 외인적 정향에서는 윤리·도덕적 신앙이 신앙성숙과 높은 정적 상관관계가 있는 것으로 나타났다. 반대로 외인적 정향인 편의주의적 신앙은 신앙성숙과 부적 상관이 있는 것으로 나타났다. 둘째, 신앙성숙은 긍정적 정서와 정적 상관을, 부정적 정서와는 상관관계가 없는 것으로 나타났다. 셋째, 신앙성숙도는 비행과 부적상관을, 친사회적 행동과는 정적상관이 있는 것으로 나타났다. 넷째, 종교정향이 비행을 8.9% 설명하고, 친사회적 행동의 26% 설명하는 것으로

나타났고, 비행은 외인적 유형인 기복·욕구적 신앙과 유의한 정적 상관이 있었다. 반면 친사회적 행동은 내인적 정향인 정통·보수적 신앙, 신앙제일주의적 신앙, 합리·개방적 신앙과는 유의한 정적 상관을 보였고 편의주의 신앙과는 부적 상관을 나타내었다. 다섯째, 신앙성숙이 종교정향에서의 비행, 친사회적 행동의 매개변인이 된다는 것을 알 수 있었다.

주제어: 종교정향, 신앙성숙, 심리적 안녕감, 비행, 친사회적 행동

I. 서론

1. 연구의 목적 및 필요성

본 연구는 기독청소년의 종교정향에 따른 신앙성숙도가 청소년들의 비행, 그리고 친사회적 행동과 어떤 관계가 있는지를 규명하려는 데 그 목적이 있다. 모든 사람들은 종교적인 성향을 가지고 있다. Wolters(1992)는 종교적인 신념을 '세계관(world-view)'이라고 표현했고, '한 사람이 사물들에 대해서 갖고 있는 기본적 신념들의 포괄적인 틀'이라고 잠정적으로 정의한 바 있다. Walsh와 Middlton(1984)이 언급한 대로 종교적인 신념, 즉 세계관이란 '지각의 틀(perceptual framework)'이고, '사물을 인지하는 방식'이고, '삶의 대한 지각(vision of life)'이요, '삶을 위한 시각(vision for life)'이다. Sire(1988)의 말처럼 어느 시대의 세계관의 수는 그 시대에 사는 의식적 존재의 수만큼이나 많을 수 있다. 따라서 종교적인 신념, 즉 세계관은 한 사람의 특성과 성향을 이해하는 데 중요한 자료가 될 수 있다. 설령 무신론자라 할지라도 그 사람의 생각과 가치관과 세계관은 신이 없다는 신념에 근거한 것이므로 종교적인 신념과 다를 바가 없다고 볼 수 있다.

이런 종교적 신념은 개별적으로 사람들의 인지적 차원, 감정적 차원, 의

---

* 본 연구는 김성수(2010)의 한국교육심리학회 학교심리분과 제2권 2호에서 발표된 것임.
** 김성수는 이 논문의 교신저자로서 장성수와 한양대학교에서 함께 연구하였다.

지적 차원에 큰 영향을 미칠 수 있으며 뿐만 아니라 종교는 사회학적 현상에도 영향을 미친다. DeGraaff(1968)는 "정치 활동, 법적·경제적 활동, 결혼, 가정, 그리고 자녀 양육 행위들은 모두 신앙적으로 인도되는 생활 방식의 표현들이다"라고 말한 바 있다. 통계청(2003)에서 발표한 한국사회 지표에 의하면 우리나라 종교인구 비율은 49.9%로 나타났고, 그 중 불교가 48.9%, 기독교가 36.5%, 천주교가 11.7%, 유교가 0.8%, 원불교가 0.6%, 천도교가 0.2%순으로 나타났다. 한미준(1998)의 연구에 의하면 인구 사회학적 특성별로 표집의 자료를 정리한 결과 종교인구의 성별 비율은 여자가 남자보다 더 많고, 남자는 40대, 여자는 50대가 더 많은 것으로 나타났다. 교육 수준별 구분에서는 학력이 낮을수록 종교를 더 많이 가지고 있고, 지역별로는 서울을 비롯한 대도시가 중소도시보다 종교인구가 더 많은 현상을 보이고 있다. 이와 같이 종교는 사회적 현상과 변화에도 직간접인 영향을 미치고 있다.

한편 종교는 인생의 고통, 질병, 불공평, 악 등의 불합리한 문제를 해결해 줄 수도 있으며(Weber, 1992) 이외에 '이 세상이 어떻게 시작되었는가?', '인생의 목적은 무엇인가?' 등과 같은 과학이나 상식으로 얻을 수 없는 문제들에 대한 해답을 찾게 한다(김동기, 2003). 특히 종교에 대한 인간의 반응으로서의 신앙은 측정할 수 있는 요소로 개인의 내면적인 안녕감과 깊은 연관성이 있다. 신앙은 인간의 마음에 평안을 주고 정신에 안정감을 부여해 주며, 개인의 삶에 의미를 제공해 줌과 동시에, 자기 존중감과 심리적 안녕감에 긍정적인 역할을 한다고 보고하였다(한재희, 1992; 전교식 2002).

한편 종교적인 신념은 청소년들의 성장 과정에도 중요한 역할을 할 수 있다. Piaget가 지적한대로 이 시기에는 추상적인 사고가 가능하며 가상적인 사고가 가능하기 때문에 청소년은 이러한 기능을 통해 이 시기에 신앙을 조직화하게 된다(Fowler, 1991). 이 단계에는 아직 성찰적인 사고는 아니지만 자신 속의 신앙을 종합하려고 시도한다(Fowler, 1992). Fowler(1992)는 청소년기에 흔히 있는 자기중심성이 신앙으로 인해 극복된다고 주장한 바 있다. 이와 같이 신앙은 청소년의 성장과정에서 긍정적인 정서와 행동을 이끌어 내는데 중요한 역할을 할 수 있을 것이다.

지금까지의 연구를 살펴보자면 장훈태(1991)는 신앙수준이 높은 사람이 낮은 사람에 비해 선행에 대한 긍정적인 정서나 보람감, 선행을 하지 않는 것에 대한 부정적 정서나 죄책감 등에 더 민감한 반응을 보이는 것으로 보고했다. 그리고 정진방(1997)은 기독대학생의 경우 신앙이 성숙할수록 스트레스에 더욱 적극적으로 대처하는 것으로 보고했고, 박병윤(2001)은 신앙이 성숙할수록 결혼의 만족도와 부부간의 효율적인 의사소통 수준이 높은 것으로 보고 하였다. 그리고 이유리(2002)는 성숙신앙이 삶의 만족도와 정적 상관을 보이며 우울, 불안, 직무 불만족, 이직 의도와 같은 부정적인 정서와는 부적 상관이 있는 것으로 보고하였고, 전교식(2002)은 성숙신앙이 자기존중감과 심리적 안녕감을 높인다고 하였다.

현재까지 이루어진 선행연구들을 종합해 보면 성숙신앙이 선행에 대한 보람감과 비행에 대한 죄책감, 그리고 심리적인 안녕감, 삶의 만족이나 스트레스 대처 양식과 어떤 관계가 있는지 밝혀내는 방향으로 진전을 이루었으며, 기독교 신앙과 정신건강과의 관계를 정립하였다. 하지만 신앙 성숙(faith development)이라는 단순한 기준은 다양하고 복합적인 신앙의 양상을 설명하고 이해하는 데 부분적인 한계가 있어 보인다. 신앙이 높고 낮음으로 이해하는 단편적인 차원보다는 신앙수준에 영향을 미치는 복합적인 측면, 즉 종교정향(typology)으로 이해한다면 각 영역에서 심리적 정서적 어려움을 겪는 학습자에게 그 특성에 맞는 진단과 접근, 그리고 효과적인 도움과 지도가 가능할 것으로 예상된다.

신앙유형과 관련된 연구는 1945년경부터 사회심리학자들로부터 신앙을 두 가지 정향으로 구분하면서부터 시작되었다(Baston & Ventis, 1982). 이러한 연구는 Allport(1950)를 거치면서 체계화 되었고, 이런 신앙심 분류를 종교정향(宗敎定向)의 유형론(類型論, typology)이라고 하였다. 많은 학자들이 이 이론과 관련하여 실제적인 적용연구를 다양하게 시도하였고, 그 결과도 발전적·미래 지향적으로 나타나고 있다. 이후 한국에서는 김동기(1999)가 신앙유형의 표준화 척도를 만들기 전까지 신앙 유형을 내인적(內因的, intrinsic)·외인적(外因的, extrinsic) 두 가지의 유형으로 나누었지만 이후 6가지로 세분화 하여 기독교인을 중심으로 한 종교정향 척도를 표준화하였다(김동기, 1999). 본 연구에서 사용된 종교정향의 유형은 내인적 유형(intrinsic orientation: IO)과 외인적 유형(extrinsic orientation: EO)으로 구분되며 그 내용은 다음과 같다.

첫 번째 유형은 정통적·보수적(IO) 신앙으로 '하나님'의 현존을 느끼고 신앙의 외적 요소를 중요시 여기는 사람들이다. 두 번째 유형은 윤리적·도덕적(EO) 신앙으로 신앙이 개인적인 삶이나 사회생활에 유익하다고 생각하는 사람들로서 신앙을 윤리적·도덕적으로 생각하는 사람들이다. 세 번째 유형은 편의주의적(EO) 신앙으로 타인의 종교생활에 좌우되거나 간섭하며 종교를 자기중심적으로 이해하고 생활하는 사람들이다. 네 번째 유형은 배타적·신앙제일주의적(IO) 신앙으로 종교는 자신의 삶에 중대한 영향을 주는 것으로 신앙 없이는 삶의 의미를 찾을 수 없다고 여기는 사람들이다. 다섯 번째 유형은 합리적·개방적(IO) 신앙으로 신앙을 지적이고 이성적으로 추구하며, 타인의 종교에 대해 개방적이고 합리적이며 유연성이 있는 신앙인라고 볼 수 있다. 여섯 번째 유형은 기복적·욕구충족적(EO) 신앙으로 종교는 자신의 욕구나 기대를 충족시켜주는 매개체로 생각하는 사람들이다.

한편 가정과 학교에서 청소년들을 대상으로 한 도덕교육은 일정한 한계를 드러내고 있다. 조선일보 인터넷 판에서는 삼성서울병원 소아청소년 정신과에 내원한 청소년 중 '폭력을 동반한 반항과 품행 장애'를 주 증상으로 하는 '소아·청소년기 행동 및 정서장애' 사례가 2000년에는 전체 3,382명 중 1,324명으로 39%였던 것이 2003년에는 5,755명 중 2,367명, 41%로 늘었고, 2006년에 10월까지 5,504명 중 3166명으로 약 57%로 급증하였다. 이 수치는 6년 전에 비해 2배 이상 늘어난 수치이다(www.chosun.com, 2006). 이와 유사한 청소년들의 정서적 도덕적 문제는 가정과 학교 현장에서 점점 심화되어 가고 있다. 이런 현상은 가정과 학교에서 이루어지는 도덕교육과 인성교육의 위기를 단적으로 보여주는 보고라 할 수 있다. 이러한 위기상황에서 신앙교육은 가정과 학교에서 이루어지는 도덕교육과 인성교육의 한계를 보완할 수 있는 좋은 대안이 될 수 있을 것이다. 본 연구자는 교회에서 이루어지는 신앙교육이 청소년들의 정서와 도덕적 행동에 긍정적인 영향을 미치는 것을 선행연구에서 경험적으로 확인한 바 있다.

따라서 본 연구의 목적은 청소년을 대상으로 한 신앙성숙이 비행과 친사회적 행동과 어떠한 관계에 있는지를 확인해 보고, 더 나아가 종교정향 중 어떤 유형이 신앙성숙도를 높이고 비행과 친사회적 행동에 영향을 미치는지를 규명하여 신앙교육을 통한 청소년의 인성교육과 도덕교육에 시사점을 제시하고자 한다.

본 연구에서 확인하고자하는 연구문제는 다음과 같다.
첫째, 청소년의 종교정향, 신앙성숙도, 심리적 안녕감, 비행, 친사회적 행동과의 관계가 어떠한가?
둘째, 청소년의 신앙성숙도는 종교정향과 비행의 관계에서 매개변인의 역할을 하는가?
셋째, 청소년의 신앙성숙도는 종교정향과 친사회적 행동과의 관계에서 매개변인의 역할을 하는가?

Ⅱ. 연구 방법

1. 조사 대상

기독교 신앙을 가진 청소년들의 신앙유형과 신앙성숙도가 비행, 친사회적 행동과의 관계를 알아보기 위하여 서울시내와 경기도 분당, 용인에 소재한 교회에 출석하는 남녀 고등학생(1, 2, 3학년) 200명을 조사 대상으로 하였다. 이 연령대의 학생들이 신앙유형과 신앙성숙, 비행과 친사회적 행동의 측정도구에 답할 수 있는 인지능력과 지적능력이 있다고 보았다. 전체 200부의 질문지를 배부하여 총 187부의 질문지를 회수하였다. 이 중 불성실하게 응답하였거나 내용이 누락된 35개를 제외하고 총 152명의 최종 응답을 분석 자료로 사용하였다. 본 연구대상의 학년별 인원 및 성별은 〈표 1〉와 같다.

〈표 1〉 연구대상의 학년별 인원 및 성별 분포(%)

변인	구분	빈도
성별	남자	65(42.8)
	여자	85(55.9)
	무응답	2(1.3)
	합	152(100)
학년	고1	68(44.7)
	고2	49(32.2)
	고3	34(22.4)
	무응답	1(0.7)
	합	152(100)

2. 측정 도구

(1) 종교정향 척도

종교정향 측정 도구는 김동기(1999)가 기독교인을 중심으로 신앙 유형을 표준화한 척도를 사용하였다. 김동기는 종교정향 척도 문항의 신뢰도·타당도를 검증하기 위하여 Allport와 Ross(1967)의 내인적 정향(intrinsic orientation: IO)과 외인적 종교정향(extrinsic orientation: IO) 척도(20개 문항), Baston과 Ventis(1982)의 내적, 외적, 추구적 종교정향 척도(21개 문항), 김동기(1998)의 수정 문항(19개 문항), 위조문항(10개 문항) 등 총 70개의 문항을 이용하였다. 그 다음에는 총 70개의 척도 문항을 수정·보완하기 위하여, 백승치·김동기(1994)의 연구 결과를 참고하고, 김동기(1998)연구에서의 자료를 이용하여 요인분석과정을 거쳤다. 이 분석 과정에서 최종적으로 35개 문항이 선정되었다. 이 척도는 6가지 정통적·보수적 유형(IO), 윤리적·도덕적 유형(EO), 편의주의적 유형(EO), 배타적·신앙제일주의 유형(IO), 합리적·개방적 유형(IO), 기복적·욕구적 유형(EO)으로 Likert 5점 척도로 구성되어 있다. 정통적·보수적 유형은 '나는 나의 믿음이 삶 속에서 드러날 수 있기를 간절히 원하고 있다'와 같은 문항으로 6문항으로 구성되어 있다. 윤리적·도덕적 유형은 '나는 신앙덕택으로 윤리적으로 더 성숙되어 가고 있다'와 같은 문항으로 6개 문항으로 구성되어 있다. 편의주의적 유형은 '교회 조직 속에서 신앙생활을 하지 않아도 얼마든지 신앙생활 할 수 있다'와 같은 문항으로 5개 문항으로 구성되어 있다. 배타적·신앙제일주의 유형은 '신앙은 삶에 있어서 필수적이라고 생각한다'와 같은 문항으로 6개 문항으로 구성되어 있다. 합리적·개방적 유형은 '신앙은 내가 불행이나 슬픔을 당했을 때 나를 위로해 준다'와 같은 문항으로 6개 문항으로 구성되어 있다. 기복적·욕구적 유형은 '내가 신앙을 갖는 이유는 친구관계에 도움이 되기 때문이다'와 같은 문항으로 6개 문항으로 구성되어 있다. 본 조사에는 Cronbach's α 값을 구한 결과 기복적·욕구적 유형(α =.51)을 제외하고, 정통적·보수적 유형(α =.84), 윤리적·도덕적 유형(α =.69), 편의주의적 유형(α =.73), 배타적·신앙제일주의적(α =.79), 합리적·개방적 (α =.72)은 .70으로 비교적 높게 나타났다.

(2) 신앙성숙도 척도

Basset 등(1981)이 만든 '기독교인의 신앙 척도'(The Shepherd Scale)는 기독교인의 신념 차원과 행동 차원으로 구성되어 있다. 신념차원의 문항들은 믿음의 기초적인 주제를 반영하고, 행동 차원의 문항들은 성경적 개념과 일치하는 기독교인으로서의 행동, 가치, 태도를 포함한다. 김연진(1993)은 Basset 등(1981)이 제작한 기독교인의 신앙심 척도(The Shepherd Scale)를 우리 실정에 맞게 변역하였다. 이후 박기영(1996)이 이 도구를 수정·보완해서 재 작성했다. 즉, 신앙 성숙도를 성숙한 신앙인의 성격특성 이론과 신앙발달 이론, 그리고 성경을 근거하여, 신앙의 인지적인 면, 정의적인 면, 의지적인 면 등 3가지 측면에서 구성한 것이다. 본 연구는 박기영(1996)이 표준화한 '신앙 성숙도 척도'를 사용하였다. 인지 차원의 문항의 예는 '크리스천으로서 나의 사명이 무엇인지 알고 있다'와 같은 문항이고, 정의 차원은 '신앙생활을 열심히 하는 사람을 보면 부럽다'와 같은 문항이다. 의지 차원의 문항의 예는 '남에게 알리지 않고 은밀하게 봉사하거나 구제하는 일이 있다'와 같은 문항으로 각각 14문항 씩 총 42문항으로 구성되어 있으며 Likert 5점 척도를 사용하였다. 이 중 18개 문항을 역 문항으로 구성하였다. 본 조사에서 Cronbach's α 값을 구한 결과 인지차원 .74, 정의차원 .80, 의지차원 .71로 나왔으며, 신앙성숙도의 전체적인 신뢰도는 .90으로 나왔다.

(3) 심리적 안녕감 척도

심리적 안녕감은 전교식(2002)이 활용한 척도를 사용하였다. 본 척도는

Warr, Barter와 Brownbridge(1983)가 Bradburn의 Affect Balance Scale을 교정하여 각각 긍정적 정서와 부정적 정서를 측정하는 5문항씩 첨가하여 새롭게 만든 척도이다. 심리적 안녕감 척도는 '재미있는', '화나는', '괴로운' 등과 같은 일상생활에서 전반적으로 느끼는 감정을 Likert 5점 척도로 답할 수 있도록 구성하였다. 본 조사에서는 Cronbach's α 값이 긍정적인 정서 .80, 부정적인 정서는 .89로 나타났다.

(4) 비행 척도

비행, 범죄 및 비행이론에 기초하여 비행을 미리 정하고 청소년들에게 응답하도록 한 선행연구(김두섭과 민수홍, 1996; 김준호, 1993; 박성수 1994)의 문제행동 척도와 문제행동의 경중과 경험횟수에 따라 점수화한 선행연구(김준호와 이동원, 1996; 민하영, 1991; 정유미와 김득성, 1998)를 남현미(1998)가 재구성하였다. 이를 이선희(2001)가 현실에 맞게 총 20문항으로 수정한 것을 본 연구에서 사용하였다. 비행 척도의 예문으로는 '일부러 수업에 빠진 적이 있다', '가출한 적이 있다', '담배를 피운 적이 있다' 등과 같은 내용으로 Likert 5점 척도로 구성되어 있다. 본 조사에서는 Cronbach's α 값이 .90로 나타났다.

(5) 친사회적 행동 척도

친사회적 행동 척도는 우애자(1999)가 친사회적 행동을 이타성과 사회적 책임감으로 규정하여 이타성과 사회적 책임감 척도를 함께 사용한 것을 수정하여 사용하였다. 이타성 척도는 Wrightsman(1977)의 Philosophies of Human Nature 중 이타성의 척도를 기반으로 하였고 사회적 책임감 척도는 Harris(1957), Berkowitz와 Lutterman(1968)의 사회적 책임감 척도와 Zalusky(1988)의 사회적 관심 척도를 기초로 하여 20개의 항목으로 재구성한 것이다. 이중 요인분석을 통해 7개 문항을 제외하고 13개 문항을 사용하게 되었다. 본 조사에는 우애자(1999) 연구에서 사용한 13개의 문항을 청소년에 맞게 수정하여 사용하였다. 본 척도의 예문으로는 '일반적으로 나는 곤란한 상황에 처한 사람들을 돕는 데에 적극적이다', '버스나 지하철에서 내 앞에 노약자가 서 있다면 나는 몸이 피곤하여도 자리를 양보한다'와 같은 문항과 '청소 시간에 선생님과 급우들이 잘 보지 않는 곳은 대충해 버린다'와 같은 7개의 역문항으로 구성되어 있으며 Likert 5점 척도를 사용하였다. 본 조사에서는 Cronbach's α 값이 .79로 나왔다.

3. 연구의 절차

본 연구에서 설정된 첫 번째 연구문제에서 종교정향의 6가지 하위 요인과 신앙성숙, 그리고 심리적 안녕감의 2가지 하위요인, 비행, 친사회적 행동과의 관계를 알아보기 위해 단순 상관분석을 실시하였다. 그리고 종교정향과 신앙성숙과의 인과적 관계를 확인하기 위해 신앙성숙을 종속변인으로 하고 종교정향의 6가지 하위요인을 독립변수로 투입하여 중다회귀분석을 실시하였다.

두 번째 연구문제를 해결하기 위해 비행을 종속변인으로 하고 종교정향의 6가지 하위요인을 독립변인으로 투입하여 중다회귀분석을 실시하였고, 위계적 회귀분석으로 통해 신앙성숙에 따른 비행의 차이를 종교정향에 따른 비행의 차이로 설명되지는 검증하였다. 또한 세 번째 연구문제를 해결하기 위해 친사회적 행동을 종속변인으로 하고 종교정향의 6가지 하위요인을 독립변인으로 투입하여 중다회귀분석을 실시하였고, 위계적 회귀분석으로 통해 신앙성숙에 따른 친사회적 행동의 차이를 종교정향에 따른 친사회적 행동에 따른 차이로 설명되지는 검증하였다. 통계분석 프로그램은 SPSSWIN 12.0을 사용하였다.

Ⅲ. 연구결과

1. 변인간의 관계

종교정향과 신앙성숙도, 심리적 안녕감, 비행, 친사회적 행동 간의 관계를 분석하기 위해 단순상관 분석을 실시하여 〈표 2〉에 제시하였다.

〈표 2〉 변인들 간의 상관관계 계수(r)

		종교정향						신앙성숙	심리적 안녕감		비행	친사회적 행동
		정통보수 (IO)	윤리도덕 (EO)	편의주의 (EO)	신앙제일 (IO)	합리개방 (IO)	기복욕구 (EO)		부정적 정서	긍정적 정서		
종교정향	정통보수(IO)	1										
	윤리도덕(EO)	.49**	1									
	편의주의(EO)	-.32**	.02	1								
	신앙제일(IO)	.69**	.53**	-.26*	1							
	합리개방(IO)	.53**	-.36**	-.22**	.67**	1						
	기복욕구(EO)	.17*	.26*	.11	.19*	.27**	1					
신앙성숙		.68**	.34**	-.41**	.73**	.69**	-.05	1				
심리적 안녕감	부정적 정서	.04	.06	.06	.10	.14	.20*	-.08	1			
	긍정적 정서	.47**	.33**	-.12	.48**	.47**	.15	.48**	0	1		
비행		-.08	-.01	.02	-.09	-.14	.21*	-.25*	.07	-.12	1	
친사회적 행동		.33**	.12	-.35**	.33**	.40**	-.13	.58**	.04	.30**	-.24*	1

*p<.05, **p<.001

정통보수(r=.68, p<.001) · 윤리도덕(r=.34, p<.001) · 신앙제일(r=.73, p<.001) · 합리개방 유형(r=.69, p<.001)은 신앙성숙과 통계적으로 유의한

정적 상관으로 나타났으며, 편의주의 유형(r=-.41, p<.001)은 신앙성숙과 부적 상관이 있는 것으로 나타났다. 기복욕구 유형은 신앙성숙과는 거의 상관이 없는 것으로 나타났다.

종교정향과 심리적 안녕감과의 상관관계를 분석한 결과 정통보수(r=.47, p<.001), 윤리도덕(r=.33, p<.001), 신앙제일(r=.48, p<.001), 합리개방(r=.47, p<.001) 유형은 긍정적 정서와 통계적으로 유의한 상관이 있는 것으로 나타났다. 반면 기복욕구(r=.20, p<.05) 유형은 부정적 정서와 유의한 상관이 있는 것으로 나타났다.

청소년의 종교정향과 비행이나 친사회적 행동과 어떠한 관계가 있는지 알아보기 위해 단순상관 분석을 실시했다. 〈표 2〉를 보면 기복욕구 유형만 비행(r=.21, p<.05)과 정적 상관이 있는 것으로 나타났고, 정통보수 유형(r=.33, p<.001), 신앙제일 유형(r=.33, p<.001), 합리개방 유형(r=.40, p<.001), 윤리도덕 유형(r=.12, n.s.)은 친사회적 행동과 정적 상관관계가 나타났다. 반면 편의주의(r=-.35, p<.001)와 친사회적 행동과는 부적 상관관계가 있는 것으로 나타났다.

신앙성숙과 심리적 안녕감과 비행 및 친사회적 행동과의 관계를 알아보기 위해 상관관계를 분석하여 〈표 2〉에 제시했다. 신앙성숙은 긍정적인 정서와 통계적으로 유의한 정적상관을 나타냈고(r=.48, p<.001), 부정적 정서와는 관련이 없는 것으로 나타났다(r=-.08, n.s.). 한편 신앙성숙도는 비행과는 부적 상관관계(r=-.24, p<.05)가 있는 반면 친사회적행동과는 통계적으로 유의한 정적인 상관관계 있는 것으로 나타났다(r=.58, p<.001).

또한 종교정향과 신앙성숙도의 상관관계가 통계적으로 유의했던 바, 종교정향이 신앙성숙도를 어느 정도 설명하는지를 알아보기 위해 중다회귀 분석을 실시하여 결과를 〈표 3〉에 제시하였다.

<표 3> 신앙성숙에 대한 종교정향의 중다회귀 분석 결과 요약

종속변인	독립변인	b	β	t
신앙성숙도	정통보수(IO)	1.13	.26	3.62*
	윤리도덕(EO)	.14	.03	.46
	편의주의(EO)	-.44	-.09	-1.59
	신앙제일주의(IO)	1.33	.30	3.98*
	합리개방(IO)	1.73	.38	5.69*
	기복욕구(EO)	-1.48	-.26	-5.097*
	R=.86 R2(adj. R2)=.74(.73) F=56.20* df=6/118			

*p<.001

<표 3>에서 종교정향이 신앙성숙에 미치는 영향을 분석한 결과를 살펴보면, 중다상관이 R=.86(R2(adj. R2)=.74(.73), df=6/118, p<.001)로서 종교정향이 신앙성숙도의 약 74%를 설명해 주는 것으로 나타났다.

2. 종교정향과 비행, 친사회적 행동에서 신앙성숙의 매개효과

종교정향과 비행과의 관계를 알아보기 위해 중다회귀 분석을 실시하여 그 결과를 <표 4>에 제시하였다.

<표 4> 비행에 대한 종교정향의 중다회귀 분석 결과 요약

종속변인	독립변인	b	β	t
비행	정통보수(IO)	.01	.01	.04
	윤리도덕(EO)	.12	.04	.38
	편의주의(EO)	-.13	-.04	-.46
	신앙제일주의(IO)	-.03	-.01	-.08
	합리개방(IO)	-.661	-.24	-2.00*
	기복욕구(EO)	.87	.25	2.85*
	R=.30 R2(adj. R2)=.09(.05) F=2.12* df=6/130			

*p<.05

〈표 4〉에서 종교정향이 비행에 미치는 영향을 분석한 결과를 살펴보면, 중다회귀 계수가 R=.30(R2(adj. R2)=.09(.05), df=6/130, p<.05)로서 종교정향이 비행을 약 8.9% 설명하는 것으로 나타났다. 그런데 종교정향의 내용을 볼 때 합리개방 유형(t=-2.00, p<.05)과 기복욕구 유형(t=.2.85, p<.05)만이 통계적으로 유의미하였다.

또한 종교정향에 따른 비행의 차이가 유의했던 바, 이러한 차이가 신앙성숙에 따른 비행의 차이로서 설명되어질 수 있는 것인지를 확인하기 위하여 위계적 회귀분석을 수행하였다. 그 결과는 요약하면 〈표 5〉와 같다.

〈표 5〉 비행에 대한 신앙성숙과 종교정향의 위계적 회귀분석 요약

종속변인	모델	R^2	R^2 변화	F 변화
비행	1단계	.06	.06	7.46*
	2단계	.14	.08	1.85

주. 모델1 : 투입변인 = 신앙성숙
　　모델2 : 투입변인 = 신앙성숙, 기복욕구, 편의주의, 윤리도덕, 합리개방, 정통보수, 신앙제일

*p<.01

〈표 5〉에서 볼 수 있듯이 비행에 대하여 1차적으로 신앙성숙을 먼저 투입한 후 종교정향을 추가하였을 때 R2의 증거가 없어(.08) 통계적으로 유의한 변화가 없었음을 알 수 있다. 이는 비행에서 신앙성숙을 통제하면 종교정향에 따른 비행의 차이가 통계적으로 유의하지 않음을 말하는 것이 된다. 다시 말해서 이 결과는 신앙성숙에 따른 비행의 차이는 종교정향에 따른 비행의 차이로 설명된다는 것을 입증하는 것이다.

종교정향과 친사회적 행동과의 관계를 알아보기 위해 중다회귀 분석을 실시하여 그 결과를 〈표 6〉에 제시되어 있다.

〈표 6〉 친사회적 행동과 종교정향과의 중다회귀 분석 요약

종속변인	독립변인	b	β	t
친사회적 행동	정통보수(IO)	.13	.08	.66
	윤리도덕(EO)	.00	.00	.02
	편의주의(EO)	-.38	-.19	-2.22*
	신앙제일주의(IO)	-.08	.05	.40
	합리개방(IO)	-.57	.31	2.93**
	기복욕구(EO)	-.51	-.23	-2.92**

R=.51 R2(adj. R2)=.26(.24) F=7.80** df=6/127

*p<.05, **p<.001

〈표 6〉에서 중다회귀 계수가 R=.51(R2(adj. R2)=.26(.24), df=6/127, p<.001)로서 종교정향이 신앙성숙의 약 26% 설명해주는 것으로 나타났다. 친사회적 행동에 대한 각 신앙유형의 t값은 편의주의 유형에서는 -.2.22, 합리개방 유형에서는 2.93, 기복욕구 유형은 -2.92으로 통계적으로 유의하였으나(p<.001) 다른 유형에서는 유의하지 않았다.

또한 종교정향에 따른 친사회적 행동에서 차이가 유의했던 바, 이러한 차이가 신앙성숙에 따른 친사회적 행동의 차이로서 설명되어질 수 있는지를 확인하기 위하여 위계적 회귀분석을 수행하였다. 그 결과를 요약하면 〈표 7〉와 같다.

〈표 7〉 친사회적 행동에 대한 신앙성숙도와 종교정향의 위계적 회귀 분석 요약

종속변인	모델	R^2	R^2 변화	F 변화
친사회적 행동	1단계	.33	.33	59.04*
	2단계	.38	.05	1.58*

주. 모델1 : 투입변인 = 신앙성숙
　　모델2 : 투입변인 = 신앙성숙, 기복욕구, 편의주의, 윤리도덕, 합리개방, 정통보수, 신앙제일

*p<.001

〈표 7〉에서 볼 수 있듯이 친사회적 행동에 대하여 1차적으로 신앙성숙을 먼저 투입한 후 종교정향을 추가하였을 때 R2의 증가가 거의 없어(.05) 통계적으로 유의한 변화가 없었음을 알 수 있다. 이는 친사회적 행동에서 신앙성숙을 통제하면 종교정향에 따른 친사회적 행동의 차이가 통계적으로 유의하지 않음을 말하는 것이다. 다시 말해서 이 결과는 신앙성숙에 따른 친사회적 행동의 차이는 종교정향에 따른 친사회적 행동의 차이로 설명된다는 것으로 해석할 수 있다.

Ⅳ. 논 의

본 연구에서는 청소년의 신앙과 비행, 친사회적 행동의 관계를 확인하려는 시도를 하였다. 그리고 종교정향이 신앙성숙에 영향을 미치는지, 만약 영향을 미친다면 어떤 정향이 신앙성숙에 영향을 미치는지를 확인하였다. 본 연구의 주요 결과와 그 논의는 다음과 같다.

첫째, 청소년의 신앙성숙을 향상시키는 종교정향으로는 신앙제일주의 유형, 합리·개방적 유형, 정통·보수적 유형, 윤리·도덕적 유형으로 나타났고 반면에 편의주의 유형은 신앙성숙도와 감소시키는 것으로 드러났다. 정통·보수적 유형과 배타·신앙제일주의 유형, 그리고 합리·개방적 유형이 신앙성숙도와 정적 상관관계가 있었으나 기복·욕구적 유형이 특히 신앙성숙도와 부적상관 관계가 있어 기복·욕구적 정향이 높을수록 신앙성숙도가 낮다는 것을 설명하고 있다. 주로 내인적(內因的, intrinsic) 정향에 속하는 신앙제일주의 유형, 합리·개방적 유형이 신앙성숙도를 높인다는 것을 알 수 있다.

Allport(1968)는 내인적 동기의 핵심 개념은 신앙을 그 자체로서 최상의 가치가 있는 것으로 간주한다. 다시 말해, 내재적 정향은 주체적으로 기능하며 그것 자체의 보상을 위해 신앙을 추구하게 된다는 것이다. 본 연구

결과에 따르면 신앙성숙은 신앙자체에 목적을 두는 내인적 유형(IO)에 따라 신앙의 성숙이 가능하다는 Allport의 선행연구를 입증한 것으로 볼 수 있다. 반대로 외인적 요인(外因的, extrinsic) 즉, 편의주의 유형과 기복·욕구적 유형이 신앙성숙을 저해하거나 그런 경향성이 있는 것으로 나타났다. 외인적 정향의 가치는 종교의 자기중심적(egocentric) 기능과 일차적으로 관계한다. 이런 정향을 가진 사람은 종교를 자신의 목적을 위해 이용하는 경향이 있다. 외인적인 종교정향의 가치는 항상 수단(手段的)적이고 공리주의(功利主義)적이다. 이 정향의 사람들은 다양한 측면, 즉 안정감이나 위로, 친교나 여가선용, 사회적 지위나 자기 정당화의 기회를 종교가 제공한다고 생각하고 그런 의미에서 종교가 유용하다고 생각한다. 결국 외인적 요인은 신앙 자체에 목적을 두는 것이 아니라 신앙을 수단으로 하여 개인적인 목적을 성취하려 하기 때문에 신앙성숙과는 차이가 있는 것이다.

본 연구결과에서 흥미로운 점은 외인적 정향(EO)에서는 윤리·도덕 유형이 유일하게 신앙성숙과 정적인 상관이 있는 것으로 나타났다. 윤리·도적 유형이 외인적 정향으로서는 유일하게 신앙성숙에 기여하는 것은 다른 외인적 정향인 편의주의 유형, 기복·욕구 유형과는 내용에서 차이가 있기 때문이다. 윤리·도덕적 유형을 가진 신앙인은 신앙을 개인적인 삶이나 사회생활에 유익하다고 생각하는 사람들로서 신앙을 윤리·도덕적 의무로 여기는 사람들이다. 따라서 이 정향이 신앙성숙과 정적 상관을 나타내는 이유는 결과적으로 윤리적 의미를 강조하는 신앙의 본질적인 가르침과 일치하기 때문인 것으로 해석할 수 있을 것이다. 하지만 신앙성숙과 정적 상관을 보이는 정향 중에서 윤리·도덕 유형이 가장 낮은 상관을 나타냈다는 것은 내인적 정향(IO)과 비교해 외인적 정향(EO)의 한계를 보여주는 것이라 할 수 있다.

둘째, 청소년의 신앙성숙과 비행, 친사회적 행동과의 관계를 살펴본 결과 청소년의 신앙성숙이 비행과 부적 상관이 있고, 친사회적 행동과는 정적상관이 있는 것으로 나타났다. 그러나 여기서 주목해 볼 수 있는 것은 신앙성숙은 비행에 비해 친사회적 행동과의 상관관계가 더 높다는 것이다. 이것으로 보아 신앙성숙은 비행의 감소에 효과가 있기보다는 긍정적인 행동인 친사회적 행동을 향상시키는 데 보다 나은 역할을 한다고 볼 수 있다.

청소년의 비행과 관련된 선행연구는 문제행동 즉, 비행을 감소시키는 요소로 여러 보호적 요인들을 들고 있다. 보호적인 요인으로는 개인의 적극적 대처능력, 부모의 권위적인 양육태도, 부모에 의한 수용성, 부모-청소년 간의 의사소통, 또래 수용성, 인습적인 행동에 개입하고 있는 친구, 가족과 친척, 이웃 등과 같은 보호적 성인의 존재, 학교환경에 대한 긍정적인 지각 등이 있다(Steinhausen & Winkler, 2001; Voydanoff & Donnelly, 1999). 본 연구에 결과에 의하면 신앙성숙은 선행연구에서 밝혀진 보호요인과 더불어 청소년의 비행과 문제행동을 감소시키는 중요한 요인이 된다는 것을 입증하였다. 선행연구에서 보호 요인으로 제시한 여러 변인들은 신앙생활 속에서 동일하게 경험할 수 있는 요소들이다. 또래 수용성, 교회환경에 대한 긍정적인 지각, 보호적인 성인의 존재들이 신앙 공동체 안에 쉽게 만날 수 있고 경험할 수 있는 것들이다. 그러므로 본 연구의 결과는 신앙성숙이 청소년들의 문제행동을 감소시키는 보호요인 중의 하나로 작용할 수 있음을 보여주는 결과라 할 수 있다.

셋째, 신앙성숙도와 심리적 안녕감 간의 관계를 살펴 본 결과, 심리적 안녕감 중 긍정적 정서와는 정적상관을, 부정적 정서와는 상관관계가 없는 것으로 나타났다. 한편 친사회적 행동은 긍정적인 정서와 정적 상관을, 부정적 정서와 부적상관이 있는 것으로 드러났으나 통계적으로 유의미하지 않았다. 지금까지의 연구에서 도덕성 발달과 관련된 선행연구에서 감정이입, 동정심, 자아존중감 등 긍정적인 감정은 도덕성발달과 정적상관이 있고 분노, 수치심, 죄책감 등의 부정적인 감정은 도덕성발달과 부적 상관이 있는 것으로 보고하였다(정옥분, 2004). 선행 연구는 심리적 안녕감이 도덕발달과 관련이 있다는 것을 의미하는 것으로 본 연구의 결과는 심리적 안녕감이 도덕성 발달의 한 영역인 친사회적 행동과 정적상관이 있다는 선행연구의 결과를 다시 한 번 확인한 것이다. 뿐만 아니라 본 연구에서는 심리적 안녕감에 영향을 미치는 주요변인으로 신앙성숙을 확인하였다. 결국 본 연구를 통해 입증된 것은 신앙이 청소년들의 긍정적인 정서를 높이고, 이러한 긍정적인 정서는 친사회적 행동을 향상시키는 역할을 한다는 사실이다. 사후 연구에서는 정서와 다른 변인과의 관계를 집중적으로 연구하여 그 관계성을 보다 면밀하게 밝힐 필요성이 있다.

넷째, 청소년의 종교정향과 비행, 친사회적 행동, 심리적 안녕감과 관계를 살펴본 결과 기복·욕구 유형만이 비행과 정적상관이 있는 것으로 나타났다. 반면 종교정향과 친사회적 행동과의 관계에서는 정통·보수 유형, 배타·신앙제일주의 유형, 합리·개방 유형이 친사회적 행동과 통계적으로 유의한 정적상관 관계가 있는 것으로 나타났고, 편의주의 유형과는 오히려 부적상관이 있는 것으로 나타났다. 이는 내인적 정향(IO)인 정통·보수 유형, 배타·신앙제일주의 유형, 합리·개방 유형이 친사회적 행동을 향상시킨다는 것이다. 하지만 외인적 정향(EO)으로는 유일하게 윤리·도덕 유형만이 친사회적 행동과 약한 정적 반응이 있는 것으로 나타났으나 통계적으로 유의미하지는 않았다. 이는 윤리적 강조가 반드시 바람직한 행동을 만드는데 효과적이지 않다는 것을 유추해 볼 수 있게 한다. 반대로 종교정향 중에 유일하게 편의주의 유형은 친사회적 행동을 감소시키는 것으로 나타났다. 편의주의 신앙유형에서 이런 결과가 나타난 이유는 이 유형의 경우 신앙을 영위하는 동기 자체가 매우 자기중심적인 사고에서 출발하고 있으며, 공동체 안에서도 유아기적인 편협한 특징을 보이기 있기 때문에 친사회적 행동과는 거리를 보이는 것이다.

다섯째, 신앙성숙에 따른 비행의 차이와 친사회적 행동의 차이는 종교정향에 따른 비행의 차이로 설명할 수 있다는 것을 밝혀내었다. 이는 종교정향으로 비행과 친사회적 행동을 설명하는데 있어서 신앙이 매개 변인이 된다는 것을 입증한 것이다. 결국 신앙성장을 통해 비행은 감소되며, 친사회적 행동은 증가될 수 있음을 보여주고 있는 것이다. 또한 비행과 친사회적 행동에서 통계적으로 유의한 상관관계를 보인 신앙성숙은 비행과 친사회적 행동과의 관계 속에서 종교정향에 영향을 받는다는 사실을 입증하였다. 특히 신앙자체의 목적을 두는 내인적 정향(intrinsic orientation)은 신앙성숙에 많은 긍정적인 영향을 미치는 것으로 밝혀졌다.

본 연구의 결론은 신앙과 관련된 내인적 동기(EO)를 가진 청소년은 신앙의 성장과 함께 긍정적인 정서를 경험하게 되며, 동시에 비행은 감소되고, 친사회적 행동은 증가된다는 사실이다. 이는 입시위주의 교실 환경, 교권의 추락, 체벌금지 등과 더불어 인성교육과 도덕교육에 일정한 한계를 드러내고 있는 공교육 상황에서 신앙성숙을 통해 개인 내와 개인 간의 부정적인 변인들을 제거하고 긍정적인 학습 환경을 만들어 갈 수 있는 새로운 가능성을 보여 준다는 점에서 시사점이 있다. 최근 치열한 경쟁지향적인 학교환경 속에서 학업으로 인한 심리적, 정서적, 육체적 스트레스로 인해 고통을 호소하는 청소년들과 외적으로 표출되지는 않으나 잠재된 위험요인을 안고 있는 청소년들에게 신앙적인 관점에서의 접근과 상담이 시도될 필요성이 있다. 이런 접근을 통해 학생들은 부정적인 정서를 버리고 심리적 안정을 얻게 될 것이고, 스스로 학습에 몰입할 수 있는 환경과 상황을 조절하고 만들어 갈 수 있을 것이다. 그리고 신앙성숙을 목적으로 한 교사의 상담과 지도가 청소년의 탈선과 비행을 예방하게 될 것이고, 정상적인 상태로 회복되는 보호적인 요인으로 작용할 수 있을 것이다. 다만 본 연구에서 밝혀진 바와 같이 학습자가 신앙 자체에 내재적 동기를 갖지 않는 상황에서는 신앙성숙을 기대할 수 없으며, 그에 따른 비행의 감소나 친사회적 행동의 증가도 기대할 수 없다는 점을 감안한다면 자발적이고 자율적인 선택에 의한 신앙적 지도와 상담이 시도될 때 그에 따른 효과도 나타날 수 있을 것이다.

본 연구의 제한점과 추후의 연구방향은 다음과 같다.

첫째, 본 연구에 참여한 청소년 집단의 표본이 충분치 않아 비행과의 상관성이 떨어지는 것으로 나타났다. 차후의 연구에서는 충분한 사례수를 확보한다면 보다 나은 연구가 가능할 것이다.

둘째, 종교정향의 척도가 청소년에 맞게 수정 보완될 필요성이 있다. 본 연구에서는 김동기(1999)의 종교정향 척도를 부분적으로 수정해서 사용하여 청소년들이 이해하기 난해한 부분이 있었다. 따라서 본 연구에서는 연령이 낮은 청소년 그룹(중학생)을 포함하지 못하고 인지력이 있는 고등학생으로 피험자를 제한한 한계가 있었다.

셋째, 본 연구에서는 서울과 경기도 일부 지역에 있는 고등학생을 대상으로 실시하여 모든 청소년으로 일반화 하는데 한계가 있었다. 차후의 연구에서는 지역과 대상을 확대하여 연구를 실시하는 것이 바람직 할 것이다.

참고 문헌

김동기. "종교정향 척도의 표준화를 위한 접근(I): 기독교인을 중심으로." 강남대학교 논문집, 34(1) (1999) : 169-191.

김동기. 《종교심리학》. 서울: 학지사, 2003.

김두섭, 민수홍. 《개인의 자기 통제력이 범죄억제에 미치는 영향》. 서울: 한국형사정책연구원, 1996.

김준호. "청소년의 가출과 비행의 관계 관한 연구." 《대한가정학회지》, 28(3) (1993): 127-143.

김준호, 이동원. "학교가 청소년 비행에 미치는 영향에 관한 연구." 서울: 한국형사정책연구원, 1996.

김지신. "어머니의 훈육방법과 아동의 감정이입이 친사회적 행동에 미치는 영향." 석사학위논문, 이화여자대학교, 1985.

남현미. "가족의 심리적 환경과 청소년의 자기통제력 및 친구특성이 문제행동에 미치는 영향." 석사학위논문, 서울대학교, 1995.

민하영. "청소년 비행정도와 부모 자녀 간 의사소통, 가족의 응집 및 적응과 관계." 석사학위논문, 서울대학교, 1991.

박기영. "크리스천 부부의 신앙성숙도와 의사소통 유형간의 관계 연구." 석사학위논문, 연세대학교, 1996.

박병윤. "기독교인의 신앙성숙, 의사소통 및 결혼 만족도의 관계." 석사학위논문, 서강대학교, 2001.

박성수. 《가정교육과 청소년 비행의 관계: 심층적 면접에 의한 분석》. 서울: 한국형사정책연구원, 1994.

백승치. "종교정향에 따른 종교인 연구." 석사학위논문, 서강대학교, 1994.

백승치, 김동기. "종교정향에 따른 종교인의 유형 연구: 천주교인을 중심으로." 《한국심리학회지: 사회》, 8(1) (1994) : 85-106.

송정명. "종교인과 비종교인의 불안에 관한 연구." 석사학위논문, 고려대학교, 1985.

양덕희. "종교인의 신앙생활과 주관적 안녕의 관계: 카톨릭 평신도·수도자를 중심으로." 석사학위논문, 서강대학교, 1998.

우애자. "청소년의 자원봉사활동이 자아정체감과 도덕성에 미치는 영향." 석사학위논문, 한양대학교, 1999.

이유리. "기독교사의 신앙성숙 수준과 정신 건장 및 삶의 만족도의 관계." 석사학위논문, 서강대학교, 2002.

이선희. "부모-자녀 애착, 자기통제 및 죄책감이 비행에 대한 매력과 비행의 관계에 미치는 영향." 석사학위논문, 한양대학교, 2001.

이종문. "기독교인의 신앙성숙도와 삶의 만족도에 관한 연구." 석사학위논문, 고려대학교, 1996.

임영식, 한상철. 《청소년 심리의 이해》. 서울: 학문사, 2000.

장훈태. "기독청소년의 신앙수준과 도덕적 행동: 선행과 비행을 중심으로." 석사학위논문, 한양대학교, 1991.

전교식. "기독교신앙 수준에 따른 자기존중감과 심리적 안녕감의 관계." 석사학위논문, 한양대학교, 2002.

전요섭. "기독교 신앙 배경과 청소년 불안." 석사학위논문, 연세대학교, 1989.

정진방. "성숙 신앙인과 기복신앙인의 스트레스와 갈등 대처 양식: 기독 대학생을 중심으로." 석사학위논문, 한양대학교, 1997.

정옥분. 《청년발달 이론》. 서울: 양서원, 1999.

정유미, 김득성. "청소년의 환경적 변인 및 부모의 의사소통이 문제 행동에 미치는 영향: 부산시내 실업계 여고생을 중심으로." 《대한가정학회지》, 36(3) (1998): 31-45.

한미준. 《한국 개신교의 교회활동의 신앙의식》. 서울: 한국갤럽, 1998.

한재희(1992). "기독교인의 종교성향에 따른 삶의 의미와 종교적 만족도." 석사학위논문, 고려대학교.

www.chosun.com, 2006.

Allport, G. W. *The individual and his religion*. N.Y.: MacMillan, 1950.

Allport, G. W., Ross, J. M. Personal religious orientation and prejudice. *Journal of personality and Social psychology*. 5 (1967): 432-443.

Allport. G. W. The religious context of prejudice. *Journal for the Scientific Study of Religion*, 5 (1966): 447-457.

Basset, R. L., Sadler, R. D., Kobischen, E. E., Skiff, D. M., Merrill, R. D., Atwater, B. J., & Livermore, P. W. The shepherd scale: separating the sheep from the goats. *Journal of psychology and Theology*, 9 (1981): 335-351.

Baston, C. D., & Ventis, W. L. *The religious experience*. N. Y.: Oxford University press, 1982.

DeGraaff, A. H. *The Educational ministry of the Church : a perspective*. N. Y.: Cngo Univ, 1968.

Fowler, J. *Stage of Faith: The Psychology of Human Deveropment and the Quest for Meaning*. San Francisco: Haper San Francisco, 1980.

Fowler, J. *Weaving the New Creation:Stage of Faith and the Public Church*. New York: Haper San Francisco, 1991.

Fowler, J. Stage of Faith: Reflections on a Decade of Dialogue. *Christian Education Journal* 13(1). Autumn, 1992.

Harris, L. *The latchkey child phenomena*. Dallas Morning, 1A, 10A, 1987.

Sire, J. W. *The Universe Next Door: A Basic Worldview Cataog*. 2nd Edition. Downers Grove, IL.: IVP, 1988.

Steinhausen, H., & Winkler, C. Risk, compensatory, vulnerability, and protective factors influencing mental health in adolescence. *Journal of youth and Adolescence*, 30(3) (2001) : 259-280.

Voydanoff, P., & Donnelly, B. W., Risk and protective factors for psychological adjustment and gardes among adolescents. *Journal of Family Issues*, 20 (3) (1999) : 328-349.

Walsh, B. J., Middlton, J. M. *The Transforming Vision: Shaping a Christian World View*. Downers Grove, Ⅲ.: IVP, 1984.

Warr, P., Barter, J., & Brownbridge. On the independence of negative and positive affect. *Joural of Personality and Social Psychology*, 44 (1983): 644-657.

Weber, M. *Thre sociology of religion*. Boston: Beacon Press, 1992.

Wolters, A. M. *Creation Regained: Biblical Basics for a Reformational Worldview*. Grand Rapids: Eerdmans, 1992.

Wrightsman, L. S. *Social psychology* (2nd ed.). Monterey, California: Brooks/Cole, 1977.

IV

기독교교육과 우리시대

01 다문화 기독교교육의 현황과 과제 | 강용원 교수
02 교회학교 다문화 역량의 의미와 개발 | 이현철 교수
03 한국 교회교육 현장에서의 통일교육 방향성 | 임창호 교수

다문화 기독교교육의 현황과 과제*

강용원 교수 _ 고신대학교 기독교교육학

*요약
I. 들어가는 말
II. '다문화기독교교육'과 '기독교다문화교육'
III. 기독교교육과 다문화교육의 만남
  1. 문화의 개념과 기독교적 고찰
  2. 문화의 다양성에 대한 기독교적 접근
  3. 다문화교육의 특징 및 교육의 다문화적 속성
  4. 기독교의 세계비전과 다문화교육
  5. 다문화교육과 기독교교육의 정체성 수립
IV. 다문화기독교교육의 연구와 실천
  1. 다문화기독교교육 연구의 현황과 방향
  2. 기독교문화교육의 실천 방향
V. 나오는 말
*참고문헌

----------------------- 〈요 약〉 -----------------------

다문화현상은 세계적인 현상임과 동시에 한국에서도 가속되고 있다. 본 연구는 최근까지 나타나고 있는 다문화기독교교육의 연구 결과들을 검토하면서 다문화기독교교육의 개념, 기독교교육과 다문화교육의 관련성, 그리고 미래의 다문화기독교교육의 전망에 대해서 논의하고자한다. 이 연구는 개혁주의적인 관점을 견지하면서 포괄적인 기독교문화교육으로의 방향을 제시하였다.

다문화교육에 대한 충분한 이해와 연구는 기독교교육에 주는 시사점이 많다. 따라서 기독교교육은 다문화교육의 연구 방향과 진행에 깊은 관심을 기울일 필요가 있다. 다문화기독교교육은 특히 통전적(holistic) 기독교교육의 정립을 위한 내적 반성의 좋은 기회를 제공해 준다.

복음주의 기독교교육은 개혁주의 신학자들을 중심으로 연구되어진 기독교문화에 관한 연구의 업적들을 충분히 활용하면서 이를 기초로 기독교문화교육을 활성화하면서, 기독교문화교육의 선상에서 기독교다문화교육을 발전시켜 나갈 수 있을 것이다. 다문화교육은 넓은 의미에서 문화교육의 한 분야이며, 문화의 다양성은 문화 이해의 중요한 한 부분으로서 미래 사회의 피할 수 없는 도전이기 때문이다.

무엇보다도 다문화기독교교육의 연구는 기독교세계관과보다 건전한 신학적 논의를 기초로 전개되어야 할 것임을 강조하였다.

주제어: 다문화기독교교육, 기독교다문화교육, 기독교문화교육, 문화교육, 기독교교육

I. 들어가는 말

다문화사회에로의 진입은 이제 눈으로 보고 귀로 듣는 것같이 분명해지고 있다. 우리나라에서 2007년에 100만을 넘어선 외국인 체류자의 수는 2011년 7월말 통계에 의하면 1,411,013명이 되었으며, 이는 한 해 전보다 14.8%가 증가한 것이다.[1] 특히 결혼을 위해 한국에 이주하는 외국인의 수가 급증하고 있으며, 유학생과 외국 노동자 수의 증가는 이러한 현상을 가속화시키고 있다.

외국에서 다문화교육에 대한 관심이 구체적인 형태의 다문화교육정책으로 나타나기 시작한 것은 1970년대이다. 캐나다는 1971년 영어사용 시민과 프랑스어 사용 시민과의 갈등해소를 위하여 일찍이 이중언어 교육제도를 채택하였으며 집단간 관계개선을 위해 다양한 프로그램을 개발하여 실천하였다(1971년). 호주는 백호주의(white Australia)로 이민자의 동화정책을 고수해 왔으나, 1972년 급격히 다문화교육 접근으로 패러다임을 변경하였다. 미국 역시 1975년 이후에 동화교육 및 흑백분리 통합교육(melting

---

* 다문화기독교교육의 현황과 과제 이 논문은 한국복음주의신학회에서 발간하는 《성경과 신학》, 62 (2012. 4): 37-65에 게재되었다.
1. 법무부 홈페이지를 참고하라. http://moj.go.kr

pot)에서 다문화교육으로 전환하였다.[2]

이와 관련하여 다문화기독교교육이 미국을 중심으로 1990년대에 대두되었으며[3], 우리나라에서도 이와 관련된 연구들이 속속 발표되고 있다. 이러한 연구들은 다문화사회에 진입하는 사회환경적 변화에 대한 기독교교육의 대응에 대해 많은 시사점을 제공해 주고 있다.

본 연구는 최근까지 나타나고 있는 다문화기독교교육의 연구 결과들을 검토하면서 기독교다문화교육의 개념, 기독교교육과 다문화교육의 연결점, 그리고 미래의 다문화기독교교육의 전망에 대해서 논의하고자한다. 본 연구는 개혁주의적인 관점을 견지하면서 포괄적인 기독교문화교육으로의 방향을 제시하고자한다.

II. '다문화기독교교육'과 '기독교다문화교육'

우선 다문화기독교교육의 용어에 대해서 살펴보는 것이 좋겠다. 일반적으로 기독교교육에서 사용하는 용어는 다문화기독교교육이다. 이것은 Multicultural Christian Education으로 종교교육 잡지인 Religious Education이 주로 사용하는 Multicultural Religious Education에서 온 것으로 보인다.

연구자는 다문화기독교교육은 다문화적인 기독교교육이라는 뜻으로 보고자 한다. 기독교(적인) 교육(Christian Education)[4]에 다시 '다문화적인'

---

2. 경기도다문화교육센터 편, 《다문화교육의 이론과 실제》(서울: 양서원, 2009), 115-116.
3. 미국에서 발간되는 종교교육의 학술잡지인 Religious Education은 1992년 봄호(87권 2호)의 특집 주제를 다문화 종교교육으로 삼았다.
4. 기독교교육의 의미는 기독교를 가르치는 교육(기독교가 목적이 됨)이나 기독교의 교육(기독교가 주체가 되는 교육)이라는 의미를 넘어서 기독교적 교육(기독교가 형용사적 의미를 지님)으로 보는 것이 타당하다. 기독교교육은 단순히 가치중립적인 교육이 아니라 기독교적인 세계관과 가치관을 바탕으로 이루어지는 모든 종류의 교육을 의미하며, 이것은 교회에서만 이루어지는 것이 아니라 가정, 학교, 그리고 사회라는 확대된 장에서 이루어진다. cf. 양금희, "기독교교육이란 무엇인가?", 고용수 외, 《기독교교육개론》(서울: 장로회신학대학교 기독교교육연구원, 2009), 19-22.

이라는 형용사가 붙어 있는 형태이다. 그렇다면 다문화기독교교육은 다문화의 현실을 감안하고 고려하면서 이루어지는 기독교교육, 즉 다문화적인 관점에서 이루어지는 기독교교육을 말하는 것이겠다. 다시 말하면 다문화기독교교육은 단순히 "살아있는 기독교 신앙을 배우는 과정을 통하여 다문화적 인식과 지식, 태도와 가치 그리고 기술 등의 역량을 개발하도록 교육하는 것"[5] 이상이라는 것이다. 다시 말하면 다문화기독교교육은 그 가르치는 내용이 다문화가 아니라는 것이다. 만약 다문화를 가르치고, 다문화적 인식이나 태도나 가치를 기르는데 주안점을 둔다면, 오히려 기독교다문화교육이라고 부름이 더 정확하다고 생각된다.[6]

다문화기독교교육은 다문화적 관점에서 이루어지는 기독교교육을 말한다. 다문화적 상황과 현실을 감안하는 기독교교육을 말하는 것이다. 그러므로 이것은 단순히 다문화적 인식, 지식, 태도, 가치, 의식을 키워주는 기독교교육이 아니라 문자 그대로 다문화적인 기독교교육(학)을 탐구하는 것이다. 다문화적인 요소가 기독교교육의 목적, 내용, 방법, 평가, 과정, 교사, 학생 이해에 어떤 영향을 주는가를 검토하는 것으로, 이러한 접근은 어느 정도 기독교교육의 재구성과 변형을 요구할 수도 있을 것이다.

기독교교육에서 보다 구체적인 대상으로 이루어지는 다문화교육은 기독교다문화교육이라는 이름으로 이루어져야 한다. 다문화교육을 기독교적으로 하자는 것이다. 여기서 중요한 것은 다문화교육을 기독교적인 관점에서 조망해 보는 것이다. 다문화교육에 대한 기독교적인 평가와 비판적인 작업도 있을 수 있다. 그리고 보다 구체적인 발달단계의 교육대상을

---

[5]. 이윤석, "기독교적 책임을 지향하는 다문화 기독교교육에 관한 연구" (미간행박사학위논문, 연세대학교 대학원, 2009), 21.
[6]. 기독교교육이라는 용어가 '기독교를 가르치는 것'만이 아닌 것처럼 다문화교육도 단순히 '다문화를 가르치는 교육'만이 아니라, 다문화적인 관점에서 다문화를 고려한 교육이라고 봄이 좋을 것이다. (물론 수학교육, 물리교육, 국어교육처럼 그 가르치는 내용을 주로 표현하는 경우도 있다.) 만약 기독교를 가르침의 대상으로 하는 교육이라면 기독교교육을 구성하는 요소를 구체적으로 첨가하여 표현하는 것이 더 좋을 것이다. 예를 들면 기독교교리교육, 기독교음악교육, 그리고 대상자를 구분하여 기독교아동교육, 기독교평생교육 등으로 부를 수 있다. 이렇게 본다면 다문화를 가르치는 교육이라면 다문화교육이라는 용어도 가능하겠지만, 좀 더 구체적으로 다문화인식교육, 다문화가치교육, 다문화기능교육 등의 표현도 가능하겠다는 생각을 해 본다.

상정하는 경우는 기독교아동다문화교육, 기독교청소년다문화교육, 그리고 현장의 개념이 들어가는 경우에는 기독교가정다문화교육, 기독교학교다문화교육, 교회다문화교육으로 부르면 될 것이다.

구태여 여기서 연구자가 이런 개념 정리를 요구하는 것은 보다 명확한 연구와 실천의 영역과 방향을 정의하는 일이 유용하기 때문이다. 여기에 덧붙여 연구자는 기독교다문화교육이라는 용어대신에 기독교문화교육이라는 용어를 사용할 것을 제안하고자 한다. 이에 대한 논의는 다른 부분에서 다루기로 한다.

III. 기독교교육과 다문화교육의 만남

이제 기독교교육과 다문화교육의 만남을 검토하면서, 양자가 서로 주고 받을 수 있는 영향은 무엇이며, 이러한 영향은 서로에게 어떤 기여를 할 수 있을지를 검토해 보고자 한다. 여기서 연구자는 다문화교육에서 갖게 되는 통찰은 기독교교육의 통전적 성격추구에 일익을 담당할 수 있으며, 기독교는 다문화교육을 적절히 평가하면서 온전한 기독교문화교육으로 나갈 수 있음을 밝히고자 한다.

1. 문화의 개념과 기독교적 고찰

(1) 문화의 개념

문화의 개념을 정의하는 것은 용이한 일이 아니다. 문화(culture)는 인간집단의 생활양식으로 우선 자연(nature)과 대조되는 단어이다. 이 말은 경작행위를 뜻하는 라틴어 colere에서 온 것으로 자연 그대로가 아니라 인간의 의식적 활동이 개입되어 나타난 것을 말하는 것이다. 인류학의 아버지로 불리우는 타일러(E. B. Tylor)가 "문화 혹은 문명이란 지식, 신앙, 예술, 법률, 도덕, 풍속 등 사회의 일원으로서 인간이 획득한 능력과 습관의 총체"[7]라고 말한 이후 다양한 정의들이 나타났다. 신국원은 최근의 문화에 대한 정의에서 나타나는 변화 내용을 몇 가지로 설명하고 있다.[8]

첫째, 문화를 고급의 정신활동에 국한하는 고급문화개념은 쇠퇴하고 있으며, 문화가 어느 특정 계층이나 시대에 국한된 것이 아니라 모든 인류가 공유하는 보편적 특징이라는 점이 강조되고 있다.

둘째, 문화는 삶 그 자체라는 생각이다. 이것은 타일러의 정의와도 통하는 것으로서 문화의 개념은 정신적이고 세련된 성취만이 아니라 의식주와 같은 일상적 삶의 내용 전체를 포함하는 개념으로 확대되고 있다.

셋째, 문화는 이전 세대가 축적해놓은 경험과 전승을 토대로 발전한다. 지금까지는 문화란 인간이 만들어 낸 산물이라는 결과적 성격을 강조하여 왔으나, 문화적 산물이라는 의미는 결코 단순하지 않으며 정적으로 고정되어 있지도 않다. 이제는 문화의 과정적 성격이 강조되며, 그렇기 때문에 문화의 사회성, 역사성, 역동성이 부각되고 있다.

이와 관련하여 눈에 띄는 것은 다문화교육은 그 용어가 보여주는 것과 같이 문화의 한 측면인 다양성에 초점을 맞추고 있으며, 문화의 개념을 민족이나 종족간의 문화적 차이를 드러내는 거시적인 의미로 보고 있음을 알 수 있다. 물론 다문화교육이 민족이나 종족의 문화를 주된 관심으로 하고 있기는 하지만, 보편적 성격으로서의 문화나 '삶 그 자체'로서의 문화개념, 과정으로서의 문화개념이 감안된다면 좀 더 풍성한 다문화교육을 구사해낼 수 있을 것이다. 실제로 모든 인간관계는 다문화적인 것이며, 그런 의미에서 교육은 그 자체가 다문화적이기 때문이다.

(2) 기독교문화관

문화에 대한 기독교적 접근은 우선적으로 기독교세계관에 기초한다. 일

---

7. E. B. Tylor, *Primitive Culture*, London: J. Murray, 1871, 1.
8. 신국원, 《신국원의 문화이야기》 (서울: IVP, 2002), 55-73.

반적으로 기독교세계관은 창조, 타락, 구속으로 정리되는데, 이 틀은 문화의 본래적 목적이 어떠하였으며, 죄와 타락이 미친 영향은 무엇이고, 구속을 통한 만유의 회복은 문화활동에 어떤 영향을 끼칠 수 있는지를 말해 주고 있다.

성경에 의하면 문화란 인간에 의해서 발전되어온 자율적 노력의 산물이 아니라 오히려 창조주 하나님의 계획에서 시작된다. 하나님은 이 계획을 성취하기 위해서 인간을 자신의 형상대로 지으시고 문화창조의 임무를 맡기신 것이다. 따라서 중요한 것은 문화의 방향은 문화의 사역자인 인간이 하나님과 맺는 관계에 따라서 결정된다는 것이다. 문화는 하나님의 뜻을 따라가거나 그것을 거부하는 방향으로 나가게 되어있다. 즉, 문화에 미치는 죄의 영향은 구조적(structural)이기보다는 방향적(directional)이다. 하나님께 순종적인 문화가 있는 반면에 하나님께 불순종하는 방향의 문화가 존재하게 되는 것이다.[9]

다문화교육의 추구하는 목적이 일반적으로 이해, 관용, 적응 등의 단어로 요약되고 있고, 그리고 다문화기독교교육 역시 이러한 흐름에 맞추어져 있다면, 기독교 문화관은 문화에 깊이 깔려있는 죄와 불순종의 문제를 직시하게 해 준다. 이 점에 대해서는 다음 절에서 계속 논의할 것이다.

2. 문화의 다양성에 대한 기독교적 접근

문화의 가장 두드러진 속성인 다양성에 대해 고려해 보는 것이 필요하다. 문화의 다양성이 어디서 생겨지는가에 대해서는 몇 가지로 생각할 수 있다. 어떤 이는 문화의 다양성을 인간이 가진 본래적 다양성에서 기인하는 것으로 본다. 문화주체로서의 인간이 구현하는 모든 문화현상과 활동은 인간이 가진 본래적 다양성 때문에 다양할 수밖에 없다는 것이다.[10] 또

---

9. cf. 신국원, 《신국원의 문화이야기》, 132-139.
10. T. Parsons & E. Shills, *Toward a General Theory of Action*, New York: Harper & Row, 1951, 159-160, 357.

어떤 이는 인간이 가진 본질 중 하나인 개방성(openness)을 강조하기도 한다. 인간이 동물과 다른 점은 바로 이 개방성으로서 환경에 적응하는 능력이 인간에게는 있다는 것이다. 인간은 환경의 작은 변화에도 다양한 삶의 형태를 보여준다.[11]

그러나 문화의 다양성에 대한 가장 근본적인 원인은 사람들이 가지고 있는 세계관의 다양성에서 기인한다고 보는 것이 옳을 것이다. 특히 세계관에는 이 세상의 근원, 역사의 방향과 목적, 인간의 삶이 가진 근본문제들, 죄와 악의 원인과 해결책 등이 포함되어 있다. 이렇게 보면 세계관은 종교적인 성격을 띠고 있으며 다양한 문화의 뿌리로 작용하는 것이다.[12] 그러므로 문화의 우열을 가리기보다는 문화의 상대성을 어느 정도 인정하지 않을 수 없다. 물론 이것은 문화상대주의로 갈 수 있으나, 획일적인 잣대로 모든 문화의 우열을 재는 것도 옳지 못한 일이다. "다양한 문화현상을 어떻게 이해할 것인지도 심각한 문제이지만 다양성을 인정하는 동시에 문화상대주의에 빠져 가치 판단의 척도를 상실하지 않을 방법을 찾는 일은 더욱 중요하다."[13]

다양한 문화가 충돌할 때 필연적으로 나타나는 해결방법이 다원주의와 상대주의라고 볼 때, 이것은 절대 진리에 대한 믿음을 가지고 있는 사람들이 극복해야 할 가장 큰 난관이다. 극단적으로 문화적 상대성을 옹호하는 것은 옳지 않다.[14] 왜냐하면 다양성이 항상 긍정적이며 좋은 것만은 아니기 때문이다. 예를 들면 고려장, 여성할례, 식인습관, 신분제도나 인종차별 같은 악습을 문화적 다양성이라고 긍정하거나 인권과 자유와 평등을 중시하는 문화와 대등하게 보아서는 안 된다.

기독교다문화교육을 논의할 때 고려하지 않을 수 없는 것은 올바른 분

---

11. cf. W. Pannenberg, *What is Man?: Contemporary Anthropology in Theological Perspective*, Philadelphia: Fortress Press, 1970, 43ff.
12. 신국원, 《신국원의 문화이야기》, 76.
13. 신국원, 《신국원의 문화이야기》, 89.
14. 료따르(J.-F. Lyotard)와 같이 '전체성에 대한 전쟁'을 선포할 만큼 다원주의를 옹호하는 경우도 있다. Jean-Francois Lyotard, The Postmodern Condition: A Report on Knowledge, Minneapolis: University of Minnesota Press, 1984, 81-82.

석과 비판의 필요성이다. 인간의 역사나 문화가 지니고 있는 제한성을 인정하면서 문화의 다양성을 어느 정도 인정하고 그 차이를 관용한다고 하더라도, 이것만은 아니라고 단호하게 말할 수 있는 경우가 분명히 있기 때문이다.[15] 차이를 인정하는 것과 잘못을 묵과하거나 허락하는 것은 다르다. 특히 오늘같이 가치관이 극히 혼란한 시대에 문화적 다양성을 근거로 다원주의나 상대주의를 옹호하는 것은 옳지 않다. 그리스도인들은 창조질서와 그것의 규범적인 성격을 잘 이해함으로써 오늘날과 같이 상대주의가 팽배한 사회 속에서 분명한 방향 감각을 가질 수 있어야 한다. 바른 문화는 창조주 하나님의 의도를 따라 세계를 발전시키는 것이어야 한다. 그렇지 못한 문화활동은 결국 하나님께 불순종하는 방향으로 나아가는 것이기 때문이다.

이러한 논의는 문화의 다양성에 대한 보다 깊은 뿌리를 찾는 것이 중요하다는 사실과 함께 다문화교육과 밀접하게 연관되어 있는 문화상대주의나 종교다원주의적 경향[16]에 대한 복음주의자들의 명확한 입장을 보여주는 것이다.

3. 다문화교육의 특징 및 교육의 다문화적 속성

(1) 다문화교육의 정의 및 특징

다문화교육에 대한 정의는 다양하다. 크리스틴 베니트(Christine Bennett)는 다문화교육을 다음과 같이 정의한다. "다문화교육은 학교와 교실에서의 평등지향운동, 커리큘럼의 변혁, 다문화적 역량의 구비 과정, 그리고 사회적 부정의에 대처하는 것을 포함하는 교수 학습에 대한 복합적인 접근이다." 그리고 그녀는 다문화교육의 네 가지 차원을 1) 평등교수법

---

15. 신국원, 《신국원의 문화이야기》, 183.
16. cf. James A. Bankes & Cherry A. McGee Banks (eds.), *Multicultral Education: Issues and Perspectives*, 차윤경 외 역, 《다문화교육: 현안과 전망》서울: 박학사, 2011), 131-161, Charles H. Lippy의 글 "기독교국가 또는 다원주의 문화: 미국인 삶에서의 종교"를 참고하라.

(equity pedagogy), 2) 교육과정 개혁(curriculum reform), 3) 다문화 역량(multicultural competence), 그리고 4) 사회정의(social justice)로 보았다.[17] 여기서는 평등, 정의, 상호의존 등의 민주주의적 신념이 중시 되고 있다.

대표적인 다문화교육학자인 뱅크스(James A. Banks)는 다문화교육을 인종, 민족, 성별, 종교, 언어, 문화적으로 다양한 배경을 가진 학생들이 동등한 교육의 기회와 학업성취의 기회를 갖는 것을 목표로 하는 학교교육 개혁운동이자 이념으로 보면서 다문화교육의 중요한 목적을 다음과 같이 말한다.[18]

① 개인으로 하여금 다른 문화의 관점을 통해서 자신의 문화를 바라보게 함으로 자기이해를 증진시키는 것이다.

② 모든 학생이 자문화, 주류문화, 그리고 타문화가 공존하는 다문화사회에서 요구되는 지식과 기능, 태도를 습득하도록 하는 데 있다.

③ 소수인종, 민족집단이 그들의 인종적, 신체적, 문화적 특성 때문에 겪는 고통과 차별을 감소시키는 데 있다.

④ 학생들이 자신이 속한 문화공동체, 국가적 시민공동체, 지역문화, 그리고 전지구적 공동체에서 제 구실을 하는데 필요한 지식, 태도, 기능을 다양한 인종, 문화, 언어, 종교 집단의 학생들이 습득하도록 도와주는 것이다.

또한 뱅크스는 다문화교육의 다섯 가지 차원을 내용통합, 지식구성과정, 편견감소, 공평한 교수법, 학생의 역량을 강화하는 학교문화의 조직으로 말한다.

이러한 논의를 정리하면 다문화교육은 다양한 계층, 인종, 민족 집단의 학생들에게 균등한 교육기회를 제공할 수 있도록 하는 학교개혁운동으로

---

17. Christine I. Bennett, *Multicultural Education: Theory and Practice*, Boston: Pearson, 2011, 3-10.
18. cf. James A. Banks, An Introduction to Multicultural Education, 모경환 외 역, 《다문화교육입문》(서울: 아카데미프레스, 2008), 2-8.

학교와 사회의 모든 종류의 불평등에 도전하며, 모든 학생들의 잠재력을 최대한 실현하고자 하는 교육이다. 동시에 다문화교육은 단순히 '다문화를 가르치는 교육'이라는 의미보다는 다문화 상황을 감안한 교육개혁론으로 자리매김하고 있다.

(2) 교육의 다문화적 속성

다문화교육이 주로 관심을 가지고 다루는 것은 인종, 민족, 계층의 차이, 즉 보다 거시적인 차원에서의 다양성을 다루는 것으로 보이며, 이러한 다문화적 환경 속에서 다문화적인 인식, 지식, 태도를 구비시키는 것이 다문화교육의 기조라 할 수 있다. 그러므로 다문화교육은 교육의 다문화적 속성을 거시적 차원에서 다룬다고 말할 수 있을 것이다.

그러나 이러한 거시적 접근 외에 미시적인 접근도 가능할 것이라 생각된다. 그것은 인간이 가진 고유성과 차이점들이다. 사람은 태어날 때 독특한 문화를 지닌 가정이라는 작은 공동체에서 태어나며, 고유한 개성을 지니고 태어난다. 그리고 그들은 성장하면서 좀 더 넓은 다원적 상황에 접하면서 살게 되어 있다. 물론 미국과 같은 다 인종적 성격의 다문화사회는 아니라 할지라도, 다양한 공동체와 집단, 특히 학교의 독특한 문화풍토에 접하게 되는 것이다. 사람은 이러한 다양한 문화에 노출되면서 다시 각자의 독특한 인성을 형성하게 된다. 따라서 모든 인간관계, 소통관계, 교육의 관계, 정치의 관계는 다문화적이다.

그러므로 모든 교육은 기본적으로 다문화적이며 개인차에 대한 고려는 올바른 교육의 기초가 된다. 게리 콜린스(Gary Collins)가 상담이란 단순히 종족의 차이만이 아니라 배경이 서로 다른 사람들의 만남이라는 관점에서 간문화적(cross-cultural)이라고 말했던 것처럼,[19] 이는 교육에서도 마찬가지이다. 교육에서 좀 더 넓은 의미의 문화를 고려하는 것은 매우 중요

---

19. Gary Collins, *Innovative Approaches to Counseling*, Waco, Texas: Word Book, 1986, 147.

한 일이겠지만, 한 학생한 학생의 개별성과 고유성을 고려하는 것은 더 중요한 일이다. 요약하면, 다문화교육에 대한 접근을 거시적인 면에서만이 아니라, 미시적인 차원에서, 사회문화적인 측면만이 아니라 개별적인 각 사람에 대한 관심으로 연결시켜야 한다는 것이다.

4. 기독교의 세계비전과 다문화교육

성경은 하나님의 우주적인 구원역사의 기록이다. 성경의 배경은 단지 팔레스타인 지역만이 아니라 이집트에서 바벨론까지, 아프리카에서 아시아까지, 또한 유럽(그리스와 로마)에까지 확장된다.

구약[20]은 창 3:15의 원시복음을 통하여 예수님을 통한 보편적 인간구원의 복음을 가르쳐 주고 있다. 창 9:27은 구원이 여러 종족으로 확대될 것을 암시하고 있다.[21] 창세기 12장에서 하나님은 아브라함을 택하시고 그와 그의 씨를 축복하실 뿐 아니라 이 지구상의 모든 족속들을 축복하신다. 아브라함의 선택은 단순한 유대인의 선택이 아니라 인간을 구원하시는 기관으로서의 선택인 것이다.[22] 출애굽기 9장 16절은 하나님께서 자신의 이름이 온 천하에 전파되기를 원하심을 분명히 하고 있다.[23] 하나님은 열방의 하나님이시고 모든 민족으로부터 찬양을 받으실 분이시다(시 47:1; 67:3, 5; 100:1; 117:1). 하나님께서는 도처에서 이방인을 들어 사용하셨다(출 18:1; 왕하 5:1-19 등). 출애굽기 18장 10-11절에 나오는 이드로의 신앙고백은 참으로 놀랍다. "이드로가 이르되 여호와를 찬송하리로다 너희를 애굽 사람의 손에서와 바로의 손에서 건져내시고 백성을 애굽 사람의 손 아래에

---

20. 구약에 나타난 세계선교의 비전에 대해서는 Walter C. Kaiser, *Mission in the Old Testament*, Grand Rapids: Baker Book House, 2000를 참고하라.
21. 창 9:27, "하나님이 야벳을 창대하게 하사 셈의 장막에 거하게 하시고 가나안은 그의 종이 되게 하시기를 원하노라 하였더라"
22. 창 12:3, "너를 축복하는 자에게는 내가 복을 내리고 너를 저주하는 자에게는 내가 저주하리니 땅의 모든 족속이 너로 말미암아 복을 얻을 것이라 하신지라"
23. 출 9:16, "내가 너를 세웠음은 나의 능력을 네게 보이고 내 이름이 온 천하에 전파되게 하려 하였음이니라"

서 건지셨도다 이제 내가 알았도다 여호와는 모든 신보다 크시므로 이스라엘에게 교만하게 행하는 그들을 이기셨도다." 또한 하나님께서는 선지자들의 입을 통하여 이스라엘을 모든 나라의 빛으로 부르셨음을 보여주었다(욜 2:32; 암 9:11-12; 미 4:1-2; 렘 3:17; 슥 8:20-22).

성경은 인종간의 결혼에 대해서도 언급한다. 아브라함은 이집트인 하갈과도 결혼하였으며, 모세는 구스 여인과 결혼하였다(민 12:1). 솔로몬은 바로의 딸과 결혼하였다(왕상 3:1). 에스더는 인도로부터 리비아에 이르는 광대한 지역을 다스리고 관할한 페르시아의 여왕이었다. 유대인은 바벨론에서 긴 포로의 생활을 하였다.

이 땅은 주님의 땅이며, 예수님은 자기 땅에 오셨다(요 1:11). 그의 오심은 이방의 빛이 되려하심이었다(눅 2:32). 예수님은 태어나셔서 동방박사의 경배를 받으셨으며 버려진 자와 소외된 자들의 친구였다. 주님은 소외된 땅 사마리아를 통과하시고 이방인들을 용납하셨다. 특히 예수님은 그의 지상명령에서 모든 민족을 제자로 삼을 것을 명령하셨다(마 28:19-20). 사도바울은 이방의 사도로 부름을 받아 모든 이들에게 차별이 없는 주님의 복음을 전파하며 평생 헌신하였다. "너희는 유대인이나 헬라인이나 종이나 자유인이나 남자나 여자나 다 그리스도 예수 안에서 하나이니라"(갈 3:28) 이러한 성경의 세계적이며 우주적인 관점은 다문화기독교교육에 대한 관심과 기초를 제공한다.

5. 다문화교육과 기독교교육의 정체성 수립

(1) 기독교교육의 정체성 수립

다문화기독교교육이 다문화, 다원화된 사회에 대한 신앙공동체의 가장 적절한 반응이라고는 볼 수 없으나,[24] 다문화교육이 시사하는 점들은 기독교교육의 성격을 새롭게 해 나가는 일에 기여할 수 있는 요소가 많다.

---
24. 정정미, "다문화적인 기독교교육의 개념적 배경 연구", 《기독교교육논총》, 1 (1996), 243.

① 기독교교육의 목적과 관련하여 다문화교육의 통찰은 보다 폭 넓은 자기인식과 타인인식, 사회인식과 세계인식 등에 기여할 가능성이 많다. 창조의 풍성한 다양성을 주신 하나님의 능력과 문화의 사역자로 인간을 세우신 하나님의 계획을 인식하는 일은 '하나님과의 관계'의 구체적인 성격과 실천과제를 도출하는 일에 도움을 줄 것이다.

② 기독교교육의 내용과 관련하여 다문화교육의 통찰은 말씀과 상황, 텍스트와 컨텍스트 상호연관성에 대한 이해의 깊이를 더해주며, 보다 경험적이며 실천적이며 비형식적 교육에 대한 인식의 폭을 넓게 해 줄 것이다. 특히 복음주의자들이 소홀히 했던 주제들, 예를 들면 인권, 평화, 통일, 정의 등을 심도 있게 다루어줌으로써 기독교교육을 더욱 내실 있게 만들어줄 수 있다.

③ 기독교교육의 방법과 관련하여 다문화교육의 통찰은 경청, 소통, 협력을 중시하는 교육방법으로의 강화를 가능하게 해 줄 것이다. 서로의 차이를 용납하고 환대하는 공동체를 이루어 나감으로써 깊이 드리워진 골을 허물고, 편견과 아집으로 뭉쳐진 자기 폐쇄성을 허물고, 더 진지하게 진리를 추구해 나가는 동반자의 모습을 갖게 해 줄 것이다.

(2) 통전적 기독교교육의 정립

연구자는 이미 다른 기조강연[25]에서 세계화의 현상 앞에서 기독교교육이 추구해야할 통전적 성격에 대해서 다룬 일이 있다. 그 글에서 연구자는 신자유주의 경제를 근간으로 하는 세계화의 현상 앞에서 기독교교육이 통전성을 회복하기 위해서 고려해야할 몇 가지 요소를 제시한 바 있다. 기독교다문화교육에 대한 통찰은 통전적인 기독교교육학의 구성을 위해서 기여할 수 있을 것이라는 가정 아래서, 연구자가 이미 제시한 것 중에서 전인적, 관계적, 시간적, 공간적 통전성과의 관계를 연관지어 보고자 한다.

---

25. 강용원, "세계화와 기독교교육의 과제", 《기독교교육논총》, 26, (2011. 1): 21-55; 이 글은 2010년 여름 고신대학교에서 열린 한국기독교교육학회 국제학술대회의 기조강연이다.

① 전인적 통전성(샬롬의 대행자): 인간은 다면적 존재이며 동시에 통일성(unity)을 갖는다. 다문화교육은 나와 다른 이질적 사고, 감정, 언어, 세계관, 관습을 가진 사람과의 접촉을 적극적으로 격려함으로써 자신의 다양한 반응을 확인하고 자신의 정체성을 확인할 수 있는 계기를 갖게 해 준다. 사람은 타인을 통하여 자신을 발견하게 된다. 그것은 유사성이 많은 사람들보다는 오히려 차이점이 많은 사람들을 통해서 강화될 수 있다. 동시에 우리는 상위 양상인 신앙적, 윤리적, 법적 양상의 인도를 통해서 자신과 타인의 행동을 평가하면서 일관성 있는 행동을 하게 된다. "인간교육은 인간의 다면적 특성을 충분히 감안하면서도 통전적 관점을 놓치지 않고 샬롬을 다양한 관계와 영역에서 일관성있게 실천함으로써 그 풍성함을 드러낼 수 있게 해야 한다."[26] 이런 의미에서 다문화기독교육에 대한 통찰은 다양한 관계의 빛 안에서 자신의 다면성과 통일성을 새롭게 검토하면서 일관성 있게 행동할 수 있게 해 준다.

② 관계적 통전성(샬롬의 대상): 다문화상황은 다양한 관계를 내포한다. 다문화교육은 일차적으로 타인과의 관계(개인 및 집단)와 관련성을 갖지만, 문화에 대한 기독교적 의미를 탐구하면, 문화는 타인과의 관계, 창조세계와의 관계, 더 나아가서는 인간에게 문화적 과업을 주신 하나님과의 관계가 모두 관련된다. 그러므로 다문화기독교교육적 통찰은 관계적 통전성의 추구를 위한 유용한 정보를 준다. 하나님과의 관계성은 인간이 근본적으로 종교적 존재임을 드러내며, 하나님과의 온전한 관계는 인간상호간의 관계를 풍요롭게 만든다.

③ 시간적 통전성(샬롬의 실현): 최근에 문화란 완성된 결과물이 아니라 과정에 있는 것으로 파악되는 것과 마찬가지로 기독교문화 역시 완성된 것이 아니라 완성을 향한 과정에 있다. 하나님께 불순종적인 방향으로 나아가는 오늘의 대중문화와 문화 속에 깊이 뿌리박고 있는 죄는 우리에게 아

---

26. 강용원, "세계화와 기독교교육의 과제", 37.

품을 주며 거룩한 분노를 유발시킨다. 그러나 우리는 하나님께서 이루실 완전한 날을 기대하며 나아가야한다. "기독교 문화는 이미 이룩한 성취를 자랑하는 것이 아니라 믿음으로 바라보는 순례자의 목표이다. 그래서 그것은 본질적으로 하나님 나라를 바라보는 선지자적 비전이다."[27]

④ 공간적 통전성(샬롬의 현장): 기독교문화는 인간의 전 삶을 포괄하기에 다문화기독교교육은 그 교육현장을 더욱 구체화시켜주며 또한 교육현장의 확대를 가능하게 해 준다. 기독교문화교육을 가능하게 하는 다양한 현장은 가정, 학교, 교회를 비롯하여 사회와 그 위치를 정하기 어려운 미디어의 세계에까지 확대된다. 가정, 학교, 교회는 그 독특한 성격에 충실하면서도 상호 연계, 통합됨으로써 효과적인 교육에 이를 수 있게 된다. 기독교다문화교육은 그 교육이 행해지며 실천되는 현장의 내적 연관성과 통일성을 추구하므로 교육현장의 통전성 수립에 기여할 수 있다.

IV. 다문화기독교교육의 연구와 실천

1. 다문화기독교교육 연구의 현황과 방향

우리나라에서 연구된 다문화기독교교육 관련 연구는 그리 많지 않은 편이다. 북한이탈주민에 관한 연구도 여기에 포함시킨다면 그 수는 증가될 수 있을 것이다. 또한 미국이민사회를 배경으로한 연구들도 다수 포함되어 있다. 한국기독교교육학회는 2009년 하계대회의 주제를 "다문화사회와 기독교교육"으로 하여 다문화기독교교육에 초점을 맞추었고 몇 편의

---

[27] 신국원, 《신국원의 문화이야기》, 168; "완전한 샬롬의 약속, 이 일을 이루실 하나님의 신실성을 믿으며 살아가는 신자들은 샬롬의 실천을 위해 대가를 치루기를 요청받고 있다. 불의와 불평등과 부정의가 가득 찬 세상에서 평화의 길은 멀고도 험해 보인다. 그러나 우리는 이 일을 이루실 분은 그 분이신 줄 알기에 소망 중에 걸어가는 것이다." 강용원, "세계화와 기독교교육의 과제", 43.

논문을 발표하였다.[28]

연구현황을 정리하는 것이 쉬운 일은 아니지만 몇 가지로 그 특징을 말하면 다음과 같다.

① 다문화기독교교육의 개념에 대한 기초적 논의가 진행되고 있으나 좀 더 정밀한 개념분석은 이루어지지 않고 있는 것으로 보인다.

② 다문화교육에 대한 연구 결과를 인용하거나, 혹은 다문화기독교교육에 대한 외국문헌의 선행연구들을 소개하는 수준에 그치고 있는 것이 사실이다.

③ 다문화교육의 연구는 그 폭이 넓고 이론과 실제의 연결이 시도되고 있으나, 기독교다문화교육 연구는 아직 이론적인 것이 우위를 점하고 있다.

④ 다문화기독교교육에 대한 실제적인 제안을 담고 있는 연구도 보면 너무 초보적이고 교육 관련성이 희박한 것들이 많다.

⑤ 특히 복음주의나 개혁주의 관점에서 다문화교육을 평가하거나 기독교다문화교육의 방향을 제시하는 연구는 거의 찾아보기 힘들다.[29]

이러한 논의는 자연스럽게 앞으로의 연구방향을 제시해 준다고 하겠다.

① 보다 엄밀한 개념의 분석과 정의가 필요하며, 특히 기독교적인 접근이 필요하다.

② 이론과 실천의 조화가 필요하다. 현장성과 실천성을 감안한 이론의 연구와 현장을 좀 더 이해하고 현장을 변화시킬 수 있는 실제적인 연구도 필요하다.

③ 미국 중심으로 이루어진 연구를 무비판적으로 답습하는 것이 아니라, 우리의 상황과 한국교회의 실상과 들어맞는 연구가 필요하다. 특히 한국

---

28. 장종철, "다문화사회와 기독교교육", 한국염, "다문화트렌드시대, 이주민 인권보호와 기독교교육의 과제", 손문, "다문화 사회와 기독교대학의 교양교육", 원신애, "종교적 '상상력'의 렌즈를 통해서 본 영화 속의 다문화적 성격과 기독교교육의 가능성에 대한 고찰", 양영자, "이주 2세대를 위한 다문화교육 시론".
29. cf. 이승구, "다문화교육에 대한 기독교적 접근: 기독교적 다문화교육의 가능성과 시도", 《국제신학》, 5 (2003): 103-167.

인의 심성과 기독교다문화교육의 관련성에 관한 연구와 한국교회의 다문화역량 개발에 대한 연구가 필요하다.[30]

④ '다문화기독교교육'과 '기독교다문화교육'을 구분하여 적절한 연구분야가 형성될 수 있도록 하는 것이 유익할 것이다.

⑤ 기독교세계관, 기독교문화관, 기독교문화교육의 상관관계에 대한 이론적 논의가 필요하다.

⑥ 한국교회가 서양교회로부터 받은 문화적 수용과 영향에 대한 비판과 반성을 수행하며, 이를 기초로 우리나라에 고유한 기독교문화 형성에 대한 연구가 필요하다.

⑦ 복음주의적 다문화기독교교육이 요청된다. 복음주의 계통에서 나온 연구들도 기독교세계관, 기독교문화관, 기독교문화교육으로 연결되는 조직적인 체계가 보이지 않는다. 특별히 칼빈(John Calvin)을 따르는 개혁주의 전통에서는 아브라함 카이퍼(Abraham Kuyper), 클라스 스킬더(Klass Schilder), 코넬리어스 반틸(Cornelius Ban Til), 헨리 반틸(Henry R. Van Til), 헤르만 도예베르트(Herman Dooyeweerd) 등을 통한 기독교세계관과 기독교문화와 관련된 귀한 학문적 전통과 체계가 잡혀있다. 그리고 이에 기초한 기독교문화교육에 대한 관심과 연구도 어느 정도 이루어져있기 때문에,[31] 기독교문화교육이라는 포괄적인 명칭 아래서 기독교다문화교육을 다루는 것이 논리적으로도 맞고, 개혁주의 전통이 마련한 소중한 유산들을 적극 활용할 수 있는 기회도 될 것이다.

---

30. cf. 침례교신학연구소 편, 《기독교교육과 한국문화: 문화를 알면 교육이 보인다》(대전: 침례신학대학교 출판부, 2003).
31. 이민경, "개혁주의 문화교육에 관한 연구" (미간행 박사학위논문, 고신대학교 대학원, 2005); 관련연구로 cf. 이숙경, 《기독교교육과 문화이해》(서울: 그리심, 2005).

2. 기독교문화교육의 실천 방향

(1) 세계관 교육의 중요성

기독교문화교육에서 세계관 교육이 중요한 것은 세계관은 문화의 뿌리이기 때문이다.[32] 세계관이 세상을 바라보는 인식의 틀이나 안목이라면 문화는 바로 세계관에 기초를 두는 것이다. 사이어(J. Sire)의 의하면 세계관은 "이 세계의 근본적 구성에 대해 우리가 견지하고 있는 일련의 전제들"[33] 이다. 기독교문화교육을 바르게 성취하기 위해서는 기독교세계관에 대한 철저한 연구와 다른 세계관에 대한 비판적 검토가 필연적으로 요청된다. 이런 관점에서 볼 때, 문화교육이나 다문화교육을 기독교적으로 검토할 때 생기는 필연적인 귀결은 이해, 관용, 포용만이 아니라 평가, 분별, 비판의 기능이 요구된다는 것이다.

(2) 교수영역 개발과 구체화

이민경은 개혁주의 문화교육에 관한 연구에서 개혁주의 문화교육을 지성적 국면, 감성적 국면, 실천적 국면으로 구분하여 서술하였다.[34] 이런 제안을 기초로 기독교문화교육의 교수영역을 개발하는 일이 필요하며, 그것을 성경교수와 연관 짓는 것도 중요한 작업이 될 것이다. 또한 음악, 미술, 연극, 영화, 문학 등 별개의 작업영역을 연령이나 발달단계 별로 정하는 일도 필요하다. 동시에 기독교문화교육의 세 능력인 이해, 비판, 변혁력을 키우는 교수계획이 정립되어야 한다.

이해는 문화적 현실을 묘사하고 파악하는 일이다. 우선 자신의 문화적 정황을 그 환경과 역사적 배경을 통하여 인식(개인적 성향, 가정, 소속된

---

32. "세계관은 세상을 보는 관점(view)일 뿐만 아니라 철학을 포함하여 문화 전체를 검토하는 관점이기도 하다. 세계관은 세상을 위한 규범을 내포하며 문화를 만들어 가는 토대이다." 신국원, 《신국원의 문화이야기》, 185.
33. James W. Sire, The Universe Next Door: A Basic World View Catalog (1976), 《기독교 세계관과 현대사상》, 김헌수 역 (서울: IVP, 1985), 20.
34. 이민경, "개혁주의 문화교육에 관한 연구".

공동체, 확대된 공동체)하는 일이 필요하다. 다문화 환경인 경우(우리에게도 얼마든지 가능하다) 주류 문화와 소수인 문화를 인식하고, 소수 문화가 다수 문화에 눌림을 받고 있지는 않은지 살피고, 자신에게 있는 배타적 성향도 드러낼 수 있어야 한다.

문화비판은 궁극적으로 하나님께 불순종적인 방향으로 나가게 하는 죄의 영향력을 분석해 내는 일이다. 상대주의와 다원주의가 크게 힘을 더하는 현실 속에서 문화를 분별하는 일은 중요한 과제이다. 문화를 기독교와 대립적인 것으로 보거나, 문화에 대해서 지나친 관용성을 보이는 것은 모두 옳지 않다. 이에 대해서는 적절한 문화비판의 원리를 갖는 것이 중요한데 이것은 따로 논의하도록 한다.

문화변혁의 자세는 신실한 그리스도인에게 요구되는 기본적인 자세이다. 기독교문화교육의 궁극적인 목표는 성경적 진리를 구현해 나가는 삶의 환경을 조성하는 일이다. 그것은 하나님 나라에 가까운 질서를 만들기 위해 애쓰는 일이며, 결국은 하나님 나라를 확장하는 일이며, 하나님께 순종적인 방향으로 문화를 변혁해 나가는 일이다. 특별히 오늘의 대중문화가 재미나 오락을 중심으로 향락과 퇴폐로 치닫는 현실 속에서 순결하고 거룩한 문화를 창조하는 일이다. 실속도 없이 가진 자만이 누리는 문화가 아니라 치유하고 화해를 이루는 샬롬과 정의의 문화를 이루는 것이다. 월터스톨프(N. Wolterstorff)가 말하는 샬롬, 즉 평화와 정의가 증진되는 것이다.[35]

(3) 문화에 대한 초월적 비판

개혁주의 문화관은 성경적 세계관에 입각하여 초월적 비판의 자세를 견지한다. 그것은 문화를 구성하는 내용과 종교적 뿌리를 살펴 선별적으로 수용하면서 궁극적인 변혁을 추구한다는 생각이다. 이와 관련하여 세 가

---

35. Nicholas Wolterstorff, *Until Justice and Peace Embrace*, Grand Rapids: Wm. B. Eerdmans, 1983, 3-22.

지 문화비판을 살펴본다.[36]

① 내재적(immanent) 비판은 문화에 나름대로 선을 이루는 자율적 요소가 있다고 보고, 이교 문화 속에서 좋고 선한 것으로 인정된 것은 받아들여 기독교적으로 사용할 수 있다는 자세이다. 중세의 자연과 은총의 신학이 한 예가 될 것이다. 이러한 생각은 문화에 적극 개입하여 변혁하는 사명을 약화시킬 뿐만 아니라 진정한 문화의 방향을 제시하기 보다는 단순히 검열관의 역할만을 하게 될 가능성이 있다.

② 초험적(transcendent) 비판은 문화에 대한 강한 비판의식으로 문화 자체를 죄악시하는 이원론적 세계관에서 기인된 것이다. 문화를 기독교와 무관한 별개의 질서로 보고 그것에 대립한다. 이 견해는 기독교와 문화가 한 하나님으로부터 온 것임을 간과하고 기독교가 타락한 문화를 대체할 것으로 잘못 생각하는 것이다.

③ 초월적(transcendental) 비판은 문화와 기독교를 대립시키는 이원론을 반대한다. 창조의 질서를 따라 하나님의 주권을 강조하며 인간의 전적 타락을 인식하면서도 동시에 구속을 통한 회복을 믿는 세계관에 기초한다. 비기독교문화와 단절하지 않는 근거는 일반은총에 있다. 초월적 비판은 문화의 종교적 기초와 세계관을 점검하고 비판하여 바로잡음으로써 그 문화를 개혁하고자 하는 적극적인 것이다. 초월적 비판의 자세를 견지하기 위해서는 무엇보다도 창조의 규범을 인식하고 기독교세계관을 구비시키는 일이 무엇보다도 중요하다.

(4) 교회와 교회 지도자들의 다문화역량

일반적으로 다문화역량에서 사용하는 역량(competence)이라는 개념은 우수한 성과의 원인이 되는 개인의 내적 특성으로 비교적 장시간 지속되는 사고나 행동방식을 말한다. 일반적으로 역량은 인간의 동기, 특질, 자

---

36. 신국원, 《신국원의 문화이야기》, 158-163.

기개념, 지식, 기술 등을 포함한 폭넓은 개념으로 일정한 합의점은 없는 것 같아 보인다.[37]

학생들과 그리스도인들의 다문화역량을 키우기 위해서는 우선 교회가 다문화역량을 갖추어야 하며, 이 일은 교회 지도자들의 다문화역량의 구비로부터 시작된다고 볼 수 있다. 교회는 구조적으로 '나그네를 받아들이고 환대'하는 공간이 되어, 명실공히 돌봄과 양육의 공동체가 되어야 한다. 본격적인 다문화교육이 실현되기 위해서는 신앙공동체가 다양한 인종과 문화적 배경을 갖는 사람들을 배려하는 환경을 준비해야 하는데, 이것은 한국교회에 주어진 또 다른 과제가 아닐 수 없다.[38] 물론 지역에 따라 시급함의 차이가 있겠지만 지도자들의 의식 개선을 통하여 효과적인 수행을 위한 연구와 준비가 활성화되어야 한다. 효과적인 교회의 다문화교육을 포함하여 다양한 교회의 다문화 전략에 대해서는 후속 연구를 기대하며, 여기서는 교회 지도자들의 다문화역량과 관련하여 잠시 언급하고자 한다.

티트와 티트(P. L. Tiedt & I. M. Tiedt)는 3E 모델을 제시하였는데, 이것은 Esteem, Empathy, Equity의 약자이다. 존중, 공감, 동등은 다문화교육이 성취해야할 중심 개념이다. 우리가 다문화적으로 가르칠 때 이 세 가지 개념에 충실하다면, 다음과 같은 교육목적을 성취할 수 있을 것이라고 그들은 말한다. ① 가치 있는 개인으로서의 정체성을 발전시키는 일, ② 의견의 차이를 가치 있게 여기며, 이러한 차이가 결단할 수 있는 능력을 어떻게 향상시키는지 이해하는 일, ③ 다른 관점을 이해하고 어떤 요소들이 거기에 영향을 주는지 이해하는 일, ④ 자신과 다른 사람이 가지고 있는 유산(heritage)을 나누는 일, ⑤ 전지구적으로 사고하고, 인간의 상호의존성을 이해하는 일, ⑥ 다문화사회에서의 시민들의 책임성을 인식하고 받아들이는 일이다.[39] 또한 그들은 '학생중심의 접근', '잠재적 교육과정

---

37. L. M. Spencer & S. M. Spencer, Competence at Work: Models for Superior Performance, 민병모 외 역, 《핵심역량모델의 개발과 활용》(서울: PSI 컨설팅, 2005).
38. 정정미, "다문화적 신앙공동체 형성을 위한 교회의 교육적 과제", 《기독교교육정보》, 24 (2009): 281-305.
39. Pamela L. Tiedt & Iris M. Tiedt, *Multicultural Teaching: A Handbook of Activities, Infor-*

의 강조', '학습공동체의 창조', '포괄적인 교실문화의 창조', '학습을 이끄는 학생' 등을 강조한다.[40]

구디쿤스트와 김(Gudykunst & Kim)은 그들의 저서에서 다문화적 인간을 다음과 같이 묘사한다. "간문화적(intercultural)이 되어가는 과정에서 한 단계 더 진보된 수준에 도달한 사람이며, 그들의 인지적, 정서적, 행동적 특성은 어느 한 문화의 심리적 특성에 제한되기 보다는 그것을 넘어서 성장을 향해 열려진 사람이다. … 간문화적 인간은 지적, 정서적으로 인류의 근본적인 통일성에 헌신되어 있으면서도 다른 문화권의 사람들 간에 존재하는 차이점을 받아들이고 인식하는 사람이다."[41]

또한 이들은 간문화적인 인간(intercultural people)을 다음과 같이 설명한다.

① 자신의 문화적 가정에 도전해 보고, 자신의 세계관이 어떻게 자신의 문화에 의해 형성되었는지를 생각해 본 경험이 있다.

② 문화간의 접촉을 위해서 촉진자나 촉매자로 일할 수 있다.

③ 자신의 자민족중심주의의 뿌리를 받아들이고, 타문화에 대해서도 객관성을 유지한다.

④ 문화간의 만남을 더 정확하게 해석 평가하고, 두 문화 사이에서 의사소통의 연결고리 역할을 가능하게 하는 '제3세계적 관점(Third World perspective)'을 발전시킨다.

⑤ 문화적 공감(cultural empathy)과 '타자의 세계관에 대한 상상적 참여(imaginatively participate in the other's world view)'를 보인다.[42]

이들의 논의를 통해서 연구자는 다문화교사가 갖추어야할 다문화역량을 자기정체성, 인간존중, 공감과 대화의 능력, 폭넓은 안목, 나눔의 실천

---

mation, and Resources, Boston: Allyn & Bacon, 2010, 41.
40. Pamela L. Tiedt & Iris M. Tiedt, Multicultural Teaching, 43-50.
41. W. B. Gudykunst & Y. Y. Kim, Communicating with Strangers: An Approach to Intercultural Communications, New York: Addison-Wesley, 1984, 230, quoted from Christine I. Bennett, Multicultural Education: Theory and Practice, 9-10.
42. W. B. Gudykunst & Y. Y. Kim, Communicating with Strangers, 231.

이라는 다섯 가지로 정리하고자 한다.[43]

물론 이런 일반적인 역량의 근저에는 기독교세계관과 말씀에 근거한 신앙이 있어야 한다. 그 기초 위에서 다섯 가지 역량을 발전시킴과 동시에 초월적 비판 정신을 갖고 다양한 문화 속에 잠재된 하나님께 대한 불순종의 방향과 죄의 영향력을 간파하며, 거룩한 불만, 애통함과 소망을 갖고 빼앗긴 문화의 영역을 회복시켜나가야 한다. 특히 다문화역량을 구비시키는 교사교육의 중요성은 아무리 강조해도 지나치지 않을 것이다.

(5) 가정의 문화적 영향력

기독교문화교육을 효과적으로 수행하기 위해서는 교회만이 아니라 가정, 학교, 더 나아가 사회운동에 이르기까지 깊은 연대가 이루어져야 한다. 특히 잘못된 문화에 대한 가장 효과적인 대안은 가정의 문화적 영향력과 역할을 강화하는 것이다. 가정은 부모의 역할을 통하여 다양한 문화에 대한 편협된 안목을 교정하고, 잘못된 문화의 영향을 거르는 여과기의 역할을 해야 한다.

교회는 교사교육 이상으로 부모의 문화적인 역량을 강화하기 위한 노력을 경주해야 한다. 오늘날 자녀들은 부모들의 왜곡된 신앙관과 세속적 가치관으로 인하여 가중된 고통을 당하고 있다. 특별히 청소년 자녀를 둔 부

---

43. 다음 글은 이런 요소들을 포함하고 있다. "당신과 똑 같은 교사는 없을 것이며, 매해 교실에서 만나게 되는 학생들과 똑 같은 젊은이의 집단을 만날 수는 없을 것이다. 그러므로 무엇보다도 유연성을 가져야하며, 비슷해 보이지만 다른 개별 학생들의 요구에 응답할 준비를 하여라. 그들의 눈을 보고, 음성을 듣고, 당신 자신을 그들과 나누라.
이 복잡한 세상에 존재하는 모든 문화에 대해서 공부하는 것은 불가능한 일이다. … 그러나 새로운 문화와 새로운 개념을 추구하며 그것을 탐구하는데 편안함을 느끼라. 사람들로 하여금 그들의 이야기를 말하도록 초대하라.
당신의 학생들은 가장 큰 자원이 될 것이다. 만약 당신이 흥미를 가지고 있다는 것을 느낀다면 그들은 기쁘게 당신과 자신을 나누게 될 것이다. 물으라. 들으라. 각각의 학생들이 개별적인 존재인 것을 인정하고 그들의 자존심을 고양하면서 역할모델이 되도록 하여라. 스스로 모본을 보이면서 집단 속에서의 공감의 성장을 격려하라. 남을 도움으로 얻게 되는 기쁨을 함께 나누라. 비록 매해 같은 주제를 같은 방법으로 다룬다고 해도, 그 결과는 언제나 다르게 나타날 것이다.
학생들이 스스로 길을 인도하게 하라. 그들은 당신이 계획할 수 없었던 학습의 새로운 모습을 발견하는 일을 도와줄 것이다. … 학생들에게 선택의 기회들을 제공하라. 예를 들면, 다음에 무엇을 공부할지를 결정할 수 있는 기회를 주라. 그러면 교수/학습 과정은 더 신선하고 흥분에 찬 것이 될 것이다." Pamela L. Tiedt & Iris M. Tiedt, *Multicultural Teaching*, 371.

모들에게 이 과제는 더욱더 엄중하다. 청소년들은 대중문화의 소비자로 그 영향력에 상당히 노출되어 있으나 건실한 비판과 견제의 소리를 듣기는 어려운 상황에 있다. 특히 부모는 다문화적인 역량을 갖추고 어린 시절부터 자녀의 다문화적 인식과 태도를 기르기 위해서 노력해야 할 것이다.

V. 나오는 말

이제 앞에서 논의한 것 중에서 중요한 핵심만을 다시 강조하고자 한다. 우선 다문화교육에 대한 충분한 이해와 연구는 기독교교육에 주는 시사점이 많다. 따라서 기독교교육은 다문화교육의 연구 방향과 진행에 깊은 관심을 기울일 필요가 있다. 다문화기독교교육은 특별히 통전적 기독교교육의 정립을 위한 내적 반성의 좋은 기회를 제공해 준다.

동시에 복음주의 기독교교육은 개혁주의 신학자들을 중심으로 연구되어진 기독교문화에 관한 연구의 업적들을 귀하게 여기면서 이를 기초로 기독교문화교육을 활성화하면서, 기독교문화교육의 선상에서 기독교다문화교육의 발전을 기대해 볼 수 있을 것이다. 다문화교육은 넓은 의미에서 문화교육의 한 분야이며, 문화의 다양성은 문화 이해의 중요한 한 부분으로서 미래 사회의 피할 수 없는 도전이기 때문이다.

무엇보다도 다문화기독교교육의 연구는 기독교세계관과 보다 건전한 신학적 논의를 기초로 전개되어야 할 것임을 다시 한 번 강조하고자 한다. 이제 다문화기독교교육은 복음주의 기독교교육학자들에게는 다시 정복해야 할 새로운 영토인지도 모른다.

참고 문헌

강용원. "세계화와 기독교교육의 과제". 《기독교교육논총》, 26, 2011.

경기도다문화교육센터 편. 《다문화교육의 이론과 실제》. 서울: 양서원, 2009.

신국원. 《신국원의 문화이야기》. 서울: IVP, 2002.

안경식 외. 《다문화교육의 현황과 과제》. 서울: 학지사, 2008.

양금희. "기독교교육이란 무엇인가?". 고용수 외. 《기독교교육개론》. 서울: 장로회신학대학교 기독교교육연구원, 2009.

이민경. "개혁주의 문화교육에 관한 연구". 미간행박사학위논문, 고신대학교 대학원, 2005.

이숙경, 《기독교교육과 문화이해》. 서울: 그리심, 2005.

이승구, "다문화교육에 대한 기독교적 접근: 기독교적 다문화교육의 가능성과 시도", 《국제신학》, 5, 2003.

이윤석. "기독교적 책임을 지향하는 다문화 기독교교육에 관한 연구". 미간행박사학위논문, 연세대학교 대학원, 2009.

장종철. "다문화사회와 기독교교육". 《한국기독교교육학회 발표문집》, 2009.

정정미, "다문화적 신앙공동체 형성을 위한 교회의 교육적 과제",《기독교교육정보》, 24, 2009.

정정미. "다문화적인 기독교교육의 개념적 배경 연구".《기독교교육논총》, 1, 1996.

침례교신학연구소 편. 《기독교교육과 한국문화: 문화를 알면 교육이 보인다》. 대전: 침례신학대학교 출판부, 2003.

Bankes, James A. & Bankes, Cherry A. McGee (eds.). *Multicultral Education: Issues and Perspectives*. 차윤경 외 역. 《다문화교육: 현안과 전망》. 서울: 박학사, 2011.

Bankes, James A. *An Introduction to Multicultural Education*. 모경환 외 역. 《다문화교육입문》. 서울: 아카데미프레스, 2008.

Bennett, Christine I. *Multicultural Education: Theory and Practice*. Boston: Pearson, 2011.

Collins, Gary. *Innovative Approaches to Counseling*. Waco, Texas: Word Book, 1986.

Gudykunst, W. B. & Kim, Y. Y. *Communicating with Strangers: An Approach to Intercultural Communications*. New York: Addison-Wesley, 1984.

Kaisser, Walter C. *Mission in the Old Testament*. Grand Rapids: Baker Book House, 2000.

Lyotard, Jean-Francois. *The Postmodern Condition: A Report on Knowledge*. Minneapolis: University of Minnesota Press, 1984.

Pannenberg, W. *What is Man?: Contemporary Anthropology in Theological Perspective*. Philadelphia: Fortress Press, 1970.

Parsons, T. & Shills, E. *Toward a General Theory of Action*. New York: Harper & Row, 1951.

Sire, James W. *The Universe Next Door: A Basic World View Catalog*. 《기독교세 계관과 현대사상》. 김헌수 역. 서울: IVP, 1985.

Spencer, L. M. & Spencer, S. M. *Competnece at Work: Models for Superior Performance*. 민병모 외 역. 《핵심역량모델의 개발과 활용》. 서울: PSI 컨설팅, 2005.

Tiedt, Pamela L. & Tiedt, Iris M. *Multicultural Teaching: A Handbook of Activities, Information, and Resources*. Boston: Allyn & Bacon, 2010.

Tylor, E. B. *Primitive Culture*. London: J. Murray, 1871.

Wolterstorff, Nicholas. *Until Justice and Peace Embrace*. Grand Rapids: Wm. B. Eerdmans, 1983.

법무부 홈페이지 (http://moj.go.kr).

교회학교 다문화역량
(Multicultural Competence)의 의미와 개발:
고신교회 내 교회학교 교사들에게 주는 시사점[*]

이현철 교수 _ 고신대학교 기독교교육학과

*요약
I. 서 론
II. 한국 교회학교의 다문화 역량 개발의 필요성과 배경
　1. 다문화 가정의 등장
　2. 교회학교 교육 대상자의 증가
　3. 문화적 역량의 효과 및 영향력
III. 교회학교의 다문화 역량(Multicultural Competence)의 개념
　1. 역량의 개념
　2. 교회학교의 문화적 역량의 개념
IV. 교회학교 교사의 다문화 역량 개발을 위한 방향
참고문헌

--------------------------------- 〈요 약〉 ---------------------------------

본 연구에서는 다문화 시대 속 한국 교회학교 및 교회학교 교사들의 다문화 역량의 의미와 역량 개발의 방향을 탐색하고, 다문화 시대의 적합한 교회학교의 방향성을 제시하는 기초자료를 제공하고자 한다. 먼저 교회학교와 교사들과 관련된 다문화 역량의 의미와 내용들은 교회학교와 교사들로 하여금 다문화 현상과 다문화와 관련된 교육대상자들의 다양한 문화에 대한 지식과 정보를 갖추는 것이다. 또한 교회학교 기관으로서 그리고 교회학교의 핵심적인 교사로서 자신이 가지고 있는 다문화와 그 구성원들에 대한 고정관념으로부터 벗어나야 함을 의미하는 것이다. 그리고 끊임없이 자기반성적 과정을 통해 자신이 가진 능력을 교회학교 현장과 다양한 활동에 적용해야 함을 전제하는 것이다. 이러한 다문화 역량 개발을 위한 방향으로는 첫째, 교회학교 교사는 다문화 현상과 시대 변화에 대한 자신의 생각과 가치를 검토해야 하며, 교회학교 교사로서 자신이 가지고 있는 내면적 사고 방식의 전개 과정이 과연 다문화적 상황과 교회교육의 맥락 가운데 적절

한 것인가를 자기반성의 과정을 통해 살펴보아야한다. 둘째, 교회학교 교사는 한국 교회가 가지고 있는 신앙과 문화적 뿌리에 대한 이해가 분명히 이루어져야 한다. 셋째, 다문화적 역량을 효과적으로 실천 할 수 있는 전문성을 갖출 수 있도록 해야 한다. 넷째, 교회학교 교사들의 정통적 교리교육에 대한 강조와 교육이 이루어져야 한다. 다섯째, 교회학교 교사들의 문화적 역량 개발을 위한 커뮤니티 형성 및 교단 차원에서의 정책과 시스템 정비가 이루어져야 한다.

주제어: 다문화, 역량, 개발, 교회학교, 교사, 고신교회

I. 서 론

최근 법무부의 보고에 따르면 현재 국내에 체류하고 있는 외국인은 2011년 3월말 기준으로 1,308,743명이며, 불법체류 외국인의 수는 169,931명 이중 16-60세의 불법체류자는 152,702명으로 집계되고 있다(법무부 http://moj.go.kr). 국내 체류 외국인과 관련된 이러한 통계수치는 매년 꾸준히 증가하고 있어 한국 사회가 다문화 사회로 변모하고 있음을 분명하게 시사해주는 대목이다.

한국 사회의 다문화적 변화 앞에서 한국 교회도 응전하고 있으며, 선교적 과제를 중심으로 한 전략과 교회의 다문화와 관련된 사역을 중심으로 활발하게 진행되고 있다. 실제로 서울 순복음교회가 개최한 이주자 선교엑스포와 부천다문화선교회의 '2010 부천 다문화 선교대회'와 같은 사역은 대표적인 사례로 볼 수 있다. 특별히 부천다문화선교회는 몽골, 키르기스스탄, 인도네시아, 중국 등지에서 온 외국인과 성도 1,000여명이 함께 예배를 드리고, 민족별 찬송 경연대회를 개최하여, 교회 내 다인종/다문화 구성원들의 수준이 어떠한가를 현장감있게 제시해주었다고 보여

---

* 본 논문은 2012년 한국기독교교육학회 춘계학술대회(총신대학교)에서 발표한 논문을 수정·보완한 것임.

진다. 또한 이와 같은 기관들은 외국인 이주민들에게 하나님의 말씀과 만찬, 선물로 위로하고 구원의 소망을 주고자 하였으며, 지속적으로 지역교회를 순회하며 다문화가족 선교와 복지를 이어나갈 것을 천명하였다.[1]

이외에도 다양한 기독 학술단체와 학회를 중심으로 다문화와 관련된 학문적 접근들이 시도되고 있는데, 2009년 한국기독교교육학회, 2011년 한국기독교학회, 한국복음주의 기독교교육학회에서 다문화 및 글로벌을 주제로 신학 및 기독교교육학적 접근을 시도한 것은 시사하는 바가 크다고 할 수 있다. 또한 주지하고 있듯이 이외에도 다문화에 대한 교계 및 개신교 커뮤니티들의 관심이 증대되고 있는 상황이다.

이러한 맥락에서 본 대한예수교장로회 고신총회를 중심으로 다문화 사역과 기관을 조사해 본 결과 관 다음 〈표 1〉과 같다. 정노화의 보고[2]에 따르면 고신 교단 내에 네팔, 베트남, 몽골, 인도네시아 등 4명의 외국인 선교사가 협력하고 있고, 33개의 교회와 단체가 사역하고 있다고 보고하였다.

〈표 1〉 대한예수교장로회 고신총회의 다문화 사역 현황(2011년 2월 기준)

교회 및 단체	사역 국가	사역담당자	지역
실로암 외국인 선교회	CIS(러시아, 우즈백)	김종화 목사	경기 양주시 덕계동
양산 외국인 교회	필리핀, 중국, 베트남	김영주 선교사	경남 양산시 북부동
부산외국인근로자 선교회/ 군포 이주와 다문다문화센터	인도네시아, 중국, 영어, 다민족예배	정노화 선교사	부산시 진구 전포2동 군포시 신본동
사천이주노동자센터/ 사천제일교회	필리핀	김봉덕 목사	사천시 정동면 고읍리
경동교회 포항외국인근로자 상담센터	네팔, 인도네시아, 캄보디아, 스리랑카, 베트남, 중국, 파키스탄	하광락 목사	포항시 남구 오천읍
고현교회	러시아, 중국, 영어	고덕현 강도사	거제시 신현읍

---

1. 국민일보 2010 부천 다문화 선교대회, 이주민 구원 위해 찬양·말씀 잔치 http://news.kuki-news.com/ (2010. 06. 23 검색)
2. 정노화. "국내 외국인 선교의 현황과 과제", 《KPM 해외선교(세계선교위원회)》, Vol. 138 (2011): 12-15.

교회	대상	담당자	위치
울산교회	베트남, 중국, 몽골, 러시아권, 필리핀	이창림 강도사	울산시 중구 복산동
재한 중화기독교회	중국	김경철 교수	부산시 연제구
은항교회	중국, 베트남	허요한 목사 정종엽 전도사	부산시 사하구 장림2동
복된교회/외국인 근로자의 집	다문화가정	박수현 목사	부산시 기장구 정관면
서문교회	방글라데시	박수현 목사	경기도 광주시 외국인센터
부민교회	스리랑카	선교위원회	부산 서구 부민동
섬김의 교회	영어예배	한중규 강도사	거제시 옥포2동
염광교회	중국, 루마니아	장수원 목사	거제시 능포동
당인 중국 선교회	중국	임병두 목사	부산 진구
미포교회	필리핀	조신일 목사	울산 동구 전하동
진영교회	필리핀	신두기 장로	경남 창원시 진영읍
포도원 교회	영어예배	Joseph Middelkoop	부산시 북구 화명동
울산 시민교회	영어, 몽골, 일본	손영호 목사	울산 중구 다운동
창원 다문화 외국인 펠로쉽	영어, 인도네시아	최수일 선교사	창원시 마산화원구
창원세광교회	중국	안영원 목사	창원시 반림동
양주진리교회	베트남	채하경 선교사	양주시
가음정교회	중국	허엽 목사 왕무괴 전도사	창원시 성산구
김해중앙교회	중국어 예배, 베트남, 영어	정현민 강도사 김민규 강도사 김보성 목사	김해시 서상동
사상교회	중국 유학생 중심	하원식 목사	부산 사상구
삼일교회	영어, 다문화	선교위원회	부산 동구
온천교회	중국, 몽골	성창민 목사	부산시 동래구
구미남교회	영어	선교위원회	구미시
마산교회	중국	이종우	창원시
진주교회	중국	김갑영 장로	진주시
영천교회	다문화	선교위원회	서울시 서대문구

(자료출처: 정노화(2011) 국내 외국인 선교의 현황과 과제)

또한 고신교단 내 고신 KMMT(Kosin Migrant Mission Training School)

와 국내외국인사역 선교부가 조직되었으며, 고신대학교 신학대학원(고려신학대학원)에서는 2011년 5월 15-19일 '다문화 시대의 외국인 선교와 교회의 역할'이라는 주제로 선교주간을 진행하였다.

이러한 움직임들은 비단 고신 교단 뿐만 아니라 다른 교단의 사역들 속에서도 확인 할 수 있었으며, 유사한 패턴으로 진행되고 있음을 살펴 볼 수 있었다.

이러한 움직임들에도 불구하고 한국 교회는 다문화 사역과 관련하여 이전에는 경험해보지 못한 교회 내 문화적 갈등과 딜레마들로 인해 다문화 사역과 관련하여 기능적인 접근을 구축하고 있지 못한 실정이다. 그리고 다문화 현상과 관련된 교회의 움직임들과 목소리는 2000년대 중반 이후 봇물처럼 터져나오고 있으나 아직까지 정련된 관점과 전략을 구비하여 전문화된 다문화 사역을 진행하고 있지 못한 것이 사실이다.

물론 '다문화 교회'와 '다문화 전문 사역 기관'을 표방하고 다문화 구성원(외국인 노동자, 결혼이주여성 등등)들에게 집중적으로 봉사와 사역을 수행하고 있는 교회와 다양한 수준의 기독교 센터 및 기관들이 등장하곤 있지만, 다문화와 관련된 집중적 사역이 지역 사회에 뿌리내린 기존 지역 단위 교회와 함께 사역해 나가고 있지 못한 실정이다. 이러한 측면은 다문화 구성원들의 건강한 신앙적 성장과 정착에 다양한 딜레마가 발생할 수 있음을 예상케 한다. 다시 말하면 다문화 집단 구성원들이 지역 단위 교회 속에서 기존의 신앙 구성원들과 동등하게 교류하며 신앙생활을 해나가지 않는다면 한국 교회 내 기능적인 신앙공동체 구성원으로서 성장해나가기가 어려울 것을 의미한다는 것이다.

그러므로 다문화 집단에 대한 집중적인 사역이 단지 다문화 기독기관 및 센터 그리고 다문화 중심 교회에게만 주어진 사명이요, 역할이 아님을 인식할 필요가 있다. 그리고 기존의 자국민 중심의 교회에서도 다문화 구성원들에 대한 다문화적인 인식과 이해를 바탕으로 사역이 이루어질 때 그들의 교회내 모습이 '주변인'이 아닌 동등한 신앙 공동체의 구성원으로서

인식되어 나갈 수 있다는 것을 인식할 필요가 있다.³

 이를 위해서 선행되어야 할 것은 다문화 구성원들에 대한 한국교회의 이해도와 그들을 바라보는 기존 공동체와 교회의 다문화적 역량이 성장되어야 함이다. 이러한 맥락에서 본 연구에서는 한국 교회 내 교회학교를 중심으로 다문화 역량에 대한 탐색을 시도하고자 하며, 이는 다문화 가정 자녀들의 교회 및 교회학교 유입 급증이라는 현실적 문제 앞에 다문화 역량 강화와 관련된 기독교육적인 접근을 제공하고자 한다. 또한 이는 다문화 가정과 외국인 자녀들의 급증 속에서 교회학교의 내실 있는 다문화 가정 아동을 위한 교육과정과 그들을 위한 효과적인 신앙교육을 위한 준비가 강력하게 요구되고 있어 교회학교의 노력이 다문화 가정의 영역으로도 확장되어야 할 것을 의미하기도 하는 것이다.⁴

 그러므로 본 연구에서는 다문화 시대 속 한국 교회학교 및 교회학교 교사들의 다문화 역량의 의미와 역량 개발의 방향을 탐색하고, 다문화 시대의 적합한 교회학교의 방향성을 제시하는 기초자료를 제공하고자 한다. 아울러 다문화 시대 속 고신교단 교회학교와 교사들의 전문성을 강화하는 데도 유용할 것으로 여겨진다.

---

3. 또한 본고에서 연구자가 관심을 가지고 있는 다문화 역량 강화의 대상은 '다문화 집단'의 특수성에 고려한 특정 개체로서의 교회가 아니라, 지역 사회에 깊이 뿌리 박혀있으면서 새롭게 유입되는 다문화 집단 구성원들과 함께 신앙 생활을 해나가야 하는 교회들에 집중되어 있음을 밝혀둔다.
4. 다문화 가족의 영역은 외국인이 한국으로 결혼이민이나 취업, 그리고 북한 주민으로 탈북을 하여 대한민국에 정착한 모든 자들을 포함한다. 그러므로 다문화 가정은 크게 세 가지 종류로 분류되는데, 첫째 국제결혼가정으로 한국인 아버지(어머니)와 외국인 어머니(아버지)로 구성된 가정이고, 둘째 외국인 근로자 가정으로 외국인 근로자가 한국에서 결혼하여 태어난 아이, 본국에서 결혼하여 형성된 가족이 국내에 이주한가정의 아이로 구성된 가정이며 마지막으로 북한이탈주민 가정으로 북한에서 태어나서 한국에 입국한 아이, 또는 한국에서 태어난 아이로 구성된 가정을 의미한다. 박미라, "다문화기독교교육 관점에서 북한이탈주민 학생교육: 기독교 집단상담을 중심으로", 《기독교교육논총》, 제27집 (2010): 243-270.

Ⅱ. 한국 교회학교의 다문화 역량 개발의 필요성과 배경

1. 다문화 가정의 등장

결혼이주자 집단의 증가는 국내 체류 외국인 급증의 주요한 요소로 작용하고 있다. 결혼이주자 집단의 경우 한국 사회의 저출산으로 인한 인구 감소, 농촌지역 출신의 국제결혼 선호등 으로 인해 꾸준히 증가하고 있는 실정인데 결혼이주자들 중 여성의 비율은 약 88%에 이르며[5], 우리나라 총 결혼건수 327,715건 중 국제결혼의 비율은 2008년 기준으로 11.0%(36,204건)[6] 차지하고 있다. 이러한 상황은 한국 사회가 다문화 가정과 같은 새로운 형태의 가정이 형성되고 있음을 의미하는 것이며, 이들에 대한 국가수준의 지원정책과 배려가 강력하게 요구되고 있다고 본다.

또한 전술한 다문화 가정의 등장은 교회 사역의 새로운 방향성과 장을 제공해준다고 보여진다. 다문화 시대에 적합한 사역과 선교모델을 제시해야 할 필요성이 있으며, 사역자들과 리더들로 하여금 사회적 변화에 민감하게 대처하고 사역해 나갈 수 있도록 지도해야 할 내용으로서 다문화 가정의 등장을 살펴볼 수 있다. 이러한 측면에서 교회와 그 지도층들의 다문화 역량 개발은 반드시 선행되어야 할 과업으로서 살펴 볼 수 있다.

2. 교회학교 교육 대상자의 증가

다문화 가정의 급속한 증가는 자연스럽게 다문화 가정 학생의 증가를 초래하고 있으며, 이들은 교회학교 새로운 교육 수요자들로서 성장하고 있다고 볼 수 있다. 행정안전부가 2011년 6월 발표한 '2011년 지방자치단체

---
5. 이혜진. "한국의 다문화교육 정책."《글로벌시대의 다문화교육 국제학술대회자료집》(대구교육대학교 · 경상북도 공동 주최 국제학술대회, 2009), 323-338.
6. 통계청 "2008년 혼인통계 결과"

외국인 주민 현황'에 따르면 2011년 1월 1일을 기준으로 국제결혼이민자의 출산과 한국국적 취득자의 증가로 국내에 거주하는 외국인 자녀의 수가 15만명에 달하고 있으며, 이는 지난해에 비해 2만9219명(23.9%), 3년 전 보다는 무려 160%나 늘어난 것이다. 외국인 주민 자녀는 2006년 2만5246명에서 2007년 4만4258명, 2008년 5만8007명, 2009년 10만7689명, 2010년 12만1935명으로 급증하고 있으며, 연령별로는 만 6세 이하가 9만3537명, 만 7~12세가 3만7590명으로 초등학생 이하가 86.8%에 달하고 부모의 국적별로는 중국이 45%, 동남아시아 국가가 36.4%이다. 외국인과 한국인 부모 사이의 자녀가 12만6317명이고 한국인 부모 한쪽이 이혼한 뒤 외국인과 재혼해 낳은 자녀가 1만5216명, 외국인 부모 사이에서 출생한 자녀가 9621명이다. 지역별로는 경기도 3만7519명, 서울 2만4084명, 경남 1만996명, 전남 9764명, 경북 9246명 등 순이다.[7]

〈표 2〉 국내 체류 외국인 자녀의 수(단위, 명)

	2006년	2007년	2008년	2009년	2010년	2011년
외국인 자녀	25,246	44,258	58,007	107,689	121,935	151,154

(자료출처: 행정안전부(2011). 지방자치단체 외국인주민 현황)

이러한 상황은 교회학교 현장의 다문화 가정 아동을 위한 준비와 대책이 요구되고 있는 것이며, 다문화 가정 아동들의 신앙발달과 관련된 내실 있는 접근이 필요함을 시사하는 것이다.

3. 문화적 역량의 효과 및 영향력

문화적 역량의 필요성은 그것이 가지고 있는 실제적인 효과와 영향력을 인식할 때 더욱 강력하게 대두된다. 문화적 역량이 휴먼서비스 분야가 갖

---

7. 세계일보,. 국내 외국인 자녀 15만… 3년새 160%. 2011. 06 .23. http://www.segye.com/ 2011. 06. 23.

는 가치나 윤리적 책임일 뿐만 아니라, 서비스의 성과에 주요한 결정요인이 된다는 것이다.[8] 특별히 교육 분야에서는 언어·문화적 소수자 학생들의 학습 동기, 학교와의 애착관계 형성, 중도 탈락율 등에 미치는 이중언어 교육의 혜택에 관한 연구들이 보고되고 있으며, 상담이나 정신보건 분야에서는 상담인과 서비스 이용자 간의 문화·언어의 일치, 문화적으로 적절한 의사소통 양식, 관계 형성 양식 등이 서비스 중도탈락률 감소나 문화적 행동의 과도한 병리화를 막을 수 있다고 보고된다.[9] 이외에도 좀 더 전문적인 의료분야를 포함하는 다양한 영역에서 문화적 역량의 효과성들을 확인 할 수 있으며, 이러한 이유로 인해 미국을 중심으로 소수민족의 복지와 문화적 역량의 중요성에 대한 관심과 담론이 증가하고 있다.[10]

이러한 문화적 역량에 대한 관심을 자연스럽게 문화 역량에 대한 학문적 담론을 형성시키었으며, 문화적 역량 개발을 위한 다양한 시도들이 이루어질 수 있는 장을 마련해주었다. 그러므로 이러한 문화적 역량의 효과와 영향력을 고려할 때 교회학교 내에서의 문화적 역량 개발과 강화의 필요성이 의미있게 대두될 수 있는 것이며, 교회학교 지향하는 신앙 및 교육적 목표 달성을 위한 효과적인 전략으로서의 교회학교의 내실 있는 문화적 역량이 역할을 담당 할 수 있을 것이다.

---

8. 김연희, "한국 사회의 다문화화와 사회복지분야의 문화적 역량." 《사회복지연구》, 35 (2007): 117-144.
9. 설동훈·홍승권·고현웅·김인태. 외국인 노동자 보건의료 실태 조사연구. 국제보건 의료발전재단./ 정병호·양계민·이향규·임후남·황순택. "새터민 청소년: 사회적응력 제고를 위한 교육방안 마련 연구." 경기도 교육청./ Vermiere, E., Heamshaw, H., Van Royen, P., Derekens, J. Patient adherence to treatment. Journal of Clinical Psychology, 26(5). (2001): 331-342.
10. Manoleas, P.(1994). An outcome approach to assessing the cultural competence of MSW students. Journal of Muticultural Social Work, 3. (1994): 43-57.

Ⅲ. 교회학교의 다문화 역량(Multicultural Competence)의 개념

1. 역량의 개념

역량의 개념은 단어적 수준에서 competence, competencies, competent behavior, competent person의 의미를 정확하게 규정하거나 구별해서 사용하지는 않고 있으며 능력(ability), 자격(qualification), 효율성(effectiveness)과 같은 의미로 사용되기도 한다.[11] 이러한 역량의 개념은 크게 두 가지로 나누어 살펴볼 수 있는데 첫째는 기업경영, 인적자원개발, 인적자원관리와 같은 조직이론이나 경영전략가들에 의해 개발되어 온 거시적 개념이며, 둘째는 산업 심리학자들이나 조직을 중심으로 발전되어 온 미시적 개념이다.[12] 특별히 미시적 차원에서 개인의 역량 개발은 기업에서 역량 중심의 인적자원 시스템과 연계하여 역량모델 개발을 통해 많이 논의되어 왔다. 즉, 역량은 일반적으로 기업체에서 인재를 충원할 때 해당하는 기술과 지식을 개인이 얼마나 갖추었는가를 평가하기 위해 사용되었는데 여기서 역량은 직무에서 효과적이고 탁월한 수행을 가능하게 하는 개인의 내적인 특성으로 보았다.[13]

이러한 관점은 Spencer & Spencer(1993)가 정의한 '특정한 상황이나 직무의 기준에 비추어 평가했을 때 효과적이고 우수한 성과의 원인이 되는 개인의 내적 특성'의 개념과 연결되는 것이다. 이와 같이 역량은 성과의 원인이 되는 개인의 내적 특성으로 비교적 장시간 지속되는 사고나 행동방식이며 단순한 지식이나 경험이상으로 표면적으로 드러나지 않는 내적인 특성들로 구성된다고 할 수 있다.[14]

---

11. Weinert, F. E. Concept of competence: A conceptual clarification. In D. S. Rochen & L. H, Salganik(Ed.), *Defining and selecting key competencies*. Hogrefe & Huber Publishers. 2001.
12. 박우성. 《역량중심의 인적자원관리》 (서울: 한국노동연구원, 2002).
13. 윤갑정·김미정, "다문화시대 유아교사의 문화적 역량 개발 방향 탐색", 《미래유아교육학회지》, 15(4) (2008): 55–85.
14. Spencer, L. M. & Spencer, S. M. *Competence at work: Models for superior performance*(1st

특별히 Spencer & Spencer(1993)는 역량의 구성요소를 동기(motive), 특질(traits), 자아개념(self-concept), 지식(knowledge), 기술(skill)의 다섯 가지로 나누어 설명하였으며, 여기에서의 동기는 어떤 행동을 하도록 하는 가장 근원적인 요인이며, 특질은 신체적 특성과 상황이나 정보에 대한 일관된 반응이고, 자아개념은 개인의 태도나 가치 및 자아상이며, 지식은 특정 내용 영역에 있어 개인이 보유하고 있는 정보이고, 기술은 특정한 물리적, 정신적 과제를 수행할 수 있는 능력이다. 전술한 내용은 다시 유형적인 것과 무형적인 특징으로 구분할 수 있는데 지식과 기술은 눈으로 보여지는 표면적 역량이며, 자아개념, 특질, 동기는 심층적인 역량이다. 또한 표면적 역량은 상대적으로 개발이 용이하며, 훈련을 통해 확보 가능하지만 동기나 특질 역량은 단기간 개발하거나 평가하기 어려울 뿐 아니라 쉽게 바뀌어 지기도 어렵다.[15]

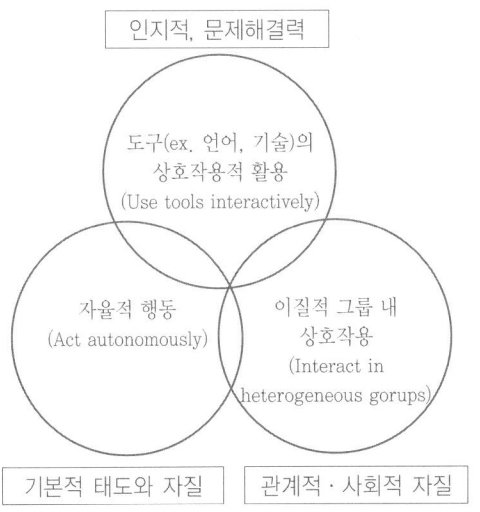

(자료출처: 한국직업능력개발원(2010) 직업기초능력 영역 및 성취기준)

[그림 1] DeSeCo의 핵심역량 영역 분류

Ed.) 민병모 외 역, 《핵심역량모델의 개발과 활용》(서울: PSI 컨설팅, 2005).
15. 소경희, "학교교육의 맥락에서 본 역량(competency)의 의미와 교육과정적 함의."《교육과정연구》, 25(3) (2007): 1-21.

그러므로 개인의 역량 개발에는 지식과 기술의 인지적 요소 못지않게 비인지적인 요소도 중요하며 심층역량 개발을 위한 교육도 필요함을 알 수 있다.[16] 이러한 포괄적인 역량에 대한 논의는 OECD(1997)의 DeSeCo: Definition and Selection of Competencies 프로젝트에서도 확인 할 수 있다. DeSeCo에서 정의한 역량은 단순한 지식이나 기술을 의미하는 것이 아니라 특정맥락의 복잡한 요구를 지식과 인지적·실천적 기술뿐만 아니라 태도, 감정, 가치, 동기 등과 같은 사회적·행동적 요소를 통해 성공적으로 충족시키는 능력을 의미한다. 그리고 사회의 지속적 발전과 통합은 사회전체 구성원의 역량에 의존하게 되며, 이때 개인의 역량은 지식, 기술, 태도, 가치관을 모두 포함하는 포괄적인 개념이라고 할 수 있다. 사람에게 필요한 역량은 다양하지만 DeSeCo에서는 공통적이고 일반적인 역량을 그룹화하여 제시하고 있으며, 핵심역량으로 선정되기 위한 조건을 다음과 같이 규정하고 있다.[17]

첫째, 핵심역량은 사회와 개인을 위한 가치있는 성과달성에 기여할 수 있어야 한다. 둘째, 개개인이 폭넓은 맥락과 환경에서 발생되는 중요한 요구들에 부합할 수 있도록 도와줄 수 있어야 한다. 셋째, 특정한 집단이나 전문가뿐만이 아니라 모든 개개인에게 중요한 능력이다. 이러한 DeSeCo 프로젝트는 구체적으로 도구의 상호작용적 활용(Using tools interactively), 이질적 그룹 내 상호작용(Interacting in heterogeneous groups), 자율적 행동(Acting autonomously)의 3가지 영역으로 역량을 구분한다. 도구적 상호작용적 활용은 주변환경과 효과적으로 상호작용하기 위해 다양한 도구(언어, 기술, 정보 등을 포함)를 활용하고, 도구에 대한 충분한 이해를 목적에 맞게 적용할 수 있는 능력이며, 이질적 그룹 내 상호작용은 상호의존성이 증대되는 사회에서 서로 다른 배경을 가진 타인들과 상효작용할 수 있는 능력이며, 자율적 행동은 자신의 삶을 주도하고 보다 넓은 사

---

16. 윤갑정·김미정. 위의 논문.
17. 주인중·박동열·진미석. "직업기초능력 영역 및 성취기준 연구.《한국직업능력개발원》, 일반과제 보고서. (2010).

회적 맥락 속에 개인의 삶을 이해하고 자율적으로 행동 할 수 있는 능력을 의미한다. 이러한 다양한 수준이 역량에 대한 논의는 개인의 성취 수준과 기초 능력이 가늠하는 핵심적인 요소로서의 역량을 규정하고 있으며, 이는 단순히 한 개인의 특정한 측면과 능력만을 강조하고 있는 것이 아니라 개인의 총체적 능력을 의미하고 있음을 확인 할 수 있다.

2. 교회학교의 문화적 역량의 개념

역량의 내용을 바탕으로 다문화 역량의 개념을 살펴보면 문화간 역량의 기초개념을 제공한 대표적인 연구자로서 Hall(1973)은 의사소통을 통해 서로를 이해하는데 있어 문화가 매우 중요한 요소로 작용한다고 지적하였다. Hall에 의해서 제기된 문화적 요소의 중요성은 이후 문화간 의사소통 역량 연구의 핵심적인 개념으로서 발전하였으며, 이후 1980년대부터 문화간 의사소통에 대한 학문적 접근이 활발하게 진행되었다.[18] 이 가운데 역량의 정의에서 살펴본 OECD(1997)의 DeSeCo: Definition and Selection of Competencies 프로젝트는 문화간 역량을 본격적으로 다룬 연구로서 청소년들과 성인들의 역량 레벨을 측정하는 국제적인 연구를 강화하는 과정에서 문화적 역량이 사용되었다.

일반적으로 문화적 역량에 대한 의미와 정의는 학문분야와 연구자들 마다 조금씩 다르게 정의하고 있지만 일반적으로 '다문화 상황에서 사회 기관이나 시스템, 전문가들이 함께 협력하여 효과적으로 서비스를 제공하거나 작업을 할 수 있도록 하는 일련의 일관된 행동과 태도, 정책, 구조'를 의미한다. 이때 행동과 태도, 정책의 시행주체는 전문가 개인이 될 수도 있고, 조직 전체가 될 수도 있다.[19] 이러한 문화적 역량이란 용어가 사용될 때는 문화적 민감성, 문화적 인식 또는 비교문화 기술 등으로 혼용된

---

18. 김옥순, "청소년의 문화간 역량 연구: 경기도 거주 청소년의 문화지능 검사결과를 중심으로.", 《청소년학연구》, 17(9) (2010): 151-172.
19. Cross, T., Bazron, B., Deniis, K.,& Isaacs, M., *Towards a culturally competent system of*

여러 가지 의미를 지칭한다.[20]

문화적 민감성(Cultural Sensitivity)을 지칭 할 때는 집단 간에 존재하는 문화적 다양성과 유사성에 대해서는 이야기하지만 다양성에 대해 어떤 선호나 옳고 그름의 가치를 부여하지는 않으며, 문화적 인식(Cultural Awareness)은 타문화 집단에 대한 이해를 하면서도 태도 및 가치의 내적 변화를 경험하고 타문화집단에 대한 개방적 태도와 유연한 사고를 가지게 되는 것을 의미한다.[21] 그러므로 이러한 문화적 인식의 경우 사회 내에 존재하는 문화적 차이와 다양성에 대해 인식할 뿐만 아니라 각 문화권에 속하는 개인들의 가치와 경험하는 현실을 인식하고 다른 문화와의 관계 속에서 자신의 가치와 신념에 대해 성찰하게 되는 수준을 의미한다.[22] 그리고 문화 역량은 문화 지능(Cultural Intelligence)의 개념과도 혼용되고 있는데, 문화 지능은 자신과 교류하는 상대의 문화적인 가치기준과 태도를 적절하게 반응할 수 있는 기술과 자질을 발휘해 행동 할 수 있는 능력을 의미한다.[23] 좀 더 확장하여 문화적 역량은 문화적 강점이라는 관점에서 각 문화에 내재하는 장점, 자원, 자산을 인정하면서 소수 문화집단에 대해 갖고 있는 부정적 개념이나 결함을 보는 시간(deficit model) 자체로 부터의 본질적인 탈피와 전환을 의미하는 것이다.[24]

그러므로 연구자들의 관점과 전술한 맥락을 정리하여 본다면 문화적 역량이 갖는 공통적인 요소로서는 첫째, 자신의 문화적 배경에 대한 자기 인식과 타 집단의 문화의 다양성에 대한 인식, 둘째, 다양한 문화와 문화집단에 관한 지식, 셋째, 문화적으로 적절한 개입 기술 등의 세 가지를 들

---

care. WA: Georgetown University Child Development Center, 1989.
20. Diller, J. V. Cultural diversity: A primer for the human service. Thomson: Brooks/Cole, 2007.
21. 강기정·정은미·정희정·이송이, "다문화가족 아동의 문화역량 강화를 위한 프로그램 개발에 관한 연구." 《한국가족복지학》, 16(1) (2011): 5-22.
22. 김민경, "대학생의 다문화 역량에 관한 연구: 문화적 인식, 지식, 기술을 중심으로." 《한국생활과학회지》, 19(6) (2010): 945-965.
23. Patterson, K.. The new face of leadership: A global emergence in the marketplace. 《숙명리더십연구》, 5(1) (2007): 87-102.
24. Lum, D.. Cultural competence, practice stages, and client system: A case study approach. Belmont, California: Brooks/Cole. (2005).

수 있다.[25]

　전술한 문화적 역량의 맥락은 자연스럽게 최근 다문화적 환경에서 휴먼서비스를 제공하는 전문가들에게 요구되는 전문적 역량의 중요한 요소로서 문화적 역량이 강조되고 있는 분명한 이유인 것이다.[26]

　서비스 이용자들의 문화에 따라 다르게 나타나는 가치, 태도, 및 신념 등을 이해하고 존중하는 자세를 직업현장에서 적절하게 활용할 수 있는 능력이 각광을 받고 있는 것이며, 이는 전문직 종사자들이 다양한 문화에 대한 지식과 정보를 갖추어야 할 뿐 아니라 스스로가 편견과 고정관념에서 벗어나 자신이 속한 특정 문화의 틀과 다른 문화적 관점을 받아들일 수 있어야 하며, 그러한 지식과 정보를 자신의 직업 분야에 적용하고 실천할 수 있는 능력을 갖추어야 함을 의미하는 것이다.

　이러한 의미로서 다문화 역량에 대한 내용들은 결국 한국 교회 및 교회학교와 교사들로 하여금 다문화 현상과 다문화와 관련된 교육대상자들의 다양한 문화에 대한 지식과 정보를 갖추어야 할 뿐 아니라, 교회학교 기관으로서 그리고 교회학교의 핵심적인 교사로서 자신이 가지고 있는 다문화와 그 구성원들에 대한 고정관념으로부터 벗어나야 함을 의미하는 것이며, 끊임없이 자기반성적 과정을 통해 자신이 가진 능력을 교회학교 현장과 다양한 활동에 적용해야 함을 의미하는 것이다.

---

25. Sue, S. & Sue, D., *Counseling the culturally diverse: Theory and practice*. Pacific Grove, CA: Brooks/Cole. / Boyle, D. & Springer, A.(2001). Toward a cultural competence measure for social work with specific populations. Journal of Ethnic and Cultural Diversity in Social Work, 9(3-4) (2003): 53-71.
26. Cross, T., Bazron, B., Deniis, K.,& Isaacs, M. *Towards a culturally competent system of care*. WA: Georgetown University Child Development Center. / Epstein, R. & Hundert, E. (2002). Defining and assessing professional competence. JAMA 287(2) (1989): 226-235.

Ⅳ. 교회학교 교사의 다문화 역량 개발을 위한 방향

앞 절에서는 다문화 역량의 개념을 중심으로 문화적/다문화적 역량 그리고 교회학교 및 교사 내의 의미를 중심으로 탐색하였다. 이를 통해 교회학교 및 교사들의 문화적 역량의 경우, 그들이 다문화 현상과 다문화와 관련된 교육대상자들의 다양한 문화에 대한 지식과 정보를 갖추어야 할 것을 강조하고 있으며, 교회학교 기관으로서 그리고 교회학교의 핵심적인 교사로서 자신이 가지고 있는 다문화와 그 구성원들에 대한 편견으로부터 벗어나야 함을 의미하는 것을 확인 할 수 있었다. 그리고 교회학교와 교사들의 끊임없이 자기반성적 과정을 통해 자신이 가진 능력을 교회학교 현장과 다양한 활동에 적용해야 함을 의미하는 것이었다. 이러한 한국 교회학교와 교사들의 내의 다문화 역량을 개발하고 강화하기 위한 방향을 살펴보면 다음과 같다.

첫째, 교회학교 교사는 다문화 현상과 시대변화에 대한 자신의 편견과 가치를 검토해야 하며, 교회학교 교사로서 자신이 가지고 있는 내면적 사고 방식의 전개 과정이 과연 다문화적 상황과 교회교육의 맥락 가운데 적절한 것인가를 자기반성의 과정을 통해 살펴보아야한다. 교사의 자기반성(reflective thinking)의 과정은 교사가 자기의 신념이나 실천 행위에 대해 그 원인과 결과를 주의 깊게 고려하는 것으로서, 교회학교 교사의 경우 교육 대상자들의 신앙발달단계 형성에 주요한 영향력을 줄 수 있기 때문에 반드시 자기반성의 과정이 필요하다. 특별히 문화적인 정체성이 아직 형성되지 않은 다문화 가정 자녀들의 경우 교사들의 언어와 행동 그리고 그들이 가지고 있는 신념이 다문화 가정 자녀와 아이들이 형성하게 될 문화적 수준과 기본적 틀에 기준이 될 것이고, 나아가 그들의 신앙 체계의 핵심적인 요소 형성에 영향을 줄 것이므로 매우 중요하다. 그러므로 교회학교 교사의 경우 이러한 독특한 맥락을 감안하여서 다문화 시대의 교육적 장, 구체적으로 다문화 가정의 자녀들과 교류 가운데 자기반성적인 과정과 태도가 늘 겸비되어야 할 것이다. 이러한 맥락에서 Garmon(2004)은 자기자각과 자기반성이 문화적인 역량을 개발하고 강화하는 것에 선행되어야 함을 강조[27]하고 있는데 그러한 Garmon의 지적은 적절하다고 판단이 된다.

둘째, 교회학교 교사는 한국 교회가 가지고 있는 신앙과 문화적 뿌리에 대한 이해가 분명히 이루어져야 한다. 이는 자신의 전통에 대한 올바른 이해를 바탕으로 타문화 수용이 이루어질 때 새로운 문화적 창조가 가능할 수 있기 때문이다. 따라서 교회학교 교사들을 양육하고, 교육함에 있어 한국 교회가 가지고 있는 신앙적 전통을 분명히 인식시킬 필요가 있다는 것이다. 구체적으로 이는 교회학교가 속한 교단의 신앙 정체성과 역사 교육에서부터 진행되어질 수 있을 것이다.

고신교단의 경우 '개혁주의 신앙의 정통과 생활의 순결'을 유지하고자 하였던 선배들의 신앙 활동과 교단의 역사를 면밀히 가르치고 이해할 수 있도록 해야 할 것이다. 그 내용으로는 순교적 정신을 가졌던 선배들의 신앙, 신사참배 반대운동, 개혁주의 정통신학에 대한 요구, 배교자들에 의해 장악된 교권주의 시대적 상황 등을 반드시 가르쳐야 할 것이다.[28]

이는 현재의 우리 고신 교단 구성원들이 어떠한 신앙적 위치와 공동체적인 사명을 가졌는가를 일깨워주는 주요한 내용들이 될 것이다. 이러한 과정 속에서 교사들은 다문화 가정의 아이들이 '고신교단의 미래'로서 새로운 일꾼과 리더들로서 자라갈 수 있으며, 우리 교단의 '현존하는 미래'로서의 자리매김하게 교육할 수 있을 것이다.

셋째, 다문화적 역량을 효과적으로 실천 할 수 있는 전문성을 갖출 수 있도록 해야 할 것이다. 교회학교 교사는 다문화적 역량을 교회교육 사역의 현장과 실제적인 교회 기관의 다양한 활동 가운데 실천할 수 있는 적절한 지식과 기술을 겸비한 전문성을 구축하여야 할 것이며, 이를 교육 내용에 적용할 수 있는 기능적인 교수-방법도 겸비하여야 할 것이다. 이와 관

---

[27] Garmon, M. A. Changing perspective teachers' attitude/belif about diversity. *Journal of Teacher Education*, 55(3), (2004): 214-226.
[28] 허순길, 《고려신학대학원 50년사》(부산: 고려신학대학원, 1996).

련된 접근을 위해 기본적으로 교사로서 다문화 가정 아동들이 속한 민족과 특성들에 대한 이해가 요구되며, 그것과 관련된 다양한 수준의 자료들도 준비해야 할 것이다.[29]

최근 다문화 교육에 대한 국가수준의 관심이 증폭되고 있어 해당 자료들의 경우 쉽게 접근이 가능하며 방대한 내용들이 존재함으로 교회학교 교사들과 기관의 노력이 수행된다면 충분히 준비될 수 있는 상황에 있다. 구체적으로 각 지역 다문화교육지원센터 혹은 유사 기관은 해당 내용과 관련된 자료가 준비되어 있어 교회학교 교사들로 하여금 자료 수집과 자료 활용과 관련된 활동을 위한 시스템이 갖추어져있다고 볼 수 있을 정도로 다양하게 구비되어 있다. 교회학교 교사들의 경우 이를 적절히 분류하고 활용만 하는 되는 것이다.[30]

또한 한 걸음 더 나아가 각 교단 차원에서 이러한 다문화교육지원센터와 지원체제 형성이 필요할 것이다. 이후에서 교단 차원의 정책에 대해서 언급하겠지만 교단 차원의 지원체제를 구성하고 실제적으로 지원해야 할 필요성이 대두되고 있음을 확인 할 수 있다. 그 이유는 일반 기관 차원의 자

---

29. 이러한 교사들에게 요구되는 문화적 역량에 대하여 윤갑종·김미정은 의미있는 연구를 진행하였는데, 비록 그들이 교회학교 교사들을 연구 대상으로 선정하지 않고 일반 유아교사들과 다문화전문가들을 대상으로 삼았음에도 불구하고 교사들과 문화적 역량과의 관계적 의미에 대하여 유용한 내용들을 제시하고 있다. 그들은 다문화가정 아이들과 경험이 풍부한 교사 6명과 다문화 관련 전문가 5명 총 11명의 연구 참여자들로부터 교사들에게 요구되는 다문화 역량의 구성요소들을 도출하였는데 교사들의 실천적 지식 측면을 중심으로 그 내용을 살펴보면 다음과 같다. 첫째, 다문화교육을 실시하기 전 교사들은 다문화교육의 개념과 그 필요성에 대한 지식을 가질 필요가 있다. 이는 현재 한국의 다문화에 대한 활발한 논의에도 한국적 다문화와 다문화교육의 개념을 확립할 필요성에 대한 문제제기와 연결된다. 둘째, 다문화가정 아이들을 이해하기 위해서는 국내 다문화가정 이주에 대한 역사적 지식과 각 나라 문화적 특성에 대한 지식을 겸비하여야 한다. 셋째, 문화적으로 역량 있는 교사는 다문화가정 아이들을 다른 문화적 배경을 가진 존재로 접근하기보다 한국 아이들과 동일한 권리와 목소리를 가진 존재로 볼 수 있어야 한다. 넷째, 교사의 문화적 역량의 지식, 태도, 기술 중 가장 중요한 것은 태도이며, 이것은 인간에 대한 기본적인 감수성이며 나아가 타문화에 대한 포용력과 수용적 대도이다. 다섯째, 부모들과의 협력관계 형성을 위해 교사는 이들의 입장에서 이해하고 부모와의 의사소통 및 부모교육과 상담을 할 수 있는 기술이 요구된다. 여섯째, 지역사회와 부모를 연결할 수 있는 허브 역할을 담당하는 교사가 문화적으로 역량 있는 교사이다. 일곱째, 다문화교육을 위해 교사 자신이 가진 지식과 경험뿐 아니라 다문화가정 아이들의 문화적 특성을 교수활동에 적용하는 실천적 능력이 요구된다. 윤갑정·김미정, "다문화 시대 유아교사에게 요구되는 문화적 역량의 구성요소에 관한 연구." 《유아교육연구》, 30(3) (2010): 169-194.
30. 예를 들어 '충청북도 다문화교육지원센터 사이트'의 경우 다문화 관련된 학습 자료 및 다양한 다문화 관련 연수와 정보들을 제공하고 있어 교회학교 교사들을 위한 기본적인 교육적 정보를 제공하고 있다고 판단된다. http://mc.cbe.go.kr/flow/

료와 내용들의 경우 신앙적인 내용이 아니며 일반 교육학 및 기독교의 진리와 관련된 요소들이 배제된 내용들이므로 교회학교 교사들이 수업과 기관 활동에 적용함에 있어 신앙적 내용으로 변환해야 하는 단계를 거쳐야 하기 때문에 효율성이 떨어질 가능성이 존재한다.

넷째, 교회학교 교사들의 경우 정통적 교리 교육을 소홀이 다루어서는 안 될 것이다. 다문화 가정 자녀들에게 대한 접근은 자칫 정통적인 교리 교육이 갖추고 있어야 할 일정 수준의 내용과 시간을 제공하는 것에 배제될 수 있는 가능성이 존재하고 있다. 예를 들어 문화적 이방인이라는 독특한 맥락은 그들로 하여금 자국민으로서의 외국인에 대한 '이유없는 배려'와 '퍼주기식 태도'를 유도하며, '낮은 언어적 이해수준' 등과 같은 요소들로 인해 기독교 신앙이 반드시 전하고, 고백하게 해야 할 요소들에 대해 소홀이 다룰 수 있다는 것이다. 이는 우리 나라 자국민에 대한 교리교육 보다 수준이 낮은 교육이 진행될 수 있는 가능성이 존재함을 의미하는 것으로 이에 대한 경계가 필요하다. 그러므로 교회학교 교사들의 경우 조금은 힘들고 어려울 지라도 다문화 가정 자녀들의 건강한 신앙 성장을 위하여 정통적 교리를 분명히 가르쳐야 할 것이고, 이에 대한 교사들 또한 교육이 필요할 것이다.

다섯째, 교회학교 교사들의 문화적 역량 개발을 위한 커뮤니티 형성 및 각 교단 차원에서의 정책과 시스템 정비가 요구된다. 문화적 역량이 교육 현장에 스며들고 실천되기 위해서는 제반 시스템과 정책들도 필요하다.[31] 문화적 역량은 정책을 만들고, 시행하고 실천하는 서비스 전달의 모든 측면을 통합한다는 점[32]에서 교회학교 교사 개인의 문화적 역량은 커뮤니티 형성을 통하여 지지체계를 얻고 관련 정책과 시스템 정비도 요구한다고 볼 수 있다.

---

31. Isaacs, M. & Benjamin, M., *Towards a culturally competent system of care*. Washington D.C: Georgetown University Child Development Center, (1991)
32. 윤갑정·김미정, "다문화시대 유아교사의 문화적 역량 개발 방향 탐색." 《미래유아교육학회지》, 15(4) (2008): 55-85.

다문화 현상과 관련하여 한국 교회의 접근은 주지하고 있듯이 통합적이며, 체계적인 접근이기 보다는 산발적인 움직임 속에서 일회성 또는 행사 프로그램 위주의 접근들로 일관되고 있음을 반성하고 교단 차원에서든 그보다 포괄적인 수준에서의 접근하여 체계적인 대응을 위한 노력이 요구된다고 볼 수 있다.

　이와 관련하여서 한국 교회의 기독교 다문화 교육과정이 개발되어야 할 것이며, 우리가 지향하는 핵심적인 교리와 신학에 대한 세련된 번역과 연구물, 책자들도 구비되어야 할 것이다. 또한 기독교 다문화 교육을 이해하고 수행할 수 있는 사역자들과 교사들을 위한 교육 기회가 적용되어야 할 것이며, 각 교단 소속 신학교에서의 다문화 현상에 대한 인식과 대응책도 강구될 수 있어야 할 것이다.

# 참고 문헌

강기정·정은미·정희정·이송이. "다문화가족 아동의 문화역량 강화를 위한 프로그램 개발에 관한 연구."《한국가족복지학》, 16(1), 2011.

김민경. "대학생의 다문화 역량에 관한 연구: 문화적 인식, 지식, 기술을 중심으로."《한국생활과학회지》, 19(6), 2010.

김연희. "한국 사회의 다문화화와 사회복지분야의 문화적 역량."《사회복지연구》, 35, 2007.

박미라. "다문화기독교교육 관점에서 북한이탈주민 학생교육: 기독교 집단상담을 중심으로."《기독교교육논총》, 27, 2010.

박우성.《역량중심의 인적자원관리》. 서울: 한국노동연구원, 2002.

설동훈·홍승권·고현웅·김인태.《외국인 노동자 보건의료 실태 조사연구》. 서울: 국제보건 의료발전재단, 2005.

세계일보(2011). 국내 외국인 자녀 15만… 3년새 160%. http://www.segye.com/ (2011. 06. 23).

윤갑정·김미정. "다문화시대 유아교사의 문화적 역량 개발 방향 탐색."《미래유아교육학회지》, 15(4), 2008.

윤갑정·김미정. "다문화 시대 유아교사에게 요구되는 문화적 역량의 구송요소에 관한 연구."《유아교육연구》, 30(3), 2010.

이혜진. "한국의 다문화교육 정책."《글로벌시대의 다문화교육 국제학술대회자료집》. 대구: 대구교육대학교·경상북도 공동 주최 국제학술대회, 2009.

정노화. "국내 외국인 선교의 현황과 과제."《KPM 해외선교(세계선교위원회)》 Vol.138, 2011.

정병호·양계민·이향규·임후남·황순택. "새터민 청소년: 사회적응력 제고를 위한 교육방안 마련 연구." 경기도 교육청, 2007.

주인중·박동열·진미석. "직업기초능력 영역 및 성취기준 연구." (서울: 한국직업능력개발원), 2010.

충청북도 다문화교육지원센터 http://mc.cbe.go.kr/flow/

통계청 "2008년 혼인통계 결과"

허순길.《고려신학대학원 50년사》. 부산: 고려신학대학원, 1996.

Boyle, D. & Springer, A. Toward a cultural competence measure for social work with specific populations. *Journal of Ethnic and Cultural Diversity in Social Work.* 9(3-4), 2001.

Cross, T., Bazron, B., Deniis, K.,& Isaacs, M. *Towards a culturally competent system of care.* WA: Georgetown University Child Development Center, 1989.

Diller, J. V. *Cultural diversity: A primer for the human service.* Thomson: Brooks/Cole, 2007.

Epstein, R. & Hundert, E. *Defining and assessing professional competence.* JAMA 287(2), 2002.

Garmon, M. A. Changing perspective teachers' attitude/belif about diversity. *Journal of Teacher Education*, 55(3), 2004.

Isaacs, M. & Benjamin, M. *Towards a culturally competent system of care.* Washington D.C: Georgetown University Child Development Center, 1991.

Lum, D. *Cultural competence, practice stages, and client system: A case study approach.* Belmont, California: Brooks/Cole, 2005.

Manoleas, P. An outcome approach to assessing the cultural competence of MSW students. *Journal of Muticultural Social Work*, 3, 1994.

Patterson, K. *The new face of leadership: A global emergence in the marketplace*, 숙명리더십연구 5(1), 2007.

Spencer, L. M. & Spencer, S. M. *Competence at work: Models for superior performance*(1st Ed.) 민병모 외 역. 《핵심역량모델의 개발과 활용》. (서울: PSI 컨설팅), 2005.

Sue, S. & Sue, D. *Counseling the culturally diverse: Theory and practice.* Pacific Grove, CA: Brooks/Cole, 2003.

Vermiere, E., Heamshaw, H., Van Royen. P., Derekens, J. Patient adherence to treatment. *Journal of Clinical Psychology*, 26(5). 2001.

Weinert, F. E.. Concept of competence: A conceptual clarification. In D. S. Rochen & L. H, Salganik(Ed.). *Defining and selecting key competencies.* Hogrefe & Huber Publishers, 2001.

한국 교회교육 현장에서의 통일교육 방향성

임창호 교수 _ 고신대학교 기독교교육학과

*요약
- Ⅰ. 들어가면서
- Ⅱ. 통일교육에 대한 기독교교육학적 관점에서의 관심
- Ⅲ. 통일교육에 대한 기독교교육적 지평과 의미
- Ⅳ. 한민족과 한국 기독교 고유과제로서의 통일교육
- Ⅴ. 통일교육에 무신경한 한국 교회교육의 현장
- Ⅵ. 나가는 말 : 한국교회 교육현장에서의 통일교육 방향성 정립을 위한 대책과 몇 가지 제언

*참고문헌

────────────────── 〈요 약〉 ──────────────────

본 연구는 가까운 장래에 찾아올 통일의 날을 대비하여, 지금 상황에서 한국교회 교육이 통일의 날을 위하여 무엇을 어떻게 준비해야만 할 것인가에 대한 단상적이며 구체적인 대안을 제시한 내용이다. 우선 서론에서는 교회 밖의 통일교육 현상으로서 국가인 통일교육의 노력과 전개 그리고 내용을 살펴보았다. 정부기구로서의 통일부, 시도교육위원회의의 노력, 그리고 구체적으로 교육되고 있는 각급학교에서의 통일교육 내용이 그것이다. 두 번째는 기독교교육을 전문으로 연구하고 있는 학회와 연구소 등의 기독교 통일교육에 대한 관심과 노력의 흔적들을 살펴보았다. 세 번째로는 기독교교육이 기독교 통일교육에 어떻게 공헌할 수 있으며 어떤 의미를 갖고 있는지에 대한 이론적 근거, 나아가 한국교회가 통일을 준비해야만 하는 역사적 신앙적 당위성에 대한 근거를 제시하였다. 네 번째로는 통일에 대한 기독교교육적 의미와 한국교회의 역사적 신앙적 당위성의 근거가 충분함에도 불구하고, 실제적으로는 한국교회와 기독교교육기관의 교육현장에서는 통일교육을

매우 과소평가하거나 거의 무관심에 가까운 상황을 살펴본 다음, 마지막으로 본 연구자는 방향성으로서 통일교육을 위한 몇가지 한국교회의 기독교교육적 대안을 제시하였다.

주제어: 북한, 북한선교, 통일, 통일교육, 기독교 통일교육, 탈북민, 교회교육

I. 들어가면서

한국은, 전쟁의 폐허를 딛고 일어나 세계에서 유례없는 빠른 경제성장을 이루고, G20정상회의 주최국이 되었을 뿐 아니라 OECD선진국 대열에서도 지도적 위치에 도달해 있지만, 여전히 지구상에서 유일한 분단국으로서 통일을 이루지 못한 미결의 큰 과제를 안고 있다. 남북으로 분단된 지 67년이 되어가면서 남북통일에의 과제는 이제 한국만의 문제가 아니다. 한국의 통일문제는 극동 아시아 주변 강대국들과 복잡한 이해관계와 맞물려 있으면서, 국제사회의 첨예한 관심사로 발전되어 왔다. 미국, 중국, 러시아, 일본이라는 강대국들이 참여하고 있는 6자회담[1]이라는 것이 그것이고, 북한의 핵보유 선언은 이미 국제적인 이슈가 된지 오래다.

남북분단 이후, 1969년 국토통일원이 창설되면서 시작된 통일에 대한 국가적 노력은, 1974년1월28일 박정희정부가 북한에 제기한 "남북불가침협정 체결"이 최초의 것이라고 말 할 수 있겠다.[2] 그러나 통일에 대한 국가의 본격적인 관심은 1980년대 이후부터라고 볼 수 있겠다. 1982년 전두환 정부가 국정연설을 통해 "민족화합, 민주통일방안"을 제시한 후, 1987년 개정헌법 전문에 "조국의 평화통일 사명"이, 제4조에 "자유민주적 기본질서에 입각한 평화적 통일정책의 수립과 추진" 항목이, 제66조 3항에 "대통령

---

1. 남한, 북한, 미국, 중국, 일본, 러시아 등 6개국이 참가하는 6자회담은 북한 핵문제의 평화적 해결방안을 도출하기 위해 2003년 8월27-29일 베이징에서 처음으로 열렸다. 2006년10월과 2009년5월 두 차례에 걸친 북한의 핵실험을 계기로 한반도 평화는 중대한 위협에 직면하게 되었고 국제적인 문제로 확대되었다.
2. 통일부통일교육원, 《2011통일문제 이해》(서울: 통일부, 2011), 64.

은 조국의 평화적 통일을 위한 성실한 의무를 진다"고 규정하는 항목이 들어가면서 통일에 대한 국가적인 노력이 본격화되었다.[3]

국가적인 과제로서의 통일교육은, 1972년 설치된 통일연수소(1996년부터 통일교육원으로 개편)를 주무부서로 하여 성인시민과 초중등학교를 대상으로 실시해 왔다. 통일교육원에서 해마다 업데이트하여 발행하는 '통일문제의 이해' 혹은 '통일교육 지침서'는 교사연수 과정의 주교재로 사용되고 있다. 일반인용은 성인 시민(혹은 교사)을 위한 것이고, 학교용이란 초등학교에서 고등학교까지의 학생들을 위한 내용이다. 학교용은 대개 초중등학교의 도덕교사들이 맡아서 가르치도록 되어 있다.[4]

이렇게 통일교육에 대한 국가적인 관심은 헌법에의 명기, 국가수반의 성실한 의무로서의 규정, 행정 및 교육기관으로서의 통일원과 교육원 설치 운영, 국민교육을 위한 교육과정과 교재개발, 교사양육과 시민계몽 캠페인, 학생교육을 위한 지침서 제작과 교사연수, 통일교육에 대한 모범사례 연구발표, 통일교육 시범학교운영, 전국규모의 통일주제 백일장대회 등을 기획하여 국민적 통일교육과 계몽에 40년 동안 노력을 해온 것을 볼 수가 있다.

II. 통일교육에 대한 기독교교육학적 관점에서의 관심

학문 활동으로서 기독교교육학 영역에서도 그 동안 통일 혹은 통일교육이라는 주제는 꾸준한 관심과 노력을 보여왔다. 공개된 논문으로서 해방이후 2005년도까지 기독교교육학 문헌목록에 소개된 통일관련 논문만 보더라도, 강용원(1992), 김도일(1998), 김영대(2000), 김형태(1993), 노정선(1988), 오현석(1988), 윤응진(1995), 임준식(1995), 정국용(2004), 홍정

---

3. 통일부통일교육원, 《2011통일문제 이해》, 65.
4. 통일부통일교육원, 《2011통일문제 이해》, 71-73.

근(2000), 김성재(1992), 김영대(2003), 박찬석(1998), 예장교(1989), 오인탁(1989,1993,1995,1997,2000), 오지연(2001), 유미선(1998), 조은식(2000), 조정기(2003), 한숭홍(1989), 정일웅(2000), 양금희(1998,2000) 등 26편 정도가 되며, 공교롭게도 서울 올림픽이 열린 1988년을 중심으로 연구들이 활발하게 진행되어 왔으며, 단행본과 석사학위 이상논문을 포함하면 약 50여 편에 이른다.[5] 2012년도 가을 출판예정의 2006년도에서 2011년도까지의 기독교교육학 문헌목록 연구조사[6]에 의하면 통일관련 연구논문만 40여 편에 이르며 단행본과 석사학위 이상논문을 포함하면 족히 100편에 이른다.

위 연구물들에서 다루어진 중요 주제를 크게 정리해 보면, 통일교육을 위한 신학적 고찰과 정립의 필요성, 통일을 대비한 한국교회와 성도들을 위한 교육 필요성, 통일 후 북한주민들 이해를 위한 기독교교육적 관점에서의 교육준비, 평화적 통일 실현을 위한 샬롬 교육, 미래 통일세대들인 한국 청소년들을 위한 통일교육, 모델로서 독일의 통일경험을 통해서 배울 수 있는 교회와 교육적 교훈 탐구하기 등이다.

기독교교육학과의 관련으로 시행된 통일전문 세미나로서는 1991년 5월 18일 장로회신학대학교 기독교교육연구원 주최로 처음 열렸다. "갑작스러운 통일 후 북한동포들의 기독교교육을 위하여"라는 부제가 붙은 "통일과 기독교교육 학술 세미나"가 그것이다. 이 세미나에서는 성서신학분야(강사문), 기독교윤리학분야(맹용길), 기독교교육분야(양금희)로 나누어서 각각 이루어졌다.

그 후 2009년 10월 23일, 고신대학교 기독교교육연구소 주최로 후속적 의미를 지닌 세미나가 열렸다. "갑작스런 북한자유를 대비하여 한국교회는 무엇을 준비해야 하는가?"라는 부제가 붙은 "자유북한을 대비한 기독교교육 학술세미나"로서, 자유북한과 기독교교육(오인탁), 교회교육적 관

---

5. 오인탁, 2005, 41.
6. 임창호, 2012.

점에서(강용원), 기독교학교적 관점에서(신기영), 평화교육적 관점에서(이금만), 목회적 관점에서(오정호), 기독교의료의 관점에서(옥철호), 그리고 북한노동당 총서기를 역임한 고 황장엽선생이 초청되어 북한 내부적 실제상황을 진단해 가면서 그 가능성을 짚어주었다. 이론적이기 보다 실제적인 내용을 다룬 이 세미나는 참석한 많은 사람들에게 관심을 갖도록 하였다.

전자의 세미나가 통일 후 북한 동포들에게 무엇을 어떻게 가르칠 것인가에 대한 미래에 초점을 맞춘 것이라면, 후자의 세미나는 통일을 이루기 전까지 한국교회와 그리스도인들을 위하여 무엇을 준비키고 가르쳐야 할 것인가에 대해 현재적인 문제에 초점이 맞추어진 것이라고 볼 수 있겠다.

기독교교육학 분야에서의 적극적인 관심과 참여는, 2010년 6월, 한국기독교교육학회 27차 총회(고신대학교)가 학회 안에 통일교육분과 설치를 결의함으로 그 결실을 보았다고 할 수 있겠다. 한국기독교교육학회 안에 통일교육분과가 설치된 그 해 11월 20일 서울 사랑의교회에서 열린 추계학술대회에서 초대 분과장을 맡은 임창호는 분과 설립 첫 연구논문으로서 "한국기독교교육학의 새로운 장르 -통일교육-"을 발표하였다. 임창호는 이 발표에서 한국교회는 지금까지 통일을 위한 기도는 해왔지만, 교회가 할 수 있는 구체적인 복음 통일전략과 실천적 통일교육은 시행하지 않고 있다고 지적하였다(국민일보, 2010.10.22).

이듬해인 2011년 6월 18일, 서울영락교회에서 한국기독교교육학회 50주년 기념대회로 열린 하계대회는 총 주제를 "기독교교육 : 통일교육이 시급하다"로 정하고, 50주년을 맞이하는 학회의 결단으로서, 한국교회를 향한 기독교 통일교육의 시급성과 중요성을 널리 알리는 성과를 보였다. 이날 패널로 나선 강사들은, 평화교육으로서의 통일교육(윤응진), 미리 만나는 북한주민으로서 통일 파트너인 탈북민의 정신세계와 교회의 역할(전우택), 탈북민의 관점에서 통일교육이 어떠해야 하는지(강철환)를, 각각 한국교회의 과제로서 제시하였다.

한국기독교교육학회 학술지 '기독교교육논총'이 1996년 제1집을 발간한 이래 2012년 현재 제30집까지 나왔는데, 그 동안 투고된 논문 가운데 통일교육에 관한 연구가 단 한편도 없었던 점을 생각해 본다면, 뒤늦게나마 동 학회에 통일교육분과가 설치되어 연구 활동에 물꼬를 트게 해준 것은, 통일한국을 가까이 둔 현시점에서 매우 다행스러운 일이 아닐 수 없다.[7]

해방 이후 김일성이 49년간 북한을 통치해 왔고, 김일성 사망과 함께 그의 아들 김정일이 세습되어 17년을 통치하고, 작년부터는 손자세대인 김정은이 3대세습 지도자로 북한의 최고 지도자가 되었다. 김씨 부자손이 북한을 67년간 지배하고 있는 것이다. 그러나 누적되어온 국내에서의 나쁜 정치의 결과와 확산되고 있는 외부정보 유입에 의한 북한주민들의 의식화, 중국과 러시아를 중심으로 한 공산권 주변국들의 자유의 물결, 한국의 놀라운 발전의 영향, 국제사회의 끊임없는 글로벌화의 움직임을 통한 개방화의 압박 등을 감안해 볼 때, 북한의 외부세계로 향한 변화와 체제붕괴의 날은 그리 멀지 않을 것이다.

영적인 눈으로 가상해 볼 때, 우리민족이 일제로부터 광복된지 70년(2015), 대한민국이 건국된지 70년(2018)이 가까워지고 있는 현실에서, 바벨론에 포로되었던 이스라엘이 70년만에 다시 예루살렘을 회복한 것 과도 같이, 자유와 정의와 복음의 칠흑과도 같은 북한 땅이 열리고 복음이 들어가서 동방의 예루살렘인 평양이 120년 전의 영광을 회복할 날이 가까워지고 있음을 느껴본다. 그렇다면, 우리들도 당연히 이스라엘의 느헤미야와 스룹바벨 같은 지도자들과 일꾼들을 준비시키고 예비시켜야 할 것이며, 이는 당연히 한국교회의 몫이어야 한다.

---

7. 한국기독교교육학회, 《기독교교육논총》, 제27집 (2011): 482-501.

Ⅲ. 통일교육에 대한 기독교교육적 지평과 의미

오인탁교수는 2009년, 고신대학교 기독교교육연구소가 주관하여 열린 통일세미나에서, 한반도 통일을 향한 교회의 기독교교육적 지평과 희망적 의미를 다음과 같이 네 가지로 제시하였다.

첫째, 기독교는 서로 다름을 존중하고 칭찬하는 능력을 갖고 있다. 서로 다른 체제 속에서 60년 이상을 달리 살아온 사람들이 만나서 살 때, 기독교의 이러한 가르침의 능력은 어느 누구들 보다도 그들에게 따뜻하게 다가갈 수 있는 능력이 되기 때문이다.

둘째, 기독교는 나 중심의 존재구조를 그리스도 중심으로 바꾼 참 크리스챤이 한국의 교회를 이끌어가는 중심을 이루고 있다. 그리스도 중심으로 움직이는 교회와 신실한 크리스챤들의 섬김과 헌신은, 의심과 불신 가운데서 평생 살아온 북한사람들을 감동으로 인도해 갈 것이다.

셋째, 갈등을 공존시킬 수 있는 능력을 갖고 있다. 갈등은 극복이나 타협의 대상이 아니라 우리의 삶과 공존하는 대상이다. 갈등은 사라지지 않고 우리 삶 속에 늘 존재하는 것이다. 갈등을 공존시킬 수 있는 능력이야말로 우리의 신앙과 교육을 성숙하게 만들어 가는 것이다. 이미 60여 년간 개인주의적 자본주의 사회를 경험하면서 성장해온 한국교회 그리스도인들의 갈등조절 능력은, 남과 북이 만나서 어울려 살면서 빚어질 것으로 예상되는 다양한 갈등의 문제를 성숙하고도 효과적으로 대응할 것으로 보기 때문이다.

넷째로 교회의 기독교교육은 조절의 능력을 가지고 있다. 하나님께서 자신의 본질은 변치 않으시면서 인간이 이해할 수 있는 형태와 색깔로 자신을 낮추시어 인간을 교육하신 것처럼, 우리들도 북한주민들에게 복음과 자유민주주의를 들고 겸손하게 다가가 조절할 수 있는 능력이 있는 것이다.[8] 기독교교육적 지평이 지니고 있는 이러한 저력은 한반도 통일에 대한

---
8. 오인탁, "자유북한과 기독교교육"《자유북한을 대비한 기독교교육 학술세미나 자료집》(부

희망적 능력으로 부각될 수 있음을 의미하는 지적이 아닐 수 없다.

Ⅳ. 한민족과 한국 기독교 고유과제로서의 통일교육

한반도의 통일은 국토의 통일, 체제의 통일, 사람의 통일이라는 세 과제를 안고 있다. 국토의 통일은 물리적인 통일이요, 체제의 통일은 정치적인 통일이요, 사람의 통일은 의식의 통일이요 정신과 문화의 통일을 의미한다.[9] 물리적인 통일이나 체제의 통일보다도 더 중요한 통일이 사람의 통일이다. 즉, 남과 북의 사람들이 더불어 살면서 서로를 이해하고, 사랑하고, 협력하는 동질감과 공감대가 두터워지고 이질감이 사라져 생활문화권이 하나가 되어 자연스러워질 때 비로소 진정한 통일을 성취하는 것이기 때문이다.

국토의 통일을 제외하고는, 체제의 통일이나 의식의 통일 모두가 교육적 사역을 절대적으로 필요로 하는 분야이다. 한반도의 통일은 결국 교육으로 통일되어야 한다고도 볼 수 있겠다. 어느쪽이 어떤 교육을 통하여 어떤 통일을 준비하느냐에 따라서 통일의 중심축의 이동이 결정될 것이다.

동일한 관점에서 볼 때, 한국 기독교가 거는 한반도의 통일(복음으로의)에 대한 기대는 기독교교육에 의해 성패가 달려있다고 해도 과언이 아닐 것이다. 즉, 통일의 당위성에 대한 성경적, 신학적 의미를 확고하게 정립하고 인식할 수 있는 교육, 통일 전에 한국교회와 그리스도인들이 통일을 대비하여 구체적으로 무엇을 어떻게 준비해야 할 것인가에 대한 교육, 통일과정을 거치면서 또는 통일 후에 북한주민들을 어떻게 품고 섬길 수 있을 것인가에 대한 분야별 교육, 통일한국의 미래 한국교회가 어떠한 모습으로 달라져야 할 것인가에 대한 비전교육 등이 기독교교육의 과제로 부

산: 고신대기독교교육연구소, 2009), 15-18.
9. 한만길, 《통일시대 북한교육론》 (서울: 교육과학사, 1997), 319.

과되기 때문이다.

한국민에게 있어서 통일이라는 과제는 모든 국가와 민족들에게 보편적이고 일반적으로 적용되는 것이 아닌, 지구촌 유일한 분단국인 한국 국민과 그 안에 거하는 한국 기독교인들에게만 주어진 독특하고 고유한 과제이다. 이러한 고유성을 고려해 볼 때, 한국의 교회와 기독교인들은 자유민주주의와 평화적 통일을 지향하는 국가공동체의 통일정책과 통일교육에 기본적인 맥을 같이 하는 것이 유익할 것으로 여겨진다. 자유민주주의와 평화적 통일은 기독교 정신과도 부합되기 때문이다.

따라서, 한국교회는 정부가 주도하고 있는 통일교육의 방향과 구조에 대하여 깊은 관심을 갖고 이해하고 분석해 가면서, 교회 고유 영역의 독창적이고도 적극적인 역할을 감당해 야 할 것이다. 그렇게 할 때, 기독교교육으로서의 통일교육의 방향을 설정하는데도 도움이 될 것이며, 기대하는 만큼의 효율적인 결과도 얻게 될 것이다.

이미 전술한 바와 같이, 80년대 이후 일관된 통일교육을 실시해오고 있는 통일부는, 국민적 통일교육지침을 크게 둘로 구분하여 일반성인용과 학교학생용으로 구분하고 있다. 교사와 성인용 교재에는 북한의 통일정책을 구체적으로 소개하여 자유롭게 남북의 통일정책을 객관적으로 비교하며 토론할 수 있도록 구성했으나, 아직 판단능력이 충분하지 못한 저학년 학생용에서는 우리나라의 통일정책만 소개하고, 고등학생 고학년 수준에 가면서 양쪽의 통일정책을 토론할 수 있도록 맞춤형 통일교육을 실시하고 있다. 뿐만 아니라, 시도교육청에도 관할부서를 두어 통일교육 전문 교사를 발굴하고 양성하고 있다. 지역의 탈북민들을 학교로 초청하여 북한 주민생활과 문화를 학생들에게 직접 체험하도록 하고, 학생들의 자치활동, 동아리, 창의적 활동, 등과 연계하여 살아있는 통일교육이 되도록 세심하게 배려하고 있는 것을 볼 수 있다.

V. 통일교육에 무신경한 한국 교회교육의 현장

전술했다시피, 통일교육을 위한 국가적 노력은 상당한 부분 전문화 되어 있다. 정부의 통일부를 위시로 하여 통일연수원, 통일정책협의회 등에서 연구와 정책을 담당하고 있으며, 각종 통일관련 연구소와 기관들과 연계하면서 지속적인 연구 성과를 발표하고 있으며, 정부는 이들의 연구성과를 신속하게 정부의 정책으로 반영해 가고 있다. 통일교육에 대한 대학들의 노력도 활발해지고 있다. 대표적인 케이스로 통일정책대학원(숭실대), 북한한대학원(이화여대,동국대,경남대), 북한학과(고려대,동국대,명지대) 등이 설치되어 통일정책과 교육의 전문가를 양성해 내고 있다.

이에 비해서 한국교회에서는 신학교육기관이나 교단별 제도를 통하여 일관되고 종합적인 통일교육을 실시하거나 통일교육 지도자 양성을 위한 교육기관이나 제도적 장치를 갖고 있지는 않다. 예를들어, 한국의 주요교단 목사양성기관 신학대학원(고신,총신,합신,장신,백석신,한신,감신,서울신,안양신,침례신,성결신,연신 무순) 의 웹페이지에 소개된 교과과정을 살펴보면 장신대신학대학원[10]만이 유일하게 선택과목으로서 기독교와 통일문제를 3학점으로 설치해 두고 있는 정도이다.

교단 신학교육기관 밖의 노력으로서는 1998년, 한기총 남북교회협력위원회 산하에 개설한 통일선교대학을 들 수 있겠다. 서울과 부산, 그리고 미주에 학교를 두고 있는 이 기관은 2년제 4학기 60학점제로 운영하면서 이수자에게 통일선교전문사역자 자격증을 수여하고 있지만(http://academy.cck.or.kr/), 실제로 이들의 통일선교와 교육가로서의 자질을 검증할방편도 없으며 또한, 이들이 통일선교와 통일교육의 전문가로 활약하기 위한 교회적 관심과 제도적 뒷받침 역시 전혀 이루어지지 않고 있는 실정이다.[11]

---

10. http://www.pcts.ac.kr/aca_2_4_f.html.]
11. 이 외에도 2006년도에 북한교회세우기연합(북세연)에서 설립한 북한선교전문대학원(서초

우리의 고유한 문제로서 국제적인 주목을 받는 이슈이며, 국가적이며 국민적인 주요 관심사요, 헌법전문과 대통령의 성실한 의무로 규정되어 있고, 전국민 초중등학교의 교과서에서 필수과목으로 가르쳐지고 있는 민족적 당위로서의 통일교육이, 한국교회와 한국의 성도들을 지도하는 목사양성 기관의 교육과정 편성에서는 제외되어 있다는 것은 이해하기 힘든 부분이 아닐 수 없다. 필수가 되어 사명을 더욱 고취시켜도 모자랄 판에, 선택으로 되어 있는 것도 한 학교에 불과하다는 것은, 한국교회 신학교육 기관이 얼마나 국가적이며 민족적인 통일교육 문제에 무신경한가를 여실히 보여주고 있는 것이다.

1999년 한국기독교교육학회에서 '기독교교육논총 제5집' 특집으로 꾸며진 '한국교단의 기독교교육사'에는 8개교단(감리교, 예장통합, 예장합동, 예장고신, 기장, 기독교성결교, 한국침례교, 하나님의 성회)의 기독교교육사가 소개되어 있는데, 각 교단의 교과과정 설명에, 한국 기독교의 거룩한 부담으로서 수행되어져야 할 통일교육 분야에 대해서 언급한 곳은 찾아 볼 수가 없다.[12]

2005년도 한국기독교교육학회의 기독교교육학 기본교재총서 6권으로 발행된 고용수저 '교회의 기독교교육과정'에도 5개교단(감리교, 기장, 예장합동, 예장통합, 성결교)의 교육과정이 분석되어 있지만, 역시 통일교육에 대한 관심과 할애는 없다.[13]

환언하면, 한국 대부분의 교회들이 분단이후 한반도 통일을 위한 기도는 지속적으로 해 오고 있지만, 막상 다가올 통일에 대비한 통일교육의 통전적이며 일괄적이며 구체적인 실천은 없다고 밖에 볼 수 없는 것이다. 북한동족의 해방과 통일을 위한 계몽적 차원의 피상적 특별기도회나 북한

구대치동 사랑교회 내소재), 1999년 강원도 태백시 예수원에서 세운 북한학교, 2005년도 미주지역에서 북한선교에 관심있는 사람들이 세운 북한선교학교(NIM : North Korea Inland Mission), 1992년도부터 영락교회가 운영하는 북한선교학교 등이 있지만,
12. 한국기독교교육학회, 《기독교교육논총 제5집 : 한국교단의 기독교교육사》(서울: 한국기독교교육학회).
13. 고용수, 《기독교교육학 기본교재총서 6: 교회의 기독교교육과정》(서울: 한국기독교교육학회).

선교헌신예배, 혹은 북한선교 사역자 초청 간증집회나 특정 지역에서 사역하는 사역자들을 위한 선교헌금 후원으로 통일준비를 대신하고 있다고 생각하고 있으며, 그것 또한 개교회적 차원에 머무르고 있다고 보아 지나치지 않을 것이다.

2007년, 한국교회는 '1907 어게인', '성령대각성운동' 등의 슬로건을 내걸고, 1907년 북한 평양에 있었던 장대현교회의 대각성운동, 대부흥운동 100주년을 맞아 일년 내내 100년 전의 뜨거운 북한 땅의 교회들을 꿈꾸었다. 100여년 전 북한의 평양은 동양의 예루살렘으로 불리었기 때문이다. 사실 그곳은 최초의 개신교 선교사인 토마스목사가 순교한 땅이며, 한국 최초의 신학교인 평양신학교가 세워졌고(1901), 한국 최초로 독노회(1907.9.17)가 장대현교회서 조직되었고, 이 독노회에서 한국 최초의 장로교목사 7명[14]이 목사로 안수 받았고, 한국인 목사(길선주)가 최초로 담임목사로 시무를 했던 장대현교회가 있는 곳이며, 한국 최초로 목사가 선교사로 파송된(이기풍목사, 제주도로) 곳이며, 한국 장로교총회(1912.9.1)[15]가 최초로 조직된 곳이며, 신사참배에 반대하여 피를 흘리며 순교한 산정현교회 주기철목사가 목회한 곳이다. 초대 한국교회의 젖줄기와도 같았던 곳이다.

어쩌면, 한국전쟁 이후, 북한에 있던 성도들과 교회들이 공산주의 정권을 피해 남한으로 넘어와서 교회를 세우고, 십자가를 세우고, 기도하며 남한을 믿음의 땅 축복의 땅으로 세우는데 앞장섰는지도 모른다. 그렇다면, 한국교회. 지금의 남한 교회는 북한교회와 성도들에게 커다란 빚을 지고

---

14. 최초로 평양신학교를 졸업하고 1907년9월17일 목사로 안수받은 7명은, 길선주, 양전백, 한석진, 서경조, 이기풍, 방기창, 송인서 등이다(민경배, 《한국기독교회사》 (서울: 대한기독교출판사, 1984), 265.
15. 1911년 대구 남문안교회에서 열린 제5회 독노회에서는 다음해인 1912년 총회를 조직하기로 정하고, 전국의 7개 대리회를 7개노회로 재편성하였다. 1912년9월1일 오전10시30분, 평양 경창문 안에 있는 여성경학원에서 역사적인 조선예수교장로회 1회 총회가 열리게 되었다. 당시 참석한 회원은 목사 96명(선교사 44명, 한국인목사 52명), 장로 125명, 모두 221명이었다. 독노회 회장인 이눌서(W.D.Reynold)목사가 사회를 보았다. 9월2일 평양 서문밖 신학교로 옮겨 임원을 선거하였는데, 회장에 언더우드, 부회장에 길선주, 서기에 한석진, 회계에 방위량(W.N.Blair)이 각각 선출되었다. 허순길, 《한국장로교회사》 (서울: 대한예수교장로회(고신) 역사편찬위원회, 2002) 136.

살고 있는 것이다. 저 북한 땅을 회복시키는데 한국교회는 그 누구보다도 앞장서야만 하는 것이다. 그야말로 통일교육을 가장 먼저, 가장 힘있게, 가장 효율적으로 시켜야 할 당사자들인 것이다.

만일, 100년전, 거룩했던 저 북한 땅이 다시 회복되어야 함을 절실하게 느끼며, 김정일독재하에서 신음하고 있는 북한의 형제자매들에게 하루속히 자유의 날이 찾아오기를 원하고 있다면, 통일을 향한 한국교회의 모습은, 지금보다는 더욱 구체적이어야 하고, 적극적이어야 하며, 실천적이어야만 한다. 한국교회와 성도들은, 국가가 시행하고 있는 통일교육보다도 더욱 전략적인 교육을 준비하고 실천해야만 한다. 자라나는 자녀들에게 통일에 대한 역사적 당위성과 기독교인으로서의 사명을 뜨겁게 가르치며, 준비시키며, 교육시켜야만 할 것이다.

Ⅵ. 나가는 말: 한국교회 교육현장에서의 통일교육 방향성 정립을 위한 대책과 몇 가지 제언

첫째로, 남북통일에 대한 신학적, 기독교교육학적, 교회사적, 역사적, 민족적 의미의 이론적 근거제시를 통하여 통일교육의 당위성과 정당성, 또한 성경적이며 기독교적인 의의를 정립해야 한다.

둘째로, 통일을 대비한 교회의 노력들이 기독교교육적인 차원에서 어떻게 다루어져야 할 것인가에 대한 각론적인 연구와 노력이 있어야 할 것이다. 예를 들어 목회적인 차원에서는, 목회자들을 위한 통일교육의 차원, 목회자들을 돕는 교회스탭들을 위한 통일교육의 차원, 교회학교 교사들을 위한 차원, 찬양을 맡은 사역자들을 위한 차원, 청년들을 위한 차원, 청소년들을 위한 차원, 주일학교 수준에서의 차원, 선교적 차원, 봉사적 차원, 문화사역적인 차원 등을 들 수 있겠다.

셋째로, 신학교육기관을 위한 통일교육의 연구와 노력들이 필요하다.

목사양성기관인 신학대학원을 위시하여 기독교대학과 신학대학에서 통일교육이 일정한 수준별로 실시될 수 있도록 기독교교육적 연구와 노력이 있어야 한다. 가능하다면 별도의 과목과 과정을 설치하여 교회와 기독교 유관 기관에서 일할 젊은 통일교육 전문가들을 준비시키고 양성해야 하기 때문이다. 통일되기 전까지는 한국 내에서 한국교회의 젊은이들에게 통일예비교육을 시키는 일과, 통일 후에는 북한의 통일세대들을 위해서 이들이 동시적으로 필요하기 때문이다.

넷째로, 기독교학교를 위한 통일교육의 연구와 노력들이 필요하다. 현재 한국내에 있는 기독교학교와 기독교대안학교에서 기독교교육적 관점에서의 통일교육 실시를 위한 연구와 노력이 필요하다. 자라나는 기독교학교의 학생들은 장래의 통일세대들이기 때문에 이들을 위한 통일 예비교육은 매우 중요하다.

다섯째로, 각종 기독교선교 및 기독교복지 단체들의 통일교육을 위한 연구와 노력이 필요하다.

여섯 번째로, 정부의 통일교육 노력의 실태와 시스템을 기독교교육적인 관점에서 분석하고 참고하면서, 연구할 필요가 있다. 예를들어 한국교회도 북한 복음화를 위한 종합적이며 체계적인 통일정책을 별도로 세울 수 있으며, 통일을 위한 기독교교육적 의미와 목표를 세우고, 통일교육의 내용을 대상별 수준별 맞춤교육의 통일교재도 구성하고, 가정과 교회와 학교(기독교)를 위한 기독교교육적 배려가 되어 있는 통일교육지침까지도 마련할 수 있을 것이다.

시도교육청에서 통일교육전문가를 양성하고 발굴하여 학교에 도움을 주듯이, 교회도 노회나 시찰회 같은 기관이 이와 유사한 역할을 얼마든지 감당할 수 있을 것이다. 또한 교단의 총회교육부에 통일교육 담당 전문가를 두어 공과교재에 구체적으로 기독교 통일교육을 구현할 수도 있을 것이다. 이를 위하여 대학과 교육연구소가 구체적인 연구와 제언을 얼마든지 할 수 있으리라 본다.

일곱 번째로, 한국 내에 들어와 정착하고 있는 탈북민들의 통일교육을 위한 기독교교육적 연구와 노력이 필요하다. 이들은 통일이 되면 모두 자기 고향으로 돌아갈 사람들로서, 통일 후 북한복음화를 위한 현지선교사 후보들이며, 통일시대 북한교회 기독교교육을 위한 개척자적 지도자들이 될 후보들이기도 하다. 따라서 이들이 한국에 거주하는 동안 한국교회가 이들을 얼마나 돌보며 양육시키는가에 따라, 북한의 복음화와 기독교화의 성패가 달려 있다고 봐도 지나치지 않을 것이다. 이들이 북한에 돌아가서 구체적으로 자기가 살던 곳의 사람들에게 복음을 전하고, 다양한 영역에서 북한을 재건하는데 구체적인 도움이 될 수 있도록 역량을 강화시키는 일이 필요한 것이다.

여덟 번째로, 한국 내에 거주하는 탈북민들이 자체적으로 독립하여 세운 탈북민교회를 유심히 관찰하고 기독교교육적 차원에서 연구하는 일이 중요하다. 이는 완전한 북한인들에 의한 북한인들 성도로 구성된 교회이므로, 앞으로 통일 후 북한교회가 어떠한 모습을 지닐 것인가를 예시적으로 관찰할 수 있는 기회가 되기 때문이다. 장차 보게될 북한교회의 실험실로서 기독교교육 차원의 연구가 가능한 곳이 될 것이다.

아홉 번째로, 북한 내에 있는 지하교회와 중국과 북한의 국경변방에 북한사람들을 위해 세워진 교회를 탐구하고, 거기에 모여 있는 성도들의 신앙상태 점검, 제한된 환경가운데서 신앙생활을 하는 이들을 위한 기독교교육적 배려가 담긴 연구와 노력들이 필요하다. 이들은 북한이 자유화되었을 때 북한의 복음화에 가장 효과적이고 구체적인 역할을 할 수 있기 때문이다.

열 번째로, 장차 통일시대를 대비하여 북한주민 기독교복음화를 위한 다양한 분야에서의 점검과 노력들이 기독교교육적 관점에서 연구될 필요가 있다. 예를 들어서 통일시대와 함께 북한에 유치원에서부터 중등 혹은 대학수준의 학교나 기관을 세울 수 있는 기회가 올 경우, 어떠한 모습으로 시작할 수 있을 것인가에 대한 연구들이다. 60년 이상을 공산독재 통치하에 처해있었던 주민생활 상황을 감안한 교육과정과 기독교교육적인 배려가 필요할 것이다.

참고 문헌

강용원. 통일을 준비하는 교회교육. 《자유북한을 대비한 기독교교육 학술 세미나 자료집》. 부산: 고신대기독교교육연구소. 2009, 27-42

고용수. 《기독교교육학 기본교재총서 6: 교회의 기독교교육과정》. 서울: 한국기독교교육학회, 2005.

김성재. 신학교육에 있어서 통일교육의 방안. 《신학연구》. 33(4) (1992): 57-111.

김성재. 민족통일을 위한 북한교육 이해. 《신학연구》. 34(5) (1993): 109-137.

김영대. 민족통일과 공동체의식의 회복을 위한 기독교교육. 《현대인의 영성》. 겨울호, 2000.

김영대. 통일과 공동체 의식 회복을 위한 교육과제. 《기독교세계》. 10, 2000.

노정선. 평화와 통일을 위한 학교교육. 《기독교교육》. 3 (1988): 30-34.

민경배. 《한국기독교회사》. 서울: 대한기독교출판사, 1984.

박용규. 《평양 대부흥운동》. 서울 : 생명의 말씀사, 2000.

박용규. 《평양 산정현교회》. 서울 : 생명의 말씀사, 2006.

박찬석. "한국의 통일교육 변천에 관한 연구." 미간행박사학위논문, 서울대대학원, 1998.

양금희. "북한교육을 통해 본 북한 주민의 의식구조와 기독교교육의 과제." 《통일과 기독교교육학술세미나》. 서울: 장로회신학대학 기독교교육연구원. 2001, 61-87.

오인탁. "통일독일에서의 교육의 역할." 《기독교사상》. 416(8) (1993): 132-148.

오인탁. "독일사례 적용을 통해 본 청소년 통일교육 방안." 《독일 경험의 적용, 통일대비 교육의 새 모델과 정책 대안. 민주평화통일자문회의 정책포럼》. 1995, 127-150.

오인탁. "통일교육의 방향." 이영선 편. 《통일준비》. 오름. 1997, 129-168.

오인탁. "통일준비, 교회는 무엇을 해야 하나?" 《교육목회》. 가을. 2000, 64-72.

오인탁. 《한국기독교교육학문헌목록1945~2005》. 서울: 한국기독교교육학회. 부산: 고신대기독 교교육연구소. 2008, 13-26

오인탁. "자유북한과 기독교교육." 《자유북한을 대비한 기독교교육 학술세미나 자료집》. 부산: 고신대기독교교육연구소. 2009, 13-26

오지연. "신앙 공동체 안의 청소년을 위한 통일교육 모색." 미간행석사학위논문, 감신대 신대원,

2001.

오현선. "통일을 위한 기독교교육의 과제" 미간행석사학위논문, 장신대신대원, 1988.

유미선. "기독교 청소년 통일교육 연구." 미간행석사학위논문, 연세대교대원, 1998.

윤기관. 《통일정책으로서의 북한이탈주민정책》. 서울: 궁미디어, 2010.

윤응진. 평화통일교육의실마리:적대사상들의 해체. 《신학연구》, 33(4) (1992): 113-147.

윤응진. "기독교 평화통일교육을 위한 이론정립의 방향 모색." 《광복50주년과 민족희년》. 1995, 204-244.

윤응진. "평화통일 희년 맞이를 위한 기독교교육적 과제." 《민족통일과 평화》. 한국신학연구소. 1995, 217-261.

윤응진. "통일의 기독교적 접근." 《평화연구소 통일원 후원학술세미나 자료집》. 한신대학교. 1996, 54-91.

윤응진. "미래과제." 오인탁 편. 《기독교교육학 개론》. 서울:기독한교. 2008, 423-451.

윤종혁. 《통일시대에 대비한 북한교육 지원방안 연구》. 서울: 한국교육개발원, 2007.

임준식. "통일을 대비한 기독교교육과 선교의 방향." 미간행석사학위논문, 숭실대학교통일정책대학원, 1995.

정국용. "통일전 기독교교육준비와 통일후 기독교교육." 미간행석사학위논문, 천안대기독신대원, 2004.

정원칠. 《한국민의 대북인식과 통일인식》. 서울 :EAI, 한국리서치공동 여론브리핑. 84, 2010.6.25.

정일웅. "남북통일에 대한 신학적 고찰." 《신학지남》. 56(3)가을 (1989): 114-134

정일웅. 《독일교회를 통해 배우는 한국교회의 통일노력. 서울: 왕성, 2000.

정지웅. "통일에 대한 기독인의 다양한 관점과 역할." 《기독교와 통일》. 제3권, 기독교통일학회. (2009): 267-283

조은식 "기독교평화교육으로의 통일교육." 《한국개혁신학:한국개혁신학회논문집》 15(4) (2004) :143-182.

조정기. "중등사회과의 통일교육에 관한 연구." 미간행박사학위논문, 단국대학원, 2003.

차종환외. 《이것이 북한교육이다》. 서울: 나산출판사, 2009.

통일부통일교육원. 《2011통일교육지침서, 학교용》. 서울: 통일부, 2011.

통일부통일교육원. 《2011통일교육지침서, 일반용》. 서울: 통일부, 2011.

통일부통일교육원. 《2011통일문제 이해》. 서울: 통일부, 2011.

한만길. 《통일시대 북한교육론》. 서울: 교육과학사, 1997.

한국기독교교육학회. 《기독교교육논총 제5집: 한국교단의 기독교교육사》. 한국기독교교육학회, 1999.

한국기독교교육학회. 《기독교교육논총 제27집: 한국기독교교육학회 50주년기념》. 한국기독교교육학회, 2011.

한숭홍. "통일교육론 분석." 《성숙한 교회와 통일교육》. 서울: 대한예수교장로회총회교육부. 1989.

허순길. 《한국장로교회사》. 서울: 대한예수교장로회(고신)역사편찬위원회, 2002.

허호익. 《통일을 위한 기독교신학의 모색》. 서울: 동연, 2010.

홍정근. "통일시대 교회를 위한 교재개발의 방향." 《교육교회》. 9 (2000): 16-22.

황장엽. 《북한민주화와 민주주의적 전략》. 서울: 시대정신, 2008.

국민일보. 2010. 10.14, 10.22

조선일보. 2010. 10.17

KBS1뉴스. 2010. 10.14

http://www.joinsmsn.co.kr(2010.10.26,)

http://opentory.joins.com/index.php

http://www.jisikworld.com

V

기독교교육과 총회교육 사역

01 클릭바이블 활용 실태 및 요구 분석 | 조성국, 이현철, 조철현 교수, 안동철 목사
02 생명의 양식 교육과정의 발전과정과 평가 | 안동철 목사
03 교회학교 교사교육 개선 방안에 관한 연구 | 이기룡 목사

1. 생명의 양식 제4차 교육과정 활용실태 및 요구분석: 청소년 클릭바이블을 중심으로*

조성국 교수 _ 고신대학교 기독교교육학과
이현철 교수** _ 고신대학교 기독교교육학과
조철현 교수 _ 고신대학교 기독교교육학과
안동철 목사 _ 총회교육원

*요약
Ⅰ. 서 론
Ⅱ. 클릭바이블 교육과정 평가를 위한 기독교교육학적 평가기준
  1. 교육과정 평가의 기독교 교육학적 평가기준
  2. 제4차 교육과정 평가를 위한 핵심 질문들
Ⅲ. 연구방법
Ⅳ. 연구결과
  1. 양적방법 분석 결과
  2. 질적 분석 결과
Ⅴ. 결론
참고문헌

〈요약〉

본 연구에서는 제5차 교육과정 클릭바이블 SeasonⅡ를 개발을 위한 기초자료를 제공하기 위하여 제4차 교육과정 클릭바이블에 대한 평가를 실시하였다. 제4차 교육과정평가는 양적, 질적 연구방법론을 사용하였으며, 연구를 위해 전국 고신교단에 소속된 교회들의 교역자들, 교사들, 그리고 청소년들에게 설문지 응답, 개별 혹은 그룹면담(focus group)을 통해 자료를 수집 및 분석하여 평가 작업을 진행하였다. 평가 결과 클릭바이블 제4차 교육과정은 어느 교육과정 때보다도 교재의 외적인 측면에서, 주제의 다양성 측면에서, 각 과의 내용구성의 측면에서, 교회교육학습 환경의 적합성 측면에서 우수한 교재로 평가할 수 있었다. 하지만, 현재의 우수성을 보다 더 발전시키기 위해 몇 가지 개선이 필요한 점도 제시하였다.

주제어: 제4차 교육과정, 클릭바이블, 활용, 요구, 평가

I. 서론

생명의 양식 중·고등부 교육과정은 지금까지 총 4차에 걸쳐 진행되었으며, 시기별 교육과정은 전혀 새로운 방향으로의 개발이 아니라 언제나 교단의 교육목적과 방향을 따라 시대의 변화에 맞추어 보완, 개선과정을 거치며 개발되어 왔다. 제1차 교육과정을 기초로 제2차 교육과정이, 제2차 교육과정을 기반으로 제3차 교육과정이, 그리고 3차 교육과정을 바탕으로 제4차 교육과정이 개발되었다. 따라서 새롭게 개발될 제5차 교육과정도 앞선 시기의 교육과정들을 참고하여 개발되어야 할 것이다. 제4차 교육과정의 기반이 되었던 제3차 교육과정은 급변하는 시대적 상황과 요구에 부응하기 위해 제2차 교육과정의 개편작업의 마무리가 된 지 불과 2년 뒤, 1995년 개발에 착수하여 1999년에 완성하였다. 제3차 교육과정은 중고등부 6년 2학기제에 맞추어 개별낱권 형식으로 학생용 12권, 그리고 교사용 12권, 총 24권으로 구성되었다.

그러나 불과 4년 밖에 흐르지 않은 2003년, 총회교육위원회는 급변하는 한국사회 속에서 자라나는 청소년들의 문화와 의식변화에 부응하기 위해, 제3차 교육과정이 교회로부터 생각보다 사랑받지 못했던 현실 때문에, 그리고 가장 효과적이고 효율적으로 청소년들에게 성경을 가르쳐야 한다는 필요성 때문에 제4차 교육과정 개발에 착수하게 되었다.[1]

총회교육위원회는 자체평가와 외부평가의뢰절차를 통해 제3차 중.고등부 교육과정이 가지고 있는 여러 문제점들을 발견하였다. 조성국 교수는 기독교교육 교육과정이론에 근거하여, 교육목적과 목표, 교육내용구성, 교육방법(교수-학습과정), 그리고 교육평가의 순서로 제3차 교육과정과

---

* 본 논문의 경우 총회교육원 정책보고서: 생명의 양식 제4차 교육과정 클릭바이블 활용 실태 및 요구 분석 (2012)의 일부를 발췌하였음을 밝혀둔다.
** 교신저자
1. 제인호, 제 4차 교육과정 개발 방향, 총회교육위원회, 생명의 양식 중고등부 제4차 교육과정 개발 종합 자료집, 2003.7.18., p.34.

교과서들을 분석, 평가하였다. 그는 각 해당부분이 가지는 세부적인 문제점들을 근거로 새롭게 개발될 제4차 교육과정을 위해 다음 몇 가지 제언을 하였다. 첫째, 교육과정과 교과과정이 혼합되어 있는 문제점을 지적하면서, 일반적인 교육과정 하에서 차원들을 교과로 발전시켜 교과과정을 개발할 것. 둘째, 교과들이 학생들의 심리적 성향을 고려하여 매력있는 형태와 디자인으로 편집되어 출간되어야 할 것. 셋째, 교과내용이 개인 경건과 도덕차원이 주도적이어야 하나, 내용취급은 신학적이며 전문적일 뿐 아니라 사회적 차원과 실천행동도 고려해야 할 것. 마지막으로, 교사용 지침서가 풍부한 자료와 정보를 제공할 것 등이다.[2]

제3차 교육과정과 교과서의 평가와 조사를 근거로, 제4차 중고등부 교육과정은 몇가지 특징을 가지고 개발되었다. 교과 중심의 교육과정, 교과영역 구분(성경, 청소년의 삶, 양육), 중고등부 통합 공과, 기본교과와 심화교과의 구분, 개체교회의 교육형편과 필요를 고려한 다양한 주제별 구성, 성경과 삶의 영역 구분, 그리고 청소년 제자훈련 교재를 포함하였다.[3]

새 교육과정에 적용된 학습단원의 구조도 학생들의 흥미를 이끌고, 중요한 한가지의 실제적인 적용을 가능하도록 구성하였다. 침묵을 깨기 위한 '아이스브레이크,' 본문내용을 한눈에 파악하는 '숲으로(주제 속으로),' 본문내용의 핵심원리를 파악하는 '나무로(성경 속으로)', 그리고 적용을 이끄는 '삶 속으로'의 형태를 취하였다. 고신교단 제4차 교육과정인 중고등부 교재 클릭바이블은 이렇게 2003년부터 2006년까지의 개발기간을 거쳐, 전 44권의 기본과정과 심화과정을 개발하였다(교사용 교재 포함). 그 후 제자훈련 교재 6권을 개발하여 총 50권 개발을 완료하였다. 클릭바이블은 CGNTV 선정 최우수 교재, 갓피플닷컴 중.고등부 교재 누적 판매량 상위 20권 중 12권이 클릭바이블이었으며, 누적판매량 100만권을 돌파하여, 지난 6월 31일 100만권 돌파 기념 기자회견을 가지는데 이르게 되었

---

2. 조성국, ibid, 42-54.
3. 현유광, ibid, 99-101. 나삼진, "변화하는 청소년 사역과 '클릭 바이블 II' 개발 방향", 《클릭바이블 시즌 II》 개발 세미나 자료집, 2012.9.3., 53-54.

다. 그러나 어떠한 성경공부 교재도 완전할 수는 없으며, 더 나은 교재가 되기 위해 보완과 개선작업이 필요하다.

이에 본 연구에서는 제5차 교육과정 클릭바이블 Season Ⅱ 개발을 위한 기초자료를 제공하기 위해서 제4차 교육과정 클릭바이블에 대한 평가작업을 수행하였다. 제4차 교육과정평가는 양적, 질적 연구방법론을 사용하였으며, 연구를 위해 전국 고신교단에 소속된 교회들의 교역자들, 교사들, 그리고 청소년들에게 설문지 응답, 개별 혹은 그룹면담(focus group)을 통해 자료를 수집 및 분석하여 평가 작업을 진행하였다.

Ⅱ. 클릭바이블 교육과정 평가를 위한 기독교교육학적 평가기준

1. 교육과정 평가의 기독교 교육학적 평가기준

기독교 교육과정은 어떤 기준으로 평가해야 할 것인가? 기독교 교육학자들은 여기에 대해 몇가지 중요한 기준들을 제시하고 있다. 먼저, 하버마스(Habermas)와 이슬러(Issler, 1996)는 윌리엄 프랑케나(William F. Frankena)가 제시한 박스이론을 수정하여 기독교 교육학과 교육과정이 나아가야 할 방향을 제시하였다.[4]

박스 A에는 기독교 교육의 궁극적인 목적, 박스 B에는 교육의 궁극적인 목적을 바라보는 관점(세계관), 박스 C에는 성취해야 할 구체적인 기독교 교육의 목표들(영적교제, 공동체, 인격, 사명), 박스 D에는 학습의 과정과 방법들, 그리고 박스E에는 효과적인 기독교교육을 위한 구체적인 원리와 전략이 필요함을 주장하였다. 와이코프(Wyckoff, 1990)도 기독교 교육과

---

4. Habermas, R. & Issler, K *Teaching for Reconciliation*, Grand Rapids, MI: Baker Book House, 1992.

정을 위한 기본원리들을 제시하였는데, 기독교 교육의 환경(context), 영역(scope), 목적(purpose), 교수-학습과정(process), 조직원리(principle), 조직 매개체(medium), 그리고 연속성(sequence)과 융통성(flexibility)을 고려해야 할 것을 제안 하였다.[5]

콜슨(Colson)과 릭돈(Rigdon, 1981)도 교육과정이 조직되기 위해서는 교육목적, 교육의 영역, 학습자, 그리고 방법론에 대한 요소들이 반영되어야 함을 제언하였다.[6] 로렌스 리차즈(Richards, 1975)는 신앙교육의 궁극적인 방향을 제자화 삼는 것에 초점을 맞추어 교육과정이 전개되어야 함을 역설하였다.[7]

그리고 다운즈(Downs, 1994)는 기독교 교육이 학습자들로 하여금 지적, 정서적, 그리고 의지(행동)적 요소들이 균형 있게 발달된 믿음으로 자라도록 하는데 그 목적이 있음을 명시하면서, 교육과정을 구성할 때에도 그 목적에 부합하도록 목적을 점검하고, 학습자들을 이해하고, 그들이 무엇을 경험해야 하는 지를 질문하면서, 가장 좋은 교육과정과 교수법을 발견하도록 노력해야 함을 주장한다.[8]

이러한 기독교 교육학자들의 의견을 종합하여, 본 보고서에서는 파즈미뇨(Pazmino, 1997)가 기독교 교육과정의 수립과 평가를 위해 제시한 중요한 질문들을 기준으로 하여 제4차 교육과정, 클릭바이블을 평가해보고자 한다.[9] 교육과정 구성과 평가를 위한 파즈미뇨의 질문들은 기독교 교육과정을 수립하고 평가하는 데 중요한 핵심내용을 대부분 포함하며, 뿐만 아니라 다른 모든 기독교 교육학자들이 교육과정의 내용과 방향에 대한 주장을 전체적으로 포괄하는 바, 이를 평가의 기준으로 삼아도 무방할 것이다.

---

5. Wyckoff, C. D. 《기독교 교육과정의 이론과 설계》, 김국환 역 (서울: 성광문화사, 1990).
6. Colson, H. P., & Rigdon, R. M, 《교회 커리큘럼의 이해》, 김희자 역 (서울: 대한예수교 장로회 총회) (원저. 1981 출판).
7. Richards, L. O. A Theology of Christian Education, Grand Rapids, MI: Zondervan Publishing House, 1975.
8. Downs, P. G. Teaching for Spiritual Growth, Grand Rapids, MI: Zondervan Publishing House, 1994.
9. Pazmino, R, W, 《기독교 교육의 기초》, 박경순 역, (서울: 디모데) (원저. 1997 출판).

2. 제4차 교육과정 평가를 위한 핵심 질문들

(1) 가르쳐야 할 학습의 내용은 무엇인가?

이 질문은 성경적, 신학적 기초들, 가치관, 그리고 그리스도인의 삶의 태도와 기술들 등 어떤 내용들을 기독교 교육과정에 포함시켜야 할 것인가에 대한 것이다. 즉, 내용범위에 관한 질문이다. 제4차 교육과정인 클릭바이블이 중·고등부 학생들로 하여금 바른 신앙 안에서 자라도록 하는데 충분한 내용을 포함하고 있느냐 질문해 보아야 하는 것이다. 제4차 교육과정 클릭바이블은 크게 세 영역 (성경과 교리, 청소년의 삶, 제자훈련)으로 구성되었다. 성경과 교리 영역에서 구약 8개 교과, 신약과 교리를 포함한 6개 교과, 청소년의 삶 영역에서는 정체감, 문화, 세계관을 다룬 7개 교과, 그리고 제자훈련(양육)부분에서는 신앙발달단계에 따라 4개 교과로 나누어 구성하였다.

(2) 이 분야들을 가르쳐야 할 목적과 세계관은 무엇인가?

이것은 교육목적(purpose)에 관한 질문이다. 제4차 교육과정 클릭바이블은 고신교단이 추구하는 교육의 목적에 맞게 구성되었는가를 객관적으로 평가해야 한다.[10] 사실, 교육목적은 교단교육방향의 큰 그림을 제시하는 것으로, 세부적인 교육내용까지 제시하는 것은 아니다. 와이코프(Wyckoff)의 이론에 의하면, 이것은 기본목적에 해당된다. 이러한 기본목적 뿐만 아니라, 교육목적은 개인적 목표들, 주제들, 논제와 문제들, 집단과 개인의 목표, 학습과제, 발달 상황 속에서의 단계들, 기대되는 행동결과들, 그리고 기준들로 다양하게 구성될 수 있다 (Wyckoff, p. 72). 따라

---

10. 예장고신의 교육목적은 다음과 같다. "성경을 가르쳐, ① 삼위일체 하나님을 바로 알고, 사랑하며, 섬기게 한다(예배적 인격), ② 하나님의 형상인 인간을 이해하고, 사랑하고, 도우며, 그리스도를 전하게 한다(인화협동적 인격), ③ 자기의 존재의의와 특별한 사명을 자각하여 자기 선 자리에서 맡은 일에 충성하게 한다(문화적 인격), 이러한 그리스도인을 육성하여 신앙의 정통과 생활의 순결을 겸비케 한다."

서, 제4차 교육과정인 클릭바이블이 큰 그림인 교단의 교육목적을 기초로, 어떻게 각 교과와 소단원의 다양한 교육목표가 교단의 교육목적을 향한 연결성을 가지고, 교육내용을 조직, 구성했는지를 검토해 보아야 할 것이다. 교육목적과 더불어 고신교단이 추구하는 개혁주의 신학과 세계관에 부합하는가를 평가해 보아야 한다. 왜냐하면 교육목적은 교육철학, 교단의 신학, 그리고 세계관에 기초하기 때문이다. 하버마스와 이슬러(1992)는 철학과 세계관이 교육과정을 구성하는데 기초역할을 함을 강조하였다.[11]

실제로 우리 고신교단이 가지고 있는 개혁주의 철학과 세계관은 타 교단의 교육과 차별화하는 기준이 되기도 하는 것이다. 현유광 교수는 우리 교단의 개혁주의 신학과 세계관에 맞게 제4차 교육과정이 이루어져야 함을 제언하였다. 고신교단의 교육과정은 하나님의 말씀인 신, 구약 성경에서 출발하고, 성령님의 역동적인 사역을 강조하고, 예수 그리스도 안에서 하나님 중심으로 생각하고 행동하고, 창조. 타락과 구속, 심판의 개혁주의 세계관에 근거해야 함을 강조하였다.[12]

클릭바이블이 개혁신학과 세계관에 맞게 체계적으로 구성이 되었는지, 청소년들로 하여금 개혁주의 세계관으로 양육될 수 있는 내용으로 구성되었는지를 평가해 보아야 할 것이다.

(3) 학습이 이루어지는 환경은 어디인가?

제4차 교육과정인 클릭바이블은 기독교 교육 학습환경(context)에 맞도록 제대로 구성이 되었는가에 대한 질문을 던져보아야 한다. 클릭바이블 공과교재가 주로 사용되는 학습환경은 교회이다. 따라서, 교회의 학습환경에 맞도록 교재가 구성 되었는 가를 평가해 보아야 하는 것이다. 먼저, 교회교육현장의 현실을 고려하여 성경공부를 위해 확보할 수 있는 시간

---

11. Habermas, R. & Issler, K, *Teaching for Reconciliation*, Grand Rapids, MI: Baker Book House. 31, 1992.
12. 현유광, "고신 교단 제3차 중고등부 교육과정 및 교과서의 분석과 평가", 총회교육위원회, 《생명의 양식 중고등부 제4차 교육과정개발 종합 자료집》, 2003.7.18, 8-17.

에 맞도록 교재가 구성 되었는지, 교회환경에 맞는 학습활동을 포함 했는지, 그리고 소그룹 환경에 맞도록 교재가 구성되었는지를 평가해 보아야 할 것이다. 그리고, 교회라는 학습환경을 뛰어넘어 클릭바이블이 또 하나의 중요한 학습의 장(場)인 가정과 연계하여 사용될 수 있도록 구성 되었는지, 그리고 미래 지향적으로 볼 때, 가상공간(인터넷)에서도 학습이 가능한 형태로 구성 될 수 있는지도 살펴볼 수 있을 것이다. 또한, 물리적 환경을 뛰어넘어 학습환경의 궁극적인 조성당사자인 교사와 학생이 성령님의 인도하심 아래에서 긍정적 관계의 학습환경을 창출하도록 하는데 클릭바이블이 기여할 수 있도록 구성되었는가도 평가해 볼 수 있을 것이다.

(4) 어떻게 학습이 이루어져야 하는가?

제4차 교육과정인 클릭바이블이 적용하고 있는 학습방법이 어떠한 지를 평가해 볼 수 있는 질문이다. 학생들은 다양한 학습스타일을 가지고 있다. 따라서, 클릭바이블이 학생들의 다양한 학습스타일(시각적, 청각적, 혹은 촉각적)에 맞도록 다양한 학습방법(발견, 관찰, 동기부여, 협동학습 등)으로 교재가 구성되었는지 평가해 보아야 한다. 그리고, 클릭바이블이 채택한 각 과의 수업 흐름(아이스브레이크, 숲으로, 나무로, 삶으로)이 얼마나 효과적인가도 평가의 대상이 될 것이다. 로렌스 리차즈(Richards, L. O. 1998)는 hook, book, look, took라는 효율적인 성경공부 수업계획을 제시하였다.[13]

Hook에서는 학습자들의 관심과 필요, 그리고 학습목표를 제시해야 하며, book에서는 학습의 내용인 성경을, look에서는 성경의 의미를 묵상하고 지혜를 얻는 과정이고, 마지막 took는 생활에 어떻게 적용해야 할 것인가를 다루었다. 클릭바이블은 저명한 기독교 교육학자들이 주장한 효율적인 수업계획의 흐름과 비교했을 때 어떻게 평가될 수 있는 지도 고려해 보

---

13. Richards, L. O, *Creative Bible Teaching*, Chicago, IL: Moody Publication, 1998, 154-166.

아야 할 것이다. 그리고, 교회공동체는 학교교육과 달리 신앙공동체 안에서 신앙학습이 이루어지기도 한다. 마리아 해리스(Harris, M. 1989)는 교회의 기독교 교육과정을 교회생활의 전 과정으로 정의하기도 하였는데, 클릭바이블이 이처럼 신앙공동체의 역동성을 고려하여 효율적으로 구성되었는지도 평가해볼 수 있다.[14]

(5) 학습자들의 발달에 맞는가?

제4차 교육과정인 클릭바이블이 제공하는 성경학습내용과 학습방법은 중,고등부의 발달수준에 맞는가를 평가해 보아야 한다. 발달을 이야기할 때 두가지를 고려해야 하는데, 하나는 물리적 연령, 그리고 또 다른 하나는 영적 성숙도이다. 물리적 연령에 따른 발달은 발달심리학자들의 주장을 살펴볼 필요가 있다. 피아제의 인지발달이론에 의하면 청소년기는 형식적 조작기(Formal operations stage, 대략 12세 이상)에 해당되는 시기이다. 이 시기는 논리적, 추상적, 체계적, 그리고 가설에 근거한 사고가 가능한 시기이다. 또한, 타인의 관점에서 문제와 자신을 바라보는 능력이 성장하면서 세계관의 변화도 경험하게 되는 것이다. 콜버그(Lawrence Kohlberg)의 도덕발달이론에 의하면 청소년 시기는 '착한 소년-좋은 소녀 단계'(Good Boy-Nice Girl stage)로 옳고 그름에 대한 규칙과 법을 중요하게 생각한다. 자신의 논리적 사고를 근거로 옳고 그름에 대한 정의가 구현되기를 원하는 시기인 것이다. 에릭슨(Eric Erickson)의 심리사회적 발달단계에 의하면 이 시기는 정체성 대 역할 혼돈의 시기(Identity versus role confusion)이다. 나는 누구이며 무엇을 믿고 무엇에 가치를 두는가에 큰 관심을 갖는다. 성공적으로 자기정체성을 인식하면 건전할 발달로 나아가나, 만일 그렇지 않으면 혼돈 속으로 빠지게 되는 시기인 것이다(Wilhoit, J. & Dettoni, J. M., 1998, p. 69-70).[15]

---

14. Harris, M. 교육목회 커리큘럼. 고용수 역, (서울: 한국장로교 출판사), 1989.
15. Wilhoit, J. & Dettoni, J. M. (2005), 발달주의적 시각으로 본 기독교적 양육, 김도일, 김정훈 역 (서울: 쿰란출판사).

그리고 파울러(James Fowler)의 신앙발달의 관점에서 볼 때, 청소년 시기는 종합적-인습적 신앙 (Conventional Faith)의 시기이다. 종합적이란, 지난 어린 시절의 신앙과 가치들이 논리적 사고발달로 인해, 하나의 체계로 종합되는 시기이며, 동시에 자신이 소속된 교회공동체에 대한 소속감이 강하고 그 가르침에 순종적 경향을 보이는 시기이다. 하나님과의 친밀성, 그리고 사람간의 신앙의 관계성이 확대되는 시기이다. 또한, 자의식이 발달하므로, 건전한 자아의식을 심어주기 위한 신앙교육이 요구되는 시기이기도 하다.[16]

제4차 교육과정인 클릭바이블이 청소년의 지적, 육체적, 영적 발달에 맞게, 그리고 흥미있게 교재가 구성되었는가를 객관적으로 평가하는 작업이 필요하다. 클릭 바이블이 교육내용 구성에 있어서 자아정체감과 대인관계 부분, 하나님과 친밀해지는 삶 부분, 그리고 신앙발달과 수준을 고려해 기본과정, 심화과정, 그리고 제자훈련 교재를 개발하였는데, 여기에 대한 객관적인 평가도 필요하다.

(6) 학습자들의 삶의 필요를 적절히 다루고 있는가?

제4차 교육과정 클릭바이블이 학생들의 삶과 필요를 충분히 다루고 있는가를 살펴보아야 한다. 와이코프 (Wyckoff)는 교육과정의 목적을 설정할 때, 개인적 목표들(personal ends)이 모든 것 중에서도 가장 중요한 영역으로 보았다 (p.92). 실제로, 학습은 학습자들의 관심사가 얼마나 충분히 다루어지느냐에 의해 동기부여가 달라진다. 중고등학생들이 당면한 삶의 과제는 참으로 다양하다. 클릭바이블이 청소년들이 생활하는 가정, 학교, 교회, 학원, 문화적 환경, 그리고 소속공동체에서 신앙인으로 살아가는 데, 필요 적절한 내용들을 다루고 있는 지 살펴야 한다. 또한, 청소년들의 미래, 자신의 인격변화, 그리고 자연과 세계에 대한 책임감 등을 충분

---

16. Fowler, J. (1976). *Stages of Faith*. San Francisco, CA: Harper & Row, Publishers.

히 다루고 있는 지도 파악해야 한다. 클릭바이블은 청소년의 삶에 대해 7가지 교과단원으로 구성되어 있다. 경건의 삶, 학교생활, 자아정체감과 대인관계, 문화, 세계관, 전도와 선교, 그리고 성경과 과학으로 구성되어 있다. 이러한 구성이 청소년의 삶을 충분히 다루고 있는 지, 혹 부족한 부분은 없는 지 평가해 보아야 할 것이다.

Ⅲ. 연구방법

본 연구에서는 통합연구방법(Mixed Research Methods)[17]를 적용하고 특별히 등위통합연구체제를 추구하고자 한다. 이는 첫째, 양적 설문지를 통해 교회현장의 생명의 양식 클릭바이블에 대한 청소년과 교사의 인식 수준을 실증적으로 탐색하고, 둘째, 질적 심층면담을 통해 현장 속에 내재된 생명의 양식 클릭바이블과 관련된 심층적인 문화맥락적인 구조를 도출하고자 하는 것이다.

먼저, 양적 방법에서는 선행연구를 바탕으로 예비 설문문항이 개발되어졌으며, 개발된 설문지의 경우 양적 연구 전문가 집단으로 부터의 안면 및 내용타당도와 사전 조사를 거쳐 본 조사 설문문항이 개발되었다.

설문 문항의 경우 교사용과 청소년용으로 구분되어 2012년 7월 13일-7월 20일에 걸쳐 예비조사가 이루어졌으며, 회수 된 청소년 40부, 교사 31부는 신뢰도 분석을 실시하여 최종 문항으로 확정하였다. 또한 본 조사의 경우 총회교육원과 SFC의 협조를 받아 교단 60주년 기념 SFC 중고생대회(2012년 7월 23-26일, 무주)에서 층화다단계집락표집(stratified multi-

---

17. 통합연구방법은 단일 연구에서 질적접근과 양적접근을 모두 활용하는 것이며, 양측의 양립가능성과 실용적 접근을 고수하는 방식으로 정의내릴 수 있다. 또한, 질적 접근과 양적 접근이 가진 한계점을 극복하기 위하여 각각의 방법들이 가진 장점을 활용하여 연구문제에 대한 보다 '정확한' 그리고 '광범위한' 답변을 추구하는 방법으로 이해할 수 있다./김영천·김경식·이현철(2011). "교육연구에서의 통합연구방법: 개념과 시사점." 15. Wilhoit, J. & Dettoni, J. M. (2005). 발달주의적 시각으로 본 기독교적 양육, 김도일, 김정훈 역 (서울: 쿰란출판사). 《초등교육연구》24(1). 305-328.

stage cluster sampling)으로 연구대상을 선정하였으며, 수도권(서울, 경기), 충정 및 전라, 대구 및 경북, 부산 및 경남의 4대 권역으로 층화하여 전국단위 조사를 지향하였다. 조사결과 최종 표본으로 선정·구축된 학생은 251명, 교사는 85 명이며 결측치로 인해 사례수의 차이가 있다.

다음으로 질적접근을 통해 교회교육의 주체들의 클릭바이블에 대한 실제적인 의견과 목소리에 집중하고자 하였으며, 면담가이드 및 다양한 기법을 통해 현장에서 수집된 여러 질적 자료들의 경우 '원자료 전사-코딩-주제도출'의 3단계 과정으로 분석이 이루어졌다. 각각의 연구방법을 통해 수집된 자료들의 경우 양적접근에 대한 분석은 SPSS 15.0, AMOS 18.0 프로그램이, 질적접근에서는 질적자료분석 컴퓨터프로그램(CAQ-DAS: Computer-Aided Qualitative Data Analysis Software)를 통해 과학적이고 체계적인 분석을 시도하였다.

Ⅳ. 연구결과

1. 양적방법 분석 결과[18]

청소년 및 교사를 대상으로 수행한 설문조사 결과를 바탕으로 기술통계 분석, 평균차이 T검증 및 일원배치분산 분석, Scheffe test 사후검증을 활용한 집단 간 비교 그리고 청소년들의 만족도 결정요인들 간의 인과관계를 분석하였으며, 교수학습 영역, 학습풍토 영역, 외적 체제 영역, 내적체제 영역, 적용 및 효과성 영역 모두에서 긍정적인 인식을 보여주었다. 또한 각 청소년 및 교사 집단별(교회 소재지, 규모, 경력, 신력 등등) 분석에서도 클릭바이블의 효과성을 확인 할 수 있었다(해당 내용 정책보고서 참고).

---

18. 해당 결과와 관련된 구체적인 표와 수치들은 '총회교육원 정책보고서: 생명의 양식 제4차 교육과정 클릭바이블 활용 실태 및 요구 분석'(2012)을 참고하기 바라며, 본고에서는 자료집의 분량 제한으로 인해 청소년들의 클릭바이블 만족도 결정요인의 결과를 중심으로 내용을 기술해둠을 밝혀둔다.

한편 청소년들의 클릭바이블 만족도 결정에 영향을 주는 요인들을 분석하고 각 요인들 간의 구조적 인과관계를 확인하고자 구조방정식모형을 적용하였다. 종속변수의 경우 '클릭바이블에 전반적으로 만족한다, 클릭바이블의 교육방향에 만족한다'의 2가지 측정변수를 통해 잠재변수를 구성하였으며, 독립변수들의 경우 교수학습영역, 학습풍토영역, 외적체제, 내적체제, 적용 및 효과성 영역을 동일하게 잠재변수로 구성하였다. 설정된 각 변수간의 인과관계를 분석하기에 앞서 설정된 모형의 적합도를 확인하여야 하는데 본 연구에서 설정한 구조방정식모형의 적합도를 검증한 결과는 〈표 1〉와 같다.

〈표 1〉에서 보듯이 연구의 모형과 원 자료의 차이를 나타내는 x^2 검정을 살펴보면 565.586이고 자유도는 196 이때의 유의수준은 .000으로 두 영역의 차이가 있다고 할 수 있다. 그러나 구조방정식에서는 영가설에 초점을 두고 있으며, 영가설을 수용하는데 의미를 가지게 된다. 그러므로 x^2 값이 크고 확률값이 유의미하게 작으면 설정된 모형은 적합하지 않은 모형으로 판단할 수 있다. 하지만 x^2 값은 자유도와 사례수에 민감하게 반응하고, 그 값의 변화 폭이 크기 때문에 다른 평가지표를 고려해야 할 필요가 있다.

〈표 1〉 모형의 적합도

	x^2	d.f	IFI	CFI	RMSEA
연구모형	565.586	196	.909	.908	.079

본 연구에서는 모형의 적합정도를 IFI, CFI, RMSEA를 중심으로 살펴보았다. 일반적으로 사용되는 증분적합지수 IFI(Incremental Fit Index)는 그 값이 .9이상의 1에 근접한 수치를 양호한 크기로 보고 있는데 즉, 1에 근접 할수록 완벽한 모형이라 할 수 있음으로 본 연구의 .909는 적합한 모형으로 판정 된다. 비교적합지수 CFI(Comparative Fit Index)도 그 값이 1에 근접할수록 완벽한 모형이라 할 수 있음으로 본 연구의 .908은 양호한 모

형으로 판정 된다. x^2 대신에 사용할 수 있는 RMSEA(Root Meen square error of Approximation)는 .08 이하이면 일반적으로 적합도가 양호하다고 볼 수 있는데 .079이다. 따라서 다양한 모형적합도 지표를 분석한 결과 본 연구에서 설정한 모형은 양호한 모형으로 판단할 수 있다.

한편 구조방정식의 모형이 적합도와 함께 설정한 측정모형의 추정치를 확인해야한다. 만약 위반 추정치가 확인되면, 모형 적합도에서 양호한 모형으로 평가되었다고 할지라도 해당 모형의 결과를 신뢰롭게 수용하여 해석하기에는 어려움이 있는데 본 연구모형에서 설정한 변수들은 p<.05 와 p<.001 수준에서 모두 통계적으로 유의미한 결과를 확인하였다.

본 연구에서 설정한 구조방정식모형이 다양한 기준에 의해 양호한 모형으로 평가되었음으로 각 변인에 대한 추정결과를 살펴볼 수 있다. 〈표 2〉은 추정치와 경로를 제시한 것이며, 분석결과에 따르면 통계적으로 유의미한 경로로 판단되는 것이 '내적체제 → 교수학습', '외적체제 → 교수학습', '내적체제 → 학습풍토', '교수학습 → 학습풍토', '내적체제 → 적용 및 효과성', '학습풍토 → 적용 및 효과성', '외적체제 → 만족도', '적용 및 효과성 → 만족도'이 통계적으로 유의미한 것으로 나타났다.

$$Zab = ab/\sqrt{SE^2aSE^2b + b^2SE^2a + a^2SE^2b}$$

[그림 1] Aroian Test Equation

또한 〈표 3〉의 직접, 간접, 전체효과를 통해서 좀 더 구체적으로 청소년들의 클릭바이블 만족도에 미치는 변인들의 영향력을 살펴볼 수 있다. 간접효과의 통계적 유의도 검증은 Sobel test, Aroian test, Goodman test 등의 다양한 방법으로 살펴 볼 수 있으며 본 연구에서는 Aroian Test Equation으로 분석하였다. Aroian Test Equation 간접효과 계산은 [그림 1]과 같다(Preacher & Hayes, 2004; 2008).[19]

〈표 2〉 모형의 추정결과

추정변인	효과경로	추정치	표준화 추정치
내적체제	내적체제 → 교수학습	.624**	.678
	내적체제 → 학습풍토	.198*	.235
	내적체제 → 적용 및 효과성	.684**	.739
내적체제	내적체제 → 만족도	-.056	-.057
외적체제	외적체제 → 교수학습	.202**	.191
	외적체제 → 학습풍토	.082	.084
	외적체제 → 만족도	.178*	.160
교수학습	교수학습 → 학습풍토	.502**	.546
	교수학습 → 적용 및 효과성	-.080	-.079
	교수학습 → 만족도	.092	.087
학습풍토	학습풍토 → 적용 및 효과성	.268*	.245
	학습풍토 → 만족도	.056	.048
적용 및 효과성	적용 및 효과성 → 만족도	.802**	.762
SMC	만족도: .685		

*p<.05 **p<.001

　직·간접효과의 분해를 통해 각 변수들의 간접효과의 통계적 유의를 확인 할 수 있었으며, 청소년들의 만족도에 대한 학습풍토의 적용 및 효과성과 관련된 매개효과를 확인 할 수 있다. 그 외 교수학습, 학습풍토 등의 주요 변수들도 변수들과 관계 속에서 매개효과를 보이고 있음을 확인할 수 있어 성경공부 과정 속에서 해당 변수들의 의미가 직접적인 효과 뿐아니라 매개과정속에서도 의미가 도출되고 있음을 볼 수 있다.

---

19. Preacher, K. J., & Hayes, A. F. "Asymptotic and resampling strategies for assessing and comparing indirect effects in multiple mediator models." *Behavior Research Methods* 40, 2008, 879-891./Preacher, K. J., & Hayes, A. F. "SPSS" and SAS procedures for estimating indirect effects in simple mediation models. *Behavior Research Methods*, Instruments, & Computers, 36, 2004, 717-731.

〈표 3〉 모형의 직·간접효과 추정치

추정변인	효과경로	전체	직접	간접
내적체제	내적체제 → 교수학습	.678	.678	.000
	내적체제 → 학습풍토	.605	.235	.370**
	내적체제 → 적용 및 효과성	.834	.739	.095*
	내적체제 → 만족도	.666	-.057	.724
외적체제	외적체제 → 교수학습	.191	.191	.000
	외적체제 → 학습풍토	.189	.084	.105*
	외적체제 → 적용 및 효과성	.031	.000	.031
	외적체제 → 만족도	.209	.160	.049
교수학습	교수학습 → 학습풍토	.546	.546	.000
	교수학습 → 적용 및 효과성	.055	-.079	.134*
	교수학습 → 만족도	.155	.087	.068
학습풍토	학습풍토 → 교수학습	.000	.000	.000
	학습풍토 → 적용 및 효과성	.245	.245	.000
	학습풍토 → 만족도	.235	.048	.187*
적용 및 효과성	적용 및 효과성 → 만족도	.762	.762	.000

*p<.05 **p<.001

2. 질적 분석 결과

본 절에서는 청소년 및 교사를 대상으로 수행한 심층면담과 수집한 질적 자료에 대한 결과를 바탕으로 클릭바이블에 대한 교회현장의 실제적인 목소리를 심층적으로 기술하고자 한다.

가. "다양해서 선택하고 교육하기에 좋아요": 다양한 주제별 구성의 우수성

총회교육원은 '클릭 바이블' 시리즈를 개발되기 시작한 이래 3년 11개월 만인 2006년 8월 전 50권(학생용 26권, 교사지침서 24권)을 개발한 바 있으며, 현재 고신교단을 넘어 한국 교회 내에서 가장 인기 있는 중고등부 교재로 사용되고 있다. 실제로 CGNTV 선정 청소년 부분 최우수 도서로 선정되었으며, 갓피플닷컴(godpeople.com)에는 청소년 교재 부분 판매 순위 20위중 9종류가 클릭 바이블 시리즈가 차지하고 있는 등 교재가 완간된 지 5년이 지난 현재까지도 인기가 식지 않고 있다(코람데오닷컴, 2012.5.31).[20]

이러한 주요 원인에는 성경과 청소년의 삶, 제자훈련이라는 범주 속에서 다양한 주제들을 자유롭게 선택할 수 있도록 구성되어있다는 것이다.

> 연구참여자(목사): … 우리 교단 공과가 여러 가지 내용별 분야별로 전체 개관해서 시작해가지고 각권별로 또 신약에서도 패턴별로 … 예를 들면 복음서라든지 사도행전이라든지 서신서라든지 또 다른 교리적인 측면으로 나가고 그러면은 참 좋아요! 다른 어떤 교단이나 다른 공과들 보다 훨씬 더 탁월하고 좋은데 …

실제로 교회 현장 사역자들의 경우 클릭바이블의 주제별 구성과 수요자들에게 다양한 선택의 폭을 제공해주는 것을 클릭바이블의 가장 주요한 특징으로 꼽고 있었으며, 해당 부분이 타교단 또는 여러 기독교단체에서 출판하고 있는 성경교재보다 우수하다고 느끼는 요인이되고 있었다. 이러한 맥락에서 클릭바이블의 장점 즉, 주제별 구성과 다양한 선택의 폭을 핵심적 체계로 지속적으로 유지하면서 향후 심층성을 강화하는 방향으로 교육과정 개편의 논의가 진행되어야 할 것이다.

나. "다양하게 수업을 진행하고 싶은데 …":
교사용 교재와 자료의 다양성 추구

'교육의 질은 교사의 질에 따라 결정된다'는 것은 교사의 전문성이라는 학문적인 논의 이전에 상식적으로 받아들여 질 수 있는 내용이며, 학교 현

---

20. 코람데오닷컴(2012). 클릭 바이블 시리즈 100만부 돌파기념 기자회견, http://www.kscoramdeo.com/ 2012.5.31 기사

장과 일반 교육계에만 통용되는 의미는 아니라고 판단된다. 즉, 고신교단 나아가 한국 교회학교의 수준은 교육을 담당하고 있는 교사들의 전문성과 그들의 질에 의해 결정되어 질수 있다고도 볼 수 있는 것이다. 교사의 수준이 수업의 수준을 결정하고, 교사의 교수방법의 전략과 내용이 학생들이 교육적으로 성장하는 주요한 요소가 된다는 것은 이미 주지하고 있는 내용이다. 그리고 그러한 과정의 효과적인 성취와 학생과의 다양한 유무형적인 교수학습의 고차원적인 상황을 내실있게 담보하기 위해서는 생산적인 교수과정을 지원할 수 있는 환경적 체제가 마련되어야 함은 당연한 내용이 될 것이다.

그러나 교회학교 현장 교사들로부터 도출된 내용들은 교사들의 열정과 그들의 사명감을 충분하게 표현하고 담아내기에는 현재 교사용 교재 그리고 총회교육원에서 제공하는 교육 자료와 지원적 체제가 미비하다는 것이다.

> 연구참여자(교회학교 교사): 교사 선생님들이 교육자료라던가 확인하고 싶다 그러면 그런 것들이 너무나 부족하더라고요. 조금 공과에 대해서 이렇게 뭐 아이디어 받더라도 뭐 해가지고 들어가서 찾고 싶어도 그걸 할 수 있는 그런 부분이 전혀 없어요. … 그게 또 충실하게 하면은 모르는데 그것도 좀 모자라고 … 다른 자료들을 찾다보면은 교사들이 이제 시간 같은 그런 면들이 많이 부족하거든요. 그러니까 쉽게 찾는데가 바이블, 그 바이블 주소(인터넷 사이트) 찾아가지고 들어가면은 그런 자료들이 좀 풍성하게 있으면은 좀 도움을 받을텐데 … 그런 자료가 유년부까지는 유초등부까지는 그림이라던가 그림이 좀 많고 뭐 이렇게 그렇게 되는데, 딱 중학교로 넘어오니까 전혀 그게 없는걸로 … 찾고 싶은 자료 찾고 싶을 때 좀 쉽게 찾을 수 있는 그런 방법이 … 하다 못해 교안을 작성하는 방법이라던지 …

이러한 지원적 체제의 미비와 풍성하지 못한 교사용 교재의 수준은 결국 교사들의 전문성과도 직결되는 사항이다. 현재의 단위 교회학교 내 교사 양육 부재와 분반 공부준비 시간의 소홀이라는 우리교단과 한국 교회학교의 현실적인 문제 앞에 교사의 전문성 향상과 수업의 준비는 고스란히 교사 개인의 몫에 달려있게 된다. 이러한 상황에서 부실한 지원과 교사용 교재의 한계는 결국 교사의 전문성 하락을 초래 할 수 있는 다양한 요소들 중에 하나가 될 가능성이 높으며, 교사들의 학생들과의 수준 높은 수업 진행이기보다는 준비되지 못하고 부실한 수업이라는 교육적 파행을 일으킬 수 도 있는 내용이다.

실제 연구 기간 동안 면담을 통해서 확인 할 수 있었던 단위 교회학교의 분반 공부 시간의 모습은 '공부하고자 오는 학생과 잘 준비된 교사와의 수업'이 아니라 '시간을 떼우고자 하는 학생과 전문성을 갖추지 못한 교사와의 어색한 만남'이라는 모습으로 대변할 수 있었다. 이러한 맥락에서 Roehlkepartain의 지적 즉, 교회 학교 활성화의 가장 중요한 요인 그리고 유능한 교회학교 교사가 기독교 신앙을 전수할 있다는 그의 강조는 쉽게 간과하기 힘든 대목이다(Roehlkepartain, 1993; 박상진, 2007 재인용).[21] 이에 교사들의 전문성 향상을 위한 교육과정 및 총회교육원 차원의 대책이 요구된다고 볼 수 있다.

다. "실제적인 적용과 진지한 접근이 필요한 것 같아요": 실제적인 적용과 주제의 심층성의 보완 필요성

연구기간 동안 면담을 진행하면서 대부분의 연구참여자가 지적하고 있는 사항이 클릭바이블의 적용성과 관련된 내용이었다. 연구참여자들의 경우 클릭바이블의 주제와 내용에 있어서는 상당한 동의와 그 주제의 중요성들을 공감하고 있었다. 하지만 그들에게 있어 그러한 주제들이 과연

---

21. 박상진, 《교사교육의 새로운 패러다임》(서울: 예영커뮤니케이션, 2007.); E. C. Roehlkepartain, *The Teaching Church: Moving Christian Education to Center Stage*, Nashville: Abingdon Press,1993.

청소년들에게 실제적으로 어떻게 적용될 수는가에 대한 질문은 별개의 사항이었으며, 나아가 실제적인 적용을 위한 구체적인 전략들이 부족한 것은 아닌가에 대하여 지적해주고 있었다.

> 연구참여자(목사): … 적용에 있어서 현실감이 떨어진다는 것 … 이게 우리 교단의 문제이기도 한데 사실은 적용하는 내용자체가 구체적이지 못해요. 사실은 간단한 답을 낼 수 있는 질문들을 못던지는거죠. 예를 들면 이런거죠. 그러니까 우리 학생들에게 기도제목으로 받으면 진로에 대한 기도제목을 받는데 그냥 진로를 위해 기도해주십시오 이렇게 되는 거죠. 교재도 적용할 때 진로를 위해 기도합시다. 이렇게 끝나버려요. 마무리가 좀 더 구체적인 진로는 … 내가 어느 분야에서 어떤 일을 … 하고 싶은 목표로 나가야 하는데 … 교재자체 질문은 거기까지 안 던져주고 학생들도 그러다보니 훈련이 안되는 부분도 있고 … 적용부분은 좀 더 구체적으로 … 한계가 있겠지만 물론 성경본문에서 이야기하는거에 대해서 적용범위자체가 제한적일 수도 있겠지만 그런 부분을 좀 더 연구하고 분석해야 하지 않을까 …

연구 인용문에서 확인 할 수 있듯이 현재 클릭바이블의 적용이 학생들의 현실 즉, 가정, 학교, 교우관계, 진로, 교회생활 등의 다양한 영역에 구체적으로 진행되지 못하다는 것이다. 이러한 점은 비단 면담과정을 통해서만 확인 할 수 있는 것이 아니라 양적 조사를 통해서도 구체적으로 확인되고 있는 부분이다. '클릭바이블의 내용과 주제는 나의 학교생활에 적용이 된다, 클릭바이블의 내용과 주제는 나의 부모관계에 적용이 된다, 클릭바이블의 내용과 주제는 나의 교우관계에 적용이 된다, 클릭바이블의 내용과 주제는 나의 진로결정에 적용이 된다' 등의 항목이 상대적으로 낮은 응답 수준을 보여주는 것은 면담의 내용와 일맥상통하는 내용으로서 이 부분이 실제로 클릭바이블의 구성에 있어 취약한 점이 아닌가 조심스럽게 해석하여 본다.

또한 적용의 추상성은 주제의 심층성 미비로부터 도출된다는 내용들을 확인 할 수 있었다. 다시말하면 적용이 추성적으로 진행되는 것은 결국 설정한 주제를 심도있게 다루고 있지 못함으로 야기되는 문제라는 것이다. 그러므로 적용의 실제성과 주제의 심층성을 모두 고려한 방향으로 교육과정의 개편이 이루어져야 함을 제시하여 본다. 그리고 주제의 심층성과 관련하여서는 이후 '신학적 주요 주제의 보완' 파트와 관련하여 좀 더 논의되어질 수 있는 항목이다.

라. "X세대란 말을 요즘 쓰나요?":
시대와 청소년을 반영한 예, 표현, 삽화의 필요성

교재는 기본적으로 오늘을 살아가는 청소년들을 대상으로 그들의 신앙과 생활을 고려해야만 한다. 그러기에 교재의 주제를 포함하는 다양한 내용, 표현, 삽화 등은 오늘의 청소년들에게 익숙하고 그들의 문화와 내용들을 반영한 사항들을 담고 있어야 할 것이다. 만약 전술한 내용들이 담보되지 못할 때에는 청소년들의 학습동기와 학습몰입을 위한 다양한 조건들을 내실있게 마련하지 못한 상황이 될 것이며, 이는 결국 급변하는 오늘의 시대를 살아가는 청소년들에게 '매력적인' 교재로서의 의미를 상실할 수 있다는 의미를 포함한다. 안타깝게도 클릭바이블을 활용하고 있는 현장 교역자들과 교사들의 경우 클릭바이블의 주제의 우수성과 구성의 체계성에 높은 점수를 주고 있음에도 그 주제와 내용들을 표현하고, 그 주제와 내용들에 몰입할 수 있도록 이끄는 장치들이 '시대의 언어와 문화'들을 반영하고 있지 못하다는 것을 지적하고 있었다.

> 연구참여자(교육전도사): 애들 수준에서는 이게 '유치하다'라고 들리는 거죠. 그래서 그림이나 이런 것들이 일부러 써서 너희 학생들 수준에 맞췄다고 생각을 했는데 정작 쓰는 학생들 입장에서는 유치하다라고 생각을 하는거죠. … 제 개인적인 의견으로는 혹시 실전에서 한번 더 테스트를 해 봤

었나? 실전에 한 번 테스트 해보고 이것을 현장에 적용시킬려고 했었는가 아니면 단순히 아 이정도면 애들 맞겠지 아니면 그림 잘그리시는 분들이 와서 이렇게 그리고 하니까 맞겠지라고 했었나라는 생각이 드니까 … 조금 학생들 … 학생들한테 안맞다는 생각이 좀. 학생들이 가지고 있는 그런 상황하고 거기에 있는 그림하고는 좀 이질감이 있다는거 … 정확하게 표현을 하면은 학생들의 현실하고 … 제가 검토하면서 글을 쓴 건 아닌데 그런 말 X세대, Z세대니 이런 말 전혀 쓰지도 않는데 그런 말이 나오니까 …

실제로 인용문에서 확인 할 수 있듯이 청소년들의 수준과 내용을 반영하지 못한 내용들의 경우 청소년들의 학습몰입을 방해하는 주요한 원인이 되기도 한다. 양적연구에서도 확인할 수 있듯이 교재의 외적체제, 특별히 교재의 그림이나 표현 등의 경우 학생들의 교재 만족도를 결정하는 주요한 변수가 되고 있었다. 면담을 통해서도 그러한 내용들이 학생들의 학습에 대한 참여를 효과적으로 이끌어내는 장치가 될 수 있으며, 그것이 내실있게 구성되지 못하는 상황에서 학생들의 적극적인 참여를 이끌어낸다는 것이 쉬운 것이 아님을 확인할 수 있었다.

물론 책이 출간되고 난 뒤 다음 교육과정 개편에 이르는 시간이 대략 몇 년의 시간을 소유하게 된다는 것을 고려할 때 이 부분은 상당한 딜레마적인 측면이다.[22]

개정판 혹은 수정보완 작업들을 통해 이후의 출판 일정에 예시, 삽화, 표현등의 개선이 요구된다고 볼 수 있다. 또한 현재 교육과정 개편을 준비하는 상황에서는 이러한 점을 더욱더 관심을 가지고 진행되어야 할 것이다.

---

22. 고신총회교육원의 경우 교육과정 개편의 사이클이 타교단에 비해 상대적으로 짧게 이루어지고 있으나 그럼에도 교육과정 개편의 시기적 거리가 좀 더 짧아져야 할 상황이다.

마. "창세기에서 그 주제는 빠지면 안 될 것 같은데 …":
   주제의 좀 더 충실한 보완

교회학교 내 1년 중심의 단기적인 교육계획과 행사 중심의 사역 현장이라는 교회교육 상황 속에서 교재 개발자들의 딜레마는 가능하면 중요한 내용을 선별하여 교재를 구성하되 핵심적인 교리와 신학적인 내용을 빠짐없이 담아내야 한다는 것이다. 이러한 교재 개발단계에서의 딜레마는 특정 주제와 혹은 성경 각권이 담고 있는 여러 특징과 요소들을 포괄적으로 도출하여 충분하게 다루기에는 어려움이 따를 것이다. 문제는 교육 현장의 수요자들은 그러한 개발자들의 고충을 고려해주지 않는다는 것이다. 오히려 더욱더 수준 높은 교재와 실제적인 자료들을 요구하고 있으며 그러한 요구 수준을 만족스럽게 충족해주어야 하는 것이 교재 개발자들의 사명인지도 모를 일이다. 이러한 맥락을 주지하면서 면담 과정 속에서 많은 연구 참여자들의 경우 클릭바이블이 성경 각권의 내용들을 논리적으로 충분하게 다루어주지 못한다는 지적을 해주고 있으며, 그러한 지적에는 전술한 교회교육의 환경과 개발자들의 고충이 있지 않겠는가하는 배려도 찾아볼 수 있었다.

> 연구참여자(교육전도사): 창세기, 지지난주인가 끝났습니다. … 그러니까 일단 창세기를 하면서 제가 학교에서 배워왔던 것과는 조금 클릭바이블이 이끌고 가는 주제가 상반되는 것들이 몇 가지 나오고 … 그래서 제가 그 부분에서 부딪히면 제가 그 부분은 임의대로 바꿔서 학교에서 배운대로 진행했던 부분들이 있어서 … 근데 그 부분을 해보면서 아이들한테 '빛궁땅해어동(천지창조 순서)'해가지고 천지창조하고 뭐 쫙 나갔는데 연계, 연관되어지는 부분들이 조금 비약(논리적)이 너무 빵빵 되어버리니까 … 요새 파팍팍(교재의 진도가) 이렇게 진행되어 버리니까 아이들에게도 창세기를 들었지만 남는 부분들이 … 사실 연계가 잘 안되지 않나 그런 생각이 좀 들더라고 … 물론 전달자의 부족함이 거의 대부분이겠죠.

인용된 면담 내용 속에서 연구참여자의 경우 성경 각권에서 핵심적으로 다루고 있는 내용들이 클릭바이블에서 충실하게 다루어주지 못하고 있는 부분들이 존재하며 이에 대한 개선을 요구하고 있었다. 단순히 1년의 교육 일정 혹은 각 주별 진도에 맞추어 교육과정을 진행하는 것도 의미가 있겠지만 해당 본문과 그 순서에서는 반드시 다루어줘야 할 내용들은 명확하게 학습이 이루어질 수 있도록 이루어져야 한다는 것이다. 이러한 측면은 자연스럽게 주제의 심층성과도 관련이 되어진다. 신앙의 지식적 그리고 핵심적인 신학적 주제의 간과는 신앙의 하향편중화를 초래할 수도 있음을 연구참여자들은 조심스럽게 지적해주고 있었다. 비록 제한된 교재의 분량과 교육과정 상의 주요 방향성이라는 측면이 있을지라도 성경 각권에서 주요하게 지적하고 있는 사안들에 대하여 심층적으로 내용을 다루고 학생들이 해당 주제와 내용들을 학습하고 학년을 진행할 수 있도록 이루어져야 할 것이다. 그리고 이를 위한 교사용 교재의 준비와 교사용 교재 상의 다양하고도 충분한 자료 제공을 통해 주제의 심층성을 이끌어 갈 수 있는 교사들을 위한 지원도 동반되어야 할 것이다.

V. 결론

평가란 참으로 쉬운 작업이 아니다. 학업, 어떤 일, 행동, 그리고 작품 등에 대한 평가가 이루어질 때, 그 결과가 긍정적일 때는 부담이 덜하지만, 조금이라도 부정적인 것이 발견될 때에는 누구나 부담감을 가질 수밖에 없다. 하지만, 우리 삶의 모든 영역에서 발전을 이루기 위해서는 평가가 필수적이다. 바른 평가가 있어야 현재 상황이 어떠한지 알게 되고, 그것을 기초로 더 나은 방향으로의 발전이 가능하기 때문이다.

총회교육원은 제5차 교육과정 개발을 위하여 제4차 교육과정을 위한 평가 작업을 시행하였다. 평가의 객관성과 정확성을 확보하기 위해 정밀한 양적, 질적 연구방법, 그리고 교재의 개별적인 검토 등 다양한 방면으로 평가가 이루어졌다.

평가 결과, 클릭바이블 제4차 교육과정은 어느 교육과정 때보다도 교재의 외적인 측면에서, 주제의 다양성 측면에서, 각 과의 내용구성의 측면에서, 교회교육학습 환경의 적합성 측면에서, 비교적 잘 개발된 우수한 교재로 평가할 수 있었다. 하지만 현재의 우수성을 보다 더 발전시키기 위해 몇 가지 개선점을 제시하였다. 교재에서 성경 각 권에서 가르쳐야 할 중요한 주제 재검토, 학습목표 삽입, 내용구성 4단계(아이스 브레이크, 숲으로, 나무로, 삶으로)에서 적용 전 묵상단계 삽입, 적용의 구체성 확보, 학습 환경 개선을 위한 교사교육용 자료의 다양한 공급, 교회 소재지 간 성경공부 효율성의 격차를 줄이기 위한 총회교사대학의 적극적 활용, 새로운 교육과정의 효율적 적용을 위한 워크샵이나 세미나의 빈도수 증대, 표현이나 삽화의 수준 제고, 그리고 수요자들의 지속적인 구매만족도 향상을 위한 외적체제의 세련미 확보, 삶에의 적용성 확대 등을 제시하였다.

이후의 5차 교육과정에서는 클릭바이블 4차과정의 우수성을 유지하면서, 평가결과에서 나온 보완점들을 참조하여 개선한다면 보다 더 나은 작품이 나올 수 있으리라 기대한다. 또한 한국 교회와 고신교단의 교회학교 교육의 질적 수준을 향상시키는 역할을 감당 할 것으로 보여진다.

참고 문헌

김영천 · 김경식 · 이현철. "교육연구에서의 통합연구방법: 개념과 시사점." 《초등교육연구》. 24(1), 2011.

나삼진. "변화하는 청소년 사역과 '클릭 바이블 II' 개발 방향." 《클릭 바이블 시즌 II 개발 세미나 자료집》, 2012.

박상진. 《교사교육의 새로운 패러다임》. 서울: 예영커뮤니케이션, 2007; E. C. Roehlkepartain, The Teaching Church: Moving Christian Education to Center Stage. Nashville: Abingdon Press, 1993.

제인호. "제 4차 교육과정 개발 방향." 《생명의 양식 중고등부 제4차 교육과정개발 종합 자료집》. 서울: 총회교육원, 2003.

조성국. "제 4차 교육과정 개발 방향." 《생명의 양식 중고등부 제4차 교육과정개발 종합 자료집》. 서울: 총회교육원, 2003.

코람데오닷컴(2012). 클릭 바이블 시리즈 100만부 돌파기념 기자회견, http://www.kscoramdeo.com/ 2012.5.31 기사

현유광. "제 4차 교육과정 개발 방향." 《생명의 양식 중고등부 제4차 교육과정개발 종합 자료집》. 서울: 총회교육원, 2003.

Colson, H. P., & Rigdon, R. M.. 《교회 커리큘럼의 이해》. 김희자 역. 서울: 대한예수교 장로회 총회, 2002. (원저. 1981 출판)

Downs, P. G. Teaching for Spiritual Growth, Grand Rapids, MI: Zondervan Publishing House, 1994.

Fowler, J. Stages of Faith. San Francisco, CA: Harper & Row, Publishers, 1976.

Habermas, R. & Issler, K. Teaching for Reconciliation, Grand Rapids, MI: Baker Book House, 1992.

Harris, M. 《교육목회 커리큘럼》. 고용수 역. 서울: 한국장로교 출판사, 1989.

Pazmino, R, W. 《기독교 교육의 기초》. 박경순 역. 서울: 디모데, 1997.

Preacher, K. J., & Hayes, A. F. SPSS and SAS procedures for estimating indirect effects in simple mediation models. Behavior Research Methods, Instruments, & Computers. 36, 2004.

Preacher, K. J., & Hayes, A. F. Asymptotic and resampling strategies for assessing and comparing indirect effects in multiple mediator models. Behavior Research Methods 40, 2008.

Richards, L. O. A Theology of Christian Education, Grand Rapids, MI: Zondervan Publishing House, 1975.

Richards, O. L Creative Bible Teaching. Chicago, IL: Moody Publishers, 1998.

Wilhoit, J. & Dettoni, J. M. 《발달주의적 시각으로 본 기독교적 양육》. 김도일, 김정훈 역. 서울: 쿰란출판사, 2005.

Wyckoff, C. D. 《기독교 교육과정의 이론과 설계》. 김국환 역. 서울: 성광문화사, 1990.

생명의 양식 교육과정의 발전 과정과 평가: 생명의 양식 제5차 교육과정 '그랜드스토리'를 중심으로

안동철 목사 _ 총회교육원 수석연구원

*요약
Ⅰ. 서론
Ⅱ. 생명의 양식 제1차 교육과정
　1. 개발 배경과 과정
　2. 1차 교육과정 특징
　3. 교육과정 평가
Ⅲ. 생명의 양식 제2차 교육과정
　1. 편찬 배경과 과정
　2. 2차 교육과정 특징
　3. 교육과정 평가
Ⅳ. 생명의 양식 제3차 교육과정
　1. 편찬 배경과 과정
　2. 3차 교육과정 특징
　3. 교육과정 평가
Ⅴ. 생명의 양식 제4차 교육과정
　1. 편찬 배경과 과정
　2. 4차 교육과정 특징
　3. 교육과정 평가
Ⅵ. 생명의 양식 제5차 교육과정
　1. 편찬 배경과 과정
　2. 교육목적 개정 시도와 좌절
　3. 그랜드스토리 개발조직 및 개발의 실제
　4. 그랜드스토리의 특징
　5. 생명의 양식 제5차 교육과정 평가
Ⅶ. 나가는 말
참고문헌

------------------------------- 〈요 약〉 -------------------------------

본 연구에서는 생명의 양식 교육과정이 개발된 이래 지금까지 다섯 차례에 걸쳐 개편을 거듭한 과정과 각 과정의 특징과 간단한 평가를 실시하였다. 연구방법으로는 문헌연구방법을 사용하였으며, 연구를 위해 지금까지 교육과정 개편 시 발표된 논문과 자료집을 참고하였다. 생명의 양식 교육과정은 한국인에 의해 개발된 최초의 계단공과로 지금까지 사랑을 받고 있다. 특별히 생명의 양식 제4차 교육과정 '클릭 바이블'은 이미 100만 권을 발행하였고, 생명의 양식 제5차 교육과정 '그랜드스토리' 역시 현재까지 76만 권이 발행되는 등 교단을 넘어 사랑을 받고 있다. 하지만, 이러한 놀라운 성과를 이루기까지 그 과정은 험난하였다. 이 연구에서는 현재의 생명의 양식 교육과정이 나오기까지 그 과정을 살펴볼 것이며, 특별히 주일학교 교육과정에 집중하였다. 다만, 생명의 양식 제5차 교육과정에 대한 정확한 평가는 과학적 통계에 의한 분석결과가 없는 관계로 다음 기회로 미루고, 교육과정 개발에 깊게 참여한 사람으로서의 평가와 현장의 반응을 담는 것으로 제한하였다.

주제어: 생명의 양식, 교육과정, 그랜드스토리, 평가

I. 서론

교육과정을 정의할 때 협의의 의미와 광의의 의미로 구분한다. 기독교교육에서 가장 협의의 교육과정이란 공부해야 할 성경구절을 가리키고, 이보다 더 큰 의미는 학습을 위한 안내와 보충자료로 사용되는 인쇄물을 가리킨다. 이보다 더 큰 교육과정의 의미 속에는 모든 학습자원과 자료, 학생의 경험 및 총체적인 수업계획이 포함된다. 그리고 가장 폭넓은 광의의 교육과정이란 공동체의 교육과정에 영향을 미치는 여러 가지 활동과 관계들 및 자원의 총체를 가리킨다.[1]

미국 NCC 기독교교육 커리큘럼 특별위원회에서는 광의의 의미에서의 교육과정이란 "기독교교육의 목적을 성취하기 위한 가이던스 아래에 있는 경험"(Experience under guidance)라고 정의하였고, 협의의 의미로는 "기독교교육 목적을 성취하기 위한 가이던스 아래 있는 경험에 포함된 도

---

1. Donald. E. Miller, *Story and Context*, Nashville: Abingdon Press, 1987, 294.

구"라고 하였다.² 넬슨은(C. Ellis Nelson)은 교육과정을 정의하기를 광의적으로 "교사, 학생, 교육 목표, 교육 장소, 교육 방법, 시간 등 많은 다른 요소들을 총괄하는 사회적 환경(social setting)을 의미한다"고 하였고, 협의적으로는 "학교나 교회에서 교사에 의하여 사용되는 교재를 의미한다"라고 하였다.³

이러한 여러 가지 정의에서 볼 수 있는 것은 경험과 교과라는 양면의 문제인데, 모두 일장일단의 문제를 가지고 있으며, 이를 극복하는 방안이 무엇보다 중요하며, 충돌이 아닌 조화가 필요하다. 아무래도 이와 같은 두 종류의 교육과정 가운데 기독교 교육에서 말하는 것은 교과 교육과정에 치중되고 있다. 그러나 현대 교육과정의 경향에 따라서 경험 교육과정을 가미할 필요가 있다.⁴

신앙의 전통과 생활의 순결을 강조하는 고신교단은 바른 신앙 파수를 위해 노력하였으며, 1964년 이후 교단의 교육이념과 교육목적을 설정하고 이것을 실천하면서 지속적인 교육과정 개발에 노력하고 있다. 합동과 환원의 시련 속에서 교육의 필요성을 더욱 절감하고 교회교육에 대한 노력을 기울여 왔다. 제1회 총회에서 종교교육부를 설치함으로써 교육에 대한 노력을 구체화하였다. 그러나 한국교회 전체적으로 볼 때 1960년까지만 하더라도 한국교회의 교육과정에 대한 이해는 협의의 개념인 "단순히 주일학교에서 성경공부를 위해 사용할 학습자료"로만 이해되어 왔다. 그래서 주로 통일공과에 의존하게 되었고, 교육과정 연구의 필요성은 절실하지 않았다. 그러던 것이 1960년대 이후 해외에서 기독교교육을 학문적으로 연구하고 귀국한 기독교교육 학자들에 의해 기존 교회교육에 대한 반성과 함께 교육과정 개발의 필요성이 강하게 대두되기 시작하였다. 고신교회는 이런 점에서 장로교 합동의 '계단공과'나 장로교 통합의 '성서와 생

---

2. *A Guide for Curriculum in Christian Education*, Chicago: National Council of the Churches of Christ in the U.S.A., 1955, 25.
3. Marvin J. Tayler (ed.), *An Introduction of Christian Education* New York: Abingdon Press, 1966, 158-159.
4. 정정숙, 《기독교교육과정》 (서울: 대한예수교장로교총회, 2007), 21.

활'교육과정보다 앞서 계단공과를 개발하였다.[5]

통합측이 1970년대에 들어서서야 교육과정 개발을 위한 연구위원회를 조직하였지만, 고신교단은 1966년에 이미 독자적인 계단공과를 출간하였고, 이후 교육과정 개발을 1-5차에 걸쳐 개정 보완하였고, 2008년에 들어서는 제5차 교육과정 '그랜드스토리'를 개발하여 지난 2011년 6월에 교육과정을 완간하였다. 그리고 현재는 제5차 교육과정 '클릭 바이블 시즌 II' 개발을 진행 중에 있다. 본 논문에서는 생명의 양식 1-5차 교육과정 중 주일학교 교재에 집중하여 편찬배경 및 과정, 특징, 평가를 차례로 살펴보고자 한다.

II. 생명의 양식 제1차 교육과정

1. 개발 배경과 과정

1952년 출범한 고신교단은 기구적인 조직을 갖추던 제1회 총노회가 조직될 때 상비부로 종교교육에 관한 일정을 장려하기 위하여 종교교육부를, 남녀 성경학원과 일반교육에 관한 일을 장려하기 위해 학무부를 두기로 하였다. 이 후로 제3회 총회(1954년)에서 종교교육부를 설치하고 공과지를 간행토록 했으며, 이 위원들의 노력과 준비를 통하여 1956년부터는 유년주일학교 공과와 장년공과를 출판하여 전국교회에 보급하였다.[6]

사실 교단이 새롭게 출발하였지만 이전까지 교육은 만국통일공과 한 권으로 되어 있었다. 1955년부터 박손혁 목사가 총회교육부장이 되어 독자적인 공과를 만들기 시작하였는데, 그러나 그것은 단행본으로 출판된 것이 아니고 당시 발행되던 《파수군》에 1개월분씩 연재되어 왔던 것이었고,

---

5. 나삼진, "생명의 양식 교육과정 개발사", 《생명의 양식 제5차 교육과정 해설》(서울: 총회출판국, 2009), 38.
6. 나삼진, "교단교육발자취 1", 《교회교육》, 1986. 3. 제4호, 5.

주로 외국 것을 번역한 것으로 말씀중심의 교재였다.[7] 《파수군》에 연재되어 오던 주일공과는 1956년부터는 단행본으로 장년부 1권, 유년부 1권, 두 권의 교재로 출간되었고, 1957년부터는 하기 아동성경학교 공과를 간행하여 교회교육을 뒷받침했다. 그러나 교단이 합동과 환원의 과정 속에서 많은 교회가 이탈되었으며, 이러한 어려움 속에서 교회교육에의 관심과 공과 개발의 필요성에 제기되게 되었다. 사실 공과 발행은 1956년부터 10년 가까이 유년부 공과 한 권과 장년부 공과 한 권씩만 발행 왔는데, 유년부 공과 한 권으로 유치부부터 초등학교 6학년까지 교육한다는 것은 비교육적인 것으로 드러났고, 이에 따라 계단공과의 필요성을 느꼈던 것이다.

교단의 이러한 관심과 노력은 제14회 총회(1964년)에서 총회 교육부 산하에 상설기관으로 교육과정심의회를 설치함으로써 구체화되었는데, 이 위원회는 신학자, 목회자, 교육실무책임자, 전문 교사 등으로 구성된 교육전문기관으로써 교단교육의 기초를 놓은 중요한 기구가 되었다.[8] 제15회 총회(1965년)는 교단의 교육이념과 교육목적을 정하고, 각 단계별 교육목표를 선정하였으며, 이에 따른 교육과정을 편성하고, 6년 과정의 '생명의 양식' 공과를 편찬하였다.

2. 1차 교육과정 특징

생명의 양식 제1차 교육과정의 특징은 신구약 성경의 완전성에 배경을 둔 '성경중심적인 교육과정'이라고 할 수 있다. 이는 교육목적에서 밝혀지고, 교육과정에 그대로 반영된 결과인데, 교육목적의 초두에 '성경을 가르쳐'라는 말은 교회교육의 출발점이 계시된 하나님의 말씀이라는 사실을 보여준다. 둘째는 '그리스도 중심적인 교육과정'이다. 이는 특별히 유년부 과정에서 집중적으로 나타나는 현상인데, 이를 시간으로 계산해 보면 평균

---

7. 심군식, "교단교육의 역사와 전망" 《교회교육》, 1987. (10). 제19호, 2.
8. 나삼진, "교단교육발자취 1", 5.

세 시간에 한 시간은 예수 그리스도를 공부했다는 계산이 나온다.[9]

3. 교육과정 평가

생명의 양식 제1차 교육과정에 대한 평가는 당시 신학대학원생이었던 나삼진에 의해 연구되었다.[10] 나삼진은 1차 교육과정의 특징을 세 가지로 정리하였다. 첫째, 생명의 양식 교육과정은 성경의 완전성에 배경을 둔 성경중심적인 교육과정이다. 둘째, 그리스도 중심의 교육과정이라는 특징이 있는데, 이는 6년 과정 모두 318과 가운데 그리스도를 주제로 한 교과가 36%에 달하고 있다. 셋째, 중고등부 교육과정의 특징으로 교리교육이 강조되고 있는 특징이 있는데, 이는 신앙고백서, 소교리문답, 대교리문답을 통해 교리교육이 강화된 교육과정이었다.

이런 장점과 달리 생명의 양식 제1차 교육과정은 몇 가지 면에서 한계를 드러내고 있다. 첫째, 교육목표에 있어 구체적이지 못하며, 교재의 내용 가운데 목표 관련성이 미약한 부분이 많다. 교단의 교육목표는 성경을 가르치는 데서 나아가 구체적인 삶의 변화를 이끌어내는 데까지 나아가는 반면 공과의 내용은 단순한 이야기식이며, 주입식으로 구성되어 있어 실제 생활의 적용에까지 나아가지 못하고 있다. 둘째, 나와 세계, 나와 이웃, 나의 사명에 대해 많은 시간을 할애하지 않아 문화적 사명을 길러주기에 부족하다. 셋째, 삼위일체 하나님을 가르치는 데 매우 불균형하다. 예수 그리스도 105과(36%)에 비해 성부 하나님 8과(3%), 성령님 5과(2%) 밖에 할애되지 않았다. 넷째, 성경 본문 사용의 극심한 불균형 현상을 보인다. 구약과 신약의 본문사용은 6:4 비율로 비교적 적절하나 구약 또는 신약 내에서 어느 한 쪽에 본문이 집중된 현상은 바람직하지 않은 것으로 평가된다. 다섯째, 참된 종교생활을 위한 가르침이 부족하다. 예배의식, 전

---

9. 나삼진, "'생명의 양식' 제1차 교육과정 분석과 평가", 《1-4차 교육과정 평가 자료집》, 22-23.
10. 나삼진, "생명의 양식 교육과정의 분석과 평가", 《고려신학보》 제6집, 1985.

도, 기도에 대한 가르침이 매우 부족하다. 신앙생활에 대한 구체적인 방법론도 교육되어야 한다.[11]

III. 생명의 양식 제2차 교육과정

1. 편찬 배경과 과정

생명의 양식 제1차 교육과정은 국내 처음으로 우리나라 학자들에 의해 만들어졌다는 의의를 지니고, 그 후 70년대, 80년대 초반에 이르기까지 교단교육의 중요매체가 되어 왔다.[12] 그러나 사회는 급변하고 각종 시청각 매체 등 교육과정이나 방법 등이 다양화 되어가고 있는 반면, 생명의 양식 교육과정은 20년을 사용하는 동안 내용이나 체제, 출판 상태 등이 모두 뒤떨어져 교회의 개편 요구를 받게 되었다.

1980년대에 들어 교단의 교세가 크게 성장하고 각 노회가 확장, 분리됨에 따라 주일학교도 크게 늘어났고, 교단은 점차 교육에 대한 중요성을 인식하게 되었다. 그래서 1980년 전국주일학교연합회가 총회에 교육을 전담할 전담간사 제도를 청원하였으며, 경기노회나 전라노회 등에서도 교육전문기구 설치를 강력하게 청원하게 되어, 총회는 이를 받아들이고, 1982년 총회의 교육전담기구로 총회교육위원회를 조직하였다.

총회교육위원회는 제1차 교육과정의 특징을 살리는 가운데 결함과 부족함을 검토하고 새교육과정의 커리큘럼을 편성하고, 이것을 토대로 1985년 1월 1차 교육과정을 평가하는 공청회와 새교육과정 집필을 위한 집필자 세미나를 개최하였다. 그러나 1986년도 사용을 목표로 준비되던 제2차 교육과정은 집필의 지연, 원고 검토의 지연, 인력의 미비 등의 이유로 별다

---

11. 나삼진, "'생명의 양식' 제1차 교육과정 분석과 평가", 22-23.
12. 나삼진, "생명의 양식 교육과정 연구2", 《교회교육》, 1990. 5. 제48호, 23.

른 진척을 보이지 못했다. 그러던 중 간사 2인이 충원됨으로 그동안 지연되어 왔던 제2차 교육과정은 보다 구체적으로 추진되기 시작하였다. 심군식, 송길원, 나삼진, 김상옥 등이 공과 작업에 헌신한 결과 1986년 12월에 유치, 유년, 초등 각 과정의 제1권 교재가 편찬되었다. 그리하여 1987년부터 제2차 교육과정 교재를 사용하게 되었다.

2. 2차 교육과정 특징

제2차 교육과정의 특징을 살펴보면 첫째 성경중심적인 교재, 둘째, 그리스도 중심적인 교재로서, 제1차 교육과정의 교재 특징과 동일하였다.[13] 셋째, 성경을 중심으로 한 개혁주의 신학 정신에 충실하려고 애쓴 점, 넷째, 성경 내용을 전반적으로 고르게 취급하려고 노력하는 점, 다섯째, 인간의 윤리도덕적 가치보다 예수 그리스도를 통한 구원의 중요성을 깨우치는 데 강조점을 둔 점, 여섯째, 간략하면서도 필요한 교사 참고 및 준비자료들이 마련된 점, 일곱째, 46배판으로 아동용 교재가 마련되어 아동들의 흥미 있는 참여와 이해를 증진시키려 한 점 등을 들 수 있다.[14]

3. 교육과정 평가

생명의 양식 제2차 교육과정을 평가해 보면, 첫째, 김상윤이 부민교회 유초등부 담당교역자 및 교사 10명을 대상으로 설문조사한 결과 교육목적에서 타당성을 묻는 질문에서는 비교적 높은 점수를 나타냈으나 방법의 효율성을 묻는 질문에서는 상대적으로 낮은 점수를 보였다. 이는 제2차 교육과정 교재가 교육목적에는 충실하나 가르치기에는 어려운 부분이 있음을 나타낸다. 둘째, 제2차 교육과정은 제1차 교육과정 때와 거의 마찬가지

---

13. 편집부, "생명의 양식 교재의 효율적인 사용지침", 《교회교육》, 1993. (2), 25.
14. 김상윤, "생명의 양식 제2차 교육과정 평가", 《1-4차 교육과정 평가 자료집》, 47-48.

로 성경전체를 다루지 못하고 있다. 성경 사용 빈도에 있어 6년 간 한 번도 사용하지 않은 성경이 14권에서 8권으로 감소한 것은 바람직하나, 모세오경과 여호수아 및 사사기의 내용 중 약 90%가 유년부에 편중되어 있으며, 나머지 10%만이 초등부에 속해 있다. 성경 내용이 유년부와 초등부 중 어느 한쪽에 편중되어 있는 것은 단점으로 지적할 만하다. 셋째, 나삼진은 제1차 교육과정 공과분석에서 공과 내용이 대개 성경이야기에서 벗어나 실제 생활에 적용하는 데까지 나아가지 못한다는 것을 지적했는데,[15] 이 점은 제2차 교육과정에서도 여전히 문제점으로 드러나고 있다. 그리고 또 한 가지 지적한 삼위일체 하나님에 대한 균형 잡힌 가르침에 대한 부족현상도 제2차 교육과정에서는 성령님에 대한 내용이 좀 더 보완되기는 하였으나 여전히 성부 하나님의 속성에 대한 가르침이 크게 부족하였다.

IV. 생명의 양식 제3차 교육과정

1. 편찬 배경 및 과정

총회교육위원회는 1990년부터 2004년까지 15년 기간 동안 1, 2, 3차에 걸쳐 5개년 씩 나누고 그에 따른 교단교육 진흥을 위한 계획들을 수립하였다. 1차 5개년 계획이 1990년부터 1994년까지로 이 시기에는 교단의 교육이념과 목적을 종합적으로 검토하고, 교육목회 활성화, 교사 양성 활성화, 교재편찬의 과학화, 새교육과정의 구체화 등 11가지의 중점 방향을 설정하고 그에 따른 구체적인 방향들을 설정하였다. 따라서 생명의 양식 제3차 교육과정의 개발은 이러한 교육진흥 정책의 일환으로써 추진하게 된 것이다.

---

15. 나삼진, "생명의 양식 제1차 교육과정 분석과 평가", 23-24.

사실 제2차 교육과정이 주일학교와 교사들에게 인기를 얻었지만, 1990년대에 들어서면서 교육에 대한 관심은 급속도로 증가하였고, 단색으로 된 어린이 교본이 컬러 영상시대를 사는 어린이들에게는 부족할 수밖에 없었다. 따라서 총회교육위원회는 교회의 요청을 수용하면서 급변하는 교육 환경에 능동적으로 대처하고 교회교육의 질을 높이기 위해서 새로운 교재 개편작업을 서둘렀다.

1992년 제3차 개편을 위한 교육과정 심의위원회가 구성되었으며, 1993년 본격적인 준비를 거쳐, 1994-1995년에 유치, 유년, 초등 세 연령 그룹을 각 3년으로 하여 총 9년의 연계과정을 편찬하였고, 각 부서의 교사지침서, 어린이 교재, 학습 자료 각 18권씩 모두 54권이 완간되었다.

특히 제3차 교육과정 개발에는 고신대학교의 교수들이 적극 참여하였으며, 제2차 교육과정 평가논문 발표와 공청회, 설명회를 가졌고, 교재가 출판된 뒤에는 전국 주요도시에서 교재 사용법 세미나를 개최하여 교사들의 사용을 도왔다.

2. 3차 교육과정 특징

생명의 양식 제3차 교육과정의 특징을 살펴보면 첫째로, 균형 잡힌 그리스도인을 육성하도록 구성되었다. 하나님과의 관계, 사람과의 관계, 자연과의 관계를 골고루 강조하여 어느 한 곳에 치우침이 없이 균형 잡힌 신앙생활을 하도록 하였다.[16] 둘째, 성경의 중요한 흐름을 매년 반복하여 다루도록 배려하였다. 매년 교회력과 계절의 특성에 따라 적절한 주제를 배치하였다. 예를 들면 1월에 복음의 시작, 예수님의 가르침과 생애에서 시작하여 교회, 가정, 이웃을 다루고, 7월에는 하나님의 창조로부터 자연, 구약이야기, 감사와 탄생으로 연결하였다.[17] 셋째, 부서별로 목표를 만들었

---

16. 강용원, "대한예수교장로회(고신)의 교회교육사", 《기독교교육논총 5》(서울: 한국기독교육학회, 1999), 224.
17. Ibid., 224.

다. 제3차 교육과정에서는 단원이나 과를 선정하기 전에 부서별로 필요한 학습목표를 선정하였고, 그 목표들의 학년별 시수를 정한 다음에 단원을 만들고 과를 배치하였다. 넷째, 주제들이 매년 비슷한 비중을 가지고 심화 반복된다. 다루는 주제들이 해에 따라서 편중되지 않고 매년 비슷한 정도의 비중으로 반복되어 나타나면서 그 수준은 점점 깊어지도록 배려하였다. 이것은 학생들의 생활에서 1년이란 시간은 상당히 긴 기간이며, 학년 도중에 들어오는 학생들이 많음을 고려한 조치이다.[18] 다섯째, 제3차 교육과정 교재에는 다양한 학습방법이 사용되었다. 단순 주입식 교육에서 탈피하여 어린이들의 주의력을 집중시키고, 지루함을 피하기 위하여 다양한 시청각 자료와 활동을 포함시켰다. 여섯째, 어린이들의 참여를 확대시키고, 가정에서 함께 할 수 있는 공동 작업에 관심을 가졌다. 교사의 일방적 주입보다 학습자 스스로 해답을 찾아가고, 친구들과 함께 해결하고, 교회에서 뿐 아니라 가정에서 부모와 함께 할 수 있는 활동을 늘였다. 일곱째, 어린이의 발견학습에 주안점을 두었고, 성경말씀을 실생활에 직접 적용할 수 있도록 하였다.

3. 교육과정 평가

생명의 양식 제3차 교육과정을 평가해 보면, 첫째, 성경본문이 고르게 사용되지 않았다. 유년부의 경우 구약은 23권의 책이 본문으로 사용되지 않았고, 신약은 10권의 책이 본문으로 채택되지 않았다. 초등부의 경우 구약은 16권, 신약은 8권이 본문선택에서 누락되었다. 둘째, 각 부서의 주제선정에 있어서 전체적인 균형이 필요하다. 셋째, 도입에 있어 수준에 맞는 다양한 도입 방법이 필요하다. 넷째, 제3차 교재는 각 부서별 목표를 설정하고 시수를 배정하여 커리큘럼을 수립했음에도 불구하고 실제로 교재를 집필하는 과정에서 목표와 본문내용이 괴리현상을 보인다. 다섯째, 목

---
18. Ibid., 225.

표와 성경본문과 요절의 관계성에서도 좋은 평가를 받지 못한다. 여섯째, 교재에서 인용하는 예화가 교재의 제목, 학습목표 등과 일치하지 않거나 예화가 담고 있는 의미가 분명하지 않아서 일관된 주제를 파악하기가 어려운 경우가 있다.[19]

V. 생명의 양식 제4차 교육과정

1. 편찬 배경 및 과정[20]

총회교육위원회는 지난 1992년에 개발에 착수하여 1994년부터 1996년까지 발간된 제3차 교육과정 교재가 한국교회와 교단교육 발전에 큰 기여를 하였지만, 새로운 세기를 맞이하면서 변화된 교육환경과 교재 개편 요구의 목소리를 듣게 되었다. 이런 교육현장의 요구는 총회교육위원회의 의뢰를 받아 고신대학교 아동학과 교수인 김상윤 교수가 실시한 제3차 교회교육 센서스에 의해서 확인되었다. 비록 교단의 1450여 교회 중 180개 교회만이 설문에 참여하여 전체 교회 현장의 목소리를 담아내는 데에는 한계가 있었지만 교회 현장이 새로운 교재를 강력하게 요구하고 있다는 것이 확인되었다. 이런 교회현장의 필요를 접한 총회교육위원회는 새 교육과정을 준비하게 되었다.

교단교육의 새로운 전기가 될 생명의 양식 교육과정 개발 일정은 총 6단계로 이루어졌다. 먼저 1단계는 1998년 6월부터 9월까지의 정책설정기로 기본적인 정책을 결정하는 시기이다. 2단계는 1998년 10월부터 1999년 9월가지의 기초자료 수집기로 국내외 여러 자료를 분석하는 시기이다. 3단계는 1999년 7월부터 1999년 11월까지의 새교육과정 방향 설정기

---

19. 현유광, "생명의 양식 제3차 교육과정 평가보고", 《1-4차 교육과정 평가 자료집》, 51.
20. 안동철, "제4차 교육과정 개발의 발자취", 《교회와교육》, 2000 가을호, 183-195.

로 각계의 전문가로부터 현장의 목소리를 듣고, 새교육과정의 전체 철학을 세우는 기간이다. 4단계는 1999년 12월부터 2000년 9월까지의 교재개발기로 개발위원을 선정하고 커리큘럼을 확정하여 실질적으로 교재를 집필하는 기간이다. 5단계는 2000년 11월부터 2001년 1월까지의 교사훈련 및 홍보 기간으로 교재를 출판한 후 교사훈련 및 새교육과정을 홍보하는 기간이다. 마지막으로 6단계는 2001년부터 2002년까지의 교육과정 평가 기간으로 교재에 대한 각계의 전문가와 현장의 목소리를 듣는 단계이다.

제4차 교육과정은 지난 교육과정에서 유치, 유년, 초등 등 3개 과정 9년 과정을 학생들의 발달단계를 고려하여 유아, 유치, 유년, 초등, 소년 등 5개 과정 9년 과정으로 나누었다.

2. 4차 교육과정 특징

생명의 양식 제4차 교육과정이 지향하는 인간상은 "삶의 모든 영역에서 승리하는 그리스도의 군사"로 규정한다. 그리고 이러한 인간상 구현을 위하여 여섯 가지를 제시하였다. 그것은 성경적 영성의 의미에 대한 올바른 이해와 실천, 전인격적 그리스도인의 성장, 전통적 가치에 대한 인식, 문화의 변혁자, 교회의 가치와 중요성 인식, 공동체적 의식의 함양 등이다.[21]

제4차 교육과정의 특징을 살펴보면 첫째로, 기존의 교육과정과 교재에 비해 매우 발전적이고 획기적인 발상이었던 것으로 평가할 수 있다. 먼저 교육과정을 개발함에 있어 4개 차원(성경, 대신, 대인, 대물) 아래에 초등1부는 10개 주제, 초등2부와 3부는 12개의 주제를 선정하였다. 이러한 주제를 기초로 초등1부는 45개, 초등2부는 51개, 초등3부는 60개의 목표를 도출하였다. 아울러 주제별 총 시수를 제시하고, 학습목표별로 연차에 따른 시간을 배당하여 균형 잡힌 지도가 가능하도록 하였다. 둘째,

---

21. 제인호, "생명의 양식 제4차 교육과정 해설 II", 《교회와 교육》, 2000년 겨울/2001년 봄 합본호, 170-171.

교육과정의 편제를 두 개 학년을 묶어서 각각 초등1부, 초등2부, 초등3부로 구분하고, 각 부별로 네 수준을 두어 총 12수준으로 구분하였다. 이것은 교육과정 이론의 현대적 추세에 부응하는 발상으로서 종전처럼 교육과정을 아동들의 생활 연령 내지는 학교 재학 학년에 따라 획일적으로 적용하는 것이 아니라 신앙의 수준에 따라 융통성 있게 적용하도록 함으로써 선진화된 것이라 할 수 있다. 셋째, 어린이용 교재는 교육과정에 제시된 목표와 내용을 구체화시키려 최대한 노력을 기울였다고 볼 수 있다. 교수학습과정을 전개함에 있어 '마음을 열어요' '말씀을 배워요' '배우고 실천해요' '함께 기도해요' 등의 4단계를 일관성 있게 적용함으로써 학습목표의 성취를 안정적으로 달성할 수 있도록 하였다. 넷째, 어린이의 흥미와 수준을 고려하여 각 단계의 내용을 선택하고, 어린이가 학습활동에 적극적으로 참여할 수 있도록 구성하였으며, 그림을 많이 제시하여 이해에 도움을 주었다.[22]

3. 교육과정 평가

생명의 양식 제4차 교육과정을 간단하게 평가해 보면, 첫째, 학습목표는 교육목적을 잘 반영하고 있으며, 각 과별 학습목표도 구체적으로 진술되고 있다. 둘째, 학습목표에 따른 성경내용이 조화를 이루고 있으나 단원의 구성이나 내용의 전개가 적절하지 않은 것으로 평가되었다. 셋째, 성경본문은 구약의 경우 창세기와 출애굽기, 신약의 경우 복음서에 집중되어 있어 균형이 요구되었다. 넷째, 성경의 가르침은 하나님, 예수님, 구약의 인물이 주로 다루어지며 선교 등에 대해서는 적게 다루어지고 있다. 다섯째, 구속사적 흐름이 전혀 반영되지 않았다. 여섯째, 내용은 신학적으로 건전하고 올바른 것으로 평가되었다. 일곱째, 내용이 연령 수준에

---

22. 총회교육원 편, "초등부 교육과정 및 교재평가", 《1-4차 교육과정 평가 자료집》, 108-109.

맞지 않고, 제한된 시간에 적절히 다루기 어려웠으나 절기는 어느 정도 반영되었다. 여덟째, 회심과 성화가 잘 다루어지지 않았고 학생들의 흥미와 필요를 반영하는데 부족하였다. 아홉째, 교회를 이해하고 교회생활을 가르치는 데는 적합한 것으로 보이나 가정과의 연계성, 미래사회에 대한 대비 등이 부족하였다. 열 번째, 다양한 매체를 제공하지 못하고 있으며, 도안, 그림, 디자인 등이 다소 떨어지는 평가를 받았다.[23]

VI. 생명의 양식 제5차 교육과정

1. 편찬 배경 및 과정

급변하는 교육환경의 변화는 교육과정의 개편을 서두르게 했다. 총회교육원이 생명의 양식 제4차 교육과정에서 어린이들의 발달단계를 고려한 초등부서의 2년 순환계단공과(유년부, 초등부, 소년부)는 교단 주일학교의 열악한 형태로 인해 소기의 목적을 달성하지 못하였다. 이는 한국 사회의 전반적인 출산율 저하와 한국교회의 성장의 정체 내지 감소로 인한 주일학교 부서의 쇠퇴에 기반한 것이었다.

총회교육원은 이런 교회교육 현장의 위기를 좀더 공격적인 면으로 대처하고자 하였다. 그리하여 제56회 총회에 생명의 양식 제5차 교육과정 '그랜드스토리'의 개발계획을 제출하였다. '그랜드스토리'의 핵심은 2년 순환계단공과를 학년별 교재로 전환하는 것이었다. 어린이들의 발달단계상 1학년과 2학년이 다르고, 5학년과 6학년이 다른 형편에서 두 학년의 학생들이 동일한 교재를 사용한다는 것은 무리라고 생각하였다. 그러나 이러한 학년별 교재의 개발은 많은 인력과 재정이 투입되어야 하는 일이었다. 그러나 총회는 교재개발에 따른 재정 지원에 대해 소극적인 입장을 취하

---

23. 강용원 외, "생명의 양식 제4차 교육과정 평가", 《1-4차 교육과정 평가 자료집》, 105.

였다. 나삼진은 이 문제에 대해 다음과 같이 말한다.

> "처음 이 계획은 전국 20여개 교회와 공동개발 계획을 수립하고, 약 4년 동안 3억 2천만원의 예산을 필요로 하는 대역사였다. 공동개발교회는 재정과 인력을 지원하여 목회자는 개발위원으로, 담당교역자가 집필자로 함께 참여하는 것으로 추진되었다. 이것은 교회가 기도와 재정을 지원함으로써 교회와 함께하는 교재개발을 추진하려 한 것이었고, 여러 교회에서 협조하기로 약속했다. 그러나 이 일이 진행되던 가운데 출판권의 문제가 다시 부각되면서 총회교육원은 이를 더 이상 추진하지 않게 되었고, 총회가 예산을 전혀 배정하지 않음으로써 교재개발이 중단될 위기를 맞이하였는데, 이로 인해 한 해 동안이나 제대로 이루어지지 못하였다."[24]

생명의 양식 제5차 교육과정 '그랜드스토리' 개발 계획이 위기에 처한 가운데 안양일심교회와 잠실중앙교회는 교육과정 개편을 위해 특별헌금을 보내주었고, 이는 교재 개발에 큰 힘이 되었다. 그리고 총회교육원은 현실적으로 학년별 교재의 개발이 힘들다고 생각하고, 교재가 완간되기까지는 3년 순환계단공과로 유예기간을 두었다. 이 유예기간은 2011년에 교재가 완간됨으로써 2012년부터 전면적으로 학년별 교재로 사용되게 되었다.

2. 교육목적 개정 시도와 좌절

고신 교회교육의 철학과 근거가 되는 교단의 교육이념과 목적은 제14회 총회(1964)의 결의로 구성된 종교교육부 산하 교육과정심의위원회(위원장 오병세)에서 제정되었다. 이 문서는 제15회 총회(1965)에서 채택되었고, 40년 이상 수정 없이 사용되었다. 교단의 교육이념과 목적은 다음과 같다.

---
24. 나삼진, "생명의 양식 교육과정 개발사", 49.

교육이념

개혁주의 정신에 입각하여 웨스트민스터 표준서들(Westminster Standards: 신앙고백서, 대소교리문답, 교회정치, 예배모범)을 따라 하나님을 사랑하고 이웃을 사랑하는 그리스도인을 양성한다.

교육목적

성경을 가르쳐:

1. 삼위일체 하나님을 바로 알고, 사랑하며, 섬기게 한다.(예배적 인격자)
2. 하나님의 형상인 사람을 이해하고, 사랑하며, 도우고, 그리스도를 전하게 한다. (인화협동적 인격자)
3. 자기의 존재 의의와 특수한 사명을 자각하여 자기의 선 사리에서 맡은 일에 충성하게 한다. (문화적 인격자)

이런 그리스도인을 육성하여, 신앙의 전통과 생활의 순결을 겸비케 한다.

이 교육이념과 교육목적에 대해 고신 교회가 40년 이상을 수정 없이 사용했다는 것은 그만큼 탁월한 것임을 알 수 있다. 총신대학교 기독교교육학과 정정숙 교수는 "(예장고신의) 교육이념과 목적에서 뚜렷하게 나타나는 것은 개혁주의 정신을 바탕으로 하여 신앙의 전통과 생활의 순결을 주장하는 경건적 신앙을 강조하고 있다. 이것은 예장 고신측의 생성 과정과 전통을 집약한 것이라고 볼 수 있으며, 한국 각 교파 중에서 자기들의 주장을 선명히 한데 의의 있는 일이다"고 평가하였다.[25]

그러나 40년 이상 사용되던 교단의 교육이념과 목적을 개정해야 한다는 요구가 대두되게 되었다. 현유광은 이런 점에서 교단의 교육이념과 목적으로 양분되어 있는 것을 교육목적으로 통합할 것을 제안하였다.[26] 이후 총회교육원은 생명의 양식 제5차 교육과정 '그랜드스토리'를 개발하면서 현

---

25. 정정숙, 103.

유광의 제안을 기초로 해서 그동안 교단의 교재개발에 적극적으로 동참하였던 강용원, 김성수, 현유광 등 노장 교수들을 중심으로 '교육목적 개정위원회'를 구성하여 교육목적 개정 작업을 위해 세미나와 기독교보 지상공청회를 통한 시안 설명, 전국교회의 의견을 모아 추진하였다.[27]

그러나 40년 이상 사용된 교단의 교육이념과 목적에 대한 변경은 강한 저항에 직면하게 되었다. 기독교보를 통한 원로목사회의 의견개진[28] 등의 강한 반대 입장 표명에 총회교육원은 교단의 교육목적과 이념의 개정 작업이 현실적으로 힘들다고 생각하고 총회에 제출한 안건을 철회하기에 이르렀다. 이는 상당한 아쉬움으로 남는다. 물론 고신교단의 교육이념과 목적은 탁월한 것으로 타교단에서도 높게 평가되는 점은 분명하다. 그러나 교단교육의 과거를 반성하고 새로운 미래를 준비하는 입장에서 공식적인 기구를 통해 교단의 저명한 기독교교육학자들에 의해 연구되고, 총회에 제출된 정식 안건이 반대에 직면하여 총대원들의 뜻도 물어보지 못한 채 사장되었다는 것은 이해하기 힘들다.

---

26. 현유광, "고신교회 교육목적과 목표의 평가", 《개혁신학과 교회》 제9호, 1999. 12. 현유광의 제안은 여러 차례의 토론과 공청회, 그리고 원로목사회의 제안을 참고하여 최종안을 다음과 같이 정하였다. "교육이념: 신앙과 생활의 유일한 표준인 성경과 웨스트민스터 표준서를 비롯한 개혁주의 교회의 신앙고백서들을 가르쳐, 예수 그리스도 안에서 성령(님)의 도우심으로 하나님 사랑과 이웃 사랑을 실천하여 개혁주의 교회 건설과 하나님 나라 확장에 기여하는 그리스도인을 양성한다." "교육목적: 1. 삼위일체 하나님을 바로 알고, 사랑하며, 예배하게 한다(예배적 사명). 2. 하나님의 자녀로서 특권을 누리며, 섬김의 삶을 살게 한다(봉사적 사명). 3. 하나님의 형상인 사람을 이해하고, 사랑하며, 전도와 선교의 사명을 감당하게 한다(선교적 사명). 4. 하나님의 청지기로서 창조세계를 탐구, 관리하며, 문화변혁과 개발의 사명을 감당하게 한다(문화적 사명). 이러한 교육을 통해 신앙의 정통과 생활의 순결을 겸비하게 한다."
27. 나삼진, "생명의 양식 교육과정 개발사", 50.
28. 기독교보, 2008년 9월 13일.

3. 그랜드스토리 개발조직 및 개발의 실제

(1) 그랜드스토리 개발조직

생명의 양식 제5차 교육과정을 개발함에 있어 총회교육원은 교육과정의 철학과 기초를 세우는기구로 커리큘럼위원회를 조직하였다. 커리큘럼위원은 기독교교육학자, 목회자, 교육전문가로 구성하였는데, 위원은 조성국(위원장), 강연정, 김종현, 나삼진, 박흥철, 신인범, 이정기, 조서구, 안동철(간사)였다. 또한 실무기획단은 교육원장 나삼진이 맡고, 유치유아부 팀장은 박미화, 초등1부 팀장은 개발실장 안동철, 초등2부 팀장은 정책실 차장 김성수가 맡았고, 출판팀장은 출판국장 장경미가 맡아 수고하였다. 교재를 실제로 집필하는 각 팀원들은 현장성을 강화하기 위해 주일학교부서를 맡고 있으면서 사역에 있어 검증된 현장사역자들로 구성했다. 커리큘럼위원회는 현장사역자의 집필과 실무단에서 수정된 원고가 책으로 편집되기 전 최종 감수하면서 교육과정이 지향하는 목적에서 벗어나지 않는 게이트키퍼 역할을 감당하였다. 특별히 그랜드스토리를 개발함에 있어 그림의 중요성이 부각됨에 따라 국내 최고 수준의 기독교 그림 작가들을 선별하여 협약을 맺었고, 교단으로서는 최선의 대우를 해주었다. 이런 노력으로 그랜드스토리는 많은 난관 속에서도 정해진 교재를 간행할 수 있게 되었다.

(2) 교육학년별 학제 비교

생명의 양식 제5차 교육과정 '그랜드스토리'는 유아부 1년, 유치부 2년, 초등1부 3년, 초등2부 3년 과정으로 편성되었다. 이는 생명의 양식 제4차 교육과정이 초등부를 3개 부서로 구분(유년부, 초등부, 소년부)하였던 것에 비해 두 개 부서로 단순화하였다. 교재가 개발되는 때까지는 순차적으로 사용하되, 교재가 완간된 이후에는 학년별 교재로 사용되도록 하였다. 이는 교재의 보급 측면에서 총회로서는 상당한 부담이 되지만, 어린이들의 발달단계를 고려한 최선의 조치였다. 생명의 양식이 간행된 이래 지금까지 제5차 교육과정까지의 부서별 과정을 비교하면 다음과 같다.

나이/학년	제1차 교육과정 (1966–1986)	제2차 교육과정 (1987–1993)	제3차 교육과정 (1994–2000)	제4차 교육과정 (2001–2008)		제5차 교육과정 (2009–2017)		부서 구분	출시년도
5세		—		유아부	1	유아부		1	2011
	—	—	1		2				
유치1		유치부 1	유치부 2	유치부	1	유치부		1	2009
유치2		2	3		2			2	2010
1학년	유년부	1	유년부 1	초등1부		초등1부		1	2009
2학년	2	유년부 2	2		2			2	2010
3학년	3	3	3		1			3	2011
4학년	4	초등부 1	초등부 1	초등2부	2			4	2009
5학년	5	2	2	초등3부	1	초등2부		5	2010
6학년	6	3	3		2			6	2011

4. 그랜드스토리의 특장[29]

생명의 양식 제5차 교육과정 개발 실무단장인 나삼진은 그랜드스토리의 특장을 일곱 가지로 제시하는데, 하나님이 구원역사, 흥미와 참여, 신앙공동체의 형성, 창의적 학습, 성경적 세계관의 형성, 삶의 변화, 그리고 가정과 협력이다. 이러한 특장은 성경의 가르침과 우리 시대의 문화현상들을 함께 보며, 균형 잡힌 그리스도인을 양성하는데 도움을 줄 것이라고 기대한다.

(1) 하나님의 구원 역사

생명의 양식 제5차 교육과정은 '그랜드스토리'(Grand Story)라는 이름

---

29. 나삼진, "생명의 양식 제5차 교육과정의 기초와 방향", 《생명의 양식 제5차 교육과정 해설》, 155–164 요약.

으로 친숙하다. 김성수는 21세기 사회 문화적 특징과 세계관을 과학주의(scientism), 소비주의(consumerism), 쾌락주의(hedonism), 상대주의(relativism)로 정의하고, 이러한 '이야기'(story)가 세상을 지배하고 있다고 보았다.[30] 이런 구조 속에서 그리스도인들은 '우리의 이야기'(our Story)를 가질 것을 제안하였다.[31]

생명의 양식 제5차 교육과정 '그랜드스토리'는 바로 이런 점에서 하나님이 인류 구원의 드라마, 곧 위대한 이야기가 된다. 하나님과 그 존재, 천지창조, 인간의 타락, 이스라엘 백성들과 그들의 삶, 예수 그리스도를 통한 구원, 교회의 시작과 발전, 그리고 장차 올 하나님의 나라는 하나님의 구원 역사, 곧 '그랜드스토리'의 중요한 테마가 된다.

(2) 흥미와 참여

성경의 스토리는 오늘 이 시대와 긴 역사적, 공간적, 문화적 차이를 가지고 있다. 그래서 하나님이 구원의 위대한 이야기가 먼 옛날이야기로 치부될 위험이 있다. 그랜드스토리는 개발 시점부터 이 점에서 어린이들의 흥미와 참여를 유도하기 위해 고심하였다. 교사 일방적인 교수법보다는 학생들의 참여를 위해 협동학습과 참여학습 방법을 도입하였고, 모둠을 통한 학습을 전개하도록 기획되었다. 또한 풍부한 교수, 학습자료를 제공하도록 기획되었다.

(3) 신앙공동체 형성

제임스 파울러에 의하면 교회와 가정은 신앙 성장에 있어 중요한 '돌봄의 생태환경'이다. 이들은 교회와 가정을 통해 신앙과 관습을 배우게 됨으로써 신앙공동체에 속하게 되고 그 일원이 된다고 한다. 그랜드스토리는

---

30. 김성수, "21세기 기독교교육 어디로 가야하는가?", 《해외동포 신앙교육 정책협의회 자료집》(서울: 생명의 양식, 2008), 364-366.
31. Ibid., 367.

이런 점에서 '개인'의 차원을 넘어 '공동체'를 지향한다. 학습중 모둠활동은 그 한 가지 예가 되며, 어린이들은 수업 중 공동체를 배우게 됨으로서 하나님 나라의 큰 비전을 발견하게 된다. '그랜드스토리'는 또한 우리들의 신앙공동체의 터전인 '한국교회'와 '세계교회'를 포함한다. 결국 세상과 호흡하고, 세상의 문제에 함께함으로써, 월터스톨프(Nicholas Wolterstorff)가 강조하는 '공의'(justice)와 '평화'(shalom)에 동참하게 된다.

(4) 창의적 학습

로버트 천(Robert Choun, Jr.)에 의하면 예수님은 학습에 있어 다양한 방법을 활용하여 창의적으로 제자들을 가르쳤다고 한다. 예수님은 실물학습, 접촉점, 목표, 문제해결, 대화, 질문, 대답, 강의, 비유, 성경의 인용, 가르칠 기회, 대조, 다양한 예들, 상징, 대소그룹, 개인적인 가르침의 기회, 모범, 동기, 감명과 표현 등의 방법을 사용했다. '그랜드스토리' 역시 성경학습에 있어 학습자 스스로 성경학습에 참여하도록 다양한 교육방법을 사용하였다.

(5) 성경적 세계관과 현대적 이슈

기독교세계관에 의하면 세상은 창조-타락-구속의 모델로 설명된다. 개혁주의 신학을 지향하는 '그랜드스토리' 역시 이러한 틀에 기초하여 어린이들이 개혁주의 세계관에 기초하여 자신의 가치관 확립은 물론이고, 어린이들의 발달과 문화에 관심을 가져 성경과 생활, 가치관의 실천에 균형잡힌 교육이 되도록 노력했다. 또한 이 땅에서 일어나는 다양한 이슈들을 성경적 세계관으로 바라보고, 관심을 가지며, 해결하도록 돕고 있다.

(6) 삶의 변화

'그랜드스토리'는 성경과 생활, 신앙과 삶의 통합을 이루는 교육이 되도록 하고 있다. 성경은 기독교 신앙의 출발점으로, 그 가르침은 그리스도인의 생활과 분리될 수 없는 통합적인 성격이 있다. 지금까지 한국교회의 신앙교육이 성경에 대해서는 많이 가르쳤지만, 그 성경공부가 삶과 신앙을 통합하는 데까지는 나아가지 못했던 것이 사실이다. 이런 점에서 '그랜드스토리'는 '삶의 변화'에까지 나아가도록 교과의 구조 속에 '삶터'를 수록하고, 실제적인 변화가 일어나도록 하였다.

(7) 가정과의 협력

신앙교육의 일번지는 교회가 아닌 가정이다. 신앙교육의 사명과 책무는 교사가 아니라 부모에게 주어진 것임을 우리는 믿는다. 그럼에도 불구하고 한국의 그리스도인 부모들은 자녀의 신앙교육의 책임을 다하지 못하고, 교회에 위임하다시피하고 있다. '그랜드스토리'는 이런 현실 속에서 가정과 교회와의 협력을 강조한다. 수업 중 부모와의 협력을 구하는 과제를 제시하기도 하며, 특별히 '어린이 복있는 사람'을 통한 경건훈련과 신앙지도를 함께 하도록 교육과정을 편성하였다. 그러므로 '그랜드스토리' 교육과정에 있어 큐티는 선택이 아닌 필수이다.

5. 생명의 양식 제5차 교육과정 평가

생명의 양식 제5차 교육과정은 개발이 완료된 지 1년 밖에 되지 않았다. 총회교육원으로서는 아직까지 교육과정 전반에 걸친 현장의 반응을 듣는 시도를 하지 못하고 있다. 그런 점에서 교육과정에 대한 정확한 평가는 어려운 것이 사실이다. 과학적 평가는 다음 기회로 넘기로 개발에 깊게 참여한 사람으로서의 반성과 현장 사역자들로부터 접한 비판적 반응과 총회교육원의 계획을 수록하고자 한다.

첫째, 교사교육에 대한 필요성이다. 앞선 1-4차 교육과정이 교사주도형이었다면, '그랜드스토리'는 모둠을 강조하고, 학생들이 문제를 스스로 탐구하고, 팀을 이루어 답을 찾아가는 교육과정이다. 그러나 현장의 교사는 이러한 교육과정에 대한 이해가 부족하거나 능력이 부족하여 교수하는데 큰 어려움을 토로하고 있다. 총회교육원이 세미나를 진행하였으나, 현장에서는 아직도 이 문제에 대한 답이 없다는 반응이다. 이에 대해서 총회교육원은 자체 세미나와 주일학교연합회의 도움을 받는 방안, 총회교사대학을 통한 도움 제공, 그리고 인터넷을 활용한 도움자료 제공 등을 생각해 볼 수 있을 것이다.

둘째, '그랜드스토리'의 일곱 가지 특장에서 풍부한 학습 콘텐츠를 제공한다고 하였지만, 어린이 교재와 교사용 교재, 교육과정 해설서, 그리고 그림자료 제공 외에는 교육 콘텐츠가 부족하다는 평가이다. 총회교육원은 이 문제 해결을 위해 현재 그랜드스토리 전용 홈페이지(www.grandstory.co.kr)를 제공하여 그림을 무료로 다운로드 받아 2차 저작물이 나오도록 하였으며, 카페를 만들어 자신의 자료를 서로 공유하도록 하고 있다. 현재 유아유치부는 '유아유치부교역자협의회'를 구성하였고, 자료를 서로 공유하는 등 의미 있는 움직임이 일어나고 있다.

셋째, e-learning 시대에 맞는 교재 개발 내지 자료 제공의 필요성을 제기하고 있다. 이는 2015년부터 학교에서 단계적으로 종이책이 사라지고, 태블릿 PC가 보급되는 형편에서 교단이 시급히 준비해야한다는 반응이다. 이는 상당히 중요한 지적이다. 총회교육원은 이 문제의 중요성과 심각성을 인식하고, 전문가의 상의를 통해 곧 대책을 내어 놓을 예정이다.

넷째, 실제적인 적용이 부족하거나, 전체 주제의 흐름을 깨는 이야기 내지 예화가 적용에 보인다고 하였다. 실제로 교재를 집필하다보면 성경의 스토리에서 삶으로 적용하는데 있어 어려운 점이 있었다. 이런 때 좀더 많은 고민이 없이 예화를 사용한 점이 있음을 생각할 때 현장의 날카로운 반응을 수용한다. 우선 문제가 제기된 부분에 대해서는 홈페이지를 통해 좀더 실제적인 적용거리를 제공하며, 그 외에도 문제가 될 만한 부분은 끊임 없는 평가를 통해 현장의 요구에 좀더 귀를 기울일 것을 다짐해 본다.

Ⅶ. 나가는 말

지금까지 우리는 총회교육원이 개발한 생명의 양식 제1차 교육과정부터 제5차 교육과정까지의 과정과 특징, 그리고 간단한 평가를 해 보았다. '생명의 양식'은 한국의 여타 다른 큰 교단에 비해 교세가 열세인 고신교단으로서는 자랑이 아닐 수 없다. 클릭 바이블 100만 권 돌파, 그랜드스토리 76만 권 돌파, 한국교단 최초로 어린이부터 장년에 이르는 큐티집 출간 등, 이 모든 일은 교단이 교육의 중요성을 인식하여, 교육전문가를 인정하고, 사람을 키우며, 지원한 결과이다.

그러나 이런 자랑스러운 우리의 모습이 최근에 사라지고 있다. 가슴 아픈 일이 아닐 수 없다. 교육은 세우기는 힘들어도, 무너지는 것은 한순간이다. 전 교단적인 기도와 지원이 없이는 총회교육원이 그동안 쌓아온 업적이 한 순간에 무너질 수도 있다. 물론 총회교육원 역시 지금까지 이룬 성과에 만족하기보다 더욱더 각고의 노력과 자기혁신의 과정을 밟아야 한다. 바라기는 교단설립 60주년을 맞이하여 교단적으로 많은 일들을 하였지만, 이런 가시적인 사업보다 인간의 내면을 변화시키는 교육에 좀더 많은 관심이 있기를 기대한다. 그래서 생명의 양식 교육과정 개발이 끊임없이 계속되어, 고신교단 내의 교재가 아니라 한국교회 전체를 섬기는 교재가 되어야 할 것이다.

참고문헌

김상윤. "생명의 양식 제2차 교육과정 평가."《1-4차 교육과정 평가 자료집》.

김성수. "21세기 기독교교육 어디로 가야하는가?"《해외동포 신앙교육 정책협의회 자료집》. 서울: 생명의 양식, 2008.

나삼진. "생명의 양식 교육과정 개발사."《생명의 양식 제5차 교육과정 해설》, 서울: 총회출판국, 2009.

_____. "교단교육발자취 1."《교회교육》, 제4호, 1986.

_____. "생명의 양식' 제1차 교육과정 분석과 평가."《1-4차 교육과정 평가 자료집》.

_____. "생명의 양식 교육과정의 분석과 평가."《고려신학보》제6집, 1985.

_____. "생명의 양식 교육과정 연구 2."《교회교육》. 제48호, 1990.

심군식. "교단교육의 역사와 전망."《교회교육》, 제19호, 1987.

안동철. "제4차 교육과정 개발의 발자취."《교회와 교육》. 가을호, 2000.

정정숙.《기독교교육과정》. 서울: 대한예수교장로교총회, 2007.

제인호. "생명의 양식 제4차 교육과정 해설 II",《교회와 교육》, 2000년 겨울/2001년 봄 합본호.

편집부. "생명의 양식 교재의 효율적인 사용지침",《교회교육》. 2, 1993.

현유광. "고신교회 교육목적과 목표의 평가",《개혁신학과 교회》제9호, 12, 1999.

기독교보, 2008년 9월 13일 기사.

Donald. E. Miller, *Story and Context*. Nashville: Abingdon Press, 1987.

A Guide for Curriculum in Christian Education. Chicago: National Council of the Churches of Christ in the U.S.A, 1955.

Marvin J. Tayler (ed.), *An Introduction of Christian Education*. New York: Abingdon Press, 1966.

교회학교 교사교육 개선 방안에 관한 연구*
예장 고신 총회교사대학을 중심으로

이기룡 목사 _ 총회교육원 책임연구원

*요약
 I. 들어가는 말
 II. 교회학교의 침체현상과 요인분석
  1. 저 출산에 따른 학생 수의 감소
  2. 고신교단의 상황
  3. 타교단의 상황
  4. 교회학교 학생 수 감소와 교사
 III. 교회학교 교사교육 현황분석
  1. 교사교육에 대한 설문 조사
  2. 교사교육에 관한 설문 결과 논의
 IV. 총회교사대학의 역사와 교육과정
  1. 총회교사대학의 역사
  2. 총회교사대학 교육과정 평가
 V. 교사교육을 위한 총회교사대학 개선방안
  1. 공동체의 협력과 시대변화를 고려한 개선방안
  2. 전인적인 교육과 개인의 신앙성숙을 고려한 개선방안
 VI. 결론
*참고문헌

------------------------------ 〈요 약〉 ------------------------------

좋은 교사는 태어나는 것이 아니라 교육과 훈련을 통해 형성되어진다. 하나님이 기뻐하시는 교사를 양성하고 교육하는 일은 교회의 핵심적 사명이다. 본 연구에서는 교회학교의 교사교육에 관한 개선방안을 이론적 고찰과 함께 통계와 설문조사를 병행하여 실시하

였다. 특별히 교회학교 교사교육의 대안으로 총회에서 운영하는 교사대학 교육과정의 개선을 통해 그 해결 방안을 찾고자 노력하였다. 첫째, 교회학교 침체현상을 정확하게 분석하기 위해 먼저 사회적 인구변화와 교회학교 학생 수의 변화를 통계자료를 활용하여 분석하였다. 둘째, 통계자료와 선행연구 자료를 통해 교회학교 학생 수 감소의 가장 큰 요인이 교사임을 발견하고 교회학교 교사교육에 관한 현황을 설문조사를 통해 분석하였다. 셋째, 교사교육의 대안으로 각 교단에서 시행하고 있는 총회교사대학 프로그램을 살펴보았다. 그리고 그 가운데 대한예수교 장로회 고신 교단의 총회교사대학을 보다 심도 있게 분석하였다. 마지막으로 앞서 살펴본 교회학교의 침체, 교사교육 현황, 총회교사대학 분석을 통한 교사교육의 개선 방안을 제시하였다. 본 연구의 연구방법은 교회학교의 교사교육과 관련된 선행 문헌과 1990년대부터 최근에 이르는 교회학교 실태를 조사한 자료들, 각종 문헌 자료들을 참고하여 연구하였다. 이와 같은 연구방법을 통해 얻은 결과를 바탕으로 총회교사대학을 통한 교회학교 교사교육의 개선방안을 위한 제언을 하고자 한다.

주제어: 교회교육, 교사교육, 교사대학, 교육과정, 커리큘럼, 개선방안

I. 들어가는 말

한국교회는 지금 위기 상황에 놓여 있다. 교회의 성장은 둔화되었고 사회적인 인식마저 부정적인 견해로 돌아선지 오래다. 그러나 한국교회의 가장 심각한 위기는 교회학교의 위기이다. 왜냐하면 교회학교의 위기는 단지 교회학교만의 문제가 아니라 한국교회의 '신앙의 대잇기'의 위기라고 할 수 있기 때문이다.[1]

본 논문은 이러한 위기 상황에서 어떻게 하면 교회학교의 교사교육이 제대로 이루어 질 수 있느냐를 모색하는 것이다. 특별히 교사교육의 새로운 대안으로서 지금까지 오랜 기간 동안 총회[2]를 통하여 운영해 왔던 총회교사대학 과정의 개선점을 통해 그 해결 방안을 찾고자 한다. 많은 교

---

* 본 논문은 "교회학교 교사교육 개선방안에 관한 연구"(석사학위, 연세대학교 교육대학원, 2011)을 요약, 수정하여 작성되었다.
1. 박상진, 《교회학교 부흥을 위한 교사교육의 새로운 패러다임》(서울: 예영, 2007), 9.
2. 총회란 구성원 전체가 모여서 어떤 일에 관하여 의논한다는 뜻으로 교회의 경우 교회 구성의 최고의결기관이라고 말할 수 있다.

회학교의 교역자들과 교사들은 교사교육의 필요성을 절감하고 있다. 그러나 정작 현장에서는 체계적인 교사교육이 이루어지지 않고 있다. 그 이유는 장기적으로 교사들을 교육할 수 있는 커리큘럼과 교재가 부족하고 이를 담당할 교역자들의 교육이 부실하기 때문이다. 하지만 총회에서 운영하고 있는 교사대학 과정은 좋은 커리큘럼과 훈련 교재가 있다. 또한 총회에서 직영하는 신학대학과 신학대학원의 경우 교역자들을 교육할 훈련의 장이 마련되어 있다.

이러한 좋은 커리큘럼과 교재와 훈련의 장이 있음에도 불구하고 각 교단의 교사대학 과정은 지금 존폐의 위기에 처해 있다.[3] 이러한 급격한 감소의 요인은 복합적인 것으로 교사대학의 운영방식, 학습방법, 사회적, 문화적 환경의 변화 등 다양한 요소들을 가지고 있다.

그러나 총회교사대학의 과정은 과거보다 오히려 현재에 더욱 필요성이 요구된다. 과거에 비해 한국사회에서 기독교인의 수와 교회의 개체 수가 증가한 것은 사실이다. 그러나 각 교단별 교회의 자립도를 살펴보면 많은 교회의 수가 미자립 교회로 되어 있다.[4] 즉 체계적인 조직을 갖춘 교회의 수가 적다는 것이다. 그 결과 미자립 교회의 경우, 교회학교의 조직 이 매우 약할 뿐만 아니라 교사들을 위한 교육 프로그램 역시 전무한 상태일 경우가 많다. 또한 자립 교회 역시 매년 교회학교 학생 수의 감소로 깊은 고민에 빠져 있다.

이런 의미에서 각 교단이 운영하는 교사대학의 과정은 매우 유용한 프로그램이다. 왜냐하면 첫째, 미자립 교회의 경우 각 교단에서 잘 짜인 교사대학 프로그램을 통해 교회에서 제공하지 못하는 교사 훈련을 도울 수 있다. 둘째, 자립교회의 경우에도 교사대학 훈련을 통해 전문화된 교사를

---

[3] 그 예로 한국침례교 교육진흥원에서 운영하고 있던 교사대학과정은 참여하는 교사의 수가 적어 중단된 상태이고 대한예수교장로회 합동 역시 매년 교사대학 프로그램에 참여하는 학생 수가 미비하다. 대한예수교장로회 합동의 경우 2010년 기준으로 준교사 양성과정의 신입생 입학수가 25명, 수료 7명, 정교사 양성과정의 신입생 2명, 졸업 5명으로 그 명맥만 유지되고 있다.
[4] 고신교단의 경우 약 30%의 교회가 미자립 교회로 구성되어 있다.

양성할 수 있다. 셋째, 각 교단에서 운영하는 교사대학을 통해 교단의 역사와 신앙의 전통을 전수할 수 있다. 그러므로 침체기에 빠진 총회교사대학의 활성화를 위해서는 시대의 변화에 따른 교육과정의 개선을 모색하고 사회적 변화에 따른 교육방법의 변화가 절실히 요구된다.

이에 본 논문에서는 대한예수교장로회 고신교단(이후 예장 고신으로 칭함)을 중심으로 교회학교 교사교육을 위한 총회교사대학의 개선방안을 찾고자 한다. 이를 위해 먼저 교단 내 교사교육에 관한 현장분석을 설문조사를 통해 알아보고자 한다. 설문조사는 교사와 교역자 두 부류로 나누어서 조사를 하였고 설문조사의 도구는 장로회신학대학교 기독교 교육학과의 박상진 교수의 허락을 받아 그가 제작한 설문지를 사용하였다. 이를 통해 고신교단 뿐만 아니라 통합교단의 교사교육의 실태를 함께 비교해 보고자 한다. 그리고 총회교사대학의 이념과 역사를 살펴보고, 현재 운영되고 있는 교사대학의 교육과정을 분석하고자 한다. 교육과정의 분석은 총회교사대학의 개선점을 파악하기 위해서 필요한 과정으로 교육과정의 분석을 통해 어떠한 점을 보완해야 할지를 알 수 있다. 교육과정의 분석에 있어서는 기존의 전통주의 관점과 학습자 중심의 개념-경험주의 관점, 그리고 재개념주의 관점을 함께 분석의 틀로 사용하였다. 그리고 이러한 설문 조사와 교육과정 분석의 결과를 통해 총회교사대학의 개선방안을 모색해 보고자 하는 것이 본 연구의 목적이다.

II. 교회학교의 침체현상과 요인분석

"교회학교 학생 수가 감소하고 있다면 어느 정도이며, 그 원인은 무엇인가?", "과연 인구감소 현상으로 인한 자연감소가 원인인가? 아니면 다른 원인이 있는가?" 이 장에서는 이러한 교회학교의 침체현상과 그 요인에 관한 질문에 먼저 답하려고 한다.

1. 저 출산에 따른 학생 수의 감소

우리나라는 OECD 국가 중 2005년부터 5년 연속으로 최고 낮은 출산율을 보이고 있다. 2005년도에 각 가정 당 출산율이 1.5명이던 것이 2007년에는 1.25명으로 2008년도에는 1.19명으로 떨어졌다. 이는 OECD 평균(1.7명)에도 훨씬 못 미치는 것으로 2009년도에는 급기야 1.15명으로 떨어졌다. 출산 및 인구 관련 세계적 석학인 필립 모던 튜크대 석좌교수는 2010년 통계청이 주최한 '저 출산 및 인구정책 세미나'에서 한국 실정에 맞는 합계출산율(가임여성이 평생 낳을 수 있는 평균 자녀 수) 목표는 1.8명이 적당하고 밝혔다. 그리고 OECD는 우리나라 인구가 2020년 4932만 명까지 늘었다가 2050년 4234만 명으로 크게 줄고 65세 이상 고령인구 비율은 빠르게 높아져 2050년에는 38.2%에 달할 것으로 내다보고 있다.[5]

즉 우리나라의 출산율의 문제는 이제는 심각한 상태를 넘어 극단의 대책이 필요한 상태에 놓여 있다는 것이다. 이러한 결과 학교 현장에도 많은 변화가 오고 있다. 각 학교별 학생 수에 관한 구체적인 자료는 2010년 교육통계연보를 통해 더 잘 알 수 있다. 2008년에서 2010년까지의 통계를 보면 초등학교의 학생 수는 10% 감소한 것으로 나타났다. 그리고 중학교의 경우에는 3% 감소하고 고등학교의 경우에는 2% 증가한 것으로 나타났다. 그러나 중고등학교를 합산하여 통계를 내어보면 3년간 중고등학교 학생 수는 변동이 없었다.

2. 고신교단의 상황

예장 고신교단의 학생 수의 변화는 매년 총회에 보고되는 교세통계 보고서의 교회학교 예배별 평균 출석 통계를 기준으로 학생 수의 증감을 분석했다. 2007년부터 2010년 현황까지를 분석했다. 통계를 살펴보면 가장

---
5. 국민일보, 2010. 5. 27, 사회면.

감소가 큰 부서로는 유아유치부로 4년간 20.7%가 감소하였고 두 번째는 유초등부로 18.2%가 감소를 하였다. 그리고 중고등부는 1.3%가 감소를 하였고 반대로 대학청년부는 2.4%가 증가하였다. 즉 유아유치부에서 중고등부에 이르는 교육부서들은 예외 없이 모든 부서가 매년 감소 추세에 있다는 것이다. 그리고 또 한 가지 중요한 현상은 교육부서 중 특별히 감소하는 부서가 있었는데 가장 심각한 부서가 유아유치부이고 그 다음이 유초등부라고 할 수 있다.

일반적으로 교회학교의 미래를 담당하는 부서라고 할 수 있는 유아유치부와 유초등부의 학생 수 감소가 가장 두드러진 것이다. 그리고 상대적으로 유아유치부와 유초등부는 다른 부서 보다 교사의 영향을 더 많이 받는 점을 고려할 필요가 있다. 이 같은 결과는 8년 전 통합교단에서 조사한 결과와 차이가 난다. 8년 전 당시에 통합교단에서 가장 두드러지게 감소한 부서는 중고등부와 아동부의 감소가 두드러졌는데[6] 이제는 연령층이 더 낮은 부서의 감소 현상이 더 심각한 문제로 대두되고 있음을 알 수 있다.

3. 타교단의 상황

(1) 성결교단

성결교단의 경우 비슷한 시기 유초등부의 숫자가 급감한 것을 알 수 있다. 이는 고신교단 보다 더 심각한 것으로 2009년에 성결교단의 학생 수는 89,387명으로 이는 2000년도에 비해 77%의 숫자에 불과한 실정이며 최근 최고조를 보인 2006년도에 비해 75%에 불과하다. 그리고 최근 4년 간의 통계를 살펴보면 25%의 학생들이 감소한 것을 알 수 있다.

---

6. 박상진 교수에 의하면 이 당시 중고등부의 경우는 1997년도를 기준으로 할 때 2002년도의 학생 수는 31.9%나 감소하였다. 그 결과 중고등부의 학생 수가 급감했다고 표현하였다. 박상진, 《교회학교 부흥을 위한 교사교육의 새로운 패러다임》(서울: 예영, 2007), 19.

(2) 통합교단

통합교단의 경우에도 학생 수는 비록 타 교단의 비해 감소율이 작았지만 유치부와 유년부, 초등부, 소년부에서 감소 현상이 두드러지게 나타났다. 이러한 감소의 패턴은 고신교단과도 유사한 것으로 교회학교 내에 초등학교의 연령층에 더 많은 교육적 관심과 지원이 이루어져야 함을 알 수 있다.

4. 교회학교 학생 수 감소와 교사

교회학교 학생 수 감소라는 교회학교 침체현상과 교회학교 교사와는 어떤 관계가 있을까? 이 질문에 관해 예장 통합교단에서 조사한 결과가 있다. 예장 통합 총회교육부에서 발간한 《교회교육백서》(2003)에 의하면 교회학교 학생 수의 감소요인을 가르치는 자, 주변 환경, 프로그램, 교회시설, 부모 등을 들고 있다.[7] 그러나 이 중에서 가장 중요한 요인으로 '교사'요인이라고 지적한다. 《교회교육백서》(2003)는 한국교회 교회교육의 실태를 파악하기 위한 것으로서 전국 521개 교회를 표집 하여 조사하였는데, 교회학교 증감의 요인으로서 교사가 48%로서 가장 높게 나타났으며, 그 다음이 주변 환경(47%), 프로그램(42%) 등이고, 이에 비해 교회시설(17%), 학부모(16%)는 교회학교 학생 수 증감에 크게 영향을 미치지 않는 것으로 인식되었다.[8]

이렇게 볼 때 교회학교의 학생 수 증감의 가장 큰 요인은 교사임을 알 수 있다. 또한 양금희 교수는 그의 책 《교회학교 진단 침체와 부흥》을 통해 보다 더 한국 교회학교의 침체원인을 구체적으로 분석하였다.[9]

분석을 통해 나타난 결과는 교역자나 기독교 교육 전문가들은 교회학교 침체의 가장 큰 원인을 교사에게서 찾고 있었다. 그러나 이에 반해 교사들은 교사 자신의 문제보다는 교육 프로그램이나 방법과 같은 곳에서 가장 큰 원인을 찾고 있었다.

---

7. 조용선, "주말교회학교", 《기독교교육논총》, 제17집 (2005): 76.
8. 박상진 외, 《교회교육백서》(서울: 한국장로교출판사, 2003), 10.
9. 양금희, 《교회학교 진단 침체와 부흥》(서울: 쿰란, 2008), 73.

그렇다면 이러한 침체원인의 분석과 함께 교회학교의 부흥과 성장 방안은 없는 것일까? 양금희 교수는 교회학교 부흥 방안에 관한 설문조사를 병행함으로 교육적 차원에서 시도되어야 할 노력들이 무엇인지를 조사하였다. 그의 조사에 따르면 교회학교의 부흥과 성장을 위해서는 조사자의 71.2%가 교사차원에서의 변화가 가장 중요하다고 응답하였다. 그리고 교회 자체의 변화(52.2%)와 교육환경의 변화(50.6%)가 중요하다고 나타났다. 즉 교역자와 교육 전문가들이 공히 '교사'로부터 부흥을 위한 노력이 시작되어야 한다고 보고 있다는 것이다. 그러므로 교회는 교회학교 교사의 시대적인 변화의 특징을 이해하고 그들을 도와야 한다. 이를 위해 다음 장에서는 교회학교의 교사교육의 현황을 보다 더 파악하기 위해서 고신교단 안에 속한 교사와 교역자들의 교회교육에 관한 설문조사를 분석하고자 한다.

Ⅲ. 교회학교 교사교육 현황분석

1. 교사교육에 대한 설문 조사

이 장에서는 예장 고신교단의 교사교육의 현황파악을 위한 설문조사의 결과를 분석함으로써 고신교단의 교회학교 교사교육의 실태를 파악하고 이를 논의하려고 한다. 설문조사는 대상에 따라 크게 두 종류로 나누어져 실시되었다. 하나는 교사들을 대상으로 한 것이고 다른 하나는 교역자들을 대상으로 한 것이다. 고신교단의 교회학교 교사훈련에 관한 체계적인 연구는 많이 이루어지지 않았고[10], 다른 석사학위 논문에서는 피상적으로 교사교육에 관한 내용을 간헐적으로 조사된 정도였다. 이 조사연구는 고신교단의 교사교육의 현황을 이해하고, 이를 진단함으로 대안적인 교사교

---

10. 고신교단의 경우 2007년 교단교육의 현황을 파악하기 위해 제5차 교회교육 센서스를 조사한 바가 있다. 이 조사는 제5차 교육과정 개발을 위한 기초자료로 파악된 것으로 교사교육에 관한 조사가 일부 포함되어 있다.

육을 모색하는데 그 목적이 있다. 아울러 이 논문에 사용된 설문조사지는 장로회신학대학교 기독교 교육학과의 박상진 교수가 2004년에 제작한 것을 허락을 받아 사용하였다.[11]

이를 통해 고신과 통합교단간의 교사교육에 대한 인식의 차이점을 분석해 볼 수도 있을 뿐만 아니라 보다 더 정확한 한국교회의 교사교육의 실태는 파악해 보고자 한다.

본 설문조사는 예장 고신교단 교회의 교학학교 교사들을 대상으로 하였다. 표집대상은 고려신학대학원이 고신교단의 대표적인 교역자 양성기관으로서 전국교회를 대표하는 학생들이 재학하고 있기에 교역자용은 신학대학원 3개 학년과 여신원 전체를 파악하였다. 그리고 교사용의 경우에는 신학대학원 3개 학년 중 2개 학년과, 여신원 전체 학년을 표집하여, 학생들이 소속된 교회의 교사들에게 설문지를 배포하고 작성토록 한 후 수집하는 방식을 취하였다.[12]

특히 개 교회에서 보다 공정하게 표본을 추출하고자 난수표를 이용하여 해당 교회학교 교사 5인을 표집토록 하였다. 이 설문지의 분석의 틀은 크게 일곱 가지 기준에 의해 마련되었다. 첫째 교사교육의 형태로서 학교씩 체제인지 아니면 양육체제인지, 혹은 그 밖의 체제인지를 구분하는 기준이다. 둘째는 교사교육의 내용 영역별 분류로서 성경지식, 신앙성숙, 인격도야, 교수기술, 학생이해 등으로 나누어 볼 때 어느 영역을 강조하고 있는지를 파악하는 기준이다. 넷째는 교사교육의 시간 또는 횟수로서 양적인 분류이다. 다섯째는 교사교육이 교사양성교육과 교사계속교육으로 분화되어 있는지를 파악하는 기준이다. 여섯째는 교수방법의 분류로서 강의식, 토의식, 워크숍, 현장참여 등으로 나누어 볼 때 어느 정도 다양한 방법

---

11. 박상진 교수의 설문지는 《교회학교 부흥을 위한 교사교육의 새로운 패러다임》의 부록자료에 수록되어 있는 것을 사용하였다.
12. 고려신학대학원 재학생들이 전국적인 분포를 하고 있지만, 재학생들이 현재 속한 교회들은 전국교회를 대표하기에는 보다 부산, 경남에 편중 현상이 있는 것이 사실이다. 그러나 교사들의 전체적인 의견을 파악하는 데에는 영향을 줄 정도는 아니며, 이를 보완하기 위해 수도권 지역에서 사역하는 여신원 및 교회들을 대상으로 더 추가 조사를 하였다. 그리고 필요한 경우에는 지역별, 특성별, 그리고 교회 규모별 요인을 고려하여 분석하였다.

이 사용되고 있느냐의 기준이다. 마지막으로 일곱째는 각 교사교육이 지니는 독특성을 파악하는 것이다.

2. 교사교육에 관한 설문 결과 논의

교사교육의 현황파악을 위해 실시한 교사를 대상으로 한 설문조사와 교역자를 대상으로 한 설문조사 결과를 토대로 교사교육의 현황에 대한 논의를 하려고 한다. 논의내용은 앞서 제기 되었던 일곱 가지를 중심으로 교사교육의 형태, 교사상, 교사교육의 성격, 교사교육의 구조, 교사교육의 방법, 교사교육과 목회와의 연계 등으로 정리하였다.

(1) 교사교육의 형태
고신교단 교회학교의 교사교육의 형태는 '교사대학'과 같은 체계적인 교육방식이 아닌 '교사세미나'로 불리는 단회적이고 강의 중심의 교육이 주종을 이루고 있으며, 교사헌신예배, 교사수련회, 교사위로회, 교사부흥회 등으로 보완하고 있다. 또한 통합교단과 비교하여 볼 때 교회의 크기나 지역적 위치와는 상관없이 교사교육의 부재가 심각한 사항에 있다. 이를 위해 총회와 노회, 각 개 교회가 이를 해결할 수 있는 구체적인 방안을 모색해야 한다.

(2) 교사상
교사들이 이상적으로 생각하는 교사상은 '영적인 깊이가 있는 교사', '학생들과 잘 어울리는 교사', '인격적으로 훌륭한 교사'로 나타났으며, '성경지식이 많은 교사'나 '가르치는 기술이 탁월한 교사'는 그보다 훨씬 덜 중요하게 인식하고 있음을 알 수 있다. 교역자들이 기대하는 교사상은 '인격적으로 훌륭한 교사', '학생들과 잘 어울리는 교사', '영적인 깊이가 있는 교사'순이었는데 이 세 가지가 교사와 교역자 모두에게 가장 중요한 교사상으로 인식되고 있음을 알 수 있다. 교사가 가져야 하는 가장 중요한 이미지는 '부모'로서의 이미지이고, 그 다음이 '비전제시자' '치료자', '사역자', '코치'의 순이었다. 즉 바람직한 교회학교 교사의 모습으로 생각하는 교사상은 영적인 깊이가 있고 부모처럼 학생들을 사랑하고 그들과 잘 어울리며 그들에게 비전을 제시하며 인격적으로 감화를 주고 그들의 고민을 해결 주며 그들이 필요한 것을 지원해 주는 사람이라고 할 수 있다.[13]

(3) 교사교육의 성격

교사교육 시 가장 강조해야할 영역으로 교사들은 신앙성숙을 꼽고 있었고, 그 다음이 학생이해, 성경지식, 인격도야, 교수기술의 순이었다. 교역자들도 무엇보다 교사교육에서 신앙성숙을 강조해야 한다고 생각하는데 이는 교사교육이 단순한 지식전달이나 기술획득을 위한 것보다 근본적으로 교사들의 신앙을 양육할 수 있는 구조가 될 것을 요청하는 것으로 보인다. 그런데 실제적으로 이루어지고 있는 교사교육에서는 학생이해에 관해서, 그리고 성경지식에 대해서 상대적으로 많은 도움을 받는 것으로 나타났다. 현재의 교사교육은 분명하게 이론에 치우치는 경향이 있는데, 교사교육에 있어 '양육'과 '실천'의 부분에 있어 더 많은 보완이 필요하다.

(4) 교사교육의 구조

교사교육에 있어서 교사양성과정과 교사계속과정이 분리되어 실시되는 경우가 많지 않았으며, 중·대형교회들의 경우만 분리 실시가 이루어지고 있다. 이는 체계적인 교사교육이 되기 위해서는 극복되어야 할 과제인데, 교사의 필요에 맞는 효율적인 교사교육의 구조가 확립될 필요가 있다. 교사교육의 횟수는 연 2회 이하로 개최되는 것이 대부분이다. 수강시간도 5시간 미만이 가장 많은 비중을 차지하고 있고 대부분 10시간 미만의 교사

---

13. 이는 고신교단이 추구하는 인간상과 일치하는 것으로 고신교단의 교육이념은 예배적 인격자, 인화협동적 인격자, 문화적 인격자를 양성하는 것이다.

교육을 받는 것으로 나타나고 있다. 그 결과 현재의 교사교육에 대해서 불충분하다고 인식하는 경우가 충분하다고 인식하는 경우보다 훨씬 더 우세하였다. 이는 현재 교사교육이 최소한으로 유지되고 있음을 알 수 있는데 체계적인 교사교육을 위해서는 교사교육의 구조에 있어서 새로운 변화가 필요함을 의미한다. 또한 참여의 방법에 있어서도 다양한 방법이 모색되어야 한다. 전자통신기기의 발달과 상호교차적인 커뮤니케이션의 다양한 개발을 통해 이러한 시대에 따른 변화를 활용해야 할 것이다.

(5) 교사교육의 방법

교사교육의 방법은 대부분 '강의'가 사용되고 있다. 이는 강사의 일차원적인 커뮤니케이션을 통한 교사교육으로 지식 전달 중심의 교사교육의 형태임을 보여준다. 이는 교사교육이 너무 이론적이라는 반응과 일치한다. 시대의 변화에 따라 교사의 교수법을 교정시키기 위해서는 다양한 학습방법들이 동원되어야 한다. 교사들은 자신의 신앙이 성숙하는 것을 원하면서도 동시에 가르치는 기술을 구체적으로 향상시킬 수 있는 교사교육을 가장 원하고 있다. 다시 말해 교사교육이 강의식의 지식전달보다는 보다 실습위주의 교육이 되기를 교사들은 요청하고 있는 것이다.

(6) 교사교육과 목회와의 연계

교사교육은 목회의 다른 교육과정과의 연계성 없이 이루어지면 안 된다. 교사의 지속적인 신앙성숙과 인격형성이 교사교육에 중요한 것이라면, 교사교육과 목회의 다른 교육과정과의 연계는 교회적인 차원에서 잠정적으로 교사를 할 가능성이 있는 교사 후보자들을 양성하고 기존 교사의 영적 성숙을 도모한다는 차원에서 꼭 고려해야 할 영역이다. 목회자는 교회학교 교사교육을 교육부서나 교회학교에 일임할 것이 아니라 전체 목회적인 차원에서 구조화하여야 한다.[14]

---

14. 박상진, 《교회학교 부흥을 위한 교사교육의 새로운 패러다임》, 121-122.

Ⅳ. 총회교사대학 교육과정

앞의 장에서 고신교단의 교사교육에 관한 설문조사 결과를 분석하였다. 이 장에서는 설문조사의 결과와 함께 고신교단의 교사교육을 위해 만들어진 총회교사대학의 시작과 변천과정을 살펴보고자 한다. 이를 통해 어떻게 총회교사대학이 발생하였고 어떠한 과정을 통해 지금의 교육과정이 구성되었는지를 살펴보고자 한다.

1. 총회교사대학의 역사[15]

총회교사대학은 예장 고신총회의 주일학교 교사양성기관으로 1986년 3월 '주일학교교사통신대학'이라는 이름으로 출발하였다. 1986년 3월에 첫 교재를 간행한 것을 시작으로 지금까지 세 차례의 교육과정의 변화가 있었다.

(1) 제1차 교육과정: 교사양성총서(전 16권)

교사통신대학의 개교를 준비하면서 교육의 수준은 전문대학 수준을 유지하기로 하여 2년 4학기의 교육과정을 편성하였다. 처음에는 학기당 5과목씩 모두 20과목, 20학점을 이수하도록 하였으나 교재개발과 집필진 구성 등의 어려움으로 조직과정을 거쳐 모두 16개 교과목, 16학점으로 확정하였다. 그리고 교수진의 구성은 기독교 교육학과 교수와 신학과 교수, 그리고 기독교 교육관련 전문사역자로 구성하였다.

---

15 나삼진, "총회교사대학 25주년 기념,"「교회와 교육 봄」, 4, 봄호 (2011), 97-102.

⟨교사양성총서 시리즈⟩

학년/학기	과목	학년/학기	과목
1-1	신약개설	2-1	기독교 교리
	교사론		어린이 예배·설교·동화
	교육심리		학급운영
	학습지도		교회음악
1-2	구약요론	2-2	교회사
	성경공부론		주일학교교육활동
	교회교육론		전도·양육·상담
	생활지도		주교행정

(2) 제2차 교육과정: '교회와 교육'시리즈(전 12권)

두 번째 교육과정의 개편은 개교 이후 13년째인 1998학년도부터 이루어졌다. 제2차 개편은 교과서가 집필, 출판된 지 상당한 시간이 경과되었고, 과목수가 많아 학생들의 학습에 대한 부담을 경감하고, 학생 수의 감소에 따라 학교경영상 출판 시스템의 변화를 주어야 한다는 것이 그 주된 이유였다. 교사통신대학의 제2차 개편은 학제는 2년 4학기를 유지하되 교사들의 부담을 줄이기 위해 학기당 수업을 세 과목으로 하고, 학기 중간에 2일간 실시하던 출석 수업을 학기 초에 개강 세미나와 학기 말에 기말 세미나를 실시하는 것으로 변경하였다. 교사통신대학의 특성상 교육과정의 개편은 교재개발과 깊이 연결되어 있어 교육과정 개편과 함께 새로운 교재가 개발되었다. 교사통신대학은 1998년 3월부터 부터 2년 동안에 '교회와 교육'(전 12권) 시리즈를 완간하게 되었다.

⟨교사양성총서 시리즈⟩

구분		교과목	교재
1	1	교사론	변화하는 교사 새로워지는 주일학교
		아동이해	맑고 따뜻한 것이 강합니다
		성경개론	성경을 어떻게 공부할 것인가
	2	교회교육론	내일로 가는 교회교육
		성경교수법	성경을 어떻게 가르칠 것인가
		성경개론	성경의 맥을 잡아라
2	1	반목회와 교육활동	재미있는 반목회와 교육활동
		청소년사역	NG를 잡아라: 21세기 청소년 사역전략
		기독교 교리	우리는 무엇을 믿는가
	2	교회사	교회의 역사
		전도양육	새 생명 탄생에서 양육까지
		생활지도	삶을 새롭게 하는 교회교육

(3) 제3차 교육과정: Church Next시리즈(전9권)

세 번째 교과과정의 개편은 2008년도에 이루어 졌다. 21세기에 접어들면서 사회의 급격한 변동에 따라 총회교사대학도 네 가지 점에서 프로그램의 개편이 필요하였다. 첫째, 한국사회의 문화변동에 따라 교사들의 분주한 삶과 헌신도의 약화 때문에 2년 프로그램을 계속하기가 어려웠다. 둘째, 교재가 출간된 지 10년이 되어 교재 개편의 필요성이 있어 교회와 교사들의 새로운 요구를 반영해야 했다. 셋째 교사들의 전문성의 강화를 위해 전공제도를 도입하여 선택의 기회를 제공하도록 했다. 넷째, 그동안의 축적된 교사교육의 역량으로 이제 한국교회를 섬기는 프로그램으로 성장시키겠다는 비전이 있었다.

총회교육원은 이러한 필요를 고려하여 교사통신대학을 전면 개편하기로 하고, 제58회 총회에 주일학교교사통신대학을 총회교사대학으로 개명하고, 학제도 변경하는 방안을 제출하여 승인을 받았다. 이 개편안은 네 가지 중요한 변화를 포함하는데 첫째, 학제를 2년 4학기를 1년 2학기 프로그램으로 축소하였다. 그리고 12학점에서 8학점으로 줄였다. 둘째 새로운 교재를 집필, 출간하되 신학과 교육학, 교육실무자들의 균형 있는 집필진을 구성하였다. 셋째 교사의 사역에 따라 세 트랙의 과정을 이수하도록 하였는데, 초등부는 기본으로 하여 전체 교육과정에서 자연스럽게 스며들도록 하였고, 기본교육 외에 청소년 사역과 유아유치부 사역은 선택과목으로 각기 그 과목을 선택하여 해당부서의 전문성을 확보하도록 하였다. 넷째, 초교파적으로 한국 복음주의권 신학교육기관의 교수들을 교수진으로 발탁하여 교재개발에 참여시켰다. 그 결과 신학적 차이가 거의 없는 교사론에 한춘기 교수(총신대), 교육심리에 박종석 교수(서울신대)가 함께 집필진으로 참여하게 되었다.

이렇게 개편된 교육과정에 따라 아홉 권으로 'Church Next' 시리즈를 편찬하게 되었는데, '교회의 미래를 준비하는 교회학교 교사교육과정'으로 부제를 붙였다. 이렇게 개편된 제3차 교육과정에 따라 11명의 교수진이 참여한 가운데 완성한 Church Next 시리즈의 교재는 다음과 같다.

〈Church Next 시리즈〉

학기	교과목	교재
1	교회교육론	교회교육 길라잡이
	교사론	교사 마스터링
	성경개론	성경 길라잡이
	교육심리	기독교 교육심리
2	성경교수법	유능한 교사의 성경교수법
	기독교 교리	교리를 알면 신앙이 자란다
	교육활동	교회학교 프로그래밍
	청소년사역	청소년 사역 매뉴얼
	유아유치부	유아·유치부 사역 매뉴얼

현재 예장 고신 총회교육원이 운영하는 총회교사대학은 개교이후 지금까지 14,860명의 학생이 입학하였고 5,714명이 졸업을 하였다. 매년 평균적으로 500여명의 학생들이 입학하는 명실상부 최고의 교사양성기관으로 자리매김하고 있다.

2. 총회교사대학 교육과정 평가

총회교사대학의 역사를 앞서 살펴보았다면 이제는 총회교사대학의 교육과정에 관해 학문적으로 분석해 보고자 한다. 특별히 총회교사대학의 교육과정 평가는 교육과정 연구자인 지로(Herry A. Giroux)가 「Curriculum and Instruction」에서 제시한 세 가지 변화의 단계 즉 전통주의적 입장, 개념-경험주의적 입장, 재개념주의적 입장을 살펴보고자 한다. 이를 통해 교사대학의 장단점을 파악하고 개선을 해야 할 사항이 무엇인지를 알고자 한다.

(1) 목적과 목표

교육과정의 개선을 위해 무엇보다 앞서 요청되는 것은 명확한 교육목적과 그 목적을 이루기 위한 구체적인 교육목표를 설정하는 것이다. 여기서 '교육목적'이란 기독교교육의 보편적 방향과 장기적 전망을 일반적이고 포괄적으로 진술하는 가치 규범적인 용어이다. 이에 반해 '교육목표'란 이러한 보편적 추상적으로 설명되어지는 교육목적을 실현하기 위해 우선적으로 세워야 할 보다 구체적이며 단기적인 계획으로 구성된다. 예장 고신교단의 총회교사대학 교육과정은 '교회의 참된 성장과 성숙을 위한 교육 지도자를 양성'하기 위해 계획된 교사교육과정이다. 이 점은 교사대학의 교육목적에 잘 나타나 있다. 그리고 이러한 교육목적에 따라 각 과정의 교육목표의 성취가 비교적 잘 되어있음을 알 수 있다. 또한 무엇보다 부서별 유치부, 유초등부, 중고등부 교사들의 교육을 세분화하여 교재를 편성했다는 것은 다른 교단교재들과 차별화된 특징이라 할 수 있다.

하지만 여기에서 조금 더 나아간다면 특수 장애자, 다문화 가정과 같은 이후에 발생할 세분화 과정에 관한 이러한 담론적인 내용을 교재에 더 포함했으면 하는 아쉬움이 있다. 그리고 과정의 편성에 있어 부서별 횡적인 교육의 과정은 갖추어져 있는데 교사의 경력이나 단계에 따른 종적인 교육과정들이 없다는 점이 아쉽다. 신입교사훈련이나, 지도자과정의 교사훈련을 통하여 교사교육의 전, 후단계의 교육과정의 신설이 요구된다. 그 이유는 처음 교사로 헌신한 사람에게 이 과정의 내용은 부담이 될 수도 있고 이 과정을 마친 이후의 교사에게는 또 다른 교육과정이 필요하기 때문이다.

(2) 학습내용의 선정

교육목표를 성취하기 위해 선정된 교육내용은 타당해야 하며, 유용해야 하고, 학습 가능해야 하며, 구조적 위계성을 지니고 있어야 한다. 즉 기독교 교육과정은 그 내용선정에 있어 성경적 근거와 건전한 신학적 해석 위해서 수행되어야만 그 타당성을 인정받을 수 있다. 이러한 기준으로 볼 때 총회교사대학 교육과정은 성경적, 신학적으로 건전한 바탕위에서 집필되었고 어떤 특정한 교단을 옹호하거나 예속된 성격은 별로 없다.

내용선정의 유용성의 경우 학습자들의 삶에 긍정적인 영향을 줌으로써 결과적으로 그들의 개인적, 사회적 삶의 현장에서 교육목적과 같이 참된 성장과 성숙의 과정이 일어나도록 돕고 있다. 특별히 앎의 영역에 있어 성경 및 교리, 학생이해, 학급운영, 교수방법 등에 있어 훌륭한 내용을 담고 있다. 그리고 문제의 해결과 평가의 과정에서도 교사가 학생들과 함께 문제를 해결함을 통해 학습자의 변화의 가능성을 높였다.

그러나 학습가능성에 있어 교사들에게 이 모든 것이 다 맡겨진 상태이므로 이를 보다 책임 있게 도와줄 보완장치가 필요하다. 지금의 교육방법에 있어서는 총회교육원이 모든 책임을 가지게 되어 있는데 이를 노회의 교육부와 교회의 교육담당자들과 함께 이 문제를 해결해 나가야 할 것이다. 이를 통해 교사들의 학습가능성을 높일 수 있을 것이다. 뿐만 아니라 앎의 영역이 다른 영역보다 더 강조된 부분이 있다. 교사교육에 있어 지식과 함께 영성의 강조가 필요한데 이 부분 역시 노회에서 개최되는 다른 세미나를 통해 함께 보완해 나갈 필요가 있다. 그리고 교사의 수준별 혹은 단계별 학습과정을 만들 필요가 있는데 이를 위해서는 먼저 신입교사양성과

정의 개설이 필요하다고 생각한다.

(3) 학습내용의 조직

교육과정의 유형은 계획적 교육과정(Intended Curriculum)과 수행적 교육과정(Operational Curriculum)으로 분류할 수 있는데 전자는 교육목적, 목표의 체계적인 수행과 실현이라는 관심 아래서 교육내용을 조직, 구성하려는 방법이고, 후자는 교육의 현장에서 실제로 진행되는 교육내용의 전수과정 중 필연적으로 일어나는 교사, 학생 및 환경 사이의 상호작용이나 상호관계성을 중시하는 입장에서 교육과정의 내용이나 구성의 순서를 결정하려는 방법이다. 이 두 가지 중 계획적 교육과정은 보수적 교육학자들에 의해서 그리고 수행적 교육과정은 진보적 교육학자들에 의해 지지되고 있다.

이러한 측면에서 보았을 때 총회교사대학 교육과정은 교육목적과 목표의 체계적 수행은 훌륭한 것으로 보인다. 그리고 각 교육부서의 연속과정으로서 각 부서의 학생들에 관련된 신앙적, 심리적, 사회적 환경들을 분석하여 각 부서 사역의 실제에서도 전문성을 발휘할 수 있도록 한 점도 다른 교단의 교재에 비해 강점이 있다.

하지만 학습내용의 과목에서 교사가 필요한 내용을 전반적으로 다루지 못하는 점이 있다. 예를 들어 영성교육, 사회교육, 문화교육 등과 같이 현시대에 교사들이 갖추어야 할 필수적인 학습내용을 포함하여 조직하는 점이 필요하다. 그리고 이러한 교육이 교회공동체 안에서 보다 더 강조되어야 한다.

(4) 해석적 관점

교육과정 이론으로 볼 때 전통주의 이론이나 개념-경험주의 이론을 근거로 총회교사대학 교육과정은 비교적 잘 구성이 되어 있으나 재개념주의 이론이나 근거는 부족하다. 휴브너의 관점에서 볼 때 '통제'와 '권력'에 해당하는 언급은 거의 찾아볼 수 없다. 교사들을 위한 교육과정과 교단의 신학적인 특이성을 주요인으로 볼 수 있으나 재개념주의에 대한 소개나 관점을 교사들이 인식할 수 있는 내용을 교단의 신학적 바탕 위에 추가하면 더 좋으리라 생각된다.

VI. 교사교육을 위한 총회교사대학 개선방안

교사교육에 관한 설문조사와 총회교사대학의 이론적 분석 자료를 근거로 하여 이 장에서는 총회교사대학의 개선방안을 모색하고자 한다.

1. 공동체의 협력과 시대변화를 고려한 개선방안

(1) 공동체의 협력을 통한 교사교육의 개선방안

교사교육을 통해 궁극적으로 교회가 원하는 것은 교회공동체의 변화이다. 컬리는 이를 위해서는 교육과정을 준비할 때 필요한 것은 공동체 속에서의 계획이라고 지적하였다.[16] 그는 이를 위해 반드시 교구에 속한 신자들을 연구하여 제일 잘 조화될 수 있는 내용과 방법, 신학적 관점을 살필 뿐만 아니라 그들의 교육, 직업, 흥미 그리고 지역적 환경 등에 대한 조사를 철저히 하라고 말한다.

총회교사대학에서 제일 먼저 개선해야할 점도 여기에 있다. 교회학교 교사교육을 더 이상 총회의 몫이나 개 교회의 몫으로 책임을 전가해서는 안된다. 설문조사에서도 나타났듯이 교회학교의 교사교육은 담당부서의 교역자 또는 개 교회의 교역자에 의해 교육되는 것이 가장 많았다. 또한 바람직한 교사교육의 진행을 묻는 설문 역시 개 교회가 맡는 것이 가장 높았

---

16. 아이리스 V 컬리, 《커리큘럼의 계획과 선택》, 고용수 역 (서울: 한국장로교출판사, 1993), 82.

다. 이 같이 교사대학 프로그램의 운영은 총회가 아닌 궁극적으로 각 교회의 교역자들이 진행해야 한다. 왜냐하면 담당 교역자들이 교사가 속한 공동체의 상황을 가장 잘 알고 그들의 필요에 누구보다 민감하게 잘 반응하기 때문이다.

그러나 여기에는 여러 가지 제약이 따른다. 가장 큰 문제는 교회의 교역자들의 훈련과 커리큘럼과 교재의 선택이다. 훈련된 교사를 양성하기 위해서는 훈련된 지도자의 양성이 먼저 선행되어야 한다. 그러나 설문조사의 결과에서 보듯이 고신교단 내 교회들은 교회의 규모에 상관없이 교사교육이 매우 열악함을 알 수 있다. 이는 달리 말하면 교사를 교육할 만한 지도자들이 부족하기 때문이다. 이에 교회학교의 부흥을 위해서는 총회산하 모든 교육기관이 협력을 해야 한다. 즉 총회, 노회, 교회 세 기관이 교사교육을 위해 협력체를 구성해야 한다. 지금까지의 교사교육의 형태를 살펴보면 각기 이 세 기관은 교사교육을 위해 나름 최선의 노력을 다하였지만 서로 협력을 잘 이루지 못하였다. 여기에는 정확한 목표와 일의 분배가 필요하다.

총회차원에서의 지원은 총회교사대학의 커리큘럼과 교재를 보완해야 한다. 또한 신학대학과 신학대학원을 통하여 정규 교육과정안에 총회교사대학의 교육과정을 운영할 수 있는 수업시간을 확보해야 한다. 이를 통해 교역자들은 교사교육의 필요한 자료와 훈련을 시행할 수 있고 교회는 준비된 교회교육 전문가를 얻을 수 있다. 또한 노회는 매년 2회에 걸려 시행되는 신년교사 강습회와 여름성경학교 강습회를 활용하여 총회교사대학의 교육과정에서 충분히 다루지 못하는 과목(영성, 사회, 문화, 정보 등)을 중심으로 강의를 구성하여 운영하도록 한다. 많은 경우 노회 강습회 역시 이론중심의 강의나 학생이해에 많은 부분을 차지하고 있는데 이는 총회교사대학의 교육과정과 상당 부분이 중복되고 있다.

결론적으로 교회학교 교사의 교육은 이제 더 이상 개 교회만의 노력으로 변화를 일으킬 수 없다. 총회, 노회, 교회 세 기관이 힘과 지혜를 모아 교

회학교 교사들을 양육할 때 교회공동체의 변화가 일어날 수 있을 것이다.[17]

(2) 시대변화에 따른 교사교육의 개선방안

총회교사대학은 교회학교 교사교육을 확립하는데 많은 기여를 하였다. 총회교사대학의 시작으로 개 교회의 교사대학 커리큘럼이 구체적으로 확정되었다. 또한 이를 교재화하고 보급, 실시토록 함으로 비로소 체계적인 교사교육의 혜택을 교단 내 교회가 받을 수 있었다. 또한 교사대학의 시행으로 교사교육의 필요성을 인식하게 되었고 교사교육의 전문성이 강조되었다. 그리고 무엇보다 교사교육을 체계적으로 시행할 수 있게 되었다. 그러나 이러한 많은 공헌에도 불구하고 총회교사대학의 교육방법은 시대의 변화에 따라 시급히 개선 되어야한다.

총회교사대학의 교육과정 분석에도 나타나듯이 총회교사대학의 가장 큰 약점 중에 하나는 교사의 자학자습을 통한 교육방법이다. 교사는 스스로가 학습을 하는데 있어 많은 한계점을 가진다. 공동체의 협력을 통한 개선방안으로 교회의 교역자들의 도움이 있다할지라도 교사 스스로가 노력하지 않으면 아무런 소용이 없다. 그러므로 교사가 학습이 용이하게 할 수 있는 새로운 협력의 장이 마련될 필요가 있다. 현대사회에서 교사들이 일정한 장소에서 많은 시간을 보내면서 교사교육을 받는 것은 매우 힘든 일이다. 그리고 시대가 변해갈수록 이 일은 더욱 더 어려워 질 것이다.

이에 총회교사대학의 교육방식에 있어 새로운 패러다임의 전환이 필요하다. 교사교육의 새로운 대안으로는 현대사회의 발달된 정보 통신 기기의 활용하는 것이다. 현대 사회는 디지털 사회를 지나 스마트 사회로 나아가고 있다. 이제 모든 것이 손 안에서 해결되는 세상이다. 그러므로 이를 이용한 교육방법의 변화가 필요하다. 이를 위해 총회교사대학의 각 과목의 내용을 영상으로 제작해서 운용을 해야 한다. 총회교사대학 교수들

---

17. 고신교단의 경우 총회성경대학의 과정을 교회 프로그램으로 전환하여 시행하고 있다. 그 결과 교회 공동체 안에서의 많은 변화를 가져오고 있을 뿐만 아니라 총회와 교회가 더욱 긴밀하게 활동을 할 수 있는 계기가 되었다.

의 우수한 강의를 영상으로 제작하여 인터넷을 통해 교사들에게 제공해 주어야 한다. 그리고 각 교회의 담당교역자들을 위한 영상강의도 함께 제작할 필요가 있다.

또한 영상제작과 함께 교회 현장에서 교역자들과 교사들이 학생들과 직접 만나서 몸으로 익힐 수 있는 아날로그 형태의 다양한 교육방법도 총회교사대학을 통해 함께 제공해야 한다. 이를 통해 교사들은 주중에 자신이 원하는 시간과 장소를 활용하여 인터넷을 통하여 강의를 듣고 매 주일 교사회의 시간을 활용하여 담당교역자과 함께 담당 부서의 학생들을 위한 최선의 교육방법이 무엇인지를 나눈다. 이를 위해서는 먼저 총회교사대학의 교육내용의 콘텐츠를 디지털화 하는 작업이 시급히 필요하다. 또한 교사 스스로의 자학자습 형태의 학습방법을 보완하기 위해서는 SNS[18]를 활용한 1:1일 교육방법을 도입하여 교회학교 교사들과 총회교사대학 간에 실시간으로 함께 생각을 소통할 수 있는 장을 마련해야 한다.

2. 전인적인 교육과 개인의 신앙성숙을 고려한 개선방안

(1) 전인적인 교사교육으로서의 개선방안

교회학교 교사의 교육은 전인적인 교사교육이 되어야 한다. 신앙이란 지식만으로 자랄 수 있는 것이 아니다. 설문조사에서도 나타나듯이 교사들과 교역자들이 생각하는 교사상은 성경을 많이 아는 교사나 티칭 기술이 탁월한 교사가 아니라 영적인 깊이가 있는 교사, 인격적으로 훌륭한 교사, 학생들과 잘 어울리는 교사였다. 이 같이 교회학교의 교사교육은 신앙과 인격의 성숙 및 학생이해에 더 많은 관심을 가져야 한다. 또한 총회교사대학 교육과정의 체계성과 효율성의 분석에서도 나타났듯이 총회교사대학의 교육과정이 영성이나 학생이해보다는 성경과 교리를 가르치는

---

18. SNS란 Social Networking Service의 약자로 온라인상에서 불특정 타인과 관계를 맺을 수 있는 서비스를 말한다. 이용자들은 SNS를 통해 인맥을 새롭게 쌓거나, 기존 인맥과의 관계를 강화시킬 수 있다.

지성의 부분이 강조되어 있음을 알 수 있다. 그러므로 전인적인 교사교육이 되기 위해서는 성경이나 학생이해와 같은 지식의 영역이외에도 신앙의 성숙과 영성에 관한 부분을 강화하여야 한다. 신앙의 성숙과 영성은 단시간 내에 교육을 통하여 갖추어지는 것은 아니다. 이는 오랜 시간 개인의 노력과 습관을 통해 생겨나는 것이다. 하지만 그러한 체험의 장을 마련해 주는 것도 교사교육에 있어 매우 중요한 요소이다.

그리고 총회교사대학 교육과정의 타당성 분석에서도 나타나듯이 총회교사대학 교육과정은 사회와 세상을 바라보는 세계관 훈련에 있어 매우 취약한 점을 가진다. 기독교교육이란 단지 교회 안에 머무는 교육에서 벗어나 사회와 세상을 향해 나아가는 훈련이 병행이 되어야 한다. 그런 면에 있어 총회교사대학의 커리큘럼은 많은 보완이 필요하다.

이에 이를 개선하기 위해서는 먼저 총회교사대학의 교육방법 중 1년의 4번 시행하는 세미나의 개선이 필요하다. 세미나를 구성할 때 이와 관련된 과목들이 편성 될 수 있도록 한다. 그리고 세미나의 교육방식이 일방적인 강의식 형태의 교육방식에서 벗어나 교사들이 함께 나눌 수 있는 다양한 교수방법으로 진행해야 할 것이다. 지금까지는 일방적인 강의 위주의 교수중심의 방법이 많았다. 그러나 이제는 교사들이 함께 참여할 수 있는 시간과 교육방법을 많이 개발해야 한다. 그리고 세미나와 함께 지역별로 교회학교 교역자를 위한 세미나를 함께 개최하도록 한다. 왜냐하면 교회학교 교사의 전인적인 교육은 교회학교를 담당하는 교역자들의 전인적인 교육이 앞서 시행되어야 하기 때문이다. 그러므로 지역별 교역자 세미나를 통해 각 교회학교의 교사교육의 문제점이 무엇인지를 함께 고민하고 신앙의 성숙을 위해 어떤 교육과정과 교육방법이 필요한지를 나눌 수 있는 장을 마련할 필요가 있다.

(2) 신앙성숙도에 따른 교사교육

교회학교 교사들의 신앙성숙을 위해서는 신앙성숙도에 따른 교사교육

훈련프로그램이 필요하다. 설문조사에서도 나타나듯이 교단 내에 신입교사 양성교육을 둔 교회는 고신교단 내 교회의 6%밖에 되지 않는다. 좋은 교사는 저절로 되는 것이 아니라 교육과 헌신을 통해 만들어지는 것이다. 그러므로 좋은 교회학교 교사를 두기를 원한다면 좋은 교사교육의 환경을 조성하는 것이 매우 중요하다. 그러므로 총회교사대학의 과정의 개선을 통해 신앙성숙도에 따른 교사교육 과정을 세분화 할 필요가 있다.

여기에는 총회교사대학 과정에 안에 두 가지 과정의 신설이 필요하다. 첫째는 신입교사를 위한 양성교육으로 양성교육은 교사 예비교육 또는 기초교육이라고 할 수 있다. 즉 교회에서 교사로 경험이 없는 사람을 교회학교 교사로 양성하기 위한 기초 교사교육과정이다. 그러므로 양성교육의 목표는 교회학교에서 필요한 교사를 길러내는 것에 주안점을 가져야 한다.

교사 양성교육에서 다루어질 내용은 교회학교 교사로 봉사하는데 필요한 기본적인 소양을 기를 수 있는 내용이면 충분하다. 따라서 교사양성의 교육과정의 경우 너무 긴 과정으로 프로그램을 만들기보다, 8-12주 과정의 단기간의 과정이 되어야 한다. 그리고 반드시 영성교육을 함께 병행하도록 한다. 왜냐하면 앞에서도 언급하였듯이 영성은 단기간 내에 교육을 통해 익혀지는 것이 아니기 때문이다. 그러므로 교사양성 과정 때부터 몸에 습관화 할 수 있도록 해야 한다.

둘째는 총회교사대학 과정을 이수한 이후의 교사들을 위한 연장교육이다. 즉 연장교육은 현직 교사들의 재훈련을 위한 교사 교육과정이라 할 수 있다. 그러므로 연장교육의 목표는 교사의 성장에 있다. 그러기 위해 교사는 부단히 교육받고 훈련되어질 수 있어야 한다. 아무리 유능한 교사라 하더라도 교사는 계속적인 교육을 받아야 한다. 연장교육은 총회교사대학 과정을 이수 한 교사들이 자기 개발 및 재무장을 위해서 그리고 새로운 교육 이론과 방법을 익히기 위해서도 필요하다. 연장교육의 커리큘럼은 총회와 함께 개 교회가 함께 프로그램을 세워갈 필요가 있다.

그리고 무엇보다도 담임목회자의 목회계획과 함께 진행되어야 한다. 교회학교의 교사들은 교회 내에서 중추적인 역할을 담당하는 사람들로서 담임목회자가 이들을 돌볼 수 있는 큰 그림들을 가지고 있어야 한다. 설문조사의 결과에서도 나왔듯이 교단내의 교회가운데 교사교육과 연계된 목회계획을 가지고 있는 교회는 많지 않았다. 그러므로 총회교사대학 과정을 마친 이후에 교회학교 교사들이 연장교육을 통해 교회학교의 부흥과 함께 교회성장에 중추적인 역할을 감당할 수 있도록 담임 목회자가 교사교육을 위한 구체적인 계획을 가지고 있어야 한다.

Ⅶ. 결론

교회의 필수적 과제요 본질은 교육에 있다. 교회교육은 단회적으로 또는 특정한 시기에 집중되는 것이 아니라 전 생애에 걸쳐 이루어 가야할 성화의 과정이다. 그럼에도 불구하고 한국 교회는 교회학교에서의 교사교육의 중요성을 인식하지 못하고 있다. 그 결과 교회학교의 학생 수는 줄어들고 교인의 수도 급감하고 있는 것이다. '교사의 수준이 교육의 질을 좌우한다'는 말에서 알 수 있듯이 좋은 학생들을 키우기를 원한다면 좋은 교사를 먼저 세워야 한다. 교회교육의 성패는 교사의 자질과 능력이 매우 중요하다. 한국교회 교회학교의 부흥은 교사교육에 있다. 그러므로 교사의 전문성과 역량을 개발 향상시키기 위해서는 급변하는 학습자의 현실성과 교회학교 교육의 현장에 기초한 체계적이고 종합적인 교사교육이 이루어져야 함을 늘 기억해야 할 것이다.

참고 문헌

강용원. 《유능한 교사의 성경교수법》. 서울: 생명의 양식, 2008.

　　《기독교 교육학 개론》. 서울: 생명의 양식, 2007.

강희천. 《기독교 교육이 비판적 성찰》. 서울: 대한기독교서회, 1999.

고용수. 《교회의 기독교 교육과정》. 서울: 한국기독교교육학회, 2005.

김도일. 《현대 기독교 교육의 흐름과 중심사상》. 서울: 동연, 2010.

김상윤. 《유아유치부 사역 매뉴얼》. 서울: 생명의 양식, 2008.

김성수, 오경석. 《청소년 사역매뉴얼》. 서울: 생명의 양식, 2008.

김희자. 《교사론》. 서울: 대한예수교장로회 총회, 1998.

김현숙. 《탈인습성과 기독교 교육》. 서울: 대한기독교서회, 2004.

나삼진. 《교회학교 프로그래밍》. 서울 : 생명의 양식, 2009.

박상진. 《교회학교 부흥을 위한 교사교육의 새로운 패러다임》. 서울: 예영, 2007.

　　《교회교육백서》. 서울: 한국장로교출판사, 2003.

　　《기독교 교육과정 탐구》. 서울: 한국장로교출판사, 2004.

박종석. 《기독교 교육심리》. 서울: 생명의 양식, 2008.

　　《기독교 교육의 지형도》. 서울: 기독교대한성결교회 출판부, 2005.

안병창. 《청소년부 교육과정 변천과 발달》. 서울: 요단, 2011.

양금희. 《교회학교 진단 침체와 부흥》. 서울: 쿰란, 2008.

오인탁. 《한국기독교 교육학 문헌목록(1945-2005)》. 서울: 한국기독교교육학회, 2008.

　　《기독교 교육론》. 서울: 대한기독교교육협의회, 1995.

　　《기독교 교육사》. 서울: 한국기독교교육학회, 2008.

　　《기독교 교육학 개론》. 서울: 한국기독교교육학회, 2004.

은준관. 《기독교교육 현장론》. 서울: 한들출판사, 2007.

　　《왜? 기독교 교육목적을 중심하여》. 서울: 신망애, 1971.

이성호. 《교육과정과 평가》. 서울: 양서원, 1999.

　　《교육과정론》. 서울: 양서원, 2009.

손원영. 《프락시시와 기독교교육과정》. 서울: 한국장로교출판사, 2005.

신득일, 변종길. 《성경길라잡이》. 서울: 생명의 양식, 2008.

정정숙. 《기독교 교육과정론》. 서울: 대한예수교총회출판부, 1980.

최병규. 《교리를 알면 신앙이 자란다》. 서울: 생명의 양식, 2008.

한춘기. 《교사 마스터링》. 서울: 생명의 양식, 2008.

현유광. 《교회교육 길라잡이》. 서울: 생명의 양식, 2008.

홍정근. 《교회교육 행정론》. 서울: 한국장로교출판사, 2002.

C. Ellis Nelson. 박원호 역. 《신앙교육의 터전》. 서울: 한국장로교출판사, 1996.

D. C. Wyckoff. 김국환 역. 《기독교 교육과정의 이론과 실제》. 서울: 성광문화사, 1998.

Hakes, J. E. 정정숙 역. 《기독교 교육학 개론》. 서울: 성광문화사, 1979.

H. A. Giroux, & A. N. Penna & W. F. Pinar. 한준상 외 역. 《교육과정 논쟁》. 서울: 집문당, 1988.

Howard G. Hendirick & Kenneth O. Gangel. 유영복, 홍미경 역. 《교수법 베이직》. 서울: 디모데, 1999.

Howard P. Colson & Raymond M. Rigdon. 김희자 역. 《교회 커리큘럼의 이해》. 서울: 대한예수교장로회 총회, 2002.

I. V. Cully. 고용수 역. 《커리큘럼의 계획과 선택》. 서울: 한국장로교출판사, 1993.

김도일 역. 《성경과 기독교 교육》. 서울: 한국장로교출판사, 2004.

Maria Harris. 고영수 역. 《회중 형성과 변형을 위한 교육목회 커리큘럼》. 서울: 한국장로교출판사, 1997.

Mary C. Boys. 김도일 역. 《제자직과 시민직을 위한 교육》. 서울: 한국장로교출판사, 1999.

Paulo Freire. 교육문화연구회 역. 《자유의 교육학》. 서울: 아침이슬, 2007.

Richard Robert Osmer. 장신근 역. 《교육목회의 새로운 패러다임》. 서울: 기독교서회, 2005.

Robert W. Pazmino. 박영순 역. 《기독교 교육의 기초》. 서울: 디모데, 2003.